# 战略与外交

## 第二辑

宋德星◎主　编　　　　葛腾飞　崔建树◎副主编

时事出版社

**图书在版编目（CIP）数据**

战略与外交（第二辑）/宋德星主编 . —北京：时事出版社，2014. 3
ISBN 978-7-80232-692-7

Ⅰ. ①战… Ⅱ. ①宋… Ⅲ. ①国际关系—文集 ②国家—战略—中国—文集 Ⅳ. ①D8－53 ②D60－53

中国版本图书馆 CIP 数据核字（2014）第 027685 号

出版发行：时事出版社
地　　址：北京市海淀区巨山村 375 号
邮　　编：100093
发行热线：（010）82546061　82546062
读者服务部：（010）61157595
传　　真：（010）82546050
电子邮箱：shishichubanshe@ sina. com
网　　址：www. shishishe. com
印　　刷：北京百善印刷厂

开本：787 × 1092　1/16　印张：26. 5　字数：368 千字
2014 年 3 月第 1 版　2014 年 3 月第 1 次印刷
定价：80. 00 元

# 目 录

## 战略研究



## 亚太安全

## 外交政策



## 国际维和

# 战略研究

# 经典与现代的交织：冷战后美国的地缘政治思潮*

葛汉文

【内容提要】经典地缘政治论述与新研究主张之间的理论冲突，构成了冷战后美国地缘政治思想大复兴的主要特征。持现实主义国际政治观的部分美国学者，出于为美国维系全球霸权地位进行战略谋划的目的，在逻辑甚至主要观点上与经典地缘政治理论存在明显的继承关系，体现了西方社会对于来自欧亚大陆腹地权势力量的一贯恐惧，对当代美国对外政策发挥着强大的影响。而吸引了当前社会科学领域新理论观点的部分学者，通过对经典地缘政治本体论、方法论和思想倾向的尖锐批评，强调道德规范和人文关怀在地缘政治研究中的重要性，并就拓展地缘政治研究范围提出了诸多主张，产生了广泛的国际学术影响，但在政策实践层面影响力较弱。

【关键词】地缘政治　冷战后　美国　现实主义　思想批判

* 该文系国家社科基金项目“冷战后世界各国地缘政治思想的发展、特色及其国际政治意义研究”成果组成部分，立项批准号 12CGJ022。

冷战的结束和苏联的败亡，标志着一场持续近半个世纪之久、涵盖全球范围的政治、经济、军事与意识形态大较量的终结。伴随着国际环境的重大变化，美国国内对于美国在当今世界中应当扮演何种角色、应当奉行何种战略等问题展开了激烈辩论。在这场辩论当中，最值得注意的理论动向之一就是地缘政治思潮在美国当代学术界的再度兴起。包括亨利·基辛格（Henry A. Kissinger）、兹比格纽·布热津斯基（Zbigniew Brzezinski）、约翰·米尔斯海默（John J. Mearsheimer）、克里斯托弗·莱恩（Christopher Layne）等人在内，美国当代很多著名国际政治学者纷纷从经典地缘政治的概念、逻辑和命题出发，就冷战后美国国际地位与应有战略展开了反复讨论，在美国当前对外战略的制订和实践中发挥着日益显要的影响。与此同时，伴随着一些新思想、新观念在国际政治研究领域的出现与流行，很多美国学者也开始从批判理论、后现代主义、国际政治经济学等角度出发，对经典地缘政治理论的一些基本逻辑和根本假定进行置疑与批评，得出了大量极富创见的观点。在经典论述与现代观点的对抗和冲突当中，地缘政治研究在当前美国学术界又成为了一门显学，这与冷战时期美国地缘政治研究长期的低迷的状况形成了鲜明的对比。

## 一、打击对手、维系霸权：经典地缘政治思维的复兴和延续

冷战结束之初，美国学界对世界格局的看法一度被乐观的自由主义观点所支配，包括“历史终结论”、“民主和平论”、“相互依存论”、“国际制度和平论”等诸多洋溢着浓厚理想主义色彩的理论主张甚嚣尘上。但进入21世纪以来，现实主义的理论观点在当代美国学术界有卷土重来之势。值得重视的是，在这些理论表述当中，经典地缘政治的思维模式发挥着极为关键的作用，包括“权势与空

间”、“缓冲地带与冲突地带”此类具有鲜明经典地缘政治色彩的观点主张大量涌现。在冷战后复杂的国际形势下，这种情况的出现充分反映出当今美国社会对于国际权势体系和世界政治走向的认识与想象，体现出很多美国权力—知识精英对于国际关系当中“敌—友”、“利益—危害”、“合作—冲突”等诸多对立因子的基本判断，在当前美国对外政策的制订与实践过程中发挥着日益重要的作用。

冷战结束后，针对美国唯一超级大国的地位和美国主流社会对此产生的普遍乐观情绪，美国国际政治学者兼前国务活动家基辛格依然致力于发掘那些未来可能对美国霸权地位形成实质挑战的权力来源。作为一名长期活跃于美国政坛的著名学者，基辛格早在上世纪 60 年代就断定，21 世纪国际关系发展将由几个力量中心所决定，它们是美国、欧洲、俄罗斯、日本、中国，“可能还有印度和巴西”。时至今日，基辛格依然坚持这一观点：新世纪里美国面临的国际政治形势绝非如弗朗西斯·福山（Francis Fukuyama）等人所描绘的那样美好，美国的全球霸权与“美国治下的和平”也绝非牢不可破。相反，冷战后的世界实际上更像 18—19 世纪时的欧洲国家体系。在这个更趋多极化的世界里，美国要想以有限的力量获取最大化的利益，就必须以力量均衡作为其对外政策的指导概念，并以此重建新的世界秩序。①

在对美国霸权构成特别重大挑战的诸个力量当中，基辛格特别担心来自欧亚大陆腹地力量的复兴。他曾尖锐地指出：“不论冷战存在与否，单一大国主宰欧亚大陆两大范围之一（欧洲或亚洲）都会对美国构成战略意义上的危险。”在他看来，尽管冷战结束后的俄罗斯已经朝西方民主化的方向“努力”，但由于地缘的关系，“不论谁统治俄罗斯，它都跨有麦金德称为地缘政治‘心脏地带’的领土，从而也继承了最丰富的帝国传统”。这一点，“即使是叶利钦治下的俄罗斯，也依然不顾地主国明白表示的愿望，在绝大多数前苏联共

① ［美］基辛格著：《大外交》，顾淑馨等译，海南出版社，1998 年版，第 747 页。

和国中维持俄罗斯驻军。……俄罗斯外长一再提出，俄罗斯要垄断对‘近邻’（即除波罗的海三国外的前苏联各加盟共和国）的维持和平工作，这与重建莫斯科主宰地位的企图几乎无法分辨”。[1] 在基辛格看来，后冷战时期的俄罗斯仅仅基于地缘政治因素便不具备成为美国盟友的条件或基础，这个横跨欧亚大陆的大国在现在和未来依然是可能挑战美国全球霸权地位的潜在对手。

正是出于这种考虑，基辛格建议，美国的对策应是进一步加强与欧洲的关系。尽管欧美目前在双边关系中存在若干分歧，但美国依然要支持欧洲一体化进程，强化北大西洋公约组织，以防止欧洲大陆落入到一个敌对势力的统治之下。在东亚，美国应与中国和日本同时保持良好关系，并创造一个稳定且长期的架构，能够将中国和日本都包容进去，确保美国在东亚国际政治中关键的“仲裁者”地位。在西半球，基辛格呼吁美国应通过加快区域贸易经济一体化进程以巩固拉美“民主成果”，这也将巩固美国在拉丁美洲的主导地位，以使“美国的理想与地缘政治目标达到充分契合”[2]。

美国当代另一位著名学者和前国务活动家兹比格纽·布热津斯基（Zbigniew Brzezinski），对于当今国际政治的考察显然也建立在经典地缘政治思想基础上。在布热津斯基看来，欧亚大陆一直充当着世界事务的中心，对于历史上那些著名的帝国如罗马帝国、中华帝国、蒙古帝国和苏联而言，它们是否能够对欧亚大陆实施有效的控制便是其能否建立全球霸权的主要标志。布热津斯基以一种经典的地缘政治论调来解释欧亚大陆对于全球权势分布的重要意义：这里是全球面积最大的陆地和地缘政治中轴，它的人口约占世界人口的75%，它的企业和地下矿藏占全世界物质财富的较大部分，国民生产总值占世界总额的60%，集中了世界已知能源的四分之三左右。不仅如此，欧亚大陆还集中了世界上大多数在政治上非常自信和富

① ［美］基辛格著：《大外交》，顾淑馨等译，海南出版社，1998年版，第754—758页。

② 前引书，第770页。

有活力的国家：排在美国后面的6个世界经济大国都在欧亚大陆。公开的核大国只有一个不是欧亚国家，不公开的核国家也只有一个不是欧亚国家。世界上两个人口最多、并有意追求地区霸权和或全球影响的国家也都是欧亚国家，所有可以在政治或经济上对美国的首要地位提出挑战的国家也都是欧亚国家。欧亚国家的力量加在一起远远超过美国。因此，欧亚大陆在冷战后时代依然是全球地缘政治的中轴，主宰欧亚大陆的国家将能控制冷战后世界最先进和经济最发达的三个地区中的两个（即西欧与东亚）。不仅如此，控制了欧亚大陆就几乎自然而然地控制了非洲，并使西半球和大洋洲在地缘政治上成为这个世界中心大陆的周边地带。因此，美国是否能够确保对欧亚大陆的控制便成为它维系全球霸权的关键。

但冷战后欧亚大陆的国际政治格局显然是异常复杂的："在欧亚大陆这个巨大的、从里斯本一直延伸到符拉迪沃斯托克、形状并不规则的棋盘上一争高下的不是两个、而是数个实力不等的棋手。"①最重要的棋手分布在这个棋盘的西部、东部、中部与南部。这个棋盘最西端和最东端都有人口稠密的地区，这两个相当拥挤的空间分属于几个强国。东西两端之间有一个辽阔的中间地带（指前苏联地区），这里人口密度低，政治上不稳定，组织上四分五裂。在广阔的欧亚中部高原以南有一个政治上混乱但能源丰富的地区，它对于欧亚大陆西部、东部国家，以及最南部那个人口众多、有意谋求地区霸权的国家（印度），都有潜在的重大意义。

在布热津斯基看来，欧亚大陆依然是冷战后美国最重要的地缘政治目标，美国目前已经在这里取得了举足轻重的地位，美国的力量直接部署在欧亚大陆狭窄的西部边缘，在远东则有几个岛屿和一个小半岛为美国的力量提供了立脚点，而美国能否持久、有效地保持这种地位直接影响到美国对全球事务的支配，这一点不仅对美国

① ［美］兹比格纽·布热津斯基著：《大棋局：美国的首要地位及其地缘政治》，中国国际问题研究所译，上海人民出版社，2007年版，第27页。

本身的福祉，而且——在更广泛的意义上——对世界和平都至关重要。① 在欧亚大陆国际政治形势的演进过程中，美国所应当采取的战略，是将欧亚大陆的中间地带逐步并入扩大中的、由美国主导的西方势力范围；确保南部地区不被某一个国家单独主宰；防止东部国家联合起来将美国逐出近海的基地。② 但是，如果中间地带（前苏联地区国家，特别是俄罗斯）拒绝向西方靠拢，而成为非常自信的单一实体，并控制了南部，或同东方的主要大国（中国）结盟；或者是东部两个主要的大国（中国和日本）实现某种联合；又或是美国的西部伙伴（欧洲）将美国从其西部周边地带的立足点逐出，美国对于欧亚大陆的控制将完全崩溃，其结果将意味着欧亚大陆最终会被那些大国所主宰，这也就预示着美国全球霸权的彻底终结。为此，美国要确保其在欧亚大陆上的影响力，进而确保其全球霸权地位，就必须以更加高超的地缘战略手段，在欧亚大棋局中更加审慎地、更有选择性地和更加深思熟虑地部署美国的力量，而现在主要的做法应是"随机应变、施展外交手段、建立盟友关系、有选择地吸收新成员加入联盟，并十分巧妙地配置自己的政治资本"③。他用具有古罗马帝国霸权时代的字眼来描述美国应有的战略："帝国地缘战略的三大任务是，防止附庸国家相互勾结并保持它们在安全方面对帝国的依赖；保持称臣国家的顺从并维持向它们提供的保护；防止野蛮民族联合起来。"④

布热津斯基的理论逻辑源自于经典的地缘政治思维。尽管面对冷战后世界形势的发展变动，布热津斯基也承认，对于多数民族—国家来说，领土占有问题的重要性近来有所下降，一些与领土无关的因素（如经济规模、科技水平等）似乎更能决定一个国家国际地位的高低或国际影响的大小；但他依然强调，从历史上看，领土控

---

① 布热津斯基著：《大棋局：美国的首要地位及其地缘政治》，第26页。

② 前引书，第29—30页。

③ 前引书，第31页。

④ 前引书，第34页。

制与空间争夺是大多数政治冲突的焦点。与此同时，基于民族—国家仍是世界体系行为主体的事实，民族—国家间在领土和空间上的竞争仍在世界事务中占主导地位，只是现在的方式往往比过去要文明一些。而在这种竞争当中，地理位置仍是民族—国家对外政策优先目标的出发点，国家领土面积的大小也仍是衡量其地位和力量的主要标准。一个国家的军事、经济和政治力量越强，它在重要地缘政治利益、影响和参与方面超越其近邻的覆盖面也就越大。[①]

作为肯尼斯·华尔兹（Kenneth N. Waltz）之后美国现实主义国际关系理论的重要代言人、“进攻性现实主义”（offensive realism）的主要阐释者，约翰·米尔斯海默（John J. Mearsheimer）认为，冷战结束后美国面临的国际权势体系与早先几个世纪相比并未出现实质性的变化：旧制度、旧时代的特征与逻辑依旧延续，无休止的竞争状态依然是国际政治的基本特征，国际政治仍处于“悲惨”的历史循环当中。在这一循环中，国家总是以自身的利益为指针，以“自助”（self-help）的方式进行运作。这是一种零和游戏，因为一国所得必为另一国之所失，同时这也是一种冲突频发的状态，国家追求权力的最大化必然使其具有一种进攻性倾向，即使其动机只是为了生存。[②] 在米尔斯海默看来，在这种状态当中，大国因其具有的军事经济优势，决定了国际政治的运作方式与主要特征，因此国际政治主要体现为一种大国之间的政治，主要模式表现为大国之间权势的分配。极其关注世界权力分配状态的大国，在尽力使自己所拥有权力最大化的同时，伺机牺牲潜在对手的利益为自己添加额外的权力，因此它们往往倾向于进攻较弱一方，从而成为体系中最强大的国家，直至获得霸权，因此大国普遍具有侵略意图，“注定要进犯他国”[③]。冷战结束后，国际政治并未发生根本的转变，国际无政府

① 布热津斯基著：《大棋局：美国的首要地位及其地缘政治》，第32—33页。

② ［美］约翰·米尔斯海默著：《大国政治的悲剧》，王义桅等译，上海人民出版社，2008年版，第133页。

③ 前引书，第37页。

状态依然延续，大国之间依然相互畏惧并努力追求权力。特别是在欧洲和东北亚地区，大国之间仍然存在激烈的安全竞争甚至存在一场大国战争的可能性，这也正是美国冷战后仍旧在欧洲和东北亚各保留大约10万军队的原因。

米尔斯海默在继承了托马斯·霍布斯（Thomas Hobbes）有关政治现实主义的主要原则、结合了华尔兹政治经济学方法论（如权力最大化、利润最大化、权力—货币关系）的同时，还吸取了地缘政治理论的很多概念、逻辑与命题。如历史上很多地缘政治学家一样，米尔斯海默将地理因素视为国家战略起因、实施与效果的决定性因素，极端强调地理对于一个国家大战略具有的巨大影响，并以此作为理论立论的主要依据之一。米尔斯海默根据地理形态将大国区分为“岛屿大国”与“大陆大国”。前者是指处于四周被水环绕的一片巨大陆地上的唯一大国。英国、日本因为各自占据一个大岛屿，被认为是岛屿大国，美国因其是西半球的唯一大国也被认为是一个岛屿大国；大陆大国是指与其他一个或多个大国同时位处于一片大陆上的大国。法国、德国和俄国就是典型的大陆国家。

在地理分析与历史归纳的基础上，米尔斯海默指出，大陆大国与岛屿大国具有迥然不同的战略态势。与岛屿大国相比，大陆大国实际上更易受到攻击。他以欧洲大陆几个世纪以来的历史事实为例，在国家林立的欧洲大陆，国家众多且全副武装；同时，鉴于欧洲大陆的地理因素不能构成限制侵略的障碍，每一个欧洲大国都面临着随时被其他大陆大国入侵，甚至被征服的危险：在法国和俄国这两个大陆国家自1792年以来遭到的12次侵略当中，有11次来自陆地上，只有一次来自海上。因此，大陆大国一直生活在安全忧患当中，它们并无选择余地，只有通过征服其他大陆大国才能获得安全，这就是大陆国家长期以来奉行以追求霸权为目标的大战略的根本原因。由于在领土国家的世界里，领土是最高的政治目标，地面力量一向是军事力量的主要成分，因此大陆大国借助其庞大军队尽力扩张领土便是其获得安全、实现霸权最重要的途径与标志，“国际体系中最危险的国家就是拥有庞大陆军的大陆强国”。[①]

而岛屿大国则完全不同：由于水体的阻隔作用，岛屿大国只能在水上遭到攻击，而诸如英国、美国、日本这样武装完备的岛屿国家，自近代以来便从未被侵略过，地理因素良好的防御作用与军事能力的结合，使得陆上大国很难攻击它们，因此具有相对较高的安全系数，使得攻防平衡由大陆大国向岛屿大国倾斜。[②] 但与此同时，水域的阻遏力量也同时极大地影响了岛屿大国向大陆投送地面力量的能力，因此岛屿大国既在有效抵御大陆大国实现全球霸权（使得陆上大国的野心只能主宰它们所处地区以及在陆地上到达的毗邻地区）的同时，也限制了自身追求全球霸权的能力，保护岛屿大国的巨大的水体同样也阻碍了它们投送力量的能力，它们“不可能发动针对其他大国的征服战争”。[③] 他辩解道，英国和美国都未曾严重威胁过要征服一个大国，英国决策者从未考虑到发动对威廉德国或纳粹德国的战争，冷战中美国决策者也不赞成发动对苏联的征服战。尽管英国和法国1854年在克里米亚发动过对俄国的战争，但目标不在于征服俄国，而在于遏止俄国在黑海周边的扩张。冷战期间，北约决策者最致力于解决的问题也在于防止苏联对西欧的可能入侵，而非直接征服苏联。在此基础上，米尔斯海默郑重指出，“国际体系中最危险的国家就是那些拥有庞大军队的陆上大国”，过去几个世纪以来大国间的大多数征服战争都是由此类国家发动的，而且它们几乎总是攻击其他大陆国家。因此，“最和平的世界可能是，所有大国皆为岛屿国家，并拥有确保生存的核武库”。[④]

正是基于大陆大国的进攻性与岛屿大国的防御性属性，米尔斯海默指出，美国由于其在自然地理方面具有巨大的战略优势，因此在从未考虑过征服欧洲或东北亚的情况下，依然取得了难以撼动的

---

① 米尔斯海默著：《大国政治的悲剧》，第132页。

② 前引书，第125页。

③ 前引书，第133页。

④ 前引书，第133页。

霸权地位，“美国也许是历史上最安全的大国”。但随着冷战后欧亚大陆新兴力量的崛起及其势必愈演愈烈的安全竞争，美国在欧洲与东北亚的驻军反而使其可能被迫卷入欧亚大陆的争霸战争，从而危及其霸主地位。因此今后10年内，美国可能会逐步减少在欧洲和东北亚承担的义务，更好地扮演“离岸平衡手”的角色，让其他大国去抗衡实力强大的霸权竞争者。只有当这种方法失效时，美国才运用其军事力量去消除威胁，并在该区域重塑均势。①

如果说米尔斯海默思想的重点主要放在理论构建与系统论证方面的话，冷战后著名美国战略学者、“进攻性现实主义”的另一位代言人克里斯托弗·莱恩（Christopher Layne）则明显倾向于政策谋划。与米尔斯海默如出一辙，莱恩同样强调地理因素对国家战略的突出影响。传承历史上许多杰出地缘政治学家如阿尔弗莱德·马汉（Alfred T. Mahan）、麦金德等人的衣钵，莱恩同样将大国区分成为陆上大国与海上大国。在他看来，陆上大国由于在地理上与其他陆上大国对手相毗邻，因此非常易受攻击，通过消灭对手或成为唯一大国以获取安全便成为其最为常用的战略模式；海上大国由于在地理上与大国对手相距遥远，加上自身军事能力，相对于陆上大国而言，它完全可以塑造和利用均势，支持其他国家完成阻止霸权挑战者的任务，从而确保其战略优势地位。

在莱恩看来，在历史上，美国本可奉行一种“离岸平衡”战略，继续安全地采取“旁观”策略，避免介入两次世界大战（尤其是第一次世界大战），但美国的野心及其充满扩张性的意识形态，促使美国卷入了这些冲突当中。但这种野心所产生的大战略国际主义（the grand strategic internationalism）不仅没有让美国更安全，反而使得美国更加不安全。冷战时期这种战略的弊端更是充分显现：从20世纪40年代末至今，美国的联盟义务已经使美国的地缘战略逻辑本末倒置，美国作为其所主导的联盟当中危险系数最低的国家，却无论在

① 米尔斯海默著：《大国政治的悲剧》，第414页。

经济还是在危险方面均背负上了最为巨大而沉重的负担。[①] 在莱恩看来，如果说二战结束之初美国在西欧和日本战后重建过程中暂时为其提供战略保护伞还比较具有意义，但到了20世纪末、21世纪初，已经没有“什么内在的原因可以驱使美国必须为保护其他国家不受直接攻击或为保护它们的海外利益不受地区危害而付出巨大代价或进行冒险”。[②] 西欧、日本和韩国如今在完全维护自身安全方面已经具备了必要的经济和技术条件，但美国向它们的安全承诺，既无端耗费了美国的国力，更使得这些盟国产生了搭乘美国安全担保便车的强烈动机。

莱恩告诫美国学者，美国影响国际体系中战争与和平的能力实际上极为有限，当今世界悄然出现的多极格局现在更使这些能力不断地被侵蚀。而美国在欧亚大陆的军事存在，很可能使得美国不得不使自己卷入到欧亚大陆未来悲剧性的大国冲突当中去，从而使美国的全球地位受到致命损害。因此，美国应当奉行一种“离岸平衡”的战略，将所有自我防卫的义务移交给美国的盟国，充分利用其独一无二的战略和地理优势，远离其他国家的安全竞争，在战略上达到袖手旁观的效果，迫使其他国家承担反霸权制衡的风险和代价，从而也就可以避免因联盟义务而自动卷入到欧亚大陆大国的冲突中去。[③]

具体地说，如果下一场欧亚大陆上的大国战争在未来几十年里爆发的话，美国既可以继续维持其对欧亚大陆的军事存在以防止这样一场战争，也可以从欧亚大陆撤回其前沿军事力量，依靠多极地区均势（multipolar regional power balance）来阻止霸权国家的出现。相比较而言，莱恩更倾向于采取一种“离岸平衡手”的战略。在他看来，美国撤离在欧亚大陆的军事存在对美国安全的影响微乎其微，美国作为海上大国受到地理因素和自身硬实力的双重保护，与欧亚

---

① ［美］克里斯托弗·莱恩著：《和平的幻想：1940年以来美国的大战略》，孙建中译，上海人民出版社，2009年版，第311页。

② 前引书，第312页。

③ 前引书，第312页。

主要大国相比，美国更不易受“不稳定”局势的伤害，而这种做法的好处显而易见，美国既可以不再成为强大竞争对手的注意对象，同时也可以鼓励其在欧亚大陆的盟国着手发展本国的威慑力量为本国的安全服务。在此情况下，欧亚大陆可以变得更加稳定，而不是更加不稳定。因此，考虑到欧亚大陆变幻无常的安全环境，对于美国而言，最好、最安全的办法就是让其他国家自己保卫自己。[①]

莱恩鼓吹的“离岸平衡”战略实质上是一种积极的均势战略，主要通过将驻外美军撤回本国以避免因前沿军事存在而带来的巨大风险，同时在西欧、东亚和中亚三个对美国大战略至关重要的地区培育区域均势机制，促使各地区的大国相互制衡，借此维持对美国最为有利的国际战略态势，从而巩固其霸主地位。与美国当前奉行的霸权大战略不同，“离岸平衡”战略是一个多极而非单极战略，因此它能够包容新兴大国的崛起，同时将欧亚大陆上主要大国的安全责任交给它们自己，或者促使它们不断增强自身的防务能力。“离岸平衡”战略同时包含了“退出”战略、“均势”战略、“联盟”战略、“袖手旁观”战略与“选择性干预”战略等多项内容，它要求美国政府根据不同情况来实施不同的内容甚至同时推行所有内容，这就要求政策决策者具有相当高的操作技能，必须格外审慎与冷静，任何操作失误都将导致无法挽回的重大损失。

统观上述这些美国学者对于冷战后世界政治空间的认识与理解，可以发现他们存在以下共通之处：他们都将欧亚大陆腹地视为全球权势体系当中一股不可忽视的力量，是最具影响力的空间区域，而美国在欧亚大陆中的地位与影响则是维系美国全球霸权地位的关键所在。正是出于这种原因，这些美国当代学者对于世界历史和国际政治的认识，实质上就是麦金德思维模式的当代延续。基辛格就从未掩饰其对麦金德观念的欣赏，并以极大的兴趣分析了当今美国与19世纪末期的英国在国际政治与地缘政治形势上存在的相似性：它们都是那个时期国际体系中的超一流国家，存在着某种程度的全球霸权，然而它们又

---

① 莱恩著：《和平的幻想：1940年以来美国的大战略》，第315页。

都处于相对衰落当中，不时面临新兴权势的挑战；美国与英国实质上存在相似的地理环境与战略利益，但同时均在地缘政治态势上存在某种脆弱性，都不得不格外关注其他具有重要地缘政治意义的权势力量（特别是来自欧亚大陆腹地的权势力量）对其全球霸权可能存在的挑战。因此，这些美国学者眼中的国际政治事实上同他们一个世纪之前的英国前辈所描述的并无不同：世界历史总的来看不存在可能的进步或变革，仅仅是一个冰凉与机械的循环往复而已；欧亚大陆腹地所孕育的庞大权势或权势潜力将对海洋国家（英帝国和美国）的全球霸权构成致命的挑战；而上述两大力量之间的敌对竞争就根本而言无可避免。因此，对于基辛格、布热津斯基、米尔斯海默、莱恩等人而言，真正有价值的问题仅仅就在于怎样采取一种冷静、灵活、审慎的方式，主动参与甚至主导欧亚大陆力量的互动过程，遏制来自欧亚大陆腹地权势的复兴，从而在这个空前动荡不宁的世界中竭力确保美国的全球霸权。

## 二、置疑经典、颠覆传统：批判视角下的地缘政治思想

冷战后，美国地缘政治研究取得的另一重大理论进展，当属“批判地缘政治学”（Critical Geopolitics）的兴起。1992 年，美国学者杰拉德·奥特瓦塞尔（Gearóid Ó Tuathail）、约翰·阿格钮（John Agnew）在美国《政治地理学》杂志上发表了《地缘政治与话语：美国外交政策中的实践性理性》一文，揭开了批判地缘政治研究的序幕。[①] 其后 20 年间，该领域内许多研究成果接连面世，“批判地缘

① Gearoid O. Tuathail and John Agnew, “Geopolitics and Discourse: Practical Reasoning in American Foreign Policy,” *Political Geography*, Vol. 11, No. 2, 1992, pp. 190 – 204.

政治学”在国际政治知识谱系中的地位得到了西方学术界越来越多的重视和关注。其主要理论进展，主要体现在以下三个方面：

一是对经典地缘政治一些根本理论问题的反思与探讨。长期以来，地缘政治一般被认为是一种“从地理中心论立场出发对国际局势进行的研究和整体的认识”。① 根据这种立场，地缘政治的研究对象一般被认定为一个客观存在的全球空间进程和真实的国际关系事实，研究者通过对地理形态超然中立的观察，可以从中发现国家政治活动必须遵循的客观规律，从而做出“科学”的理论诠释。从这种立场出发，历史上很多地缘政治学者都坚称其结论建立在客观的事实基础上，具有无可争议的“科学”内涵，甚至是对“历史法则”或“自然法则”的真实重现。② 这种将研究者与其所观察的世界截然分开（即主客体间明确划分），同时坚持研究者对世界的反映就是世界本质（即反映与实在同一性）的看法，其根源均深植于启蒙时期以来西方社会的世界观和认识论。③

实际上自20世纪70年代开始，以伊夫·拉考斯特（Yves Lacoste）为主要代表的法国地缘政治学者就主要从批判的角度入手，拉开了对经典地缘政治理论方法进行清算的序幕。④ 进入90年代后，当代部分美国学者在吸取批判理论、后现代主义、建构主义等方法观点的基础上，开始对经典地缘政治的本体论、认识论等“元”理

---

① ［英］杰弗里·帕克著：《二十世纪的西方地理政治思想》，李亦鸣等译，北京：解放军出版社，1992年版，第2页。

② 例如，地缘政治理论的主要奠基人之一，德国政治地理学家弗里德里希·拉采尔（Friedrich Ratzel）就宣称其理论“建立于缜密的地理学数据之上”，因而是“自然（地理）法则”的再现。转引自 Yves Lacoste，“Rivalries for Territory，” in Jacques Lévy，ed.，*From Geopolitics to Global Politics：A French Connection*，London：Frank Cass Publishers，2001，p. 152.

③ John Agnew，*Geopolitics：Re－visioning World Politics*，London：Routledge，1998，p. 11.

④ 见葛汉文：“批判与继承：二战后法国的地缘政治思想”，《世界经济与政治》，2011年第2期，第42页。

论问题进行了一种近乎颠覆性的解释。[①] 尽管在细节与表述上还存在差异，但这些学者大体上都反对将地缘政治视为一种纯粹物质属性的、明晰可辩的国际关系事实，相反主张将其理解为一套融合了地理、政治表述的话语模式，一种与人类主体意识紧密联系的社会、文化和政治实践，它兼具物质性和反映性，与权力、知识和经济的社会再生产存在着紧密联系。[②] 根据这种逻辑，传统理论关于地缘政治研究"知识中立"与"客观性"的认识论判断也随之被瓦解。学者们指出，正因为地缘政治研究者不是超然于国家、民族、阶级、种族和性别立场独立存在的，其理论反映也必然受到研究者预设的存在论、世界观和价值取向的强烈影响，无法做到真正的客观和严格意义上的价值中立。特别是当地理知识在国家发展、扩张谋划中发挥作用时，更时常同政治意识形态纠缠在一起，并最终发展成为一种"权力—知识复合体"或一种"社会和历史话语"，被用来以"特定的方式"描述和反映这个世界。[③]

二是对经典地缘政治思想倾向和历史功用的检讨。作为对近现代以来国际政治演进的认识与反映，经典地缘政治将领土空间视为主权国家生存发展乃至权势扩张的关键性因素。因此，经典地缘政治绝大多数的理论归纳和概念命题（如空间对抗、势力范围、霸权、实力中心等等）均着眼于全球范围内的空间权势争夺，大多是为特定国家的权势扩张和领土争夺进行理论筹划。正是看到此点，当代部分美国学者激进地指出，经典地缘政治的全部信念都是为近现代以来强权国家间的领土争夺和权力竞争提供理论依据，它忽略甚至刻意掩饰政治矛盾与社会问题，基本上服务于统治者、战争和政治控制，结果则有助于统治者对平民施加暴力、对社会进行空间控制

① 参见葛汉文："批判地缘政治学的发展与地缘政治研究的未来"，《国际观察》，2010 年第 4 期，第 42—48 页。

② G. ÓTuathail and Simon Dalby, "Introduction: Rethinking Geopolitics," in G. Ó Tuathail and Simon Dalby, eds., *Rethinking Geopolitics*, London: Routledge, 1998, p. 2.

③ Gearoid Ó Tuathail and John Agnew, "Geopolitics and Discourse: Practical Reasoning in American Foreign Policy," *Political Geography*, p. 198.

与促进国家间的领土冲突。① 正出于以上原因，地缘政治才得到了近现代以来国务家与极权者的狂热偏爱，而地缘政治在为特定国家的军事战略与政治强权提供理论来源的同时，也已演变成为一种福柯言中的“权力—知识”体系②。这样一种进行空间控制和领土争夺的意识形态，在近现代世界历史中更成为“导致战争的首要因素”。③

出于对近现代世界历史中帝国主义、强权政治、暴力压迫与不平等现象的一贯不满，这些主要来自西方社会的左翼学者，将批判的重点放在揭露经典地缘政治在加强资本主义国内统治、推动强权政治与国际战争、破坏国际正义等方面的恶劣作用上。结合对经典地缘政治认识论的反思，这些学者特别呼吁道德规范和人文关怀在地缘政治研究中的重要意义，主张未来的地缘政治研究应当从人类整体利益出发，以更为公正的学术立场和更高的道德诉求，承认人类社会在物质（领土、资源等）、实践（如政治权势、经济福利、社会发展、军事实力等）和意识思想（如知识观念、科学技术等等）等范畴上长期存在的失衡态势，关注后殖民时代知识和交换的不平等性，关注广大不发达地区在全球政治经济体系中的不利地位和悲惨状况，以期建构出一种与以往传统相迥异、更具人文与正义色彩的地缘政治理论。这些美国当代学者的如此转变，在一定程度上有益于推动学科的健康发展和既定问题的公正解决，应当值得肯定与提倡。

三是对经典地缘政治研究范围的大幅拓展。在反思地缘政治理

---

① Phil Kelly, “A Critique of Critical Geopolitics,” *Geopolitics*, Vol. 11, No. 8, 2006, p. 28.

② 参见福柯关于国家权力与文学、学术与政治结构关系的论述。Leslie W. Hepple, “Géopolitiques de Gauche: Yves Lacoste, Hérodote and French Radical Geopolitics,” in Klaus Dodds, and David Atkinson, eds., *Geopolitical Traditions: A Century of Geopolitical Thought*, London: Routledge, 2000, p. 292.

③ 转引自 Klaus Dodds, *Geopolitics in a Changing World*, Harlow: Pearson Education Ltd., 2000, p. 32.

论方法与历史功用的基础上，当代部分美国学者结合当今世界政治经济发展中出现的诸多新事实、新趋势，敏锐地指出了拓展地缘政治研究范围的必要性。克劳斯·多兹（Klaus Dodds）就指出，在面对当今这个“国际金融流动、跨国污染、跨国观念传播和国际化犯罪、非政府组织广泛活动”的世界时，“地缘政治应当承认其研究范围仍然需要细察”。[①] 在他看来，经典地缘政治研究过多着眼于分析和推测大国、强国的地缘政治形态，而对小国、弱国的地缘政治状况、思想与实践关注不足；过多地关注权力、领土此类“高级政治”议题，而对当下那些直接影响普通大众日常生活的“低级政治”议题（环境、气候、粮食问题等）无法应对；过多地审视地理形势对主权国家权势的制约和影响，而对国际组织、跨政府机构、亚国家团体及非政府组织等“新国际政治行为体”的地缘政治分析严重欠缺，这一事实的存在已经对地缘政治的理论增长与时代适切性构成了严重的挑战。

为更好地应对上述问题，当代部分美国学者特别加强了对地缘政治的话语研究与对决策层面的考察，致力于探究人的主观意识在认识、反映世界空间及展开相应地缘政治实践中的作用。他们通过批判性地解读历史上地缘政治的话语文本与国家政策实践之间的互动反馈关系，着重分析宗教、民族性、政治认同、文化差异对特定社会“地缘政治理性”的影响，以求从中发现特定国家的权力—知识精英是如何以特定的方式反映与建构国际政治中的“地理事实”（如政治领土、国际边界）的，以及如何据此展开国际政治实践的。[②] 这与以往传统理论侧重于分析全球地缘政治状况与特定国家空间形态、重视领土资源、边界疆域等物质范畴的研究取向迥然有别。与此同时，一改以往集中关注西方大国强国的研究志趣，美国当代

---

① Klaus Dodds, *Geopolitics in a Changing World*, pp. 6 – 7.

② G. Ó Tuathail, “The Bush Administration and the ‘End’ of the Cold War: A Critical Geopolitics of US Foreign Policy in 1989,” *Geoform*, Vol. 23, No. 4, 1992, p. 439.

地缘政治研究者有意识地加强了对小国弱国、非西方国家地缘政治思想与实践的研究，包括土耳其、芬兰、巴西、印度、阿根廷、日本等国的地缘政治论述与实践现在都进入了美国当代地缘政治研究议程当中。

不仅如此，面对冷战结束后世界政治经济在诸多领域中所发生的重大变化，部分学者主张，当代地缘政治应当是“一个关于突出、发展的全球复杂性的研究领域”。[①] 这要求研究者采取一种新的地球意识，努力扩大地缘政治的研究范围，从而对这个急剧变动的世界进行更为细致的解读。具体地说，就是要将其研究重点“从国家主权转移到全球化、从固定的领土转移到具有符号学意义的边界、从‘治国之道’转移到相互依赖、从地缘政治集团转移到虚拟环境”。[②] 在保罗·罗依博（Paul Reuber）归纳的当今地缘政治的六大主要研究方向（即生态政治与资源冲突、领土冲突与边界、地缘政治与认同政治、全球化与新型国际关系、政治权力的符号学反映、地区冲突与社会运动）中，至少有四项议题都处于传统的研究范围之外。[③]

当代部分美国学者对于经典地缘政治一些根本理论问题的批判和探讨，主要受到以哈贝马斯为代表的法兰克福学派批判哲学的强烈影响，也得益于福柯、德里达和葛兰西等人思想的启发。[④] 简单地讲，这种观点通过将地缘政治归结为一种人类的意识实践过程，致力于调和经典地缘政治认识论中物质世界与研究者精神世界的二元对立；通过强调地缘政治知识的历史性与价值性特征，反对地缘政治研究中“客观真理”与“纯粹知识”的存在。在这种立场的鼓励

① Jacques Lévy, “Beyond Geopolitics: A French Connection,” in Jacques Lévy, ed., *From Geopolitics to Global Politics: A French Connection*, p. 4.

② G. Ó Tuathail, “Postmodern Geopolitics? The Modern Geopolitical Imagination and Beyond,” in G. Ó Tuathail, and S. Dalby, eds., *Rethinking Geopolitics*, London: Routledge, 1998, p. 28.

③ Paul Reuber, “Conflict Studies and Critical Geopolitics: Theoretical Concepts and Recent Research in Political Geography,” GeoJournal, Vol. 50, No. 4, 2000, p. 37.

④ Phil Kelly, “A Critique of Critical Geopolitics,” *Geopolitics*, p. 28.

下，西方当代地缘政治研究部分开始了从“探究地理因素对政治活动的制约作用”到“探究人类是如何认识或想象地理环境从而展开政治实践”的转变。

尽管取得了相当大的学术进展，但当代美国地缘政治研究的转型依然存在着不少问题。例如，尽管部分美国地缘政治研究者相当重视学理探究，并在一些“元”理论问题上取得了大致共识，但由于其批评性多于建设性，重视对经典理论的解构过于对学术体系的重塑，因此距建构起一个被普遍接受的、缜密严谨的逻辑体系还相差甚远。不仅如此，在概念使用、分析视角与研究志趣等方面，美国当代地缘政治研究者之间亦存在着严重的分歧。例如，美国当代地缘政治研究两大领军人物奥特瓦赛尔与安格纽，便在“地缘政治”概念的使用、研究重点等方面存在明显的学理争论。① 而部分学者对地缘政治本体论的物质特征几近彻底的否定，在激进地将地缘政治归结为一种被简化的、具有审美学意义的“地理想象”的同时，实际上也很大程度地否定了地缘政治研究的客观性因素、合理性内涵和存在意义。而这种严重的“意识至上论”和虚无化倾向，不仅加剧了地缘政治研究领域的学理纷争，更是严重拖累了地缘政治学科体系的构建进程。

另外，当代部分美国学者所提出的一些方法主张在实践过程中亦存在诸多难以克服的困难。例如，这些学者对经典地缘政治国家中心主义的批判，虽意识到了超国家或亚国家行为体在当今世界政治经济中日益重要的地位作用，具有相当的时代敏感性；但公允而论，西方当代地缘政治研究依然大多受限于传统的国家中心视角，鲜有采取超国家或亚国家视角的代表性研究。从这一情况可以看出，与具有明确领土边界标识和空间属性的现代民族国家相比，目前绝大多数超国家或亚国家行为体的领土空间属性依然模糊，其地缘政治意识和实践是否存在仍值得商榷。同时也表明，在民族国家依然是当今世界政治主要行为体与首要角色的今天，地缘政治的研究对

① Phil Kelly, “A Critique of Critical Geopolitics,” Geopolitics, p. 29.

象在很长一个时期里仍然主要是民族国家，而那些要求全面超越国家中心视角的呼声明显过于超前。

美国地缘政治研究的当代转型，受到了国际学术界的广泛关注。在美国学者的影响下，英国、法国、德国、俄罗斯、捷克、芬兰、印度、土耳其等国的地缘政治研究界，纷纷对美国当代地缘政治研究的新动向进行了较为全面的介绍。值得注意的是，美国当代部分学者的研究思路，对于英、法、芬等受传统安全威胁不甚突出的西北欧发达国家学术界的影响力较为突出，而对于俄、德、捷、印、土等国学术界的影响则相当有限。[①] 这一情况的出现，表明美国部分学者所鼓吹的这种新式的、具有明显后现代含义的地缘政治研究思路，基于在政策可操作性、理论的实用意义上均与当前国际政治现实存在较大的落差，因而在后一类——那些依然处于转型期或具有较多传统安全忧虑的国家——当中，其理论影响力显然还甚为薄弱，这些国家的政治—知识精英显然还更多地倾向于经典地缘政治的思维方式。

## 三、冷战后美国地缘政治思想的特色、影响与评价

在20世纪的大部分时间里，美国主流学术界实际上对于“地缘政治”的概念与逻辑持有一种几乎发自本能的冷漠态度。尽管在19世纪末期，美国学者、海军少将阿尔弗莱德·马汉（Alfred T. Mahan）通过对“海权”及其历史意义的杰出阐述，极大地影响

① 对于上述国家地缘政治研究的介绍，可参考葛汉文：“冷战后俄罗斯的地缘政治思想”，《国际政治研究》，2012年第2期；葛汉文：“小国的生存之道：冷战后捷克的地缘政治思想”，《外交评论》，2012年第4期；葛汉文：“欧亚主义与大国雄心：冷战后土耳其的地缘政治思想”，《世界经济与政治论坛》，2012年第4期，以及葛汉文：“冷战后德国地缘政治思想刍议”，《欧洲研究》，2011年第4期。

了哈尔福德·麦金德（Halford J. Mackinder）、卡尔·豪斯霍弗（Karl Haushofer）等现代地缘政治理论主要奠基者的思想，为地缘政治研究的发展做出了至为突出的贡献[①]，但自20世纪初美国国内的帝国主义扩张思想退潮、对外政策重返孤立保守之后，马汉思想在旧大陆吸引了越来越多追随者的同时，在美国国内却几乎无人问津。尽管在20世纪三四十年代，当以豪斯霍弗为主要代表的“德国地缘政治学”（Geopolitik）影响力席卷旧大陆并在世界范围内引发关注之际，包括汉斯·魏格特（Hans Weigert）、尼古拉斯·斯皮克曼（Nicolas Spykman）、欧文·拉铁摩尔（Owen Latimore）等人在内的部分美国地理学家和政治学者，企图借此将现代地缘政治思想引入美国，以打破很多美国民众对于世界形势蒙昧无知的状态；但即便如此，在第二次世界大战结束之前，地缘政治研究在美国主流学术界那里依然没有得到相应的礼遇。

这种局面的出现，一方面是美国自立国以来长期奉行的孤立主义传统使然。由于所处地理位置的相对隔绝与民众生活的大致富足，加之受华盛顿告别演说的长期影响，很多美国人对于世界其他地区发生的事态既不愿意理睬，也不关心。英国当代杰出的地缘政治学者杰弗里·帕克（Geoffrey Parker）颇有洞析地指出，即使是在20世纪上半叶国际形势风云变幻之际，“哪怕是受过良好教育的美国人，他们的世界地理知识也一般相当肤浅而陈旧”[②]。受感于美国普通民众对于世界形势的冷漠与无知，美国当时著名的地理学家魏格特不禁哀叹，“我们简直天生就与世界地理无缘”[③]。与此同时，长期主导美国政治思想的理想主义传统，对于强调巩固加强国家权势与空间、信奉权力角逐、带有明显物质决定论倾向的现代地缘政治理论，在本能上就持有一种排斥态度。“德国地缘政治学”最积极的

① 有关马汉地缘政治思想的评述，可参见周桂银、葛汉文：“传统地缘政治理论的当代价值及其局限”，载《中国军事科学》，2006年第3期，第60—61页。

② 帕克著：《二十世纪的西方地理政治思想》，第109页。

③ 前引书，第109页。

批评者、美国地理学家埃德蒙·沃尔什（Edmund Walsh）就曾严肃指出：“（地缘政治）是一种粗俗的实利主义，……它是欧洲文艺复兴和工业革命以来所出现的世俗化进程的逻辑顶峰。这种理论强调‘物质的自主性和第一性’，现在通过神化国家的做法被表达了出来。”① 与他的看法相类似，美国大多数的地理学家都一再强调，正是地缘政治这种蕴含明显沙文主义与强权政治色彩的思想理论将世界引入到了20世纪上半叶那种战争频发、生灵涂炭的悲惨境地当中。

第二次世界大战的爆发及其恶果，更是加剧了普通美国民众对于地缘政治的厌恶情绪。早在战争进行之时，豪斯霍弗及其慕尼黑地缘政治研究所的同僚就被美国学者视为躲藏在希特勒幕后的、可恶的战争教唆者。1941年，美国著名专栏作家弗里德里克·桑德恩（Frederick Sondern）就曾用生动和夸张的笔触将慕尼黑地缘政治研究所描述成为希特勒统治世界阴谋的主要智囊机构：“这是个由一千余名隐姓埋名的科学家、技术人员和间谍组成的机构，从一开始就指引着希特勒的行动。”② 1946年纽伦堡国际战犯审判法庭报告也断言：“地缘政治学是一种致力于征服欧亚大陆的心脏地带进而统治世界的计划，并非仅仅是一个学术理论，希特勒仅仅是一个象征和煽动暴民的代言人，而豪斯霍弗则是希特勒知识内容的主旨。”③ 一些泰斗级的美国学者也从不掩饰他们对地缘政治的憎恶之情：著名地理学家理查德·哈特向（Richard Hartshorne）将地缘政治痛斥为一种被纳粹主义所玷污，与屠杀、种族主义、空间扩张与占领政策相

① 帕克著：《二十世纪的西方地理政治思想》，第117页。

② Klaus Dodds, *Geopolitics: A Very Short Introduction*, New York: Oxford University Press Inc., 2007, pp. 23–24.

③ Wolfgang Natter, “Geopolitics in Germany, 1919–1945: Karl Haushofer and the Zeitschrift für Geopolitik,” in John Agnew, Katharyne Mitchell and Gearóid Ó Tuathail, eds., *A Companion to Political Geography*, Malden: Blackwell Publishers Ltd, 2003, p. 187.

联系的“知识毒药”。[①] 在强大且一边倒的社会舆论压力下，“地缘政治”一词在战后美国迅速声名扫地，相关学术研究随之销声匿迹。20 世纪 60 年代初，当美国学者拉迪斯·克里斯托弗（Ladis Kristof）曾试图重新起用“地缘政治”一词用以分析国际政治形势时，遭到了其同事众口一辞的严厉谴责。1961 年美国地理学家刘易斯·亚历山大（Lewis Alexander）写到：“地理学家现在已经完全将地缘政治排除出研究日程。仅仅在论及学科历史时，‘地缘政治’一词才会在注脚中出现。”[②] 出于这种原因，战争结束后 30 余年时间里，没有一本冠以“地缘政治”名称的著作在美国得以出版，直至 1977 年约翰·格雷（John Gray）《核时代的地缘政治》一书的发行方打破了这一局面。[③]

冷战结束后美国地缘政治研究的复兴，其实上是借助现实主义国际政治理论传统的流行而实现的。作为国际政治理论当中特别重要的一支，美国长期是现实主义国际政治研究的学术重镇。在汉斯·摩根索（Hans J. Morgenthau）、华尔兹等著名国际政治理论大师的解释与鼓吹下，现实主义国际政治长期在美国国际政治研究和对外战略制订中发挥了重大影响。在这些学者看来，世界历史的发展必然是、也只能是“敌—我—友”之间关系的运筹和处置，他们从来不相信国家间（特别是那些历史经验不同、价值体系迥异的国家之间）对立消失的可能性，因此霸权争夺或强权政治也就成为世界事务中的常态，霸权国家或其挑战者的兴亡沉浮也就成为人类历史的必然内容。但与摩根索偏重从“人性”角度、华尔兹从“国际政治的体系与结构”角度出发进行理论建构存在较为明显的不同，冷战结束后美国现实主义理论最具特色的一点，便是对经典地缘政治理论的借重和对国际政治中地理因素的强调。在这种逻辑指引下，

---

① Klaus Dodds, *Geopolitics: A Very Short Introduction*, p. 22.

② Lewis Alexaner, “The New Geopolitics: A Critique,” *The Journal of Conflict Resolution*, Vol. 5, No. 4, 1961, p. 409.

③ Geoff Sloan, “Classical Geopolitical Theory, Does it still Matter?” *Journal of Global Competitiveness*, Vol. 13, No. 1, 2005, p. 103.

诸如“欧亚”、“心脏地带”、“边缘地带”、“空间冲突”、“空间争夺”等等已经为人所熟知的经典地缘政治概念一再出现，一个国家的地缘政治属性（即它是邻近海洋抑或是深处内陆，其周边国家领土多寡、实力如何等等）被看作了决定这个国家政策行为方式与效果的关键性因素。因此，尽管在具体主张上存在某种分歧（即美国应当主动塑造欧亚大陆国际政治进程，抑或是退出欧亚大陆转而奉行灵活的均势战略），很多美国当代学者探讨的内容实际上依然是20世纪大多数时间里许多经典地缘政治学家所探讨的命题，即不同的地理空间对于国际政治进程方式与效果的影响，而他们对于当今国际政治的反映与认识，也依然无法摆脱那种悲凉、冷酷、循环往复、没有任何进步可能的宿命论色彩，这在精神脉络上甚至在个别表述上依然是马汉、麦金德、豪斯霍弗、斯皮克曼等人的“地理决定论”和“历史归纳法”的当代延续，极为鲜明地体现出西方社会对于来自欧亚大陆腹地权势力量的一贯恐惧。因此，有学者评论道，米尔斯海默等人实际上是“以军事与理论、历史与理论的结合完美复兴了地缘政治理论”①。

这种从地缘政治角度出发的国际政治现实主义观点，对于冷战后美国对外政策的制订影响颇巨。以美国对俄罗斯的战略为例，冷战结束以来，虽然俄罗斯开始了西方化和市场化的深刻转型，与西方各国间的关系普遍升温，呈现出与苏联时期有所不同的社会面貌，但美国依然对俄实行拉打结合的两手政策。美国在密切对俄关系（如对俄罗斯输送经济援助、积极介入俄国内转型、帮助俄罗斯加入七国集团等等）的同时，却通过北约东扩、对中亚前苏联加盟共和国的渗透等一系列战略手段，力图将整个东欧甚至将除俄罗斯外的所有前苏联加盟共和国统统纳入以美国为首的军事政治同盟体系，力图最大程度地压缩俄罗斯的战略空间，严防其再度复兴。在美国的这些战略举措中，似乎很难完全排除基辛格等人的政策谋划之功。在这种现实主义国际政治观的影响下，新世纪以来，美国安全战略

① 倪世雄语，参见米尔斯海默著：《大国政治的悲剧》，序言，第2页。

出现五个方面的新变化：一是突出意识形态的主导性；二是以单极霸权为核心的战略诉求；三是偏向实施遏制而非接触，四是偏向使用权势，重视硬实力而轻视软实力，五是偏向单边主义。其主要战略思维仍是以领导全球为目标、坚持零和博弈的安全观，坚持崇尚实力的力量观，坚持软硬兼施的手段观和实用主义的途径观。

而冷战后以批判地缘政治学为代表的、新的地缘政治研究思路，虽然在克服经典理论的强权政治思想倾向和单一物质决定论等方面取得了明显的成绩，但由于其在体系建构和政策实用性上均存在较大不足，对于美国对外政策制订的影响力尚极为有限，更多地是在学术界内争取到一定的支持者。尽管如此，这种新的研究思路也是值得引起我们充分重视的。例如，当代美国部分学者关于地缘政治本体论、认识论及历史功用的解读，可以为我们以更为谨慎和科学的态度对待经典地缘政治的话语文本提供借鉴意义。特别是在我们借助经典地缘政治的一些概念、方法和命题分析研判当今世界政治经济发展态势和我国应有战略时，应当更加留意这些概念、方法和命题产生的历史文化背景、蕴含的战略企图与价值倾向，在舍弃、纠正其错误倾向和错误论断的同时，注意吸纳借鉴其有益的观点、方法和理论价值。

与此同时，针对当代部分美国学者要求加强地缘政治文化研究的呼声，我们也需认真分析其利弊，吸取其优长。对我国当前地缘政治研究者而言，在加强对全球宏观地缘政治格局、我国周边安全环境等国际政治实践层面研究的同时，也可适当注意特定国家和社会精神文化因素对其地缘政治思维与实践的影响。举例来说，可以从发掘我国社会对于特定领土区域的认识与想象进程入手，审视我国地缘文化思维方式的兴起和变迁过程，从而正确解读历史上我国社会是如何将文化与地理因素相结合，建构起“自我—他人”、“敌手—盟友”等“想象边界”，以及如何根据这种认识完成相应国际政治实践的。与此同时，我们还可加强对中国周边各国地缘政治文化的研究，研读中国诸多邻国看待我国和看待自身领土的方式方法，分析其国内社会地缘政治思维的发展和演进过程及在历史和现实中引发的国际政治效应，从而有效推测其未来可能遂行的地缘政治实践及对我周边安全环境的影响。

另外，当代部分美国学者在拓展地缘政治研究领域、丰富地缘政治研究手段方面的建议，也应引起我们的高度关注。具体地说，在坚持地缘政治研究的国家中心视角、重视国际权势变更等传统研究手段的同时，我们也应注意吸收社会科学研究涌现的其他理论观点，实现多个视角相互补充，以期对当今愈发复杂的全球地缘政治进程作出更为全面的理解。举例来说，在研读气候变迁、资源匮乏、能源危机对特定国家的权势的影响时，我们可以将国际政治经济学和地缘经济学的观点方法应用于地缘政治研究当中；在分析领土空间在经济全球化条件下的地位和功能时，可以吸取经典马克思主义中关于领土是资本主义生产要素的论述；在对特定国家国内社会的地缘政治思维的分析论述中，还可引入社会学和人文地理学的研究方法和相关知识等等。总之，在当今经济全球化进程骤然加快、科学技术迅猛发展、交通信息网络快速普及、国家间相互依存程度日益加深和国际紧张局势大体缓和等新历史条件下，我们在坚持经典地缘政治研究特色的同时，必须致力于扩大地缘政治研究的手段方法和适用领域，努力加强对新领域和新问题的学术开拓，以期为我国营造安全稳定的周边环境进而实现民族伟大复兴提供有益的理论襄助。

# 世界权力结构视角下的斯皮克曼地缘战略观研究

## ——侧重于与麦金德“心脏地带”理论的比较

方晓志

**【内容提要】** 地缘战略理论的一个重要内容就是从地理的角度对世界权力中心的位置和结构进行判断和分析。斯皮克曼以麦金德的“心脏地带”理论为基础，对世界权力结构进行了截然不同的论述，即边缘地带是海洋强国进入欧亚大陆的前沿阵地和遏制大陆强国向海洋扩张的缓冲地带，在世界权力对抗与争夺中具有关键的作用。斯皮克曼地缘战略思想不仅揭示历史上的权势对抗模式，而且明确地阐述了边缘地带对美国安全利益的重要性，因此对战后美国的全球争霸战略具有重要的指导意义，直到今天仍然发挥着重要的现实作用。本文侧重于将斯皮克曼的地缘战略思想与麦金德的“心脏地带”理论相比较，从而分析两者对世界权力中心判定的根源及异同点。

**【关键词】** 世界权力结构　斯皮克曼　地缘战略　心脏地带

对世界权力中心的判断和结构分析是地缘战略理论的重要内容之一。从马汉的“海权”理论到麦金德的“陆权”理论再到斯皮克曼的“边缘地带”理论，不同的地缘战略流派学者对世界权力机构的中心和地位有着不同的判断。作为“边缘地带”理论的代言人，斯皮克曼继承并仔细研究了麦金德的“心脏地带”理论，但却以麦金德的批评者出现在地缘政治学领域，对世界权力结构进行了全新的论述。从本质上看，斯皮克曼在理论内核上是吸收了麦金德的理论精华的，其提出的“边缘地带”理论实际是以麦金德的“心脏地带”理论为基础，只不过对其作了进一步的完善，在形式上恰好是作为“心脏地带”理论的倒式出现的一个变种。或者说，他对政治历史的分析是基于与麦金德相异的地理特征，只是在对世界权力中心的判定上得出了与麦金德截然不同的结论。

## 一、“边缘地带”与“心脏地带”的概念比较

一般认为，斯皮克曼是麦金德衣钵的直接继承者。“斯皮克曼的一套术语，他详细描绘的全球地理环境，以及他从他的世界观念引出的政治结论都表明，他的基本灵感来自麦金德。”① 可是他又企图驳斥后者的战略结论，建立自己截然不同的理论体系。在对世界区域的划分上，斯皮克曼接受并重新定义了麦金德的地缘政治概念：心脏地带、边缘地带（即麦金德的“内新月地区”）和海上岛屿（即麦金德的“外新月地区”）。“边缘地带”在地理范围上与麦金德所称的“内新月地带”大致吻合，但在概念含义上有所扩大，因为它事实上把“内新月地带”的覆盖面扩展到了波罗的海与黑海西侧的整个欧洲大陆和亚洲的山地中心，具体包括欧洲近海地区（苏联除外）、中东、小亚细亚、伊拉克、阿富汗、印度、西南亚、东南亚、中国、朝鲜半岛以及东西伯利亚地区。这一地带人口众多、经

① ［美］索尔·科恩：《地缘政治学：国际关系的地理学》，严春松译，上海：上海社会科学院出版社，2011年版，第26页。

济发达、财富盈饶、资源丰富，能利用内海航线，并且是“心脏地带”与海洋之间的通道。在它的周围，有“一条与整个所谓海权国家聚集区相联系的环绕大海的交通线”，[①] 海陆交通发达；而在它的外面，则是英国、非洲、东印度、澳大利亚和日本等邻近大陆的陆岛和环绕欧亚大陆的一系列边缘海洋国家，给欧亚大陆沿海边缘的国家提供了彼此往来的便利的和廉价的交通路线，大大地帮助了这些国家的发展。

在对“心脏地带”的分析上，斯皮克曼并不否认其战略重要性，但是不赞同麦金德关于这块地区的论述，认为麦金德过高估计了“心脏地带”的作用。首先，中亚大草原的资源并不那么富足。欧亚大陆中心地带由于人口稀少，社会组织化程度很难达到集中大规模资源的程度，俄国土地虽然辽阔，但受到恶劣气候影响，可耕地所占比例并不高，农业中心仍在俄罗斯西部而不在西伯利亚。而相反的是，欧亚大陆东西两侧的边缘，分别是人口集中、资源丰富、社会组织化程度较高的地区。其次，从矿产资源和能源上看，苏联虽然花了很大力量想把工矿企业转移到东部，但从实际结果看，目前其资源仍集中在乌拉尔山以西地区。虽然铁路、公路和航空交通有了较大的发展，但还是要受气候、地形和距离方面的严重制约，因此乌拉尔山以东地区的潜在实力还是相当低的。最后，就交通运输和技术条件来说，也无法证实“心脏地带”的重要性，因为并没有事实表明“心脏地带”现在或不久的将来是世界交通、机动和潜在实力的中心。虽然铁路和空中飞行意味着它可以利用原先没有过的全新的机动性，但它在通达性上却是相当差的。因为正是地域空间过于广阔，它在四面都面临无法逾越的通行障碍。寒冷的气候和众多崎岖的山路，使人们完全可以想象依靠陆路从事扩张活动的艰难程度。所有这些意味着，麦金德关于“心脏地带”战略重要性的观点，由于自然因素、经济发展因素及其地理上的障碍，实际上并不

---

① Nicholas J. Spykman, *The Geography of Peace*, New York: Harourt Brace, 1944, p. 65.

可靠。“心脏地带”的整个陆块从未形成过一个完整的整体，在政治上也从未形成一个统一的势力，而是始终处于被分割成好几股势力的分散状态，要设想对它进行像样的整合在事实上是相当困难的，即使付出一定的代价也是很难奏效的。因此，斯皮克曼认为，并非是位于欧亚大陆的“心脏地带”，而是位于心脏地带和西方势力控制的沿海地带之间的边缘地带造成了对海权国家的威胁，“最受重视的应当是哪些处于边缘位置的国家”。[①] 斯皮克曼认为，过去由于边缘地带的西欧部分是分裂的，并且英美两大国并立，因而不可能控制边缘地区，但是现在，它应该是争夺世界和控制世界的锁钥，而在未来，这个地区在世界政治格局中的地位还会不断上升，并成为统治沿海地带的关键地区。他指出：“欧亚大陆的边缘地区处在大陆心脏地带和边缘海之间，起着一个广大缓冲地带的作用。它面对两个方面，必须起海陆两面的作用……它的水陆两面性质是它的安全问题的基础。”[②] 因此，欧亚大陆的边缘地带是各强国占领和控制的核心地区。在历史上，它曾经存在过世界的几大文明，具有实在的世界权力特征。按照麦金德的公式，斯皮克曼提出了“谁控制了边缘地带，谁就控制欧亚大陆；谁控制了欧亚大陆，谁就决定了世界的命运”的结论。[③]

此外，斯皮克曼还指出了“边缘地带”另一种可能的发展前景，即假如欧亚大陆周围，特别是中国和印度达到高度工业化后，苏联在中亚地区的位置重要性将减少。因此，苏联的力量仍将存在于乌拉尔山以西的欧洲，而非中部的西伯利亚区域。这一前景促使他对与麦金德相反的结论或倒转逻辑——即欧亚大陆的“边缘地带”较“心脏地带”更为重要的论断——深信不疑。斯皮克曼提出，如果新工业中心和新交通枢纽沿着欧亚大陆的“边缘地带”发展，这里在战略上将有可能比“心脏地带”更为重要。尽管处在“心脏地带”

---

① 陈力：《战略地理论》，北京：解放军出版社，1990 年版，第 46 页。

② Nicholas J. Spykman, *The Geography of Peace*, p. 76.

③ Ibid., p. 43.

的俄国仍然是“最强大的陆上势力”，但它依靠单独的力量也无法扭转这种战略态势。因此，斯皮克曼的学说改变了麦金德把对“心脏地带”的控制视作世界历史基本动力的观点，转而以“边缘地带”取代之。他认为，欧亚大陆东西两侧的边缘地带才是最重要的核心区域。西部边缘（西欧）或是东部边缘（东亚）一旦产生一个统一的国家可以整合庞大的人口、社会和资源，实现高度的组织化和工业化，就有可能成为世界级强国。斯皮克曼担心，某个大国，例如如德国，可能会夺得对欧洲边缘地区的控制，然后利用船舰优势和对欧亚大陆周围海空基地网的控制，通过征服和结盟相结合的各种手段，占领其它地区。

实际上，在不同的时期，心脏地带和边缘地带的国家结构都是欧亚大陆地缘政治关系的主体或是客体，它们在全球地缘政治进程中的功能性价值随着形势的变化也相应发生变化。因此，在当前形势下，我们很难也几乎无法正确地评判到底心脏地带或边缘地带谁最根本、谁更重要。此外，两种理论都有一个非常严重的缺点：即它们都没有打算去解释客观的全球地缘政治进程，而都是为了服务于两个西方强权的战略利益（英国和美国）。这样，他们在处理上面所讨论的问题时不可避免地具有片面性：即什么是最根本或最重要的——心脏地带还是边缘地带？两人的观点都证实了他们具有明显的偏见。因此，我们认为，麦金德和斯皮克曼关于心脏地带或边缘地带在欧亚大陆和世界上的地位和作用的理论是不能被简单复制的。相反，他们的方法应当被作为一种关于 21 世纪世界权力中心和将来可能的一种可选性地缘政治观念的参考。

## 二、对世界权力结构中心的判定

在对世界权力中心的分析中，斯皮克曼将“边缘地带”视为海洋强国进入欧亚大陆的前沿阵地和遏制大陆强国向海洋扩张的缓冲地带，具有双重作用。历史上，它不得不同时面对陆上势力和海上势力的逼近，必须从海陆两个方面保卫自己。从海陆间隔的角度讲，“边缘地带”居于海洋边缘与“心脏地带”之间，既与大陆“心脏地带”保持一定的近距离的关系，又连接海洋，是陆权和海权之间的广大缓冲地带，或者它应当被看成是二者的中间地带；从海陆对抗的角度来看，正因为它处于“心脏地带”与近海国家之间，所以是海上强国与大陆强国发生冲突的地带。海陆条件的双重性是其地缘政治问题的真正实质，同时它也可以起海陆双栖的作用。基于这种形势，一个（内陆）国家为了实现战略扩张的需要，总要寻求进入海上的通道，支配接近交通要道的战略要点，控制大陆的“边缘地带”。而为了防止一个国家的扩张，别的国家同样也必须首先控制“边缘地带”。历史经验表明，“边缘地带”具有向外扩张遇到阻力最小的优势。

从这样预设前提的分析逻辑中不难发现，斯皮克曼在分析世界权力中心时，特别突出的是“边缘地带”在国际关系中的关键性地位。斯皮克曼认为，世界权力中心分别对应着海上世界、陆地世界（即“心脏地带”）和介于二者之间的“边缘地带”。斯皮克曼强调的是后者的显著地位。他认为对于世界主导权的争夺就表现为包括南北美洲大陆的西半球与包括“心脏地带”和“边缘地带”的欧亚大陆的战略性对抗，“它决定着大国的命运和前途”。[①] 在欧亚大陆上，是“边缘地带”而不是“心脏地带”构成了对海上力量的主要威胁，对它的控制足以奠定统治世界的基础。边缘地带“因其人口、丰富的资源和他们对内陆出海通道（sea-lane）的占用而成为控制世界的关键”。[②] 一旦“边缘地带”落入某一个强大势力之手，只有其它两个力量中心联合在一起的力量才能抵挡。因此，海上世界和陆上世界都假设“边缘地带”是获取权力的基础，也是它们加强自身

---

① Nicholas J. Spykman, *The America's Strategy in World Politics*, New York: Harcout Brace, 1942, p. 183.

② ［美］索尔·科恩：《地缘政治学：国际关系的地理学》，第26页。

力量的基本源泉。在斯皮克曼的思想观点中，世界权力的主要中心几乎都处在中纬度地区的沿海“边缘地带”，并且在将来仍是如此。在这一空间范围内，已经出现了三个或四个权力中心，即北美太平洋沿岸地区、欧洲沿海地区和欧亚大陆的东亚沿海地区。后两个地区与麦金德所称呼的“内新月地带”大体一致，在斯皮克曼的定义中属于狭义的“边缘地带”；第四个中心可能是还不太显眼但却有发展能力的印度。①

因此，斯皮克曼在分析世界权力中心时，所持的全球观点是与麦金德基本相同的，只是所得的结论与麦金德相反。实际上，斯皮克曼在论述“边缘地带”为世界权力中心时，所做的假设和麦金德对“心脏地带”所作的假设一样，都具有相同的缺陷，即在过去、现在以及可预见的将来，欧亚大陆边缘地带上没有哪个国家有能力将所有边缘地带国家或地区组织起来，因为“边缘地区既易遭心脏地带国家的攻击，也易遭沿岸国家攻击”。② 斯皮克曼和麦金德关于世界权力中心的分歧主要是由于其立场和地位不同。麦金德是以英国为本位的，斯皮克曼则以美国为本位。论实力，英国和法国、德国有可比之处，但心脏地区拥有的人口和资源要比英国雄厚得多。英国是个不大的岛国，缺乏战略纵深，和欧陆之间只有一道不宽的海峡。一旦心脏地区的大国控制了欧洲，那么对英国而言几乎等于兵临城下。心脏地区长期以来对欧洲的威胁和破坏均有历史经验可以佐证。因此，我们可以理解麦金德为什么极力强调心脏地区的重要性。而斯皮克曼则不同。在斯皮克曼所处的时代，美国正是一个新崛起的海洋强国。美国既可以看成是海洋国家，也可以看成是资源雄厚的大陆国家，其领土辽阔，尤其是还有两大洋可作天然屏障，强劲的发展势头和有利的地理位置，使得斯皮克曼这个美国人并不能像麦金德那样，深刻地感觉到来自欧亚大陆心脏地带的威胁。

此外，斯皮克曼也特别重视欧亚大陆在地缘政治和战略格局中

① See Nicholas J. Spykman, *The Geography of Peace*, pp. 69 – 71.

② ［美］索尔·科恩：《地缘政治学：国际关系的地理学》，第 26 页。

的地位，这一点和麦金德地缘战略思想的立足点是一样的。斯皮克曼在《和平地理学》一书中提到，东半球的势力冲突有四类：一是在大陆心脏地带与边缘地区之间发生的冲突，二是在边缘地区内的各势力之间发生的冲突，三是海上势力与大陆沿岸之间发生的冲突，四是西半球参与的冲突。“与东半球的权力冲突向来与心脏地带和边缘地区的关系有关，与边缘地区中的权力分布状况有关，与海上势力对大陆沿岸的压迫所起到的影响有关，以及与西半球参与这种压迫的程度有关。”[①] 历史上，草原民族对边缘地区的袭击、斯拉夫民族和条顿民族对东欧的争夺、近代英国和土耳其与俄国在更广阔的范围内对抗，以及中国与俄国在边界地区的矛盾都属于第一类冲突；第二类冲突包括西、德、法之间的力量平衡与矛盾；第三类冲突例如日本对中国的侵略；第四类例如两次大战中美国的参战等。在这些地区之间的地理关系中，西半球的实力中心之所以能够为一种联合的欧亚潜在势力所压倒，是因为欧亚联合的潜力拥有十倍于美洲的人口和两倍半的土地。即使新世界工业生产力与旧世界几乎相等，但一旦欧亚边缘地区联合，那么包括美国在内的美洲就将处于被包围之中。在这块世界最大的大陆上，历史上存在着“心脏地带”向外压迫“边缘地带”的一般情形。俄国一直在欧亚大陆的中心地区寻求“走出去”的出海口，但也正是在“边缘地带”遇到了主要障碍。俄国“陆权”占据着国际舞台的中心位置，其目标是要获取通向暖水的港口，“在过去的一个世纪的时间里，旧世界政治的一个基本特征是，控制着沿海地带的英国海权与试图撕开一条通过环形带的通道的俄国陆权之间的对抗”。[②] 海上强国则从海洋方向包围欧亚大陆，以此来奠定自己的世界权力地位。特别是在第二次世界大战期间，欧亚大陆的战略意义更加凸显，因为世界大战的两个主要战场欧洲和远东都在欧亚大陆，它们成为决定战争结局的关键部位。虽然它们都具有

① Nicholas J. Spykman, *The Geography of Peace*, p. 51.

② Nicholas J. Spykman, *The America's Strategy in World Politics*, pp. 182 – 183.

各自的区域独立性，但就依托欧亚大陆的位置来说仍是整个战场上的两个不可分割的部分，这就需要妥善处理和全面兼顾欧亚大陆地缘政治所经常面临的海陆关系问题。

## 三、边缘地带上的海陆权势变动模式解读

尽管斯皮克曼和麦金德关于世界权力中心方面的观点和结论不同，但是他们的论证前提都是相同的，即“陆权”和“海权”之间的对抗。麦金德的“心脏地带学说”和斯皮克曼的“边缘地带学说”有一个共同点，就是他们都把陆上力量与海上力量的对抗视为世界历史的主题。斯皮克曼在自己“新世界观”的基础上，把世界权力的中心划分为“海上世界”和“陆上世界”，与“海权”和“陆权”的概念成“对应之势”。[①] 斯皮克曼并不否认海陆对抗的存在，但认为它并不是压倒性的主题，即历史上从未发生过单纯的海权与陆权的对抗，“历史上的阵营总是某些边缘地区国家和大不列颠一起对抗另一些边缘地区国家和俄国，或大不列颠同俄国一道对抗一个边缘地带的强国”。[②] 到了第二次世界大战，特别是大战后期的时候，世界上最大的两种势力之间的斗争实质上成为“一场争夺欧亚边缘地区沿海地带控制权的斗争”。[③]

斯皮克曼通过对麦金德作品的阅读和研究，得出了他对基本地缘政治模式的独特观点。按照麦金德的观点，当大陆心脏地区的游牧民族部落被俄国有组织的力量所取代时，其向外压迫边缘地区国家的势态仍然存在。在19世纪时，其向边缘地区扩张及寻求出海通

---

① Geoffrey Parker, *Western Geopolitical Thought In The Twentieth Century*, London: Croom Helm, 1985, p. 119.

② Nicholas J. Spykman, *The Geography of Peace*, p. 78.

③ Nicholas J. Spykman, *The America's Strategy in World Politics*, p. 183.

道被英国的海上势力所阻拦，而不列颠帝国所建立的包围欧亚大陆的形势是由其海军控制周围海道而实现的，因此欧洲大陆上的冲突就必然遵循着陆海势力对抗的形式。这就是19世纪的英俄冲突的根源。同样，工业革命以后，欧洲列强的战争也是主要表现为海权国家和陆权国家之间的战争，而第一次和第二次世界大战都是英美等海洋国家为了遏制德国这样一个陆地国家夺取东欧和俄罗斯的欧洲部分这片心脏地带的野心而进行的战争。斯皮克曼对此提出了不同的看法。他认为，从20世纪初开始，麦金德在1904年与1919年文章中所强调的俄国陆上势力与不列颠海上势力之间不可避免的历史性对抗的观点是错误的。事实上，两国的对抗从来就不是不可避免的。同样，他认为工业革命以来的战争并不必然表现为海洋国家和陆地中心地带国家的战争。尽管这样的战争存在着，但这并不是战争的唯一形式。战争的形式还更多地表现为海洋国家和陆地中心地带国家为了反对某个陆地边缘国家的野心而进行的战争。从历史看，在19世纪的拿破仑战争与20世纪的一战和二战中，不列颠帝国和俄罗斯两国都是站在一起反对拿破仑、威廉二世和希特勒所控制的边缘地区的侵略国家的。从一战的历史来看，1917年德国首先结束了与苏联的战争；而在欧亚大陆的另一侧，日本于1915年向中国提出了“二十一条”。如果德国和日本后来一切都顺利的话，那它们就能分别占据欧亚大陆两端的边缘地区。实际上，德国和日本后来仍然坚持其侵略扩张行动，分别从1931年和1939年开始，并通过二战，使其地域扩张达到高峰。日本的控制范围从中国东北直到新几内亚岛与澳大利亚之间的托雷斯海峡；德国则从挪威直到北非的西海岸。因此，边缘地带的地缘政治动力应当是其内部发展推动的结果，而不是麦金德所宣称的来自“陆上游牧民族”的外部压力的结果。斯皮克曼认为，正是看到了这种情况，麦金德后来也对其“心脏地带”的概念作了修改，承认边缘地区的重要性，承认英、美、俄为防止德国扩张而进行合作的必要性，同样也看到了欧洲势力均衡对世界的重要性。因此，“心脏地带”也就变得不再如以前那么重要了，而能够控制欧洲及左右世界未来和平的只有英、美、俄三国形成的海陆势力的联合。

对于在“边缘地带”所出现的冲突，斯皮克曼也提出了与麦金德不同的看法。他认为至少有三种情形可以用来质疑或推翻麦金德的陈述。一是历史上多次出现“心脏地带”由内向外施加政治控制和军事入侵的现象，古代游牧民族（即“草原人”）通过征服“边缘地带”的部分地区，建立过几个庞大的帝国；二是条顿民族与斯拉夫民族为争夺东欧中间地带而进行过上千年的斗争；三是俄国为了到达印度洋，曾在近东地区与土耳其、不列颠相对抗。虽然“心脏地带”对“边缘地带”的侵略曾经引人注目，但更主要的冲突发生在“边缘地带”本身之内。由于边缘地带的重要性，海权国家和陆权国家都瞩目这一地带并视之为控制世界的必然途径，这是导致在这一地带产生持久冲突的基本原因。由于临近海上机动通道和具备陆路交通的方便条件，“边缘地带”内部和周围的机动性比海上交通和纯粹的陆上交通都要强一些。因此，如果“边缘地带”出现联盟组合，将会给世界造就一支震慑性的力量，足以撼动世界的均势并走上世界权力的巅峰，其结果对传统的海权国家和陆权国家都会产生致命的威胁，因而在阻止“旧世界力量中心的统一”方面，两类国家存在着共同利益。在第二次世界大战的战略布局上，“每一个战区都有两个海陆两性的边和一个大陆边。这种形势中的第一个要点是：俄国和美国对这两个战场所处的地位有极大的相同之点，也有极大的不同之处。苏联介于两个战场之间，但是有完整的陆地领域；美国也居于两个战场之间，但是有大洋的阻隔”。[①] 与此相比，德国和日本却因为能够有效利用内线供应而取得了战略上的优势，只不过在后来它们因没能避免陷入两线作战，即同时进行大陆战争和海陆两栖战争的原因才不免失败的命运。苏中美英的共同参战，迫使德国和日本穷于应付海陆作战。但是，对于反法西斯国家来说，海陆问题的严重性也是存在的：一方面，俄国的力量和战争重心集中在西部，中国的力

① Nicholas J. Spykman, *The Geography of Peace*, p. 89.

量和战争重心集中在东部，因此既不能在战略上形成有效的呼应之势，又不能满足战争的物资供应。另一方面，如果苏中两国在战争中失败，那么美英很难依靠加在一起的力量去打败德国和日本。而且，给美国造成的最严峻事实是德意日结成了军事同盟，使其有可能处在整个欧亚大陆的联合势力所构成的包围圈中，这样它不得不单独面对东半球实力中心的压倒性优势。因此，可以说美国曾经遭受过自己安全上的致命威胁，而它在处理海陆关系时也有力所不逮之处。只不过在欧亚大陆上存在苏中两个战略潜力很大的国家，美国自己才免于这种不幸结局。

虽然斯皮克曼与麦金德都认为主导性海洋国家的安全乃至霸权与欧洲（欧亚）大陆的均势密切相关，但斯皮克曼展示的相关性与麦金德展示的相关性从严格意义上说并非是完全一致的，导致这种不同之处的关键实际上是由于位于海权与陆权之间的“边缘地带”在麦金德和斯皮克曼两种理论中所处的不同地位。麦金德虽然明确将世界划分成为心脏地带、内新月地带、外新月地带三个区域，而且承认由欧亚大陆边缘陆地构成的“内新月地带”（边缘地带）的重要性（因为世界上的人口和资源主要集中在这里），但这一地区在他的理论中始终居于某种从属地位，即这一地区的重要性仅在于它历来是海权同陆权间冲突和争夺的焦点，而自身在人类历史上并没有发挥过任何形式的主导作用。在理论上，麦金德对“内新月地带”和“外新月地带”这一划分的基础，就是他界定的海权与陆权的对抗，即海洋国家及其边缘地区盟友与大陆国家及其边缘地区盟友间的对抗。而在斯皮克曼界定的这些互动形式中，“边缘地带”都处于一种核心的地位，即“边缘地带”并非一个在海权与陆权间完全处于被动地位的区域，它同样也是一个权势争斗的发源地，由于世界上人口和资源大多集中在这里，因而位于边缘地带的国家“时常同来自陆海两个方向的势力发生对抗”。①

① Donald W. Meinig, “Heartland and Rimland in Eurasian History”, *Western Political Quarterly*, Vol. 9, No. 3, 1956, p. 556.

因此，在海陆对抗模式的设计上，麦金德和斯皮克曼实际上是大不相同的。在麦金德的理论中，历史上只有一种冲突模式：海权与陆权之间的冲突。但是，在斯皮克曼的理论中，却存在两种模式，即海权与陆权之间的冲突以及边缘地带一个独立的权力中心与反对它的海权与陆权联盟之间的冲突。在斯皮克曼看来，“边缘地带”的战略属性实际是双重的，它有时是在海上强国和心脏地带强国之间分裂的，有时海上强国和心脏地带强国则联手对抗边缘地带某个强国。这种看法意味着斯皮克曼揭示的权势对抗模式实际有两种：一是海权与陆权的对抗，即海洋国家及边缘地区盟友与心脏地带国家及边缘地区盟友的对抗；二是海洋国家与心脏地带国家联手同边缘地区强国的对抗，这其中究竟哪种模式占上风，“取决于边缘地区的权力分布状况”,[①] 并“随着边缘地带重要地区内部的力量分配变化而交替出现”。[②] 按照斯皮克曼的观点，虽然第一种模式确实是存在的，但是并不像麦金德所说的那样是历史最重要的主题。实际上，第二种模式才与历史的主要事实相吻合。但在实践中，人们对斯皮克曼的传统认识往往只看到他的理论框架内的第一种模式，而忽视了第二种模式。

同麦金德的理论模式相比，斯皮克曼所揭示的这两种国际权势变动模式实际上更具有普遍意义。按照麦金德的模式，两次世界大战及美苏冷战应该是性质完全相同的战争，即它们是海洋国家及其盟友为反对大陆强国及其盟友独占“心脏地带”而进行的战争；而按照斯皮克曼的模式，两次世界大战实际上应该是海洋国家及其盟友同“心脏地带”的大陆国家联合起来，一起为防止边缘地区的德国独霸欧洲大陆而进行的战争，只有美苏冷战才是海权国家与陆权国家之间的较量。[③] 对麦金德来说，战前的德国同战后的苏联应该是

① Nicholas J. Spykman, *The Geography of Peace*, p. 45.

② Michael P. Gerace, “Between Mackinder and Spykman: Geopolitics, Containment, and After” *Comparative Strategy*, October – December, 1991, p. 347.

③ See Nicholas J. Spykman, *The Geography of Peace*, pp. 78 – 96.

类似的国家，因为两次大战及冷战反映的都是一个心脏地带强国称霸欧亚大陆的努力，也正是这点使它们同海洋国家发生了冲突；但对斯皮克曼而言，两次大战同冷战是两种不同的权势对抗模式。前者体现了海洋国家同心脏地带国家联手同边缘地带强国的对抗，后者则恰恰体现了海洋国家及边缘地带盟友与心脏地带国家及边缘地带盟友间进行的对抗。事实上，我们认为，海洋国家和陆地中心国家并不必然表现为冲突，更多的时候却是表现为合作，这类似英国和俄国的关系，而陆地上的边缘国家之间却可能发生根本冲突，比如法国和德国。陆地上的边缘强国和中心强国也会发生激烈的战争，比如法国拿破仑进攻俄国的战争和二战中的苏德战争。因此将战争仅仅理解为海权国家和陆权国家之间的战争是非常偏颇、片面和不足的，战争形态和国家之间的合纵连横是非常复杂的。此外，我们还必须要注意的是，斯皮克曼对麦金德的理论做出的这一重大修正不仅具有重要的理论价值（即它揭示了边缘地区在人类历史上的重要作用），同时也具有非常深刻的现实意义。这一理论实际上向我们表明：位于欧亚大陆边缘地区国家的任何形式的扩张企图，不仅将受到海洋国家的遏制，而且也将受到其他边缘地区国家及心脏地带国家的围堵，即任何边缘地区强国的崛起，必须且只能以和平的方式来进行。

## 四、美国主导下的世界“均势”结构

斯皮克曼地缘战略思想的核心价值不仅在于揭示了历史上曾交替出现的两种权势对抗模式，而且在于首次明确地阐述了“边缘地带”对美国安全利益的重要性。斯皮克曼模仿麦金德采用了地图投影的技术对其观点进行阐述，但是他的理论把麦金德视野中的“欧洲中心传统”转变为“美国中心现实”。他在采用地图投影技术进行观点阐述时，选择了以西经100度为中央经线，把美国放在世界投影的中心，从而把麦金德的世界观和地理分布观念颠倒过来，把“腹背受敌”的美国变成了牵制全球的美国。此外，斯皮克曼还通过他的以美国为中心的“圆筒投影地图”，[①] 说明美国是一个陆海兼备的国家，由铁路和巴拿马运河把它连成一体，因而“它的东西海岸有跨过大西洋和太平洋达到欧亚大陆东西侧的便利通道”。[②] 斯皮克曼认为，这种以美国为中心的世界地图将清楚地表明相对于欧洲与远东而言美国在世界上所处的实际地位。美国的兴起使其在“这一世界权力分布中发生的根本性的变化”，“足已构成绘制新的世界地图的基础，以配合更加准确地说明国际关系之需要”。[③]

在斯皮克曼生活的时代，美国是一个上升中的“岛国”，因此斯皮克曼的心态与身处衰落帝国之中的麦金德不同。斯皮克曼注重的问题是美国如何控制欧亚大陆，而不是预防来自欧亚大陆的威胁。斯皮克曼的理论所以会受到重视，很大程度上就在于人们都认为它拓展了麦金德在《球形世界与赢得和平》一文中体现的那种乐观主义。麦金德最初感到悲观，是由于他认为技术的发展使心脏地带有可能被单一的国家组织起来，从而最终战胜海洋国家，因此他的“陆间大洋”概念提供了一条防止这种趋势的办法。而斯皮克曼把北大西洋看作是西欧和北美之间的一个大湖，这一点和麦金德的“陆间大洋”概念很相似。斯皮克曼认为，大西洋是古希腊时代地中海的放大版，是西方世界的“中央海洋”，这一地区应该由美国来领导。美国应当用武力来防止其它地区的挑战。斯皮克曼的理论被看

① 圆筒投影法是一种能在同一张地图上将整个地球表示出来的投影法。一般用以表现世界各国政治关系的全球地图往往采用的是墨卡托投影法，其中心在零度经线（格林尼治经线）。这样欧洲就位于地图的中心，而世界其它地区则环绕在它的周围。正是以欧洲为中心出发，才有了近东、中东、远东这些区域概念。斯皮克曼则采用的是以美国为中心的米勒圆筒投影法，不再将美国放在世界的边缘，而将其置于世界的轴心位置。这种投影法表明了其“美国中心论”的思想。

② See Nicholas J. Spykman, *The Geography of Peace*, p. 32.

③ ［美］唐纳德·怀特：《美国的兴盛与衰落》，徐朝友、胡雨谭译，南京：江苏人民出版社，2002 年版，第 50—51 页。

作是对这种麦金德式恐惧的乐观主义化的系统阐述。因为通过与边缘国家的结盟并帮助它们独立，海洋国家能避免让心脏地带国家最终控制这一地区。在二次世界大战中，鉴于德国与日本的结盟意味着这两个国家有可能通过控制边缘地带从而控制整个世界，“美国要保证自己的实力地位，就只能与英国结成同盟”。[①] 因为美国自己的最根本利益是决不能让任何单一势力获得独自控制“边缘地带”的机会。为了达到这个目的，它自己可以与某些“边缘地带”的强国建立联盟，或宁可与“心脏地带”的强国实行联合。同时，为了限制德日联盟势力的扩张，避免德日在“边缘地带”建立强国，美英还必须与苏联结盟，“唯有英美海权与苏联陆权之间全心全意的联盟才能够阻止德国取得对欧亚大陆海岸线的控制权，进而取得对世界岛的统治”。[②] 正是根据这样的逻辑，斯皮克曼对第二次世界大战结束时美英苏的战略联盟表示拥护，并认为这是以实际行动对“边缘地带”重要性的认可。这一点与麦金德对战后国际和平与安全的设计是不谋而合的。

斯皮克曼企望他的理论成为政治行为的实践指南。在这一点上，他与麦金德相比是有过之而无不及的。他认为，美国任何战略的制定都必须基于这一认识——在无休止的权力斗争中，国家之间应相互制约。因此，他认为正义、平等和宽容等价值观在政治家们身上已荡然无存，武力成为支配国家行为的主调。“武力显然是国家生存和创造更美好的世界所不可缺少的工具”，“没有武力支持的政治理想和远见似乎很少有存在的价值。我们西方的民主国家之所以能够继续存在和保持下来，确实应归功于我们自己或我们的盟国有效地使用武力的缘故”。[③] 所以他积极鼓吹美国建立强权政治，以武力征服世界。斯皮克曼的战略构想有两个最关键

① 叶自成主编：《地缘政治与中国外交》，北京：北京出版社，1998 年版，第 53 页。

② ［美］索尔·科恩：《地缘政治学：国际关系的地理学》，第 26 页。

③ Nicholas J. Spykman, *The America's Strategy in World Politics*, pp. 182 – 183.

之处：第一，美国应加强和边缘地区各国的联系，以增加自己的影响力和控制力；第二，不能让美国之外的任何一个国家控制欧亚大陆边缘地区。斯皮克曼指出，“无论在战争时期或和平时期，必须是防止旧世界几个实力中心联合起来反对美国的利益”，①“欧亚大陆上的均势是我们目前作战的目标之一，建立和维持这种均势将是我们在战争胜利后的目标。所以，为了美国的利益，我们仍要继续同那些设法阻止边缘地区结成一体的强国合作”，②“我们在世界上的权力现在受到太平洋彼岸整个半球联合力量的威胁。这种地位取决于欧亚大陆的均势”。③

就世界形势而言，斯皮克曼相信，保持世界主要实力中心之间的均衡将带来世界和平。“如果新世界能按照不平衡的力量的大量主体跨越海洋进行行动的方式联合或组织起来的话，那么它就能影响欧洲和亚洲的政治。如果旧世界保持分裂或平衡的话，那么外部力量就可以在它的政治生命中扮演一种决定性的角色。另一方面，如果旧大陆能够按照不平衡力量的大量主体跨越海洋进行行动的方式联合和组织起来的话，那么新世界就会被包围起来，并且根据其抵抗力量而定，可能不得不屈服于旧世界的要求。”④ 斯皮克曼认为全球有三大世界实力中心，即“北美太平洋沿岸地区、欧洲沿海地区和欧亚大陆的远东沿海地带”，在这三大地区中，欧洲沿海地区对美国最为重要，因为美国最重要的地区都朝向东方，正对着大西洋。德、日联盟的成功意味着他们将会携手控制欧亚大陆的三大实力中心，美国只有与英国携手，才能保住世界强国的地位。对美国来说，美国需在均势体系中充当“平衡者”的角色。为此，美国必须保持在欧亚大陆边缘地带的优势地位，因为这一地理区域的重要性就在于它包括苏联垂涎已久的某些通向沿海地带的地

① Nicholas J. Spykman, *The Geography of Peace*, p. 85.

② Ibid., p. 112.

③ Nicholas J. Spykman, *The America's Strategy in World Politics*, p. 195.

④ Spykman, *The America's Strategy in World Politics*, p. 132.

理屏障和通道。“在美国的安全形势上，最重要的一件事情是谁控制欧洲的和亚洲的边远地区问题。”[①] 二战后，争霸欧亚大陆的控制权由正在衰落的大英帝国转换到新兴帝国美国之手，世界形势由陆权国家与海权国家对欧亚大陆“冲突地带”的争夺转变为美国通过控制兼具海权与陆权优势的“边缘地带”对苏联和中国进行的遏制和围堵。纵观美国地缘战略思维的形成、发展脉络，尽管在不同的历史时期其具体内容不同，但一个不变的特征自始至终贯穿其中，即以陆权国家与海权国家的冲突与对立为前提，以追求海洋空间为重点，以控制欧亚大陆边缘地带为核心，以遏制欧亚大陆陆权国家为目的，以维持欧亚大陆力量均衡为手段的海权国家的地缘战略思维。

正是由于斯皮克曼极其强调地理学与政治权力之间关系的重要性，因而赢得了“美国的豪斯浩弗”的绰号。[②] 在冷战期间乃至以后美国历届政府所奉行的“遏制”战略中，我们都能找到斯皮克曼“边缘地带”学说的踪影。斯皮克曼的理论学说“为凯南及其那些认为西方国家应当加强对边缘地带的控制以遏制苏联防止其通过控制心脏地带从而控制世界岛的人奠定了学术基础”，[③] “每一个熟知麦金德或斯皮克曼著作的人都不可避免地要受到这些地缘政治概念的启示，即扩张主义的‘心脏地带’权力觊觎周围边缘地带的薄弱点”。[④] 英国著名学者帕克指出：“麦金德的理论奠定了美国遏制政策的基石。”[⑤]《争论中的国际关系理论》一书的作者詹姆斯·多尔蒂和小罗伯特·普法尔次格拉夫也认为：“边缘地带假说构成了乔治·凯南在战后提出的下述著名论断的理论基础。这一论断是，要

---

① Nicholas J. Spykman, *The Geography of Peace*, pp. 4 – 5.

② Ibid., p. 84.

③ Michael P. Gerace, “Between Mackinder and Spykman: Geopolitics, Containment, and After”, *Comparative Strategy*, October – December, 1991, p. 364.

④ W. H. Parker, *Mackinder as an Aid to Statecraft*, Oxford: Oxford University Press, p. 192.

⑤ W. H. Parker, *Mackinder, Geography as an Aid to Statecraft*, p. 168.

对苏联实行遏制政策。”[①] 凯南本人早在大学时代“就深受地缘政治学的影响”，[②] 如果他的论述真的与麦金德、斯皮克曼等人的思想概念没有联系的话，这倒成了这位头号“苏联通”的一大缺憾了。因此，“凯南的战略是以斯皮克曼的观点为基础的，更确切地说，是直接以麦金德的思想为基础的”。[③]

## 五、与麦金德地缘战略思想的整体比较

应该说，斯皮克曼和麦金德都属于现实主义学派的重要代表人物，“从本质上来说都是为西方文明的主要威胁提供了相同的分析和指示”。[④] 在理论方面，两人都属于陆权学派，都是从地理的视角分析了陆权对于国际政治的重要影响，并都主要将陆权和海权的政治较量作为论述的基础。斯皮克曼在就陆权重要性方面完全接受了麦金德的观点，他的“边缘地带”理论是“对马汉海权学派、拉采尔的空间论和麦金德陆权论的综合，同时有所修改，发展”。[⑤] 即使面对当时海军和空军力量的发展并显示出战略上价值的情况，斯皮克曼仍然指出，第二次世界大战的过程证明，海军和空军脱离了陆地的支撑很难达到明显的效果，军舰和飞机没有陆上基地是不能起作用的；因此，基地力量就始终是决定性的因素。“空军不仅仅是飞机

---

① ［美］詹姆斯·多尔蒂、小罗伯特·普法尔茨格拉夫：《争论中的国际关系理论（第五版）》，阎学通、陈寒溪等译，北京：世界知识出版社，2003 年版，第 72 页。

② 张小明：《乔治凯南遏制思想研究》，北京：北京语言学院出版社，1994 年版，第 133 页。

③ Geoffery Parker, *Western Geopolitical Thought in the Twentieth Century*, p. 137.

④ Colin S. Gray, “In Defence of the Heartland: Sir Halford Mackinder and His Critics A Hundred Years On”, *Comparative Strategy*, December 2004, p. 16.

⑤ ［美］尼古拉斯·斯皮克曼：《和平地理学》，刘愈之译，北京：商务印书馆，1965 年版，“出版说明”部分，第 1 页。

而已，而是飞机加基地。反过来说也是正确的。”[①] 基于此，他把海空力量视为在陆地取胜的辅助手段，并认为海空力量即使在“边缘地带”也不能单独决定胜负。这些观点意味着斯皮克曼并不认同海权论和空权论的绝对化倾向，而是把陆权视为一种不可替代的重要力量。此外，斯皮克曼对麦金德的“世界岛”理论也是基本上认同的，在“本质上，斯皮克曼与麦金德持同样的全球观”。[②] 他只不过以美国为例进一步阐发了这个著名理论，即对于海权国家来讲，“世界岛”是提供力量平衡的关键，保持与其有关的力量均衡属于海权国家的根本安全利益。美国在短时间内被迫参与第一次世界大战和第二次世界大战的目的，就是要防止“世界岛”落入某一强大势力的手中。正是基于这种分析，斯皮克曼提出了他的著名论点，即一个国家的地理位置决定着其安全问题的性质，并由此决定着它采取什么样的政策和行动。他的“边缘地带学说”实际上是“大陆心脏地带学说”的“著名的倒式”，正是由于这种倒式使得人们对陆权和海权关系的理解更加完整，也使得地缘政治学的陆权理论因这种发展而变得更加深刻、深化和全面。麦金德虽然在其地缘战略理论中提出了“内新月地带”和“外新月地带”的思想，也讨论了它们与“心脏地带”的关系，但对这个命题作出系统展开的却是斯皮克曼。“边缘地带”理论是斯皮克曼在麦金德的基础上进一步对“内新月地带”和“外新月地带”的划分作了发展和扩大。这对理解“边缘地带”的性质和形态都有着不容忽视的意义。应该说，斯皮克曼以批判的态度进一步发展了麦金德的陆权理论，并在很大程度上完善了有关陆权的地缘政治学理论。

当然，如果说两人有什么不同的话，那么只能说斯皮克曼的“边缘地带”学说质疑和翻转了麦金德的“心脏地带”学说，在地缘政治的重要性上提出了相反的结论，这是他们之间的最大不同点，其主要原因是由于两者对世界观察的视角不同。这一点已经

---

① Nicholas J. Spykman, *The Geography of Peace*, p. 74.

② ［美］索尔·科恩：《地缘政治学：国际关系的地理学》，第26页。

在上面做出过详细的分析，此处不再赘述。斯皮克曼是从西半球看东半球的，东半球主要就是欧亚大陆，但“以西半球为中心的圆筒投影地图，给我们提供了一幅美国的地理位置与世界其余地区关系的图景”。[①] 他强调新世界在地理上被旧世界的一些地块所包围，但新世界和旧世界的结合是一幅更完整的全球世界的景观。就此，斯皮克曼提出，全球和平植根于对整个世界地理，包括地表所有区域的理解。他认为，“现代国家不论是在战争时期或和平时期都要以全球的观点来进行政治的和战略的思考，这样才能保持住它们的实力地位。因此，凡是健全的地缘政治分析，都是以反映有关的一国或几国在地球上位置的世界地图为基础的”。[②] 此外，两人学说的另外一个不同点反映在理论对政策和现实领域的影响方面。麦金德的理论确实影响了一些西方海洋国家和大陆国家的政策选择，但主要是德国；而斯皮克曼的理论则受到更多国家的重视，特别是美国。严格地说，在地缘政治学理论中真正获得应用的理论是斯皮克曼的理论，而麦金德，可能还有马汉，虽然他们所给出的地缘政治格言至今仍然为人们所熟知，但他们的理论只是提供给人们观察和分析国际政治现象的某种方法和工具，对一些国家的政策只是产生了某种微妙的影响，并未被直接采用。斯皮克曼的“边缘地带”理论则在战后美国政府那里得到了直接应用。第二次世界大战后，美国政府长期推行的冷战与遏制战略及控制“边缘地带”的霸权扩张政策就从这一学说中找到了直接的“政策依据”。“当20世纪80年代美苏冲突的突然加剧再次证明了麦金德理论的适用性时，冷战后这种冲突的下降却使得斯皮克曼的理论比以前更加适宜。”[③]

---

① Michael P. Gerace, “Between Mackinder and Spykman: Geopolitics, Containment, and After”, *Comparative Strategy*, October – December, 1991, p. 364.

② Nicholas J. Spykman, *The Geography of Peace*, p. 20.

③ Michael P. Gerace, “Between Mackinder and Spykman: Geopolitics, Containment, and After”, *Comparative Strategy*, October – December, 1991, p. 361.

## 六、结语

在西方地缘战略思想史上，很少有哪种理论像斯皮克曼理论一样主要是由于人们的误解才产生了重大影响。这是因为战后边缘地带在美苏间的分裂使人们总是从麦金德的立场来理解斯皮克曼的理论，但这两者之间实际上存在着很大的区别。对麦金德来说，由于海权和陆权的对抗是压倒性的主题，因而它的消失也就意味着大国间和谐关系的开始，但对斯皮克曼而言，“一种对抗模式的消失只不过会根据新的世界权力中心将会被另一种对抗模式所代替”，① 而这点对我们理解冷战后的世界政治格局具有重要意义。无论是麦金德的“心脏地带”理论，还是斯皮克曼的“边缘地带”理论，尽管其理论内容各有千秋，甚至存在着某种程度的矛盾对立，但对世界权力中心的判定都是他们关注的焦点之一。从国际政治的现实来看，这两种理论都不同程度地对整个国际政治格局和大国的对外战略产生了重要影响，运用得当且妥善处理世界权力转换关系者将因此受益而崛起，运用不当乃至盲目走向片面追求世界权力中心的极端者则会给世界同时也给自身造成了深重的灾难，这不能不说是历史留给后人的深刻教训。

① Michael P. Gerace，“Between Mackinder and Spykman：Geopolitics，Containment，and After”，*Comparative Strategy*，October - December，1991，p. 361.

# 后冷战时代的国际秩序与中国的战略选择

董庆安

【内容摘要】随着新兴经济体的群体性崛起，西方主导的国际秩序进入了转型与重塑阶段。在这一背景下，中国的外交战略必须立足于自身的发展，坚持以发展自己、改变世界的情怀，以强化与新兴大国和中等强国的互利合作为牵引，巩固和强化以“发展中国家为基础”的外交布局，凝聚新兴经济体和广大发展中国家的力量来增强与西方大国互动的能力，在与西方大国构建新型大国关系的指引下，增强重塑国际秩序合法性，以和谐世界理念为核心，在和平崛起的过程中完成国际秩序的重塑。

【关键词】国际秩序　新兴大国　中国　对外战略

自从威斯特伐利亚确定国际秩序以来，西方大国一直成为国际秩序的主导者，非西方国家则处于国际秩序构建的边缘。显而易见，现代国际秩序是一个西方大国主导的秩序，反映了西方国家的特殊利益和支配性权力。然而，随着新兴经济体的群体性崛起，国际秩序进入了转型重塑的阶段。在国际秩序重塑的关键时期，中国作为世界上最大的发展中国家和非西方崛起的大国，面临着西方大国和国际秩序结构的双重压力，在此背景下，如何谋划自身的对外战略是本文着重探讨的问题。

## 一、国际秩序的权力属性及其对国际政治的影响

秩序是社会得以正常运转的重要组成部分，是追求社会生活基本或主要目标的行为方式，是由共同利益观念、规定行为模式的规则和使这些规则发挥效力的制度等因素所维系。① 从根本上说，秩序是由一系列的规则、制度、惯例、法律、法规等构建而成。我们知道，国内社会由于有统一的中央权威，其秩序的建立也比较容易和实施，但国际社会由于缺乏统一的中央政府，其秩序的构建和运行机制也是大大有别于国内社会。从近代民族国家形成以来，国际秩序的构建和形成无不贯彻着两条基本的原则，即以主权为核心的“自立”原则和以权力为核心的“他立”原则。无论是最初的威斯特伐利亚时代的秩序、维也纳体系时代的以“大国协调”为基础的国际秩序，还是冷战时期的两极霸权国际秩序，莫不如此。

自《威斯特伐利亚和约》签订以来，以领土主权为实质的民族国家逐渐成为国际关系的主要行为体，国家体系也得以确立。威斯特伐利亚体系的诞生对于国际关系来说，其重要意义在于开启了现代国际秩序的一条基本准则，即主权原则，其基本内涵包括：国家拥有领土，在它所管辖的领土范围之内，国家有着最高的权力；所有国家享有平等的主权，没有更高的权威凌驾于国家之上，没有国际政府可以对国家发号施令；国家有使用武力的合法权利，在现代国际体系中，只有代表国家的政府才能合法使用武力。② 在主权原则

① ［英］赫德利·布尔著，张小明译：《无政府社会：世界政治秩序研究》（第二版），北京：世界知识出版社，2003 年版，第 43 页。

② 秦亚青著：《权力·制度·文化》，北京大学出版社，2005 年版，第 57 页。

基础上，国际法确立了国家间和平共处的最低限度原则，即所有国家在法律面前一律平等。应当说，《威斯特伐利亚和约》确立的主权平等原则不仅确保了新兴的民族国家成为国际体系中的核心行为体，同时也成为近代以来指导国家间关系最经典、最具生命力的基本准则。和约签订后长达几百年的时间里，主权平等原则依然是解决各国间矛盾、冲突的基本准则之一，和平共处、不干涉内政等都是对主权平等原则意义的延伸。

当然，主权平等的绝对性也是有一定限度的，在赫德利·布尔看来，国家在以主权维护自主性的同时，也必须遵从一定的国际秩序，即维护国家社会基本、主要或普遍目标的需要：维护国家体系和国家社会本身的生存；维护国家的独立或外部主权；以和平为目标；维系国际社会的一些基本或主要目标的需要，如对会导致死亡或身体伤害的暴力行为加以限制、信守承诺、依据财产规则使得所有权具有稳定性等。[①] 这些普遍的目标可以说是从主权原则基础上或者为了维护主权原则而衍生扩展出来的。一个国际行为体为维护自身的主权也必须尊重其他国际行为体的主权，从而使得主权的绝对性也具有了相对性，使得主权原则在维护国家自主、独立的同时，也造就了国家社会体系的形成与维持。根本上，正是独立的政治共同体有了主权原则的护身符，现代国际体系甚至英国学派所称的国际社会才有了形成的可能和基础，国际秩序也随之得以构建和运行起来。

然而，主权的“自立”原则虽然确立了民族国家的自主与独立，但国家主权至高无上的地位也使国际体系处于一种权力分散的状态，即无政府状态。以英国学派的国际社会思想看，从国际体系过渡到现代国际社会，需要一定的规则、制度安排、国际机制的建设以及相应地保障机制，即国际秩序。在没有中央权威的国际社会中，国际秩序是如何得以构建和维持的呢？现实告诉我们，国际秩序只能

---

① 赫德利·布尔著，张小明译：《无政府社会：世界政治秩序研究》，第13—15页。

按照现实主义的“自助”原则为基础，通过“契约”方式构建和运行。但是，国际秩序和国内秩序又存在相同的基本内核，即都渗透着权力意志。其根本原因就在于赫德利·布尔所指出的，“构成国际社会的国家所拥有的权力是不平等的”。[①] 也就是说，国家权力的大小是构建和影响国际秩序的主要变量，大国的能量和特殊的使命使其在国际秩序的构建和运行方面被赋予了特殊的责任。大国的责任主要通过两个途径来实现：大国须处理好相互间的关系；运用自己超群的实力地位，在一定程度上左右整个国际社会的事务。[②] 其实，这个不成文的原则从近代民族国家形成以来就一直主导着国际秩序构建与运行。19 世纪拿破仑战争后，当时的主要大国为了避免战争，通过维也纳会议确定了“大国一致”的原则，即大国之间基本接受在维持合作、防止战争的基础上的实力均衡。大国共同维系国际关系的基本准则，避免战争的爆发，共享经济利益，构建维护自身利益的价值观念，确保成员国间互相尊重，运用危机管理机制来构建战后欧洲国际秩序。[③] 以大国一致为原则的均势体系维持了欧洲百年的整体和平。而二战后国际秩序更是几个大国在二战期间通过几次重要的国际会议及其通过的重要国际文件为基础构建的，确立了以美、苏、英、中、法五大国为主导的新国际秩序结构。这一新国际秩序结构在政治上的典型体现，就是在反法西斯战争即将胜利之时大国主导建立的联合国及以大国合作构想为原则演变而来的两极霸权秩序。在经济上则为由美国等西方大国主导建立的国际货币基金组织、世界银行以及关税及贸易总协定所组成的布雷顿森林体系。

国际秩序由于有了权力的支撑，其构建、运行和更替不仅呈现大国争霸的历史宿命，更不可避免地渗透着大国的利益、意志和

① 赫德利·布尔著，张小明译：《无政府社会：世界政治秩序研究》，第 164 页。

② 同上，第 165 页。

③ Robert Jervis，“ A Political Science Perspective on the Balance of Power and the Concert ”，*American Historical Review*，June 1992，p. 723.

地缘战略等因素。历史也证明，国际秩序的建立与运行无不体现了主导国家或主要大国的利益和意志，当然这不一定完全是那种狭隘自私的利益。为此，可以说，国际秩序并不是社会所有成员追求共同利益的工具，而是社会中居主导地位的成员追求自我特殊利益的手段。任何一个秩序都主要是服务于社会中占统治地位或主导地位的成员的利益，而不是主要服务于社会其他成员的利益。从这个意义上看，国际秩序的权力因素引发的另外一个国际政治后果就是，国际社会中的国家实际上又处于不平等地位，即国际秩序是建立在否定国际法所界定的“国家无论大小一律平等”的基本理念基础上的。正如有学者指出的，在当代国际关系中，威斯特伐利亚体系拥有双重参考价值，它既包含国际法基础上主权国家间平等关系的一面；也包含现代国际秩序中国家间等级性权力结构关系的一面。[①] 所以，从主权和国际法层面来讲，国家是独立而且平等的，但从现实和权力的观点看，国家间又存在着基于能力的等级差别。

既然以大国为主导的国际秩序是以大国意志或利益为基础，那么“他立”的国际秩序就不可避免地会体现出一定的倾向性，其对国际政治影响也是深远的。首先，大国既是“他立”的国际秩序的构建者，也是其义务的承担者。众所周知，大国在国际社会中的特殊性就在于其对国际事务承担着特殊的责任和义务，大国始终处于国际社会舞台的中心。一部世界史就是一部大国关系的历史，任何国际关系学者和政客都离不开以大国的兴衰更替作为研究国际事务和国际关系的根本出发点。德国著名历史学家、客观主义史学创始人利奥波德·冯·兰克（Leopold von Ranke）在总结欧洲关系历史的时候，就将欧洲国际关系史归结为“大国关系史”。同样，大国对国际秩序的作用和意义也是如此。赫德利·布尔认为，大国由于权力的优势不仅使得国际关系格局简单化，

① Richard A. Falk: *The Declining World Order: America's Imperial Geopolitics*, Routledge, 2004, p. 8.

确保某些国家说话算数，其他国家没有什么发言权外，还有助于国际秩序的维持，具体包括：维持总体均势；努力避免在相互关系中发生危机或者努力控制相互间业已发生了的危机；努力限制或遏制相互间的战争；单方面利用自身在局部的主导地位；相互尊重对方的势力范围；根据大国一致或共管的理念，采取联合行动。

虽然大国是国际秩序的构建者、维护者与运行的主要承担者，具有一定“自由行动”的能力，但也要受到已经构建起来的国际规范、国际机制、国际法等国际秩序的制约和限制。国际秩序是大国在充分考虑自身利益的基础上构建起来的，但它也必须充分考虑其他成员国的利益，更多的时候是“协调”的结果，尤其在“大国无战争”的后冷战时代，各国对国际秩序效能的维护和强调同样也对主导国家起着制约作用。虽然大多数国家的利益和诉求不可能全部得到体现，但也不能完全忽视他们的利益诉求。也就是说大国主导的国际秩序必须要有相当程度的国际合法性，要获得国际体系内其他多数成员的认同，否则也是独木难支。同时，由于国际社会组织的客观实在性，国际秩序形成后就会形成不完全以大国意志以转移的而具有自身运行特点的规律，大国也要受到这种规律的制约。因此，国际秩序得以存在和正常运行的基本前提就是大国也必须遵守国际规则，维护国际规则架构的正常运行，就是当今的唯一超级大国也不能完全无视国际秩序的存在。另外，由于国际秩序的大国主导原则和不稳定性，随着大国相对实力的此消彼长和国际环境的变化，国际秩序也必将面临着不断地调整和变革，从而也迫使大国必须调整自身在世界权力结构中的权力配额，以适应变化了的国际格局。当今以新兴大国的群体性崛起为代表的第三次权力转移不可避免地对美国等西方大国主导的国际秩序提出了挑战，国际体系中权力的格局、秩序的调整和重塑已不可避免，这不仅是新兴大国必须面对的挑战，同样也给国际秩序主导大国提出了难题。

其次，大国主导的国际秩序对国际社会中的中等强国或正在崛起的地区大国来说，[①] 它既为这些国家的发展成长提供了空间和机遇，甚至为那些自我创新与革新能力强的国家从地区大国迈向世界大国提供了舞台。与之相伴的是，既有的国际秩序也给它们造成了结构性压力，这不仅体现在对中等强国或地区大国自身的压力，而且也体现在这些国家在塑造地区秩序过程中将不可避免地遇到一些难以克服的困难。

在大国主导的国际秩序中，中等强国由于实力所限，只能在“悄悄外交（quiet diplomacy）”的思想指导下，满足于扮演幕后角色和国际事务“参与者”的角色，乐于从杂乱无章的国际事务中推出切实可行的妥协方案，并最大化地合理利用国际社会的规则、章程、机制和组织程序，以此弥补中等强国战略资源不足的先天缺陷。[②] 基本上，中等强国通常会选择“搭便车”战略，即依附或追随超级大国的政策，或者游离于大国之外实行不结盟战略和大国平衡战略，以博取它们在世界体系中的位置。比如冷战时代的印度，当今的东盟。当然，也不排除有些中等强国和地区大国怀有强烈的修正野心，试图成为体系的霸权国家，如二战前的德国、日本等。也正是由于存在修正国家的可能性和国际社会的无政府性，体系中霸权国家往往又以现实主义的姿态审视世界，会以它掌握的国际秩序资源限制和延缓这些中等强国或地区大国的崛起，特别是那些与霸权国具有不同意识形态、不同价值观，难以协调认同的那些国家。

① 按照我国学者王逸舟的界定，“中等强国”是限于那些地区大国或至少有较大地区影响力的国家（这样人口较少的以色列进入这一行列，而人口较多的斯里兰卡被排除在外），它们或者拥有相当数量的人口（如印度和印尼），或者拥有某种核威慑能力（如伊朗或墨西哥），或者拥有特别的地理重要性和战略价值（如以色列），或者拥有一定规模的特别高的人均 GDP（如比利时和荷兰），或者拥有较强的联盟能力和外交能力（如波兰和马来西亚），或者拥有公认的高科技创新力（如日本和韩国）。它们中有不少历史上就是地区大国甚至世界强国，在区域政治或国际关系中起着重要的作用。参见王逸舟：“中等强国——对国际社会等级结构的一种调研”，http：//www.china - review. com/sao. asp？id =5157.

② 钱皓：“中等强国参与国际事务的路径研究——以加拿大为例”，《世界经济与政治》，2007 年第 6 期。

随着中等强国或地区强国的崛起，其参与国际事务和塑造地区国际秩序的能力和愿望都在增强。中等强国不仅是新兴经济体，具有良好的发展潜力，更为重要的是，它们一般都是地区大国和所在地区区域性组织的核心成员，是地区秩序构建的主要承担者和实践者。由中等强国或地区大国主导的地区秩序由于其互动的方法、方式、规定、安排、体制的差异而不能简单地等同于地区范围内的国际秩序。而随着二战后地区化和地区主义的发展，更不能简单地用国际秩序的思想来理解地区秩序与国际秩序之间的关系。[①] 这必然造成以美国等西方大国为主导的国际秩序与中等强国或地区大国致力于构建的地区秩序之间的利益分歧或矛盾。当今世界，任何地区秩序的构建都不能不考虑大国主导的国际秩序的存在。比如，随着中国的日益崛起和参与地区事务的增加，中国在进入亚洲地区秩序方面，就不得不在某种程度上接受美国主导的霸权秩序。[②] 正如庞中英在论述亚洲秩序时指出的，“强大的美国霸权秩序的存在是亚洲地区整合的阻碍因素”，[③] 其实当今任何地区秩序的构建又何尝不是如此。

最后，大国主导的国际秩序对国际体系中大部分中小国家来说，虽然它们的权利曾经常常受到忽视，但在“求和平、谋发展、促合作”的后冷战时代，广大中小国家越来越成为大国主导的国际秩序获得合法性的重要源泉。国际社会中，大国的数量是有限的，中等强国也是不多的，那么其余大部分都是中小国家或弱国。从主权原则和国际法的视角看，广大的中小国家在国际社会中享有平等的权利，在联合国大会中享有平等的发言权和投票权。但权力因素的介入又使得广大的中小国家难以在国际体系中享有平等的权利，其要求往往也被忽视或置之不理，“弱国无外交”就是对这种现实的最真

---

① 庞中英：“亚洲地区秩序的转变与中国”，《外交评论》，2005 年第 4 期。

② G. John Ikenberry and Michael Mastanduno, eds, *International Relations Theory and the Asia－Pacific*, NY：Columbia University Press, 2003.

③ 庞中英：“亚洲地区秩序的转变与中国”，《外交评论》，2005 年第 4 期。

实的写照。冷战时期，政治上，广大新独立的发展中国家被美苏两个超级大国划分进不同的势力范围，中小国家常常处于没有发言权的地位，它们的利益诉求往往由于大国利益或大国政治的需要而受到压制。如上世纪50—60年代东欧国家的改革努力，被苏联强权捻得粉碎，“布拉格之春”也变成了“布拉格之冬”。在经济方面，在资本主义世界，以美英为首构建的布雷顿森林体系，在国际贸易与国际金融领域形成了国际性的制度安排，构成了战后国际经济秩序的基本法律框架。随着时间的推移，虽然国际情势发生了巨大的变化，但国际政治经济秩序并没有作出实质性调整以适应已经变化的国际现实，一直延续到现在，尽管发展中国家从上世纪60年代开始就提出了改变不合理的国际经济政治旧秩序的主张。

尽管当今的国际社会依然呈现出国际无政府状态下权力政治的一面，但随着经济全球化和区域经济一体化的发展与深化、随着国际机制的不断规范和发展、强权政治的不得人心等新形势的发展，传统的权力政治愈来愈呈现出软化的趋势。软权力和国际合法性越来越成为大国追求霸权、领导权和国际秩序主导权的一个重要变量。大国权力的竞争已逐渐由原来的军事征服变成了通过给小国、弱国提供安全保障这样的好处，来换取小国在政治上的支持和追随。[①] 在国际社会法制化和规制化的持续进程中，小国尤其是团结起来的弱小国家不再是任人宰割的羔羊，毕竟在联合国和其他多边国际舞台上，它们也享有平等的投票权。大国主导的国际秩序不能不照顾发展中小国的实际利益，战后美国就是通过利益输送和利益交换的方式获得了部分小国的认同和追随。

① David A. Lake, “Escape from the State of Nature: Authority and Hierarchy in World Politics”, *International Security*, Vol. 32, No. 1, 2007, pp. 47–76.

## 二、国际秩序重塑背景下中国外交战略困惑

自冷战结束尤其是进入21世纪以来，国际社会出现的一个重大特征就是以中国为首的新兴大国的整体性崛起，这似乎已是不争的事实，特别是2008年开始并持续发酵的全球金融危机、欧洲债务危机，更是加速了西方的衰落进程，同时也为非西方大国的崛起提供了更好的契机。据统计，21世纪头10年，新兴经济体平均经济增长率超过6%，其中，中国超过10%、印度超过7%、俄罗斯超过6%，“金砖国家”整体平均增长率超过8%，远高于发达国家2.6%的平均增长率及4.1%左右的全球平均增长率。[①] 而作为新兴经济体“群体性崛起”代名词的“金砖国家”在全球经济中的比重已占到25%，并还将呈继续扩大之势。而根据提出“金砖四国”概念的高盛首席经济师奥尼尔预测，到2018年“金砖国家”的GDP有望超过世界最大经济体美国，到时“世界会变得看起来不一样”。[②] 随着西方世界经济持续的低迷，新兴国家对世界经济的推动作用日益凸显出来。按照IMF测算，发达国家对全球经济的贡献率从1990年的88.6%下降到2010年的约30%，而“金砖国家”对世界经济增长的贡献率却从1990年的-0.6%上升到2010年的60%以上。[③] 以“金砖国家”为代表的新兴经济体已经成为拉动全球经济增长的火车头。

新兴国家的崛起还体现在它们在国际货币基金组织、世界银行

① 新兴经济体蓝皮书《金砖国家经济社会发展报告（2011）》，社会科学文献出版社2011年版。见中国经济网，http://finance.sina.com.cn/roll/20110407/14269651854.shtml。

② 中国新闻网，“金砖之父奥尼尔预测：金砖五国2018年GDP超过美国”，http://finance.qq.com/a/20110415/003974.htm。

③ 求是理论网，“‘东西阵营’全球影响力新调整”，http://www.qstheory.cn/gj/gjgc/201205/t20120524_159566.htm。

等主要国际经济机制之中的投票权的提升。2010 年 10 月在韩国召开的二十国集团峰会正式达成协议，向“金砖国家”等新兴经济体国家转让 4.6% 的 IMF 股份。中国在 IMF 的份额权重从 3.72% 提高到 6.394%，排名从第六位上升至第三位；印度份额提高到 2.751%，居第八位；俄罗斯份额提高到 2.706%，居第九位；巴西份额提高到 2.316%，居第十位。至此，中国、印度、巴西和俄罗斯四国均成为 IMF 前十大份额持有国，四国份额累计首次达到 14.163%，在 IMF 的话语权得到较大提高。这是 IMF 成立 65 年来最大的治理权改革成果。此外，中国、印度在世界银行的投票权也从原来的 2.77% 分别升至 4.42% 和 2.91%，中国的投票权由原来的第六位跃居第三位，仅次于美国和日本，印度的投票权上升到第七位。整个发展中国家投票权重从 44.06% 提高到 47.19%。新兴经济体地位提高而发达经济体地位下降的事实得以确立。①

新兴大国经济的崛起使得它们与传统大国之间在硬实力上的差距在不断缩小，与之相伴随的是它们的软实力也呈逐渐加强之势。从现实主义的视角来看，这将不可避免地带来国际权势的转移，由此引发世界权力愈益分散化的趋势。正如美国专栏作家扎卡利亚指出的，当前我们正经历着以“新兴大国和发展中国家等他者的崛起(the rise of the rest)”为标志的第三次权力转移。② 而权力转移在当代国际社会显现的最重要结果就是新兴大国对西方大国主导的国际秩序提出了挑战，也就是说国际秩序不可避免的调整是权力转移的外在体现。其实，国际秩序的调整一直是构成历史发展进程的一个不可或缺的部分，就像大国的兴衰构成了波澜壮阔的世界历史一样，国际秩序也必然随着大国的兴衰更替而进行调整。正如美国前国务卿基辛格博士所言，国际秩序其实是非常不稳定的东西，因为构成

① 新兴经济体蓝皮书《金砖国家经济社会发展报告（2011）》，社会科学文献出版社，2011 年版。转引自姜跃春：“新兴经济体崛起及其对世界经济格局的影响”，《国际问题研究》，2011 年第 6 期，第 85—86 页。

② ［美］法里德·扎卡利亚著：《后美国世界：大国崛起的经济新秩序时代》，赵广成、林民旺译，北京：中信出版社，2009 年版，前言，第 5 页。

秩序的因素在不断流动和变化。国际秩序出现调整的周期越来越短，从《威斯特伐利亚和约》后产生的150年的秩序，到维持了近100年和平的维也纳体系确立的“大国协调”为原则的秩序，再到维持了近半个世纪的以冷战为机制的雅尔塔秩序。[①] 这不仅说明国际秩序的调整有历史的必然性，也从另一个侧面说明了构成国际秩序的要素自身的变化在加快，国际秩序的重构有常态化趋势。

无论是威斯特伐利亚时代的国际秩序，还是维也纳会议确立的“大国协调”秩序，以及二战后雅尔塔体系下的秩序，它们都有一个共同特征，即都是在西方世界主导下构建的。西方国家构建的以国际法、主权理念、民族国家理念、国际机制、国际规范的制定和完善等为基础的国际关系准则，不仅奠定了现代文明的坚实基础，同时也成为以往国际秩序体现西方国家价值观和利益的工具。至今，现代国际社会都还在延续着西方国家对国际秩序的主导，非西方国家一直处于构建国际秩序的边缘化地位。然而，以中国为代表的新兴大国的群体性崛起不仅对现实主义所标识的世界权力结构构成了冲击，而且从更深远的意义上讲是对西方的“普世价值”文明及以此为基础构建的国际秩序的挑战。这预示着西方大国主导国际秩序时代的终结，非西方大国开始探索回归国际秩序舞台的中心，由此全球进入了国际秩序转型重塑的过渡阶段。

作为世界上最大的发展中国家、世界第二大经济体，以及联合国安理会的常任理事国，中国今日的地位无疑为我国重塑国际秩序提供了巨大的战略机遇。这个过程不可避免地会与国际秩序的传统主导大国产生利益和战略上的错位，甚至与它们的互动已经超越具体问题而转向理念竞争、制度安排和规则博弈。双方在意识形态、制度文化、发展阶段的巨大差异使得中国面临着西方大国和国际体系结构的双重压力。西方国家仍力图牵制中国崛起的战略走向，对中国的“软包围”并没有放松，对中国两面下注的心态十分明显。

---

① ［美］基辛格：《大外交》，顾淑馨、林添贵译，海南出版社，1998年版，第779页。

一方面，随着国力的增强，特别是2010年超越日本成为世界第二大经济体后，中国发展中国家的身份常常受到一些组织和个别学者的质疑，甚至要求中国按发达国家的标准承担国际责任，甚至国外一些人将中国与美国并列，希望中美一道“共治世界、领导世界”，并提出了G2的构想和模式。[①] 另一方面，一些国家尤其是西方大国又对中国的崛起充满了戒心和忧虑。我们常常能看到和感受到它们的冷嘲热讽、抹黑打压、苛求指责和保护主义等。如北京奥运火炬传递在伦敦、巴黎的严重受阻，当时的场面让很多人还记忆犹新；2012年伦敦奥运会上中国运动员频频受到不公正对待。当看到中国与亚太国家经济相互依赖甚至一体化进程取得进展进而威胁到美国的主导位置时，美国先后从伊拉克战争、阿富汗反恐战争匆匆抽身，从政治、经济、军事、外交等全方位重返亚太，实施“再平衡”战略。我们固然不能用冷战的思维看待这一战略，但其中的蕴意我们必须明白。西方国家是真心实意地欢迎中国崛起吗？是否真正认同中国经济的发展模式？更不用说中国的政治制度文化！其实，国际秩序的重塑不仅会削弱西方国家的权力，更会挑战它们赖以立国或生存的价值理念。如何在这种利益与价值理念的分歧或冲突中实现包容共进，是国际秩序重塑时代中国必须要解决的重大战略性问题。

---

① 鉴于中美两国国力差距快速缩减、两国在国际经济、贸易、环境、及各自所处发展阵营的重要地位，美国知名经济学家弗雷德·伯格斯滕（C. Fred Bergsten）在本世纪初提出了“两国集团”（Group of Two或G2）的概念。美国总统奥巴马2009年上台后，作为中美之间的一个非正式特殊关系，外交政策专家开始对该概念在经济领域外的含义进行了更广泛的研究探讨。“两国集团”比较有名的倡导者包括美国前国家安全顾问兹比格涅夫·布热津斯基（Zbigniew Brzezinski）、前美国常务副国务卿及世界银行第十一任行长罗伯特·佐利克（Robert Zoellick）、世界银行首席经济学家林毅夫、历史学家尼尔·弗格森（Niall Ferguson）等人。

## 三、国际秩序重塑时代的中国战略思维

在国际秩序正被重塑的时代背景下，中国的战略选择必须从优化国际和国内两个大局出发，以国家大战略的视野实现国际和国内环境的协调互动，也就是立足于自助原则、以利益平衡为手段和以民族复兴为目标，实施竞争发展与包容合作并行的崛起战略。为此，中国须从以下几个层面立足、加强与创新。

首先，以经济发展为中心不动摇，在坚持改革开放战略的基础上发展自己、影响世界。国际秩序的重塑是国际权力重点转移的结果，而这种转移是国际实力对比发生变化的反映。所以，正在崛起并决心致力于担负大国责任的中国，在重塑国际秩序的进程中必须立足自身，按照既定的基本战略规划发展和壮大自己。正如习近平总书记所用的“打铁还需自身硬”一样，这句谚语生动而通俗地总结了我党当前面临的机遇与挑战，国际社会何尝不是如此，甚至更能体现这句话的现实意义所在。中国只有真正实现了民族的复兴崛起，世界才会聚焦于中国，国际秩序的重塑也才会体现以中国为首的新兴大国和地区强国的利益诉求。

自新中国成立以后，我国在改造旧社会创造新生活的前30年社会主义建设中，经济上“大干、快干、盲目浮夸”；政治上“上纲、上线、以阶级斗争为纲”，如此走过了一段激情燃烧的岁月。在坚持“革命与战争”的时代主题下，全国“备荒、备战”，立足于“早打、大打”，错过了一段发展的机遇期。正如邓小平一再总结的，由于犯了“左”的错误，使我们在世界蓬勃发展时期失去了一次机会，还不如周边一些国家和地区发展得快。由于激进的革命政策和“世界革命中心”的任务，中国的国力反而下降了不少。从1955年到1980年，中国和日本的经济发展形成鲜明对比，期间中国经济占世

界的份额由4.7%下降到2.5%，而同期日本则从2.5上升到10%。[①]在此期间，中国刚开始和苏联一道构筑社会主义联盟，挑战美国及其主导的国际秩序。中苏分裂后，中国单独挑起了世界革命的任务，独自扛起了反对国际秩序的大旗。

幸运的是，十一届三中全会后，邓小平及时地纠正了对时代的认识，逐渐将国家发展重心从“以阶级斗争为纲”的国内斗争转移到“以经济建设为中心”的社会主义现代化建设上来，由此开创了中国经济起飞的黄金时期。通过30多年的努力，我国的综合国力取得了巨大进展。尤其是进入新世纪后，中国综合国力的增长更为瞩目。快速的经济增长使得中国GDP占世界总量的比例从1991年的近4.2%增长至2010年的13.6%（按平均购买力平价计算）。而中国经济的增长在进入新世纪的头10年更是引人注目，其GDP的总量在2005年超过英国成为世界第四大经济体，在2007年超过德国成为世界第三大经济体，在2010年超过日本成为世界第二大经济体。与此同时，中国经济快速增长也给整个世界带来了巨大的发展机会，特别是最近几年，随着全球金融危机的爆发及其持续的发酵，在积极保增长的政策驱动下，中国更是成为拉动世界经济增长的重要驱动力。按新增GDP计算，中国2006年超过美国，2009年超过欧盟，成为推动世界经济增长的最大贡献者。[②]而中国在世界市场中的份额更是不断扩大，2009年，中国以12016亿美元的出口总额超过德国成为世界第一出口大国。据预测，到2016年，中国有望超过美国成为世界第一大贸易国，现在中国已成为日本、南非、巴西的最大贸易伙伴，并且也已取代美国成为沙特最大的石油用户。中非贸易额已从1992年的105亿美元攀升至2011年的1600多亿美元，平均增速达27%，中国已成为非洲最大的贸易伙伴。[③] 2012年中国与东盟

① 世界银行：《1982年世界发展报告》，中国财政经济出版社，1982年版，第21页；《人民日报》，1988年4月6日。

② 卢峰：“测量中国”，《国际经济评论》，2012年1月，第35页。

③ “中国和非洲贸易额突破1600亿美元大关”，http：//gb.cri.cn/27824/2012/06/13/5311s3726852.htm。

贸易额达4000.93亿美元，中国连续四年是东盟的第一大贸易伙伴，东盟继续为中国的第三大贸易伙伴。①

中国的巨大成就得益于改革开放，可以说，没有改革开放就没有中国的今天，离开改革开放，也难有中国的辉煌明天，中国在任何情况下都不应背离改革开放这一战略方针。正如国务院总理李克强指出的，改革开放30年来，中国取得了举世瞩目的经济建设和社会发展成就，这个甜头我们已经尝到。“我们必须也只能往前走，没有退路”。“让人民要过上更加美好的生活，必须通过改革开放。”②同样，在世界市场经济的大潮中，中国也必须通过改革开放整合国际和国内资源，在中国与世界发生深刻变革的时代，“向世界敞开中国的胸怀，接受外部世界的馈赠，积极应对外部世界的挑战，并因此而在使自身发生巨大变革的过程中，也以自身的变革深刻地影响外部世界。”③

其次，以强化同新兴大国的合作与机制建设为牵引，以加强同发展中国家尤其是新兴中等强国的合作与协调为平台，继承传统、开拓未来、优化中国的战略空间。发展中国家通常是指那些经济社会发展和人民生活水平相对较低，尚处于从传统农业社会向现代工业社会转变过程中的国家。中国作为世界上最大的发展中国家，必须夯实“发展中国家是基础”的外交布局，这不仅是中国内在身份属性的要求，更是中国这个非西方国家在西方国家主导的国际秩序下崛起并应对结构压力的必然反应。得到广大发展中国家认同的国际秩序的重塑，不仅会大大提升它的国际合法性，同时在中国与西方大国竞争与合作的过程中，中国的互动能力和战略空间也会得到大幅提升。

---

① “2012年中国—东盟贸易额突破4000亿美元”，http：//news.hexun.com/2013-01-11/150069114.html。

② “国务院召开全国综合配套改革试点工作座谈会 李克强强调：改革是中国最大的红利”，http：//money.163.com/12/1122/20/8GUN0G0B00253B0H.html。

③ 刘鸿武：“论中非关系三十年的经验积累与理论回应”，《西亚非洲》，2008年第11期，第13页。

在中国逐渐融入国际社会但短期内还难以获得西方大国认同和一些周边国家对中国崛起还心存戒虑的情势下，在借鉴中国革命成功模式即“走农村包围城市”道路的启示下，中国应以广大发展中国家为平台，以“平等、平衡、包容、互利、共荣”为指导原则，逐步走向国际社会的中心。为此，第一，中国外交应加强与新兴世界大国的关系，以机制化建设为牵引，构建良性互动的新型大国关系。随着非西方新兴大国的兴起，以西方为中心的国际秩序将不可避免地朝着东西方均势的方向发展。在这一进程中，新兴大国肩负着纠正国际体系中的不平等、权力失衡的任务。它们的崛起不仅加强了国际秩序的包容性和开放性、扩大了国际组织的规模和作用、推动了国际规范建设，更有利于在国际价值观共识中更多地体现发展中国家的理念和思想。如新兴国家在世界银行、国际货币基金组织中的投票权的提升；由 G20 峰会替代 G7 来商讨全球经济问题等。尽管新兴大国之间在地理上相距遥远，还有着巨大的制度和文化差异，但它们的很多利益诉求和关于国际秩序的主张是相似的。新兴大国群体主张国际秩序的基础是“主权国家、国际法和规则规范、多边主义”，倡导的指导原则是“公平、公正、合理”，要求的重点是“增加话语权和规制权”，对于传统大国主导的国际秩序并不是全部否定，① 它们一定程度上也是传统秩序的受益者，只不过是“希望通过创造‘发言机会’（voice opportunity），确保规则的制订能使其有足够的机会发表观点、阐述利益，阻止或改善被强国控制的情况”，② 以期体现新兴大国在国际体系中权力增长的结果，即国际秩序要反映已经变化了的国际现实。相似的主张和利益诉求增强了新

① 很多国际组织、国际协定和制度，不但符合绝大多数西方国家的利益和愿望，也符合绝大多数发展中国家的利益和愿望。在很多情况下，美国等西方国家的作用和影响也受到其他国家的限制。参见楚树龙：“中国不是国际体系的挑战者”，《环球时报》，2008 年 1 月 21 日。

② Joseph M. Grieco, “The Masstricht Treaty , Economic and Monetary Union and the Neo—Realist Research Programme”, *Review of International Studies*, Vol. 21, No. 1, January1995, p. 34.

兴大国合作的基础，也加强了与西方传统大国对话和斗争的份量，同时也在相当程度上降低甚至部分遏制了美国等西方国家针对中国崛起而采取的传统应对手段，降低了中国单独崛起的阻力和潜在风险。为此，凝聚新兴大国特别是“金砖国家”的力量，加强它们在中国外交中的分量，把“加强同金砖国家合作，始终作为中国外交政策的优先方向之一”[①]，在共同利益的基础上推动“金砖国家”的机制化建设，打牢新兴大国合作的基础。第二，除了加强与新兴世界大国的协调与合作外，中国外交还应以中等强国为依托，以点带面，巩固和扩展与发展中国家的发展与合作关系。冷战后，发展中国家整体性特征发生了深刻变化，主要表现在：1. 由过去“坚决反帝、反殖、反霸”，转变为根据自身的生存和发展利益，灵活务实地处理与发达国家的关系；2. 从过去要求并谋求“推翻旧的世界体系，建立公正合理的国际经济与政治新秩序”，转变为不挑战当今世界体系和国际秩序；3. 从过去坚定主张并致力于“南南合作”及“联合自强”，转变为依赖发达国家的市场、技术、援助，依赖全球性和区域性金融机构，更加依赖从与发达国家的利益组合中“搭便车”；4. 不少发展中国家从坚持基于本民族文化和宗教价值观确立政治制度和发展道路，排斥其他制度和价值观，转变为接受甚至引进西方政治模式、法律体系、“民主与人权”价值观。[②] 在这个过程中，其内部出现了巨大的分化，一些国家利用自身优势和国际环境的相对稳定，实现了经济起飞，除了以中国为代表的新兴大国外，一部分中间力量的新兴经济体如韩国、新加坡、墨西哥、阿根廷、土耳其、沙特、印度尼西亚等已经崛起为中等强国。然而，大部分国家还基本原地踏步，甚至被经济全球化“边缘化”，不但与发达国家间的贫富差距愈拉愈大，而且与“新兴经济体”也拉开了明显的

① 习近平：“携手合作 共同发展——在金砖国家领导人第五次会晤时的主旨讲话”，http：//www. gov. cn/ldhd/2013 -03/27/content_ 2364182. htm。

② 董漫远：“发展中国家大分化的战略影响”，载《瞭望周刊》，2008 年第 30 期，第 38—39 页。

差距。

面对发展中国家整体性理念的转变和大分化的趋势，中国的发展中国家政策也必须顺应这种变化了国际情势，以大国责任和国家利益的准绳，以加强与地区大国或中等强国的合作为平台，以点带面，继续传承与广大发展中国家的传统友好关系。中等强国不同于“金砖国家”这样的新兴大国，它们是后冷战时代随着经济全球化的快速发展而崛起的一些中等国家，主要包括西欧地区的西班牙，东亚地区的韩国，东南亚地区的印度尼西亚，南亚地区的巴基斯坦，拉美地区的墨西哥和阿根廷，南部非洲地区的南非，西部非洲地区的尼日利亚，中东地区的埃及、土耳其、伊朗、沙特。① 它们一般都是地区大国和所在地区区域性组织的核心成员。如沙特是海湾合作委员会的首席国家；印尼则被喻为“东盟的发动机”；墨西哥主导实施了“普埃布拉—巴拿马计划”，寻求中美洲地区一体化；阿根廷和巴西倡导的南方共同市场；埃及是阿盟的领袖国家；南非是南部非洲发展共同体的龙头；尼日利亚则是西非国家经济共同体的领袖。随着中等强国对地区事务参与程度的加深和地区制度塑造能力的增强，中国强化与中等强国的关系，不仅可以使我国的发展中国家政策重点突出，更可借助它们在地区事务中的主导作用，以点带面，促进中国与其他广大发展中国家的合作。

总之，发展中国家作为国际社会中最庞大的群体，其对中国的战略依托作用不容小视。正如俞邃所言，“所谓大国关系意义重大，决不意味着低估广大发展中国家作用上升的事实”，② 其对中国的意义尤其如此。在后冷战时代战略格局出现深刻调整和大分化的背景下，未来中国的外交与国家发展的战略取向应以加强和推进与新兴大国和地区强国的发展合作、以点带面，在“共担、共享、共赢”

---

① 关于“中等强国”的界定和特征，参见丁工：“中等强国的崛起及其对中国外交布局的影响”，《现代国际关系》，2011 年第 10 期。

② 俞邃：“大国关系及其良性互动”，http://zjrb.zjol.com.cn/html/2007-02/26/content_76938.htm。

的新思维带动下，继承和提升中国与发展中国家的合作共赢关系。以此为战略支撑，在全球范围内推动国际社会和谐发展，使国际秩序朝着公正、合理、包容的方向前进。

最后，以构建新型大国关系为牵引，超越传统新兴大国与主导大国“零和博弈”的对抗思维，构建以利益为纽带、战略互信为基础、求同存异的合作为途径、共赢为目标的融合与包容的新型大国关系，以此带动国际秩序的重塑。大国是国际社会中的主要行为体，具有重要且特殊的国际责任，是推动人类思想创新和历史前进的主要动力。随着大国兴衰的周期性发展，新兴大国与守成大国的关系不仅成为大国关系的重要组成部分，更是重塑国际秩序过程中的核心推动力。从这个意义上讲，中国外交布局强调“大国是关键”的战略意义也在于此。

冷战结束后，随着全球化的拓展与深化以及在“求和平、谋发展、促合作”的时代主题的影响下，大国关系尤其是新兴大国与国际秩序主导大国的关系走进了历史发展的新时代。大国关系已由二战前以“对立与战争”为主和冷战期间以“对峙与竞争”为主转型为冷战结束后以“竞争与合作”为主的稳定性国际体系下新型大国关系。[①] 这种新型大国关系的特征是“大国关系已由一种传统的利益趋同或利益相悖的简单的或敌或友关系，逐渐演化成一种既存在共同利益又存在利益竞争的非敌非友的模糊复杂的博弈关系模式”。[②] 也就是说，当前大国一定程度上摆脱了历史上那种以战略对抗甚至军事冲突为重要特征的大国关系，“竞争与合作”逐渐成为大国之间尤其是主导大国和新兴大国之间互动的主旋律。“竞争与合作”意味着大国在处理相互关系时，减少了对武力、强力甚至战争的依赖，更多地依赖以经济为基础的综合国力、制度和战略制衡等方式谋求

① 李文：“稳定性体系下的新型大国关系”，《毛泽东邓小平理论研究》，2012 年第 10 期，第 89 页。

② 刘强：“新型大国关系下的国际安全——2010 年全球安全形势综论”，载《世界经济与政治论坛》，2011 年第 1 期，第 1 页。

相对优势，并且通过战略对话和政策协调来管控分歧甚至冲突，同时在面临共同的安全挑战和威胁时加强合作。当然，合作也并不意味着没有了矛盾和冲突，毕竟无政府状态下的国际社会依然没有跨到“康德式”文化状态，甚至有时会回落到“霍布斯式”文化状态的国际社会中去，安全困境依然是国际社会难以解决的主要问题，加上国家在利益、追求目标及其实现目标途径方式上的差异性，使大国间的竞争甚至冲突依然无法消除。

正是在新时代背景的召唤下，在继承和发扬已有名目繁多的各种伙伴关系的基础上，中国应顺应时代潮流，以超越历史的气魄提出“构建当代新型大国关系”的命题。按照俞邃对新型大国关系良性互动的内涵来看，它是由起点、过程与结果三个环节构成。起点——维护各自的国家利益，同时必须尊重他国的利益，两者缺一不可。过程——竞争与合作同在，矛盾与妥协并存。合作要诚信，妥协要适度，竞争要守规矩，摩擦要不导致对抗。结果——双赢、共赢，而不可能是任何单方面获益。[①] 而这集中体现在中美两国这几年的高层互动达成的共识：2012 年 2 月时任国家副主席的习近平访美期间提出了两国间应建立一种“前无古人，但后启来者”的“新型大国关系”，并得到了美国的积极回应。美国前国务卿希拉里·克林顿指出，中美两国都应书写一个“不同以往历史的未来”，两国应力争在合作和竞争之间达到一种稳定和彼此都能接受的平衡，而这是没有先例可循的。同时强调，“一个蒸蒸日上的中国对美国有利，一个蒸蒸日上的美国对中国有利”。[②] 正是基于这一共识，2012 年 5 月的第四轮中美战略与经济对话（S&ED）以“构建中美新型大国关系”为主题，提出了以“创新思维、相互信任、平等互谅、积极

① 俞邃：“大国关系及其良性互动”，http：//zjrb. zjol. com. cn/html/2007 - 02/26/content_ 76938. htm。

② “Remarks at the U. S. Institute of Peace China Conference on U. S. - China Relations”，http：//www. state. gov/secretary/rm/2012/03/185402. htm。

行动、厚植友谊”为创建新型大国关系的指导思想。①

然而，要在历史传统、意识形态、社会制度、发展阶段大相径庭的新兴大国与传统国际体系的主导大国之间发展新型大国关系，谈何容易！以美国为首的西方大国一方面欢迎中国的崛起，欢迎中国在国际事务中发挥作用，但同时也对中国的崛起充满了戒心和忧虑。在传统西方大国对中国采取“两面下注”的策略下，中国与美国为首的西方大国构建新型大国关系应着重强化以下几个方面：第一，立足自身，壮大自己，以共同利益促进与西方主导大国合作的基础。正如俞邃指出的，大国良性互动首先就是基于利益的合作，尤其是经济利益的依赖性已经成为大国合作的重要基石。中美两国从开启双边关系的大门之后，经历了风风雨雨，但并没有重蹈以往崛起大国与主导大国之间的历史悲剧，而是两国决心建立“相互尊重、互利共赢”的合作伙伴关系，这无不得益于双方共同利益边界不断扩展的结果。正如胡锦涛主席在 2011 年 1 月访美时指出的：“中美两国自从未像今天这样拥有如此广泛的共同利益、负有如此重大的共同责任。中国继续把自身的利益同国际社会的共同利益紧密结合起来，扩大和深化同各方利益的汇合点。”② 并且在共同利益的基础上，探索“共通的价值”，为新型大国关系夯实合作的基础。第二，以发展中国家为舞台，增强中国与西方发达国家合作的力量基础。发展中国家是中国必须倚重的重要力量，中国必须坚持“发展中国家是基础”的战略布局，在发展与新兴大国和中等强国关系的牵引下，采取积极措施强化与发展中国家的全面关系。凝聚发展中国家的力量不仅可以提升中国“负责任大国”的国际形象，更可以在获得广大发展中国家对中国崛起认同的基础上强化中国崛起的合法性，进而增强中国与西方大国竞争与合作的力量基础。第三，中

① 胡锦涛：“推进互利共赢合作 发展新型大国关系——在第四轮中美战略与经济对话开幕式上的致辞”，http://news.xinhuanet.com/world/2012-05/03/c_111882964.htm。

② 胡锦涛：“中美共同肩负重大责任”，http://news.sina.com.cn/c/2011-01-21/040021850144.shtml。

国与西方大国构筑新型大国关系应立足于原则，妥协要适度。中国与西方大国打交道时，要以自身的国家利益和国家大战略相结合为准则，甚至不惜与它们发生对峙。例如在朝鲜核问题上，虽然现在有很多人认为朝鲜的国际形象不好，又需要中国的援助来维持金正恩的世袭独裁统治，但如果我们放弃朝鲜，中国的战略处境也许比现在还要糟。在朝鲜核问题上，我们不仅坚持半岛的无核化，进而向朝鲜施加压力，同时也敢于向美国等国家说“不”，与此同时也使得美国等国家不得不与我们就朝鲜核问题进行合作。

总之，在当今新兴经济体群体性崛起对国际体系结构和国际权力格局造成巨大冲击、进而推动国际秩序重塑的时代，中国提出了以“建设和谐世界”理念为核心的国际秩序的建设性构想。在传统西方大国对中国崛起仍充满疑虑的时代，在前者仍没有跳出传统的应对新兴大国崛起手段的时候，中国对于国际秩序的重构必须立足自身的发展，以与新兴经济体的合作和机制建设为牵引，坚持以“发展中国家为基础”的外交布局，凝聚新兴经济体和广大发展中国家的力量来增强与西方大国对话与谈判的筹码，进而增强重塑国际秩序的合法性。在新型大国关系的指引下，和平完成国际秩序的重塑，不仅中国的和平崛起有了可能，而且我国倡导的“和谐世界”理念也将会在新国际秩序的构建中得以实现。

# 美国与东亚多边安全合作机制

王玉华

【内容摘要】冷战后，亚太地区日益成为世界经济发展的重要引擎，在全球地缘政治变动中的地位不断上升。为维护在东亚的传统主导地位，美国在东亚构建新的安全体系时，除了强化原有的前沿存在和军事部署、巩固双边同盟关系之外，也加大了对东亚多边安全合作机制的关注和参与力度。本文试图从美国对东亚多边安全合作机制的态度入手，分析美国的意图与动机，以及对东亚多边合作的影响，从而为中国的政策应对提供参考。

【关键词】美国　东亚　多边安全合作　机制

冷战后，美国在东亚构建的安全体系从冷战时期的“扇形安全模式”[①]向“网格安全模式”[②]转变。在新的安全模式构建中，多边安全合作机制作为一个重要手段被加以运用。美国对东亚多边安全

① 扇形安全模式是指冷战时期美国在东亚构建的以遏制苏联扩张为目的的地区安全结构。该结构以美国为“枢轴”，以美日、美韩、美菲、美泰等双边军事同盟为“扇骨”，以东亚前沿部署及军事基地为“扇面”，类似一把扇子，故称扇形安全模式。

② 网格安全模式是冷战后美国根据国际局势和东亚安全形势的变化而构建的新的安全模式。该模式以前沿军事存在和海外基地为支撑点，双边军事同盟和准同盟为主线，地区多边安全合作机制为辅助记忆高层对话机制为补充的各种措施交叉运用的新型安全模式。具体参见王玉华著：《冷战后美国东亚安全模式的构建》，军事谊文出版社，2011 年版。

合作的态度从布什时期的有限支持，到克林顿时期的积极支持，再到小布什政府初期的单边主义和“9·11”后的充分利用，以及奥巴马时期“巧实力”的提出，这一历程反映出多边安全合作机制在美国构建的新安全模式中地位的跌宕起伏和美国外交政策的功利性。美国将以亚太经合组织、东盟地区论坛、六方会谈、东亚峰会等为代表的东亚多边安全机制与对话视为其构建东亚地区安全模式的手段之一，利用美国的巨大优势塑造上述多边合作机制，使美国成为东亚规范的制定者，以维护其在东亚秩序中的主导地位。

## 一、美国对东亚多边安全合作机制态度的转变

冷战时期，美国曾试图按照北约模式构建亚太多边军事同盟，但未能如愿。此后美国在东亚追求双边安全安排，形成了一系列以美国为中心的双边同盟体系。东西方缓和时期，苏联提出构筑“亚洲集体安全体系”倡议，主张建立亚洲版的“欧安会”，建立信任措施，但由于美国担心多边倡议将会削弱美国在亚洲的影响力而加以反对。[①]

在20世纪90年代初，美国国内不论政界还是学术界都认为“多边安全努力同亚太地区战略文化的根本特征不相融合，甚至会损害既有的双边安全结构。”[②] 美国政府在1990年发布的《东亚安全战略报告》中指出，大多数东亚国家间存在着巨大的文化、政治和经济差异，这使得东亚更适合双边安全安排（如双边同盟）。而美国凭

---

① Ok－Nim Chung, Solving the Security Puzzle in Northeast Asia: A Multilateral Security Regime, CNAPS Working Paper, September 1, 2000. http://www.brooking.edu/fp/cnaps/paper/2000－chung.htm.

② Desmond Ball, “Multilateral Security Cooperation in the Asia－Pacific Region”, in Hung－mao Tien and Tun－jen Cheng eds., *The Security Environment in the Asia－Pacific*, New York: M.E. Shape, 2000, p.130.

借联盟战略维持了其在东亚的影响力及该地区的安全与稳定。如果美国试图强制建立一个多边论坛，将会失去通过双边关系所享有的巨大影响力。可见，当时美国对多边安全磋商依然持否定态度，坚持在过去形成的双边防务关系的框架下开展合作以保护美国的既得利益。

随着东亚区域合作的增强和国家间相互依存度的提高，亚洲各国之间的关系显得更富有建设性，这为东亚形成一种积极、合作的安全关系提供了独一无二的机遇。布什政府后期，美国对东亚地区多边安全合作的态度发生转变，开始关注用来改善安全的非军事手段——从建立信任到冲突解决、承认通过多边途径来改善安全的必要性。① 时任国务卿詹姆斯·贝克强调："我们应重视多边行动的可能性，而不能将自己封闭在某种过于结构化的手段中。"②

克林顿总统对多边安全合作的兴趣更为浓厚。他提出"新太平洋共同体"设想，支持通过多边合作的方式解决地区安全问题。1993 年美国发布了《参与和扩展的国家安全战略报告》，提出"我们必须采取合适的手段——当我们直接的国家利益面临最大危险时，愿意采取单方面行动；当我们的利益与别人共有时，建立联盟和伙伴关系；当我们的利益更加普遍、问题得到国际社会最大关注时，采取多边行动。在所有情况下，我们做出怎样的反应必须取决于什么最符合我们自己长期的国家利益。"③ 这体现了美国政府已接受多边安全合作作为维持霸权地位的一种手段，这为美国持续介入东亚地区事务提供了一个新的契机。1995 年美国国防部专门提出"探索多边安全倡议"的问题，标志着美国对多边安全合作机制态度的转变。"美国亚洲安全政策的一个新的主要因素是建设性地参与和支持

---

① Derek Mc Dougall, *The International Politics of the New Asia Pacific*, Lynne Dienner Publisher Inc, 1997, p. 24.

② Baker J. A., America in Asia: Emerging Architecture for a Pacific Community, *Foreign Affairs*, 1991/1992, Vol. 70, No. 5, p. 5.

③ Stephan Haggard and Danniel Pinkston, "U. S. View Toward Northeast Asia Multilateral Security Cooperation," *IGCC Policy Paper 51*.

地区安全对话”，前沿部署、双边同盟及多边合作是美国在这一地区战略中“三个叠加在一起的锚”。[1]

东亚地区超越传统双边关系的合作框架已经成为地区安全体系一个重要特征，仅依靠双边同盟与前沿部署这类威慑手段已不能达到维护美国主导地位的目的。适当运用多边安全合作机制，美国的干预力与安全利益不会削弱，反而会得到提高。[2] 美国开始以积极的姿态参与东亚地区的多边安全协商，既对已有的多边安全制度予以支持，同时又推动新的多边安全安排的构建。

## 二、美国介入东亚多边安全合作的具体举措

冷战结束后，美国政府重新界定了其在东亚的安全利益和目标，并对目标的达成手段予以调整，加大对多边安全合作作机制的重视力度，具体举措如下：

### （一）扩展亚太经合组织的范围与职能

美国将亚太经合组织（以下简称 APEC）看作开展一种新思想和新关系的适当时机，利用 1993 年 APEC 部长级会议在西雅图召开的机会，成功地促成了 APEC 领导人非正式会议机制的形成，使会议提升至首脑会晤层次。[3] 克林顿借机提出“新太平洋共同体”计

① United States Department of Defense, *The United States Security Strategy for the East Asia - Pacific Region*, February 1995.

② 朱峰、朱宰佑：“多边机制与东亚安全”，《当代亚太》，1997 年第 5 期，第 54 页。

③ ［美］沃伦·克里斯托弗著，苏广辉等译：《美国新外交：经济 防务 民主——美国前国务卿克里斯托弗回忆录》，北京：新华出版社，1999 年版，第 304—310 页。

划，试图把 APEC 扩大为一个可以讨论安全问题的多边论坛，并通过经济、安全和民主制度来确立美国的东亚主导地位；2001 年小布什政府强调“亚太安全共同体”是最符合美国国家利益和地缘战略的亚太多边安全范式。[①] 尽管贸易与投资自由化是 APEC 的主要目标，但小布什政府仍坚持将反恐、防扩散、能源安全等问题引入到 APEC 的议程。2003 年，美国要求将 APEC 讨论反恐、防扩散和制止其他跨国安全威胁等问题机制化，但 APEC 多数成员认为安全议题偏离该组织的初衷，“只符合几个少数国家利益，不能满足所有成员国的需要”。[②]

在 2006 年的河内会议中，美国提出建立亚太自由贸易区倡议，旨在将 APEC 正式机制化为一个有约束力的泛区域性的多边自由贸易区。迈克尔·格林在给奥巴马的建言中也提及，在亚洲“存在着各种彼此竞争的贸易自由化版本，而且大多数设想都将我们排除在外。未来对我们最好的局面在于建立一个以 APEC 为中心的亚太自由贸易区”。[③] 2011 年 11 月，APEC 第 19 次领导人非正式会议在美国夏威夷召开，奥巴马政府希望借此促进亚太地区的经济一体化，巩固美国在亚太经贸中的领导地位。美国国务卿希拉里在《外交》杂志发表文章称，美国将努力加强 APEC 建设，使之成为一个致力于推进整个太平洋地区经济一体化和贸易联系的实质性领导机构。

美国不断推进 APEC 朝制度化、职能扩大化的方向发展，促使其由原来的纯经济领域范畴向兼顾政治、安全领域转变。但 APEC 经过 20 年的发展，其合作模式与制度已基本成型，美国的如意算盘未能如愿。

在 APEC 未取得预期进展的情况下，奥巴马政府转而寻求建立

---

① ［日］《朝日新闻》2002 年 2 月 25 日，转引卢国学：“APEC 安全议题与当前区域安全合作”，《亚非纵横》，2007 年第 4 期，第 33 页。

② 引自卢国学：《APEC 安全议题与当前区域安全合作》，《亚非纵横》，2007 年第 4 期，第 34 页。

③ Michael Green, “Get Asia Right”, *Special Roundtable: Advising the New U. S. President*, *Asia Policy*, No. 7, January 2009, pp. 3–4. http://Asiapolicy. nbr. org.

新的亚太自由贸易区。2009年11月，美国表示将与跨太平洋伙伴关系协议（简称TPP）国家开展贸易谈判，以推动达成一项拥有广泛会员基础且高标准的区域性贸易协议。加入TPP的美国很快占据了该组织的主导地位，并推行自己的贸易议题。至2012年底，东亚的马来西亚、文莱、越南、新加坡和日本等国均成为TPP的谈判成员。实力迅速增加的TPP是美国抨击现有世界经济秩序的重要手段，也是美国主导亚太地区经济合作的新框架。美国试图利用这一新的协议来架空APEC，将TPP建成亚太地区最大的自由贸易区，以重塑亚太地区经贸格局，从而在经济上主导亚太。

## （二）支持并谋求主导东盟地区论坛

东盟地区论坛（ARF）具有多边主义制度的普遍特征，是“世界上所有大国都参加的一个地区性安全框架”[①]。ARF所采取的广开对话渠道、不设假想敌的非冲突方法以及建立新的“亚太安全共同体目标”与克林顿总统提出的“接触与扩展”战略不谋而合。[②] 因此，克林顿积极支持ARF会议的筹备与建立，推动地区安全对话的发展。在1995年美国发布的《东亚安全战略报告》中，也对ARF在解决地区争端、促进地区稳定方面的作用给予了高度评价，认为“ARF在传达政府意图、缓和紧张局势、限制军备竞赛和培养就安全问题进行磋商与合作的习惯等方面发挥着重要作用。未来东盟能够发展成为一个有助于加强预防性外交和建立信任措施的积极有效

---

① Sheldon Simon, “ASEAN Regional Forum,” in David G Wienceck and William M. Carpenter, eds, Asian Security Handbook: *An Assessment of Political - Security Issues in the Asia - Pacific Region*, M. E Sharpe, Inc, 1996, p. 42. 转引苏浩：《从哑铃到橄榄：亚太合作安全模式研究》，北京：世界知识出版社，2003年版，第457页。

② 喻常森：“东盟地区论坛的目标而大国的立场”，《东南亚研究》，2000年第4期，第22页。

的地区论坛”。[1] 鉴于此，美国支持东盟成立一个新的安全论坛，并将此作为对美国在东亚的同盟和前沿军事力量的一种补充办法。事实上，美国只是希望通过参与 ARF，来影响其发展方向，推行美国式行为规范与准则，从而使 ARF 变成美国在东亚推行其安全战略的工具。

小布什政府更重视绝对军事优势的重要性，对多边安全合作的态度有所保留，时常抱怨 ARF 在解决安全问题上的无力和低效。美国外交学会出版的关于亚洲的特别报告也认为：“ARF 是亚洲最重要的安全论坛，但所有重大冲突的潜在来源——中国与台湾、朝鲜半岛、印度与巴基斯坦以及敏感的领土争端——都不在议题之列。”[2] 美国希望 ARF 讨论具体问题，达成实际性效果，譬如，提高东亚地区防务的透明度，探讨民主化与地区安全的关联性，讨论解决上述潜在冲突的途径等。为此，美国一方面要求与东盟分享领导权，认为“功能最终需要与能力相结合，让最有能力的人来扮演最重要的角色”[3]；另一方面极力推动论坛向机制化方向发展，试图将其变为由美国主导的、机制化的地区安全组织。鉴于 ARF 对美国的利益发挥着重要的影响，美国甚至考虑将它纳入美国的“亚太安全共同体”设想，通过与 ARF 合作，建立危机预防临时联盟。

2003 年美国斯坦利基金会的一份报告指出，虽然 ARF 是一个“清谈馆”，但它仍然是亚太地区唯一的政府间安全论坛。美国应当

① United States Department of Defense, *The United States Security Strategy for the East Asia - Pacific Region*, February 1995.

② Evan A. Feigenbaum and Robert A. Manning, *The United States in the New Asia*, Council Special Report, No. 50, November 2009. p. 9. Available at http: //www. cfr. org/content/publications/attachments /Asian_ Multilateralism_ CSR 50. pdf.

③ Ibid.

更多地利用这一论坛，来解决海上安全方面的问题。[①] 在南海问题上，美国虽然表示对南海争议岛屿的主权归属没有具体意见，但却变相地支持东盟国家主导的多边对话和解决机制，推动 ARF 将中国南海问题纳入议程之中，支持东盟国家在南海争端问题上对中国采取一致立场。2010 年 7 月在越南河内举行的东盟地区论坛上，美国国务卿希拉里大谈南海问题，声称南海主权争端涉及美国的“国家利益”，这一争端妨碍海上贸易的发展，妨碍其他方进入该水域，违反国际海洋法，美愿从中斡旋，让所有对南海提出主权要求的国家进行合作与协商。

ARF 被视为美国介入地区事务的又一良机，它有助于将中国进一步融入美国主导的国际秩序，并且使美国在东亚的前沿军事部署和安全行动更加“合法化”，东南亚国家通过 ARF“邀请美国一起来商讨东南亚事务”，这样就再也不会有人认为“美国在东南亚的存在是非法的或是对该地区的侵入”。

### （三）试图以“六方会谈”促进东北亚多边安全机制形成

东北亚历来是大国利益冲突最激烈的地区，为了主导东北亚安全局势，冷战后，美国曾积极推进并创建东北亚地区的多边安全安排，如四国会议等。1993 年首次东北亚合作对话会议在美国的支持下召开；1995 年朝鲜半岛能源开发组织成立；1996 年 4 月，美韩两国首脑提出四方会谈的建议，目的是“开始一项旨在达成永久和平协议的程序”，以取代目前的《朝鲜停战协定》，结束近 50 年朝鲜半岛仍存在的战争状态；1997 年 12 月，中、美、朝、韩“四方会谈”正式开始；1999 年 4 月，由美日韩组成的三方协调监督小组宣布成

---

① *The Stanley Foundation*: *US Policy in Southeast Asia*: *Fortifying the Foundation*, Report and Recommendations From the Southeast Asia in the Twenty first Century: Issues and Options for US Policy Initative, 2003 - 2005.

立。虽然上述多边安全举措并没有取得实质性的成果，但在保持美国对朝鲜半岛的影响力、对突发性事件进行危机管理、增进美朝和南北双方的接触等方面发挥了一定的作用。

2002年10月，朝鲜第二次核危机爆发以来，小布什总统拒绝同朝鲜进行双边谈判与接触，而是主张在多边框架下处理朝核问题，中国所倡导的“六方会谈”应运而生。虽然目前六方会谈陷入停滞，第七次会谈遥遥无期，但这仍是解决朝核问题的主要框架。

就目前而言，六方会谈并不具备正式多边组织的形式，只是某种调整相关国家间政策的会谈场所，有着多边主义制度的特征。六方会谈从2003年至2007年共举行六轮会谈，但实质性的成果较少。2010年朝鲜半岛局势紧张，“天安”号事件、延坪岛炮击都加剧了半岛地区的紧张局势；时常进行的美韩联合军演，又增强了朝鲜的不安全感，促使朝鲜时常放出狠话。2013年1月，朝鲜国防委员会发表声明称，六方会谈和“9·19共同声明”不再存在，以后不会再有讨论朝鲜半岛无核化的对话。美国政府将朝核危机作为一个地区性的问题，而不是美国和朝鲜的双边问题，试图借助地区多边的压力来使朝鲜屈服。事实上，朝核问题的主动权一直掌握在美国手中，以何种方式如何解决，最终关键还是取决于美国。美国一方面以美日、美韩同盟为战略支撑，另一方面又利用“核框架协议”、朝鲜半岛能源开发组织、粮食援助以及六方会谈等与朝鲜建立沟通渠道，以在东北亚安全秩序中谋求主导。

在推动六方会谈的同时，美国提出在东北亚组织广泛的地区安全会议、建立新的安全机制。美国前朝鲜问题谈判代表杰克·普里查、前东亚事务助理国务卿凯利、前国务卿赖斯都曾明确提出建设东北亚多边安全机制的建议。美国企图借助美韩同盟保持在朝鲜半岛的前沿部署，按照美国的利益在东北亚创建多边安全机制，推动朝鲜问题“软着陆”，建立起美国主导的东北亚安全秩序。

### （四）加入东亚峰会并试图主导峰会发展方向

东亚峰会是一种年度东亚国家领导人会议机制，由当年的东盟轮值主席国主办。东亚峰会采取的是共同审议、交换看法、形成共识的做法，其主席声明作为非正式协议，不具有约束性。峰会致力于深化东亚经济合作，推动东亚一体化建设。加入东亚峰会必须满足以下三个条件：首先，是东盟的全面对话伙伴；其次，已加入《东南亚友好合作条约》；第三，与东盟具有实质性的政治和经济关系。2009 年，美国签署了《东南亚友好合作条约》，获得了参加东亚峰会的资格。2010 年 11 月在越南河内举行的第六次东亚峰会决定邀请美国加入。随着 2011 年美国和俄罗斯的加入，东亚峰会成为囊括地区大国的最高级别战略论坛。东亚峰会是东盟视角下的大国平衡战略的产物，面对中国的崛起和日本的衰落，东盟希望引入“域外大国”来继续发挥其“四两拨千金”的作用。东盟对美俄加入东亚合作充满期待，新加坡外长杨荣文说，“自此，本区域的合作架构将变得完整，所有可能影响世界和平与繁荣的强国都将成为这个以东盟为中心、并由东盟主导的区域架构的一员”。

然而这一设想未免太过理想化。2011 年 11 月，奥巴马总统首次出席东亚峰会并提出海洋安全议题，偏移了东亚峰会传统讨论的方向。峰会自 2005 年召开以来，其会议声明多集中在贸易、能源、环境和灾难应对等区域关注的问题。美国的加入则促使议题向海洋安全与合作、核不扩散及人道主义救援等方向倾斜，传统议题有被边缘化的趋势。在东亚峰会机制下讨论本地区有争议的政治和安全问题，无助于东亚合作的发展，且可能激化地区矛盾，与东亚合作的宗旨相悖。

政治、经济及安全等“公共产品”的方式来获得区内国家的认可。兰德公司2008年的一份报告也指出，美国在东亚地区作用的合法性有待加强，美国应当采取新的战略，积极介入多边经济和安全机制，拓展同东亚各国的安全合作，继续给该地区提供“公共产品”。[①] 这意味着美国可以“建设性”地运用多边主义，巩固和加强美国霸权权力的合法性，从而使其所主导的霸权体系更加稳固和持久。

奥巴马于2011年11月17日在澳大利亚国会发表演讲时提出，美国的目标是在亚太地区扮演更大和更为长远的角色，以便重塑亚太地区和它的未来。美国通过对同盟体系和前沿军事存在进行调整，强化了在东亚地区的军事干预机制。如果美国能够既拥有占优势地位的军事干预机制同时又主导地区外交机制，那美国在东亚的主导地位将是不可撼动的。

### （二）以泛亚太安全合作取代东亚区域安全合作，以维护美国在亚太的主导权

ARF和六方会谈这两个政府间的多边安全安排被认为是东亚多边安全体系的地缘支轴，是多边安全合作的地区化设计，起着统领和整合东亚多边安全进程的作用。东盟希望借ARF建立“一种各国彼此平等的、真正的伙伴关系”[②]，制约大国主导亚太安全事务。新加坡总理吴作栋称，ARF“把世界主要强国都带了进来”，在与它们建立建设性关系上扮演领导角色。这样可以在安全领域形成“小国主导大国”的安全合作态势；[③] 美国对东南亚的介入是“被邀请来

① Evan S. Medeiros, Keith Crane eds., *Pacific Currents: The Responses of U. S. Allies and Security Partners in East Asia to China's Rise*. Santa Monica: RAND 2008, pp. 244 – 247.

② David Shambaugh, "The New Strategic Triangle: U. S. and European Reactions to China's Rise," *The Washington Quarterly*, Vol. 28, No. 3, Summer 2005, p. 8.

③ 莫金莲:《亚太区域合作研究》，湖南人民出版社，2007年版，第164页。

的”，而“邀请的权利在东盟手中”①。东亚安全合作的亚洲化在一定程度上削弱了美国在该地区的影响力，使其处于次要地位，这将降低它在决定地区安全秩序方面的作用。美国决策者担心继续对多边机制持消极、否定态度，将可能被排除在东亚一体化进程之外，东亚国家将通过建立地区安全机制来抗衡美国。目前，“一些把美国排除在外的多边机构成为对美国公司和美国的目标不利的经济和金融发展趋势的核心”。囊括了中国、日本和韩国的东亚一体化进程将不可避免地对现存的单极结构和国际秩序造成冲击，“在没有美国参与的情况下创建的一些新机构，特别是‘东盟+3’，有可能逐渐使美国在亚洲边缘化”。②

为了维护在东亚地区的主导权，继续从东亚发展中受益，美国在有限度地支持次区域一体化进程的基础上，采取了支持和推动跨地区的一体化建设即亚太区域合作的战略。推动亚太区域合作能够赋予美国一个合法参与东亚地区事务的身份，以打压东亚地区一体化进程，将东盟、中国、日本、韩国等作为独立的实体纳入到泛区域合作的进程中。当 APEC 不能满足美国的要求时，美国转而参与并主导新的地区组织 TPP，将其打造成为奥巴马政府主导未来亚太政治、经济格局的战略基石。

美国试图提升 APEC 的地位，形成泛亚太区域的多边机制，以减弱东亚区域主义色彩；同时积极参与 ARF，谋求在参与的过程中利用美国的优势地位分享到 ARF 的主导权。此外，美国还积极探索新的多边安全倡议，对正在兴起的东亚一体化进程，也以各种方式施加影响，以确保东亚一体化的制度构建符合美国的价值和利益。例如，2005 年首次召开的东亚峰会便是在“东盟+3”的基础上增加了印度、新西兰和澳大利亚三国；美国和俄罗斯于 2010 年也成为

① “Goh Urges Bush to Show Tolerance Towards Beijing”, *South China Morning Post*, June 14, 2001.

② Evan A. Feigenbaum and Robert A. Manning, *The United States in the New Asia*, Council Special Report, No. 50, November 2009. p. 3. Available at http://www.cfr.org/content/publications/attachments/Asian_Multilateralism_CSR 50. pdf.

东亚峰会永久成员；东盟防长扩大会议是在“10+6”的基础上增加了美国与俄罗斯；美国加入TPP后并积极推动其扩大深化，试图将TPP打造成新的亚太经济合作机制，将东亚峰会建设为亚太地区最重要的政治和安全论坛，从而树立并维护美国在亚太地区的经济、政治、安全全方位的主导权。

### （三）运用多边安全合作机制达到制衡地区大国的目的

美国既希望借助创建地区安全论坛阻止日本发展军事能力①，又企图利用多边安全合作来防范和遏制中国的崛起。

21世纪以来，中国采取多边主义外交，积极推进东亚地区合作，在东亚一体化进程中扮演了主要倡议者的角色。作为东亚经济规模最大、整体实力最强的国家，东亚一体化的深化发展会提升中国在本地区的影响力，这引发了美国的忧虑。美国运用多边安全合作机制首先制衡的便是中国，防止中国取得地区合作的主导权。2010年中国超过日本成为列美国之后的世界第二经济大国，出口总量居世界第一，制造业总产值超过美国成为世界第一。这标志着中国作为全球（经济）增长的引擎开始崛起，而日本开始衰落。② 到2012年，中国已成为美国最大的贸易逆差国和债权国，也是日本、韩国、印度、澳大利亚最大的贸易伙伴。随着经济的快速发展，中国对东亚地区秩序的塑造能力也不断增强，凭借“10+1”、“10+3”、“东亚峰会”等多边机制，中国在东亚一体化进程中的作用日益凸显，作为现有国际体系潜在挑战者的作用也日益剧增，这使美国倍感压力与不安。2011年11月，时任美国国务卿的希拉里在夏威

---

① Bosworth S W, “The United States and Asia,” *Foreign Affairs*, Winter 1991/1992, p. 118.

② Chester Dawson, Jason Dean, “Rising China Bests a Shrinking Japan,” *Wall Street Journal*, February 14, 2011.

夷东西方研究中心发表演说时称，“与中国的关系是目前美国有史以来最具挑战性和影响最大的双边关系之一，需要进行审慎、稳定和动态的管理”。美国希望通过积极介入东亚多边安全合作机制，重新整合其在东亚的战略资源，巩固与其盟友的关系，在与中国的外交竞争中继续保持战略优势。在南海局势暗潮涌动的情况下，奥巴马政府借助多边安全合作机制抛出海洋安全议题，将南海问题强行纳入东亚首脑会议，力压中国接受在南海问题上的所谓“多边架构”。美国借助南海问题刻意强调东盟国家与中国的利益对立面，在美国的推波助澜下，部分东盟国家对中国的态度发生急剧变化。这恶化了中国和部分东盟国家的关系，使中国推动地区安全合作进程的影响力大打折扣。

运用多边机制可以通过建立一套正面的激励机制，寻求一国国内的支持者，从而改变一个国家的偏好；其次，可以使新兴大国得到承认，并拥有一个合法的身份；再次可以将新兴国家牵制在该体制内致使该国若违反规则或叛离体制，将付出沉重代价，可对其破坏体系的能力加以限制。① 正如布鲁塞尔研究所中国问题研究员乔纳森所提出的“包容平衡”设想，强调与亚洲大国在多边制度下进行合作有助于使军事冒险主义因体制的限制而增加冒险成本，从而遭到挫败。② 中国问题专家沈大伟也指出：“将中国规范在国际机构这个‘大网’之下，有助于规制中国的行为。”

日本也是东亚区域合作的积极推动国，并谋求主导东亚区域合作，因此也是美国防范的重点。21 世纪以来，日本已构筑出自成一体的“东亚一体化”战略，这是独立于美国主导的全球体系的东亚区域建设的。在货币战略上，日本提出“亚洲共同货币”构想，试图通过运用亚洲丰富的储备，形成稳定的融资机制，并推动该设想

---

① ［美］玛格丽特·皮尔逊：“主要多边经济组织与中国的接触”，载阿拉斯泰尔·伊恩·约翰斯顿、罗伯特·罗斯主编，黎晓蕾、袁征译：《与中国接触—应对一个崛起的大国》，北京：新华出版社，2001 年版，第 274 页。

② Jonathan Holslag, Embracing Chinese Global Security Ambitions, *The Washington Quarterly*, Vol. 32, No. 3. 2009, p. 114.

进入议程讨论阶段；在地区安全体系上，日本谋求构筑多层次合作网络，建设地区安保体制即东亚安全保障共同体；经济上，日本通过与区内、区外建立双边经济伙伴协定来实现其经济战略。日本民主党领导人鸠山由纪夫任日本首相后，更积极地推动区域主义的构建，倡导建设“东亚共同体”，并实行去美国化的“新思维”外交政策，这背离了美国的战略利益。奥巴马政府一方面强调美日同盟的重要性，对日本政府采取安抚政策，另一方面向鸠山政府施加政治压力，迫使鸠山首相下台。当前的日本首相安倍晋三则更强调美日同盟关系。

多边安全合作机制在美国构筑其东亚安全体系过程中，更多地体现出“工具性”的特征，即它只是美国维护其主导权的辅助工具，而不是核心手段。多边主义虽能为霸权国谋取利益，但同时作为一种机制，它对于霸权国也具有一定的约束力。只有当多边合作机制符合美国的利益时，美国才会对之表现出积极的态度。如前国务卿赖斯曾写道：“多边协定和制度本身就不应该作为目的。美国的利益需要依靠强有力的同盟来实现，也可以在联合国和其他多边组织之内以及通过精心设计的国际协定予以推进。”① 美国外交学会高级研究员埃文·费根鲍姆与大西洋理事会高级顾问罗伯特·A·曼宁指出：“作为一个太平洋、而不是亚洲大国，美国需要依据客观的评估来选择参加哪些组织，以及在何时何地退出这些组织。”“美国可以根据不断变化的亚洲形势调整政策。现在是时候在亚洲发挥更大领导才能，并为美国在全球与地区贸易自由化方面的领导地位重新注入活力。（因此）美国要就一种目的明确并且能发挥作用的多边主义与亚洲伙伴国展开对话。”②

---

① Condoleezza Rice, “Promoting the National Interest”, *Foreign Affairs*, Vol. 79, No. 1, January/February 2000, pp. 47 – 48.

② Evan A. Feigenbaum and Robert A. Manning, *The United States in the New Asia*, Council Special Report, No. 50, November 2009. Available at http: //www. cfr. org/content/publications/attachments/ Asian_ Multilateralism_ C SR50. pdf.

## 四、美国参与东亚多边安全合作机制对东亚区域合作的影响

美国对东亚多边安全合作机制态度的转变和积极介入，增加了东亚合作的复杂性，不可避免地对东亚区域合作产生一定的影响和冲击。

### （一）导致东亚一体化建设受阻

21世纪初，在中日共同推动下，东亚一体化进程发生了质的飞跃。2008年12月，中日韩三国首脑峰会首次举行；2009年9月，日本首相鸠山由纪夫与时任中国国家主席胡锦涛举行闭门会晤，标志着东亚两大国最高首脑就东亚一体化建设达成一致。同年10月，第二次中日韩领导人会议发表的《中日韩合作十周年联合声明》将"东亚共同体"作为三国共同致力实现的长期目标。

东亚一体化尤其是"10+3"合作机制被认为具有明显排斥美国的倾向。为此，奥巴马高调宣布"回归东亚"，加大对东亚一体化进程的阻挠力度，极力推进TPP建设，将日本拉入TPP谈判，与东亚区域内的一体化进程形成了竞争格局，东亚一体化建设的迅猛势头日渐疲软。

在东北亚，美国充分利用朝鲜半岛紧张局势和中日矛盾来加强美日、美韩同盟，促使美日韩由双边互动向三边协调过渡。2010年7月，日本首次以观察员身份加入美韩的日本海军演；2011年1月，日韩举行防长会议，双方就互相提供军事后勤进行谈判；2012年1月，美日韩在华盛顿举行了三方会谈，就朝鲜半岛局势、缅甸局势及其他涉及共同利益的地区性和全球性问题进行磋商。美日韩在面临重大危机时三方在同盟框架内的协调一致已日臻成熟。在东南亚，

美国有意在安全、经济等多个领域加强同东盟的“务实”合作，从而减慢“10+3”的合作势头。2010年美国与东盟举行第二次双边峰会，就加强在贸易、经济、气候变化、安全等领域的合作达成广泛一致；正式启动了湄公河委员会与密西西比河委员会之间的“姐妹河伙伴计划”，准备通过“小多边”援助方式加强同湄公河沿岸各国的关系。美国加入东亚峰会致使该峰会在东亚一体化建设上的作用有所减弱；TPP的强力出击，吸引越来越多的东亚国家加入，东亚一体化的主渠道“10+3”地位难免遭到削弱。

2010年东亚地区局势趋紧，随着“天安”舰事件、延坪岛炮击、中国南海问题以及中日钓鱼岛问题的接连发生，美国借此加强了与东亚传统盟友间的合作，参与并主导了一系列军事演习，实行“重返东亚”战略。于是，政治和安全议题迅速取代了经济、合作议题，成为东亚地区的关键议题，打断了东亚一体化进程的势头，使一体化的地区基础不复存在。

### （二）弱化了东亚合作的地区色彩

美国对东亚多边安全机制的参与本身便是对地区色彩的一种弱化。美国不是东亚国家，但在该地区具有传统与现实的利益，因此美国反对排他性的、独立的东亚合作，倡导“开放的地区主义”，一直试图通过影响东亚地区合作来确保其在该地区的影响力和战略利益。一个日益整合的东亚无论是否排斥美国，都不符合美国在东亚的利益及其在东亚既有的制度安排。2009年11月，奥巴马总统在东京发表亚洲政策演讲，强调美国是“亚太国家”，提醒亚太各种机制不得排挤美国。他更强调亚太合作，进一步挤压东亚合作的空间。

美国在极力削弱东亚地区主义发展的同时，也强化了对这一地区的秩序塑造。例如美国在东亚区域合作机制之外构建TPP（《跨太平洋战略经济伙伴协定》），并试图将一些东亚国家纳入TPP谈判轨道，促使亚太合作取代东亚合作。随着东亚国家如文莱、马来西亚、新加坡、越南甚至日本加盟TPP，东亚合作的动力将大为减弱，而美国主导的亚太合作将获得新的动力。

2011 年 APEC 第 19 次领导人非正式会议通过的《建立亚太自贸区的途径》宣言称，将借助现有的 TPP、“10 +3”、“10 +8” 等区域合作机制，逐步建立亚太自由贸易区。这意味着东亚合作机制将被纳入亚太合作机制之下。

### （三）增强了美国对东亚地区安全事务的影响力与干预力

冷战后美国一直试图主导东亚地区安全事务，但在全球格局多极化趋势下，中国、东盟等东亚国家均谋求在地区安全事务中发挥自己的作用，反对由域外超级大国美国来安排域内的安全局势。美国借参与东亚地区安全合作机制，积极推进奥巴马政府的“重返亚洲”战略，重塑美国在东亚的领导者地位。

在东北亚，美国借助“天安”舰事件、延坪岛炮击、朝鲜的核武导弹威胁以及钓鱼岛问题等强化其对东北亚安全事务的干预权力，加强美日韩多边安全合作，以谋求主导东北亚安全局势的发展。在东南亚，美国借南海主权争端，不断炒作南海问题，影响东盟在南海问题上的态度。2010 年美国国务卿希拉里在东盟地区论坛上突然发难，指责中国的南海政策。之后，她又强调，“东盟应该团结起来”，以一个声音订立“南海行为准则”对抗中国，决不能以双边方式同中国进行谈判。2011 年 11 月，奥巴马总统首次出席东亚峰会抛出海洋安全议题。美国在南海问题的搅局，引发了东盟内部的分歧，致使东盟独立自主的行事方式和原则受到挫折。2012 年 7 月在柬埔寨举行的第 45 届东盟外长会议因南海问题的分歧而没有发表联合公报，这是东盟成立 45 年以来第一次出现这种情况。在美国的怂恿和支持下，菲律宾和越南坚持将南海问题写进联合公报，强调南海问题不仅仅是菲律宾、越南等南海主权声索国与中国间的双边争端，应通过多边方式解决，这遭到了东盟主席国柬埔寨的坚决反对。

2012年8月美国国务院就南海问题发表声明，指责中国进一步加剧南海紧张局势，鼓励与中国就最终完成“南海行为准则”取得进展，支持东盟国家就南海问题达成的六点原则。可见，美国对东亚地区安全事务的影响力逐渐增强，未来有主导东亚安全事务的态势。

中国作为亚太地区的大国，对美国积极介入东亚多边安全合作机制应予以客观理性的对待。多边安全机制只是美国国家安全战略的一种辅助形式，是对双边关系的一种补充。美国在积极依靠多边安全合作的背后更加相信的是自身的实力。[①] 实际上，无论美国对东亚多边安全合作采取何种立场，东亚因其内在问题都难以建立真正有约束性的多边制度安排。APEC、ARF、东亚峰会等多种区域合作机制并存的局面将长期存在，短期内难以整合，多重宽松的开放性地区架构从某种意义上说也有助于使中国保持更大的灵活性。但对于美国积极介入地区热点安全事务，防范并制衡中国的安全战略，我们要保持高度警惕。既要加强本国硬实力的建设，为区域发展作出贡献，推动金融、贸易、投资及次区域合作，夯实区域合作基础；同时又要积极运用各种外交手段，促进中国与美国、中国与东亚各国的战略互信，以减少误判，实现共同安全。正如习近平主席所说的，“太平洋足够宽广，可以容得下中美两个大国”。

① 许嘉：“美国与多边安全合作”，《外交评论》，2007年第8期，第58页。

# 后冷战时代的文化安全浅析

## ——侧重于中国方面的分析

李高峰　陈伟明

**【内容提要】**文化[①]是一个内涵博深、很难准确界定的问题。文化安全又是一个范围比较广泛的问题。尽管有许多学者对文化安全问题一直持有不同意见，但是作为国家安全重要组成部分的文化安全，在阶级、国家、政党等这些人类历史发展的产物消失之前，是任何一个民族、国家和政党所不得不考察和关注的重大战略问题。[②] 为此，我们党召开了十七届六中全会，这是我们党历史上第一次以文化改革发展为主题召开的中央全会，并通过了《中共中央关于深化文化体制改革、推动社会主义文化大发展大繁荣若干重大问题的决定》[③]，《决定》从时代要求与战略全局出发，以高度的文化自觉和文化自信，第一次提出了建设社会主义文化强国的奋斗目标。这不但体现了我们党对社

① 文化是人类社会特有的现象。文化的范畴有广义与狭义之分。广义的文化是指人类创造的一切的总和，换言之，凡是人类创造的都属于文化。广义的文化，大致包括物质文化、精神文化和制度文化三大形态。狭义的文化，如文学、史学、哲学、教育，是指与人类精神生活有的艺术、宗教、娱乐等。

② 张建英著：《文化安全战略研究》，北京：国防大学出版社，2011 年版，第 1 页。

③《中共中央关于深化文化体制改革、推动社会主义文化大发展大繁荣若干重大问题的决定》，新华社 10 月 26 日。

会主义文化建设规律的科学把握，也体现出对我国文化安全问题具有长远的战略指导意义。

【关键词】后冷战　意识形态　文化安全　文化战略

钱穆在《文化学大义》中讲到：“今天的中国问题，乃至世界问题，并不仅仅是一个军事的、经济的、政治的，或是外交的问题，而已是一个整个世界的文化问题。一切问题都从文化问题产生，也都该从文化问题来解决。”① 冷战后，文化安全随着时代的发展，越来越从低级政治领域走向高级政治领域，对国家安全有着极为重大的影响。尽管文化安全不像国家政治、经济、军事安全那样外在和明显，但是，一旦文化安全受到挑战，尤其是文化安全的内核受到威胁或损害，其危害程度绝不亚于其他方面，甚至将从更深层次、更深远的程度影响着民族国家的生存、发展和壮大。

不可否认，文化同样具有包容性，我们所倡导的社会主义核心价值体系就要求我们不断汲取中华民族优秀传统文化，不断吸收世界优秀文明成果，不断在实践中创新发展。与此同时，我们也必须承认，全球化背景下的新媒体信息时代在给国民带来方便与快捷的同时，也确实影响着国家的文化安全。对于国家安全来说，文化安全具有层次性，尤其是浅层具有可侵蚀性和剥离性，容易受外来文化的冲击、侵蚀。因此，我们在引进和吸收全人类优秀文化理论成果的同时，也必须要维护国家的文化安全，两者之间要有适当的平衡。鉴于影响国家安全的文化领域范围极为广泛，并随着信息时代的到来，越来越具有开放性和全球性。所以，本文在讨论文化安全时，把文化安全从低级政治领域上升到高级政治领域，着重强调文化安全的权力属性和政治属性，尤其是讨论

① 张建英著，《文化安全战略研究》，北京：国防大学出版社，2011 年版，绪言第 1 页。

对中国国家文化安全内核有着重大影响的四个方面：意识形态安全背后的国家权势斗争；国民对国家以及执政党的忠诚；国家形象具有权力属性，良好的国家形象也是国家必须追求的国家利益；最后，至关重要的是构建社会主义核心价值体系，这也是维护中国文化安全的根本途径。

## 一、意识形态背后的国家权势之争

从大战略来看，意识形态主要以两种方式影响战略缔造：它塑造决策者的期望和目标，同时又造就战斗者的凶狠和坚毅。[①] 当然，作为实现大战略的手段之一，汉斯·摩根索还强调了意识形态为权力斗争服务的一面——“像所有思想观念一样，意识形态是一种武器，它可以提升国民的士气，并随之增加国家的权势。”[②] 这样，国家就会利用意识形态来为权力斗争辩护，使权力斗争合理化、合法化。[③] 正是这样，意识形态可以为国家的对外政策提供道义上的支持，使对外政策显得合理、正义。所以，任何意识形态都包含有道义和理想化的政治目标。正因为如此，意识形态因素不可避免的就和权力因素经常交织在一起，所以，我们“对于意识形态的‘揭露’也就是揭示出隐藏在观念背后的‘客观’利益，并发现意识形态所发挥的作用”[④]，进而刻画出意识形态斗争的本质就是国家间的权势之争。

---

① ［美］威廉森·默里等著：时殷弘等译：《缔造战略：统治者、国家与战争》，世界知识出版社，2004 年版，第 660 页。

② Hans J. Morgenthau, *Politics Among Nations: The Struggle for Power and Peace*, 7th Edition, Revised, (McGraw－Hill Humanities/Social Sciences/Languages, 2005) . p. 99.

③ Ibid. , p. 97.

④ ［美］丹尼尔·贝尔著，张国清译：《意识形态的终结：50 年代政治观念衰微之考察》，江苏人民出版社，2001 年版，第 455 页。

在20世纪，国际关系领域里有一场没有硝烟的战争，那就是冷战。在持续长达45年的冷战之中，东西方两大阵营构成了“两极”的国际政治格局。以美国为首的资本主义阵营为了达到遏制共产主义的目的，大力推行反共主义的意识形态斗争，而以苏联为首的社会主义阵营则对其采取的“和平演变”[①] 外交政策予以针锋相对的反击。东西方两大阵营都为了谋取世界霸权和国家利益，使得意识形态斗争在冷战时期得到进一步强化，达到了登峰造极的程度。正如有学者所说：“冷战表现为东西双方都努力把自己的价值观念、社会制度和发展模式推广到世界其他国家和地区，削弱对方在国际舞台上的政治影响。”[②] 从根本上说也就是美苏之间的国家权势之争。

应该说，意识形态冷战贯穿于美苏对抗的全过程，成为两国对外关系行为的基本指导原则和行动纲领。“同历史上的一些大国对抗相比，冷战的特征不在于美苏之间存在利益冲突，而在于这种冲突带有强烈的意识形态性质。”[③] 它最大的特点，就是以一种对信仰和意识形态的追求作为国家利益认知的基础；把这种信仰是否受到威胁和其推广是否受到阻碍作为国家安全认知的基本判断标准，然后义无反顾地投入大量资源，来为这种安全目标服务。[④] 所以，美国思想史专家理查德·霍夫斯塔特就说过：美国人总是认为敌对的方面正对本国的政治、文化、生活方式等构成巨大的威胁，把人类历史

---

① 这个词汇出现于20世纪后50—60年代的冷战时期，由美国国会议员杜勒斯在20世纪50年代初提出。由于它所进行的过程中并没有发生战争，所以叫“和平演变”。西方国家以贷款、贸易、科技等各种手段诱压东欧国家，促使它们向西方靠拢，向资本主义“和平演变”。按照尼克松的解释，“和平演变”战略的一个基本思路是“寻找一种办法越过、潜入和绕过铁幕”，在两种制度之间进行一场“和平竞赛”，“这种竞赛将会促进他们的制度发生和平演变”，以使“共产主义从内部解体”。

② 张小明：《冷战及其遗产》，上海人民出版社，1998年版，第379页。

③ 时殷弘：“论冷战”，《美国史研究通讯》，1993年第4期。

④ 周建明：《美国国家安全战略的基本逻辑》，北京：社会科学文献出版社，2009年版，第29页。

看成是克服对手的历史，是文化的对抗史。[①]

正是基于这样的安全认知，在美苏意识形态领域的斗争中，文化因素的变量就无法避免地参与到国际政治的权势斗争中来了，表现最为明显的就是文化冷战。文化冷战是一种特殊的对抗模式，暗含卷入其中的各种力量之间相互博弈的意味。文化冷战就是同政治、经济、军事对抗相区别的、国家或国家集团通过文化交流、文化渗透、文化传播等手段在文化和意识形态领域进行的争夺人心的新型的对抗模式。同传统对抗性的战略模式不同，文化冷战中双方在文化领域的争夺、较量远不如政治、经济、军事领域的对峙那样剑拔弩张、硝烟弥漫和显而易见。但它的影响是潜移默化而又根深蒂固的。究其原因，在于该战略形态所依赖的不是暴力，而是意识形态和文化支配力，其征服的对象是被控制者的意识空间。正如布热津斯基在《大失控和大混乱》一书中谈到“削弱民族国家的主权，增强美国文化作为世界各国‘榜样’的文化和意识形态力量，是美国维持霸权地位所必须实施的战略”。从这个意义上说，文化冷战就是美国推行文化霸权战略[②]，与苏联以意识形态的方式争夺势力范围，从而扩大自己权势的长期战争。

冷战结束后，伴随着经济全球化的进一步发展，世界范围内各种思想文化交流、交融、交锋更加频繁，思想文化领域里的斗争依然深刻复杂，意识形态安全问题变得越来越突出。在当今世界，已有越来越多的国家认识到意识形态安全的重要性，开始采取各种措施维护本国的意识形态安全。冷战后意识形态的斗争是以另外一种形态出现：国家之间（尤其是大国之间）“软实力”的争夺与较量。

① ［美］约瑟夫·奈著，何小东、盖玉云译：《美国定能领导世界吗?》，北京：军事谊文出版社，1992 年版，第 14 页。

② 冷战时期美国文化霸权战略就是：由政府主导、非政府组织和个人广泛参与的依靠本国文化和意识形态手段影响和控制其他国家以实现其国际上的文化领导者地位，从而最终确保其世界领导者地位的战略形态。

国家都日益重视在对外事务中发挥“软权力”的作用。“软权力”①概念最早是由哈佛大学肯尼迪学院院长、美国国防部前助理部长约瑟夫·奈首创的，他指出“软实力是一个国家的文化和意识形态诉求，是一种通过吸引力而不是强制力获得理想结果的能力，即让其他人做你想要他们所做事情的能力”。② 具体地说，软实力包括：政治制度的吸引力、价值观的感召力、文化的感染力、外交的说服力、国际声望以及领导人与国民形象的魅力等。因此，软实力不仅可以增强本国凝聚力及公民对自身文化价值观的认同程度，还可以使国家能够利用自身文化及意识形态的吸引力来影响、左右其他国家，使其他国家按自己的意志行事。

总的来说，无论是过去（尤其是冷战时代），还是现在，甚至是未来，以文化观念形态（尤其是政治思想、政治价值观、政治意识形态）表现出来的国家之间的软性力量竞争，都将是意识形态领域斗争的核心。确切地说，国家对权势的争夺并没有因为冷战的结束而有所弱化，只不过是国家在追求权势的过程中，硬权力和软权力的运用比重有所变化，更多的表现在软权力的急剧膨胀与扩张上，只不过表现形式和内涵有所扩大而已。冷战期间表现为文化冷战的形式，冷战结束以来，随着国际形势的发展，意识形态领域更多的

① 约瑟夫·奈在1990年发表的两篇文章“世界权力的变革”、“软权力”和一本专著《必定要领导——正在变化着的美国权利的性质》中最早阐述了关于软权力的理论。他认为“软权力”是一个国家除了物质力量之外精神、行为等力量的总和，包括价值标准（自由、民主、人权）、市场经济（自由市场经济体制及其运行体制）和西方文明（文化、宗教等影响）。约瑟夫·奈把权力定义为：“一个人达到目的或者实现目标的能力”。“软权力”是相对于“硬权力”而言的，其特征主要有以下几个方面：第一，“软权力”主要来自一些无形的力量，如文化、意识形态、机制和制度等，“软权力”的获得主要依赖文化和意识形态的吸引力。第二，“软权力”是通过文化、意识形态、制度的吸引力发挥作用的。即，“要”别国做自己想做的事。第三，“软权力”是通过扩散来发挥作用。第四，“软权力”对别国的影响是无形的、非对抗性的，这种影响是柔性的、潜移默化的，甚至得到对象国政府和民众的欢迎。

② ［美］约瑟夫·奈著，吴晓辉、钱程译：《软实力：世界政坛成功之道》，东方出版社，2005年版，第31页。

表现为软实力的争夺与较量。此时的软实力与冷战时期相比，已不可同日而语。两者虽有很多共同点，但软实力的内涵与外延都在不断扩大，其影响的深度和广度还在不断增强。国家对软权力的追逐拓展了国家权势的基本形式，也在相当程度上改变了大国间竞争的主题和内容。这也使得当前意识形态领域的斗争进入了一个崭新的阶段，而竞争的焦点就是国家软实力的较量与争夺。

因此，后冷战时期意识形态斗争是一个国家软实力发展和运用的过程，但其根本目标还是国家始终追求的权势与安全。基于此，我们也可以说，实力与价值观两种要素的竞争将共同决定未来世界秩序的走向：谁的实力强大，谁倡导的国际关系价值观就会得到其他国家更多的认同，世界秩序类型就将因谁而变。①

## 二、文化安全的根本保证——国民的忠诚度

文化安全的内核还表现在国民对国家和执政党的忠诚，因为国民对国家的忠诚也是国家安全的深层次内容，是民族得以传承、国家得以维系的精神支柱，是国家政权、社会制度得以建立和维护的重要基础。一个民族如果失去对国家的忠诚，就等于失去灵魂，失去赖以凝聚的精神力量。一个国家如果精神支柱坍塌、文化阵地弃失、文化安全的警觉性低，社会成员的凝聚力就会削弱，必然导致政治信仰、价值观念和思想道德规范的混乱，从而引发和加剧社会风险，从根本上损害国家安全利益。②

此外，如果执政党放弃了对意识形态的主导，甚至失去了对有害意识形态的识别和自卫能力，也会患上意识形态的“失语症”。各

① 李正国：《国家形象构建》，中国传媒大学出版社，2005年版，第44页。

② 张骥：“论社会主义核心价值体系与我国意识形态安全”，载《社会主义核心价值观与中华战略文化》，北京：时事出版社，2010年版，第42—42页。

种精致包装的西方意识形态自然就会趁虚而入，瓦解社会的精神秩序，填充人们的信仰空间。所以，一个政党能否牢牢掌握政权，既取决于它所拥有的政治、经济资源，也取决于它所掌握的文化资源，取决于它是否具有战略层次上的文化意识以及掌握先进文化发展的主导权。这些主导权中就包括维护和提升国民对国家的信心，以及对执政党的忠诚。

西方敌对势力对我国进行意识形态渗透，关键是要动摇人们对马克思主义的信仰和对共产主义的信念，破坏我们的共同理想和精神支柱，以达到人们对共产党信任的丧失和对社会主义信心的丧失的目的。这其中对我国危害最为直接的是一些西方人对我国极力鼓吹的“军队非党化、非政治化”和“军队国家化”。这些错误观点及其散布的有关言论，主旨是要中国共产党放弃对军队的绝对领导，使我军成为不讲政治、丧失“军魂”、脱离党的领导的军队。这些论调披着“民主”的时尚外衣，又借助互联网等信息工具加以广泛传播，其影响甚广甚远，甚能蛊惑人心。[①] 西方鼓吹“军队非党化、非政治化”与“军队国家化”的根本目的就是要稀释我们国民对党和国家的忠诚度，动摇党的执政地位，最终颠覆我国的社会主义制度。能否认清并自觉抵制上述错误思想，事关我党和整个国家的生死存亡。

对此，我们必须保持清醒认识和高度警觉，坚决反对和抵制这种错误思想的影响，进一步增强“坚持党对军队绝对领导”的自觉性和坚定性。军队从来都是阶级实现自身利益、政党实现政治任务的工具，是国家机器的重要支柱，既有国家属性又有政党和政治属性。社会主义政治发展的特殊规律决定了党对军队保持绝对领导的必然性和必要性。西方鼓吹“军队非党化、非政治化”与“军队国家化”，歪曲和抹杀了政党、国家和军队之间的阶级本质及其内在联系，违背了社会主义政治发展的规律，具有极大的欺骗性。特别是

① 周培清：“试析所谓‘军队非党化、非政治化’和‘军队国家化’政治观点”，《中国军队政治工作》，2012年第6期，第57页。

新形势下，意识形态领域斗争尖锐复杂，我国改革发展进入攻坚阶段，信息网络给人们的思想和生活带来深刻影响，敌对势力鼓吹“军队非党化、非政治化”和“军队国家化”的手法不断翻新，欺骗性迷惑性更大。因此，我们一定要坚定政治信念，增强政治敏锐性和政治鉴别力，坚决反对和抵制这些错误思想观点，更加自觉地坚持党对军队的绝对领导。

邓小平曾语重心长地告诫我们：“中国由共产党领导，中国的社会主义现代化建设事业由共产党领导，这个原则是不能动摇的；动摇了中国就要倒退到分裂和混乱，就不可能实现现代化。”坚持中国共产党的执政地位，是历史的选择，人民的选择，也是中国现代化和民族复兴大业的要求。特别是在当前，随着国家安全形势的日益复杂严峻、国家利益的不断拓展、现代化事业的不断推进，迫切需要有一个和谐稳定的内部环境和安全的外部环境。

因此，国民对国家的忠诚度，尤其坚持党对军队的绝对领导是已经被历史证明了的一条真理。只有忠诚于党、听党指挥，才能在复杂的情况下，保持清醒的头脑，分清敌我，明辨是非，维护党和人民的根本利益，完成党交给的任务，才能在任何情况下都把党和人民的利益看得高于一切，永葆革命青春，始终保持积极的人生态度。胡锦涛总书记指出：“忠诚于党，就是自觉坚持党对军队的绝对领导，高举中国特色社会主义伟大旗帜，坚定中国特色社会主义理想信念，任何情况下都坚决听党指挥。”特别在大是大非面前，始终保持头脑特别清醒、态度特别鲜明、立场特别坚定、行动特别自觉，自觉以坚定的信念和严明的政治纪律，坚决反对和抵制一切损害党的领导权威的言行。

那么，维持和加强国民对国家的信任，忠诚于执政党，这还与执政党的自身建设和执政能力是密不可分的。在当今的国际关系领域，国家的文化安全还在于执政党治国理念的先进性的较量。在新时代，国家和民族的竞争是综合国力、军事实力和民族凝聚力的竞争，也是思想理论的科学性、彻底性的竞争。一个国家、一个执政党只有掌握了先进的理论武器，才能把国家和民族凝聚起来、团结起来，才能在日益激烈的国际竞争中掌握主动，立于不败之地。

从历史上的大国兴衰看，没有一个国家仅靠物质力量的强大而可以持久。那些成功地维持了世界强国地位的国家莫不是向世界提供了某种文化和制度。英国是这样，美国是这样，即使是经历解体命运的苏联也曾是这样。在20世纪四五十年代，苏联之所以能形成追随它的阵营，并不完全是凭恃军事强权强行推动的结果，还在于它提供了一系列的制度创新和在当时看来似乎是全新的文明形态。包括中国在内的一些国家选择苏联模式，很大程度上是国内选择的结果，而并不完全是慑于苏联的军事压力不得已而为之。[①] 所以，一个国家既可以依靠经济军事硬实力来领导世界，更可以依靠它的政治制度与政治文化的合理性与有效性所显示出来的软实力来领导世界。

从某种意义上说，意识形态的斗争也是治国理念的比较与竞争。即是说，治国理念是现代政党文明的核心价值和基本形态，而治国理念的先进性与否还包含着更高层次的价值追求，蕴含着一种新的政党治理理念，昭示着一种政党文明进步的状态或新的政党文明形态。可以这样讲，一个政党的治国理念水平的高低从总体上反映着政党文明的发展程度，它既集中反映着政党权力产生的合法化程度，也反映着政党内部关系调整及其外部关系运作的合法化程度，因而，不但从整体上反映着整个国家和民族的发展方向和发展质量，也决定了国民对国家的信心和对执政党的忠诚。

在一个稳定的社会中，制度和文化是一致的，它们共同维护着同样的社会价值选择。制度和法律通过公权力强制实施着社会的基本价值规范，文化则潜移默化地使这些价值规范深入人心，并为与之相一致的制度提供正当性基础。[②] 政治文化的形成又受制于政治制

① 张剑荆："大国热'冷思考'：软实力致胜"，《人民论坛》，2007年第1期，第16页。

② 魏晓阳：《制度突破与文化变迁—透视日本宪政的百年历程》，北京大学出版社，2006年版，第4—5页。

度，同样，政治制度的传播又是以观念与理论形态来实现的。所以，人类发展的历史表明，在社会经济发展的转型时期，思想理论的创新是引导社会经济发展的先导和关键。

因此，在进入21世纪以后，中国面对经济全球化和世界多极化继续发展的历史趋势，面对和平、发展与合作的时代潮流，面对国内改革发展的新阶段、新形势和新任务，迫切要求进行伟大的理论创新，形成新的思想理论体系。以胡锦涛战略思想为基础的中国当代国家发展模式理论的形成和发展，是我们党在新的时代条件下运用辩证唯物主义和历史唯物主义对人类社会发展规律、社会主义社会发展规律做出的新概括，是对马克思主义的新发展，丰富和发展了我们党的思想理论基础，对开创中国特色社会主义新阶段具有重要指导作用，对于全面建设小康社会、建设社会主义和谐社会、实现中华民族的伟大复兴具有极为重大的战略意义，是新阶段指导改革开放、现代化建设和社会主义自我完善发展的强大思想武器，也是我们党必须长期坚持的根本指导思想。

## 三、国家形象的权力属性

在西方，国家形象是一个古老的问题。早在古希腊时代，就有政治学者在论及扩展和保护帝国自身的雅典城邦国家对“荣誉”和“威望”的追求时，提出国家和个人一样，对安全（避免恐惧）、荣誉和私利的追求是它的本性。[①] 众所周知，国家的“荣誉”和“威望”（良好的国家形象）不但可以增强本国人民的自尊心、自信心和凝聚力，还可以增强国家的外交力量，使国家在国际事务中赢得话语权，在国际竞争中占据主动和优势，最终促进国家利益的实现。

① 参见［古希腊］修昔底德著，谢德风译：《伯罗奔尼撒战争史》，北京：商务印书馆，2008年版。

从这个意义上说，国家形象是国家综合国力中巨大无形资产的集中体现。因此，国家对于“荣誉”和“威望”的追求，维护良好的国家形象，也是国家追求权势的一种表现，这也凸显了国家形象的权力属性。

在国际社会中，作为国家身份的表达，一个国家的国家形象一旦确立，就会对相关国家的利益诉求、价值取向和行为选择予以支配和控制，从而产生一定的国际影响力和规范力。这种国际影响力和规范力所显示的就是国家形象的权力属性。正是从这个意义上说，国家形象是一种软权力资源，或者说软实力。国家形象的这种权力属性是由其关系属性所决定的，其所反映的国家间不均衡、不对等的相互认同关系背后蕴含的是更为深刻的国家间的权力关系。

总的来说，国家形象主要包括物质要素、制度要素和精神要素三个方面。国家形象是一个国家对自己的认知以及国际体系中其他行为体对它的认知的结合，是国家力量和民族精神的表现与象征，是综合国力的集中表现。但从根本上来说，国家形象不可能长期任意为人所塑造，客观现实最终制约了国家形象的塑造和传播。一国的国家形象源自该国的政治、经济、文化、军事、社会及地理等方面的客观物质状况，从而，国家形象的相对稳定性首要地取决于国家形象所具有的这种客观物质基础，而其动态性则是建立在国内外政治、经济、外交、军事等要素因时而变的基础之上。①

但伴随着信息传播的全球化，我们日益置身于一个相互依存的时代，国家形象以前所未有的重要性提上了每一个民族国家的国际战略乃至全球战略议程。在国际政治生活中，一个国家之所以关注自身的国家形象，首要地是为了维护本国的国家利益（包括安全利益）。为此，国家之间产生了形象政治即形象竞争，为（理想或合意

① 张昆：《国家形象传播》，上海：复旦大学出版社，2005 年版，第 188—189 页。

的）形象而战，并且由此引发了国家间的符号竞争和信息博弈。[1] 对此，美国国际关系理论大师汉斯·摩根索最早做出了一种重要解释："在为生存和权力而进行的斗争中……他人对我们的看法同我们的实际情形一样重要。正是我们在他人'心镜'中的形象（即我们的威望）而非我们本来的样子，决定了作为（国际）社会成员的我们到底是'谁'——哪怕这镜中之像是歪曲的反映。"[2] 也就是说，正是一国在他国心目中的国家形象决定着该国的国际威望及权力大小。

21 世纪，信息传播的全球化构成了中国生存和发展的最基本的情境，这也是中国国家形象所处的基本情境。在全球化这一基本情境下，任何国家都不可能处于闭关自守的状态，而且很大程度上是面向全世界的全方位开放。与此同时，从全球范围来看，日益复杂多元的全球性和跨国性公共问题所引发的涉及世界各国乃至整个人类生存的安全危机、生态危机、能源危机等，都是单个国家无法、无力也不愿单独应对的负担。由此，积极参与全球多边协调与合作成为众多国家应对全球化必然的战略选择。国家不仅要面对单一的对象国或目标国而与之打交道，同时也要面对其他相关国家、地区或众多的国际组织，与之展开交往。作为世界上最大的发展中国家，中国基于特殊的历史、国情和国际身份，加之自觉地向全球开放和积极地融入国际社会，其全球化和（国际）社会化的进程不断加速，它与世界之间的互动性越来越强，关联度、密切度和相互依赖度也越来越高。中国是一个正在崛起的、世界上最大的发展中国家，拥有当今世界五分之一的人口，是世界第二大经济体，同时中国在全球"核俱乐部"、联合国安理会常任理事国、全球投资和贸易领域以及所在地区事务中发挥着越来越重要的作用，同时也承担着越来越重大的责任。

① ［美］亚历山大·温特著，秦亚青译：《国际政治的社会理论》，上海人民出版社，2005 年版，第 229 页。

② Hans J. Morgenthau, *Politics Among Nations: The Struggle for Power and Peace* (7th edition), Kenneth W. Thompson and W. David Clinton (eds.), 北京大学出版社，2005 年版（影印本），第 84 页。

由于国家形象也是在跨国间日益网络化的交往互动、共有观念确立和相互身份认同的全球传播情境下建构起来的，其建构呈现出网络化的趋势。因此，国家形象具有了网络性的特点。随着互联网的普及和发展，各种网络形态都成为了媒介外交的重要工具。比如门户网站、搜索引擎、电子邮件、网络视频、图片分享网站、社交网站、博客、播客等新技术的推广，使得网络空间成为国家形象展示的一个重要空间，也成为国家与国际社会和全球社会交往互动的重要平台。所以，在大众媒介时代，一个国家的国家形象就形成于跨国媒介互动之中，国家形象的建构呈现出媒介化的趋势。因此，一个国家要最有效地塑造本国的国际形象，则要拥有全球的媒介优势。①

正是由于全球的媒介优势是由西方世界所主导的，中国在塑造和维护国家形象时遇到了不少困难。一个最有力的例证就是中国作为迅速崛起的发展中大国，其国际形象与其地位、影响力并不相称。2008 年，当全世界都在惊叹于中国改革开放 30 年所取得的卓越成就时，对“中国模式”的抹黑也迎来了一个新高潮，对中国的外交道义、经济发展方式、政权组织形式、民族政策合法性的质疑在西方媒体中比比皆是，“中国威胁论”更是甚嚣尘上。由此可见，一国的国家形象并不完全受主体国家的主观意愿支配，也不完全受控于主体国家自身的作为和努力。正如美国高盛公司高级顾问、“北京共识”的提出者乔舒亚·库珀·雷默一针见血指出的：“中国如何看待自己并不重要，真正的关键在于国际社会如何看待中国。”②

那么如何才能设计、传播和维护良好的国家形象呢？简单的说，国家的政策正确，国家建设得好，才有传播的资源，还需要好的传播艺术，才能建立好的国家形象。③ 良好的国家形象建立在国家间良

① Abbas Malek (ed.), *News Media and Foreign Relations: A Multifaceted Perspective*, Ablex Publishing Corporation, 1997, p. 44.

② ［美］乔舒亚·库珀·雷默等著，沈晓雷等译：《中国形象——外国学者眼里的中国》，北京：社会科学文献出版社，2006 年版，第 8 页。

③ 赵启正：《公共外交与跨文化交流》，北京：中国人民大学出版社，2010 年版，第 50 页。

性的交往互动基础之上，对一个国家来说，国家形象的建构不只是内政问题，更是一个外交问题。在全球化的背景之下，当前中国国家形象建构的关键在于，顺应信息传播全球化的趋势和国家形象建构的全球化、社会化、网络化和人文化的趋势，做出科学合理且与时俱进的外交决策，以便在全球范围内同相关国家及整个国际社会展开全面、开放、民主、深入、人文的交往互动。“世界离不开中国，中国也离不开世界”。当前，中国需要积极的融入国际社会，同时，作为全球最大的发展中国家，作为全球经济增长最快的国家，世界也需要中国在国际事务中扮演重要角色，发挥积极作用。所以，其中十分关键的是中国要在国际社会上要发出自己的声音，也就是要有话语权。

从历史的角度看，提升国际话语权是一个成长中国家的自然需求，是对一个国家力量增长的反映。国际话语权的大小，反映了一个国家引导国际舆论的能力，是参与和影响国际事务能力的标志。在国际关系中，国际话语权是直接决定一个国家国际社会地位的因素之一，话语权的大小可能直接影响着该国主导国际事务权力的大小。话语权实际包括两个方面：从外在形式来看，它意味着每一个主体都有权由自己来表达自己的思想、意志和要求，除非自愿委托，是不能由别人代替的；从内在内容来看，每一主体都能独立地以自己的方式进行思维和表达。后者是前者的基础，前者是后者的具体表现形式。①

众所周知，由于历史的原因，大部分既有的国际机制和规则都是在中国未参与的情况下提出和制定的，这些由西方所主导的“游戏规则”同中国独特的文化价值观和政治、经济、社会制度或多或少是有背离的，并不可能完全符合中国的国家利益。除此之外，以美国为首的西方国家在诸多涉及中国的多边领域中有意利用多边机制合力牵制和遏制中国。为了打破西方发达国家在多边国际机制创

---

① 阮建平：“话语权与国际秩序的建构”，《现代国际关系》，2003 年第 5 期，第 32 页。

制上的话语霸权，除了要在全球范围内充分利用各种多边对话场合，逐步改造和创新其所主导的话语系统，还必须尽可能多地为相关各方所组成的共同体提供公共产品（如国际公共储备、国际规则和国际援助等），增加对国际社会和全球社会的贡献率，以此在全球范围内培养和积累对中国更多的信任、理解和支持。

近年来，在国际体系大变革的过程中，中国作为一个正在上升的大国不可避免地与其他国家或国际组织产生矛盾和冲突，这些矛盾和冲突能否解决决定了中国能够在多大程度上维护自身利益，而解决的方式决定着维护利益所需要付出的代价。在国际话语平台上拥有话语权将是一种有效的维护国家利益的方式，中国积极展开话语权的争夺，将能够在国际事务中更加有效地维护我国的国家利益。我国外交政策的一个显著变化就是，“积极开展多边外交，推动重大热点问题和全球性问题的妥善解决”。如派遣维和部队，索马里护航，对非援助等等，这些国际行动不仅增进了国际社会对中国的关注和重视，同时也提升了中国在多边对话场合中的话语权，从而有力地引导全球公众舆论议程。这也表明中国正在积极应对国际社会各种挑战，以更加负责任的姿态主动参与到国际事务中。

中国一贯重视向国际社会宣传自己的外交政策和外交理念，争取国际社会的理解和认同，塑造自身良好形象，提升在国际社会的话语权。胡锦涛同志曾指出：“我们必须统筹国内国际两个大局，把加强对外宣传作为关系国家发展全局的战略任务抓紧抓好，努力展示民主进步、文明开放的国家形象，营造客观友善、于我有利的国际舆论环境，增强中华文化的国际影响力。”①

冷战结束以来，中国的话语权意识持续提升，中国也更加注重塑造自身国际形象。为了塑造中国的国际形象，中国积极在各个领域开展多边外交，主动在应对国际金融危机、推动全球节能减排、应对自然灾害、化解地区和全球热点问题等方面承担更大的责任，努力在国际社会塑造“负责任大国”的良好形象。进入新世纪以来，

---

① 胡锦涛：《在全国宣传思想工作会议上的讲话》（2008年1月22日）。

中国将塑造负责任大国形象作为外交重要任务之一，在不断增强国家实力的基础上，深入挖掘各种资源，广泛开展文化外交。具体来说，就是要挖掘和弘扬中国文化的精髓，推动文化发展和创新，在强化国际制度的参与能力的同时，争取发挥建设主动性作用，在不断完善“中国模式”的同时，积极构造话语体系。总之，作为一个成长中的大国，中国要真正提高本国文化在国际社会的话语权，还有很长的路要走。

## 四、维护中国文化安全的根本途径
## ——构建社会主义核心价值体系

保罗·肯尼迪曾经说过：“大国之所以衰落，就是因为政治统治成本不断增加，而国内经济增长无法与之相适应。”导致“政治统治成本不断增加”的根源在于缺乏降低“政治统治成本”所必需的文化支持。[①] 所以，维护国家文化安全，从根本上说就是维护国家民族的利益与安全，它的核心就是维护国家重大文化利益的安全。明确了国家重大文化利益，也就找到了文化安全战略的支点。

什么是中国重大的文化利益？社会主流价值观念就是国家重大文化利益的核心，社会主流价值观念也是国家民族文化身份的重要组成部分。这里把它单独提出来，就因为它关系到国家民族生死存亡的大问题。主流价值观念，对于个体或整个民族来讲，本质上讲是相信什么、追求什么的信仰问题。既然上升到了信仰的层面，那么它就与国家民族的生存发展紧密地结成了一体。一个没有信仰的民族，是一个没有精神支柱的民族；一个没有信仰的社会，是一个没有纲常伦理和规范标准的社会。而一旦没有了信仰，无论是对于

① ［美］保罗·肯尼迪：《大国的兴衰》，北京：中国经济出版社，1989 年版，第 49 页。

一个个体，还是对于一个民族、一个社会、一个国家，也就失去了灵魂，没有了追求的目标和方向。

所以，任何社会都有自己的核心价值体系，这是一定的社会系统得以运转、一定的社会秩序得以维持的基本精神支撑。一个社会的核心价值观，反映了社会意识的本质，决定着社会意识的性质，涵盖了社会发展的指导思想、意识形态、价值取向，影响着人们的思想观念、思维方式、行为规范。社会主义核心价值体系是社会主义意识形态的本质体现，“就是要巩固马克思主义的指导地位，坚持不懈地用马克思主义中国化最新成果武装全党、教育人民，用中国特色社会主义共同理想凝聚力量，用以爱国主义为核心的民族精神和以改革创新为核心的时代精神鼓舞斗志，用社会主义荣辱观引领风尚，巩固全党全国各族人民团结奋斗的共同思想基础”。① 我们只有“积极探索用社会主义核心价值体系引领社会思潮的有效途径，主动做好意识形态工作，既尊重差异、包容多样，又有力抵制各种错误和腐朽思想的影响”。②

全球化背景下我国的意识形态安全，事关中华民族的存亡兴衰。在维护我国意识形态安全方面，除了在策略上抵制和防范外部势力对我进行渗透外，根本途径是构建社会主义核心价值体系，加强中国特色的政治意识形态价值和感召力，抵御和抗衡西方社会的以资产阶级“自由民主”为核心的价值体系。“我们同各种敌对势力在意识形态领域的斗争，本质上是社会主义价值体系和资本主义价值体系的较量。要把13亿人民团结起来，万众一心推进中国特色社会主义事业，就必须大力推进社会主义核心价值体系建设，在全社会形成共同理想信念、强大精神力量、良好道德风尚，更好地凝魂聚气、强基固本。我们要紧紧抓住树立理想信念这个根本，坚持不懈

---

① 胡锦涛：“高举中国特色社会主义伟大旗帜，为夺取全面建设小康社会新胜利而奋斗”（2007年10月15日），《十七大以来重要文献选编》（上），中央文献出版社，2009年版，第26页。

② 同上，第27页。

地用中国特色社会主义理论体系武装全党、教育人民，推动当代中国马克思主义大众化，不断巩固马克思主义在意识形态领域的指导地位，不断巩固中国特色社会主义共同理想，不断巩固全党全国各族人民团结奋斗的共同思想基础。”①

改革开放至今，从邓小平提出社会主义物质文明和精神文明“两手抓、两手都要硬”，到江泽民强调中国特色社会主义文化是“综合国力的重要标志”，再到胡锦涛从战略高度深刻认识文化的重要地位和作用，牢牢把握文化发展主动权，体现了深刻的文化自觉。历史和现实表明，一个民族的觉醒，首先是文化上的觉醒；一个政党的力量，很大程度上取决于文化的自觉。可以说，是否具有高度的文化自觉，不仅关系到文化自身的振兴和繁荣，而且决定着一个民族、一个政党的前途命运。

2006 年 10 月，社会主义核心价值体系是党的十六届六中全会首次明确提出，它包括四个方面的基本内容，即马克思主义指导思想、中国特色社会主义共同理想、以爱国主义为核心的民族精神和以改革创新为核心的时代精神、社会主义荣辱观。也是胡锦涛同志在党的十七大和党的十七届三中、四中全会《决定》中又进一步阐述的一个科学命题。2009 年 9 月，党的十七届四中全会通过《决定》明确指出：“把理想信念教育作为全党学习践行社会主义核心价值体系的重中之重，教育引导党员着力增强贯彻党的基本理论、基本路线、基本纲领、基本经验的自觉性和坚定性，增强走中国社会主义道路、为党和人民事业不懈奋斗的自觉性和坚定性，做共产主义远大理想和中国特色社会主义共同理想的坚定信仰者。”社会主义核心价值体系在我国整个价值体系的基本特征和基本方向，是社会主义意识形态的本质体现，也是建设社会主义和谐文化的根本。

从某种意义上讲，在世界舞台上，谁家的文化成为主流文化，谁就是国际权力斗争的赢家。与政治经济军事安全一样，文化安全

① 胡锦涛：《在中共十七届三中全会第二次全体会议上的讲话》（2008 年 10 月 12 日）

同样是发展意义上的安全。既要看到本国、本民族的优秀文化成果，也要看到世界其他国家和民族创造的优秀文明成果。在从中华传统文化中不断汲取营养的同时，也要从世界各国文化中吸纳先进因素，以增强文化的进步性和自我发展的能力。我们必须像维护国家政治、经济和军事主权一样，高度重视维护国家文化主权，从国家民族生存与发展的战略高度，时刻警惕文化安全领域各种异常动向对国家文化主权的侵犯干预、弱化动摇和冲击损害，不断强化忧患意识、防范意识和主权意识，唤起全民维护国家文化安全的紧迫感、责任感和使命感。只有体现时代精神的先进文化才具有强大的生命力，才能获得最持久的文化安全。新兴国家的文化安全只有一条出路，就是吸纳先进，摈弃落后，变革传统，塑造和体现代表先进性的新的本民族、本国家的特色文化。

## 结语

进入新世纪新阶段，党中央提出："我们要始终把国家主权和安全放在第一位，坚决维护国家政治安全、经济安全、文化安全和国防安全。"这就把文化的生存与发展，文化的建设与安排，纳入了国家整体战略的大视野、大范畴，使文化安全成为国家大战略的重要组成部分。因此，我们必须从战略层面上，对维护国家文化安全各个方面的事宜进行总体设计、规划，构建相关的安全模型，并制定具体的实施方案以及机制保障、措施办法等，以维护国家和民族主体文化价值体系、主流意识形态、主要道德评价规范等，使其保持独立性和自主性，以免遭受来自内部和外部的破坏或颠覆。

当今世界正处在大发展大变革大调整的时期，世界多极化、经济全球化深入发展，科学技术日新月异，各种思想文化交流交融交锋更加频繁，文化在综合国力竞争中的地位和作用更加凸显，维护国家文化安全的任务更加艰巨，增强自家文化软实力、提升中华文化国际影响力的要求更加紧迫。人们普遍认识到，无论在国内还是在全人类面前，中国要建成真正稳定和谐富强的大国，必须有自己稳定而又持续的核心价值理念，创造出符合历史发展方向从而具有世界历史意义的价值理念。这有利于增强社会主义核心价值体系各组成部分之间的内在统一性，有利于提高社会主义核心价值体系在群众中的感召力、吸引力和认同感，有利于提升我们国家在国际舆论中的影响力、竞争力和软实力。

# 冷战时期美国对外文化战略刍议

丁艳凤 李 瑶

**【内容摘要】** 越来越多的国际关系学者把"文化"这种新的国家权力资源概括为"软权力"，并认为其具有为经济、军事等其他手段所无法取代的"水滴石穿"的战略效果。第二次世界大战后，美苏冷战随即展开，文化领域也成为重要的战场。随着 NSC－68 号文件的出台，冷战时期美国对外文化战略正式形成。正是通过该战略的实施，美国最终凭借文化软实力的力量整垮了苏联，成为冷战的大赢家，这至今仍是美国在运用其文化权力资源方面最感自豪的范例之一。

**【关键词】** 美国 对外文化战略 软权力

第二次世界大战以后，美苏两个超级大国及以它们为首的两大阵营之间随即展开了一场全方位的对抗，除了政治、经济、军事方面紧张的对峙之外，双方在文化领域也开辟了一个没有硝烟的战场，美国对外文化战略趋于形成。同传统的对抗性战略模式不同，双方在文化领域的争夺和较量远不如政治、经济、军事领域的对峙那样剑拔弩张、硝烟弥漫和显而易见，但它的影响是潜移默化而又根深蒂固的。

# 一、美国对外文化战略形成的合理内核——文化软权力

“文化”作为一种国家权力资源越来越受到重视，并被概括为“软权力”，以区别于传统的政治、经济和军事等硬权力。“软权力”概念最早是由哈佛大学肯尼迪学院院长、美国国防部前助理部长约瑟夫·奈首创的，他指出：“软实力是一个国家的文化和意识形态诉求，是一种通过吸引力而不是强制力获得理想结果的能力，即让其他人做你想要他们所做事情的能力。”① 约瑟夫·奈在1990年发表的两篇文章《世界权利的变革》、《软权力》和一本专著《必定要领导——正在变化着的美国权利的性质》中最早阐述了关于软权力的理论。他认为“软权力”是一个国家除了物质力量之外精神、行为等力量的总和，包括价值标准（自由、民主、人权）、市场经济（自由市场经济体制及其运行体制）和西方文明（文化、宗教等影响）。具体地说，软实力包括：政治制度的吸引力、价值观的感召力、文化的感染力、外交的说服力、国际声望以及领导人与国民形象的魅力等。软实力是让其他国家感到自身的目标不切实际而放弃表达个人愿望心甘情愿去做自己希望它做的事情的力量，因而可以定义为“通过吸引别人而不是强制他们来达到你想要达到的目地的能力”。

在《软权力》一书中，奈是这样表述的：“一个国家在世界政治中获得想要的结果可以是由于其他国家——羡慕其价值观、模仿其榜样、渴望达到其繁荣和开发的水平——愿意追随之。这种软权

---

① ［美］约瑟夫·奈：《软实力：世界政坛成功之道》，吴晓辉、钱程译，上海：东方出版社，2005年版，第31页。

力——使其他国家想要你所想要的结果——同化他人而不是胁迫他人。”① 软权力本质上就是西方文化霸权的另一种表达，“是一个国家吸引它国的能力源于其文化、价值观、国内实践及其被视为合法性的外交政策”②。相对于军事和经济的手段，软权力手段具有间接性、隐蔽性、合法性及其衍生的低成本性、高效性和作用持久性的特征。奈还说：“在当今世界，倘若一个国家的文化处于中心地位，别国就会自动地向她靠拢；倘若一个国家的价值观支配了国际政治秩序，她就必然在国际社会中处于领导地位。”卡尔也认为，支配舆论的力量是权力的第三种形式。要实现政治目标，支配舆论的力量与军事力量、经济力量同样重要，且这些不同形式的权力是密切相关的。

古典现实主义大师汉斯·摩根索认为：“如果有帝国主义目标的A国的文化或者政治意识形态征服了B国的所有决策者的头脑，那么，A国就会取得对B国的完全的胜利，就会建立比在军事和经济主宰基础之上的更为稳定的优势。”③ 历史表明，赤裸裸的军事干预和经济制裁会使美国付出高昂的成本，而通过文化渗透和扩张既可以塑造美国的形象，又可以获取美国所需的利益，以一种“人道”的方式谋取实质上的霸权。可见，大国文化战略具有军事战略所无法替代的作用。就像美国国际问题专家J·瑙埃在《美国的领导权》一书中所说：仅仅依靠美国文化的普及，就足以奠定美国的领导地位。摩根索还曾经提出，当今国际政治“不仅以传统的政治压力和武力方法进行，而且在很大程度上是争夺人心的斗争”。④ 上世纪70年代末现实主义政治家基辛格同样指出：“美国不能只是为了维持力

① Joseph S. Nye, *Soft Power: The Means to Success in World Politics*, (New York: PublicAffairs. 2004). p. 5.

② ［美］约瑟夫·奈著：《硬权力和软权力》，门洪华译，北京大学出版社，2005年版，第6页。

③ Hans J. Morgenthau, *Politics Among Nations: The Struggle for Power and Peace*, 7th Edition, Revised, (McGraw－Hill Humanities/Social Sciences/Languages, 2005). p. 71.

④ Ibid., p. 91.

量均势而在世界上继续有目的地存在下去；除了维持力量均衡，还要推广美国的观念和价值。”[①] 美国总统里根在1982年5月的一次讲话中也信誓旦旦地说，两种对立的社会制度斗争最终的决定因素，“不是核弹和火箭，而是意志和思想的较量”。如上这些语录无疑为美国战后以来一直奉行的对外文化战略做了恰当的注脚。[②]

归根结底，美国冷战时期对外文化战略以文化软权力为其合理内核，依赖意识形态和文化支配力，征服被控制者的意识空间。它为美国大战略行动提供“合法性”基础，以期最终利用文化软实力优势实现“不战而胜”。

## 二、冷战时期美国对外文化战略的形成

早在第二次世界大战期间，美国人就在文化安全重要性问题上形成了重要共识，文化安全自然被纳入国家安全体系之中。1941年9月，美国国务院对外文化关系司总顾问委员会委托耶鲁大学历史学家拉尔夫·特纳教授对美国二战后的文化政策提出一个规划纲要。1942年秋，特纳在其提供的备忘录中首先明确强调：“任何与外交事务有关的工作都是为国家利益服务的，因此，对外文化工作必须根据国家需要，同政府的政治、经济、外交政策保持一致，配合进行。”[③] 特纳的基本战略思想很快得到美国官方的赞同，美国国务院对外关系司总顾问委员会一致认为，“由于战争，世界文化中心已经从欧洲转移到美国，因此，战后的现实将要求美国在文

① Henry Kissinger, *Years of Upheaval*, (Boston: Little, Brown and Company, 1982), p. 242.

② 转引自方立：“美国对外文化交流中的政治因素（二）——美国对外文化交流在冷战中的地位与作用”，《高校理论战线》，1994年第4期，第65页。

③ 参见［美］弗兰克·宁柯维奇：“美国对外文化关系的历史轨迹”，钱学存编译，《编译参考》，1991年第8期，第56页。

化方面如同在政治和经济方面那样，在全世界担负起领导责任”。美国教育理事会也傲慢地宣称：“美国的文化思想和文化概念，包括它的所有弱点和缺点，都必须成为战后世界秩序的基础。”[①] 这些认识逐渐成为二战后美国领导集团在制定对外文化战略时的指导方针。特纳的备忘录是一个转折点，表明美国的文化政策从过去的“自由主义”转向为强权政治服务。美国在二战中所扮演的角色使其增强了信心，它将使自己实施对外文化战略的力度同未来超级大国的地位相称，更多地采用进攻的积极姿态，用文化手段为美国的全球利益服务。

战后，这一战略指导思想迅速地成为美国对苏“遏制”战略的重要组成部分，美国政府认为，“若要在这场冷战中赢得胜利，除了武器和金钱外，还需要思想输出，即文化外交”。1946 年，在参议员富布赖特的推动下，美国通过了美国文化外交历史上著名的《79—584 号公共法修正案》（“富布赖特法案”），首次以立法形式为美国的国际文化活动提供保障。1947 年 12 月 18 日，杜鲁门总统批准了 NSC4 号文件，该文件主要分析了苏联的对外宣传情况，并主要解决如何加强美国政府和平时期的对外宣传活动的问题。文件认为：“苏联正在开展一场直接针对美国的强烈的宣传运动，并协调使用旨在破坏所有国家中的非共产党基础的心理、政治和经济手段。”1948 年，美国国会通过了《史密斯—门特法案》，进一步明确了美国文化外交活动的宗旨和任务，从此，“文化外交”战略正式确定并成为美国后来实施的对外文化战略的直接来源。

1950 年，美国“国家安全委员会”从“苏联及共产主义世界有一个全面进攻的计划”的估计出发，制定所谓的“NSC－68 安全政策”。根据美国学者史蒂文·里尔登（Steven Rearden）和梅尔文·莱弗勒（Melvyn Leffler）的分析，NSC－68 号文件主要是在之前的

① ［美］塞缪尔·亨廷顿著：《文明的冲突与世界秩序的重建》，北京：新华出版社，1998 年版，第 7 页。

国家安全委员会系列文件的基础上构建了美国国家安全思想体系。[①] 这份文件首先通过一组非常具有煽动性的修辞符号对比来强调美苏在意识形态上的根本对立："自由"对"奴役"，"民主"对"独裁"，"宽容"对"强制"，"多样性"对"统一性"。根据这种对比，该文件指出，作为承载着"神圣的天定命运（Divine Providence）"的国家，美国的基本目标是实现宪法（the Constitution）、权力法案（the Bill of Rights）、独立宣言（the Declaration of Independence）所阐述的价值观，而这与"克里姆林宫实行严厉寡头统治的奴役思想之间存在根本的冲突"。"如果克里姆林宫打算实现它的基本意图，那么作为非苏联世界的中心和抵御苏联扩张的堡垒的美国，就是苏联的头号敌人，美国的完整和生机必将受到一种或多种形式的颠覆和破坏。"[②]

NSC－68 号文件"将正在出现的冷战描绘成两大截然相反的价值体系之间的殊死对抗"，[③] 因此，美苏对抗是一场"全面战争"，也是一场"持久的争斗"，不仅要使用武装力量，还要动用社会的各种因素，把经济战、心理战与基本的政治、军事目标联系在一起，展开一场"全面战争"。由此我们可以看到，对外文化战略已经成为美国国家安全战略中非常重要的一部分，其任务便是对社会主义进行全面的心理战。NSC－68 号文件作为美国国家安全战略的基石，准确地反映了美国战略所依据的意识形态前提[④]，其中文化安全方面的内容为美国对外文化战略全面实施提供了战略依据。自此，冷战

① Steven L. Rearden, *The Evolution of Americon Strategic Doctrine. Paul H. Nitze* and the Soviet Challenge. (Boulder, Col.: Westview Press, 1984); Melvyn P. Leffler, *A Preponderance of Power: National Security*, the ruman Administration and the Cold War, (Stanford, Calif,: Stanford University Press, 1992).

② NSC 68, "A Report to the National Security Council by the Excutive Secretary (Lay)", FRUS, 1950, Vol. 1, pp. 238－241.

③ ［美］威廉森·默里等著：《缔造战略：统治者、国家与战争》，时殷弘等译，北京：世界知识出版社，2004 年版，第 16 页。

④ 同上。

时期美国的政治制度、价值观念和生活方式的渗透，无时不在西方的对外战略中发挥重要作用。NSC－68 号文件的出台标志着冷战时期美国对外文化战略正式形成。

自此，随着美苏冷战的深入，美国对外文化战略逐渐发展成为由政府主导的、运行机制完善的规范的战略形态。尽管美国政府几经更替，战略领导指挥机构之间权责分配时有调整，具体方针措施也随着国际情势的变化而一直处于动态调整过程中，但无论是杜鲁门的“心理战”、艾森豪威尔的“和平演变”，还是肯尼迪的“和平战略”，也无论是前期进攻性的心理战，还是后期渐进式的演变战略，无论是公开的政府公众外交，还是秘密的文化渗透…本质上都没有脱离文化战略这一框架，且始终服务于遏制苏联、夺取世界霸权这一国家大战略目标。

## 三、美国对外文化战略的主要执行机构

冷战时期，许多美国政府机构，如国家安全委员会、国务院、国防部、参谋长联席会议、中央情报局等都曾于幕后策划、指挥了对外文化战略。而美国的心理战略委员会、行动协调委员会、国际信息活动委员会、新闻署等机构，则在上述机构的领导下更为直接地执行了这项“意识形态领域的马歇尔计划”[1]。除此以外，一些非官方行为体，如基金会、民间思想库等，也直接或间接地卷入进来，成为美国实施“文化冷战”的重要推手。这里仅以心理战略委员会、美国新闻署、基金会及其外围组织这些执行力度较大、影响比较深远的机构为例，说明美国对外文化战略机制是如何运行的。

---

① Lorilyn Bogre, *The Pentagon's Battle for the American Mind*, (Texas A&M University Press, 2004), p. 90.

### （一）心理战略委员会（PSB）——心理宣传战的“中枢神经”

心理战略委员会（Psychological Strategy Board）被称为“哈里·杜鲁门最大的国家安全委员会活动机构”，也是杜鲁门执政时期，美国国家安全委员会下设的唯一行政机构。鉴于心理战在冷战对抗中日益增强的作用，同时鉴于美国国内心理宣传组织和执行工作混乱的现状，1951 年杜鲁门政府决定成立心理战略委员会，把信息、宣传、心理战置于单一政府部门统筹之下。① 心理战略委员会的主要成员有副国务卿、国防部副部长、中央情报局局长、参谋长联席会议顾问和一名总统指派的委员会主任。这个委员会下设一个工作班子，制定实现国家安全委员会目标的心理行动计划，协调这些计划的实行，评估计划实施的结果。② 同年 6 月 20 日，杜鲁门以一份行政指令明确了该委员会的职责范围，即“负责国家整体心理战目标、政策和项目的规划与颁布，作为心理战行动各部门和机构的指南，并协调和评估国家心理战行动”。③

从 1951 年 4 月成立到 1953 年 1 月解散，心理战略委员会建立了 36 个特别小组，负责 44 个项目。心理战略委员会变成了“影响国外群体的舆论、态度、感情和行为的焦点”的美国“战略性心理行动的中枢神经”，并成为国家安全委员会中最大的机构。尽管心理战略委员会没能把它所计划的对抗苏联和东欧国家的政治战转移到政策制定领域，但是它是一次重要的尝试，为艾森豪威尔政府时期更

① Directive Establishing the Psychological Strategy Board, June 20, 1951, *Public Papers of the President*, Harry S. Truman, available at http://trumanlibrary.org/publicpapers.

② *American Foreign Policy*, 1950 – 1955, *Basic Documents*, Vol. 1, Washington, D. C.: U. S Government Printing Office. 1957, pp. 3168 – 3169.

③ Directive Establishing the Psychological Strategy Board, June 20, 1951, *Public Papers of the President*, Harry S. Truman, available at http://trumanlibrary.org/publicpapers.

集中化、更系统化的心理战活动打下了很好的基础。

艾森豪威尔上台后，将这一机构进行改组，成立行动协调委员会（OCB），置于国家安全委员会领导之下，行动协调委员会继承了心理战略委员会未完成的所有项目，且结构更加严整。[①]

### （二）美国新闻署（USIA）——反共宣传的前沿阵地

在杜鲁门政府时期，美国的国际信息和文化交流计划分散在几个不同的政府机构中：国际新闻署、技术合作署、共同安全署、国务院、国防部和中央情报局。为了更有效地进行公众舆论的工作，艾森豪威尔提出国际信息机构重组计划。1953 年 8 月 1 日美国新闻署（the United States Information Agency）成立运行。艾森豪威尔明确提出了美国新闻署的主要任务：第一，对外解释宣传美国的政策；第二，介绍美国社会文化。实质上美国新闻署的真正目标是：在意识形态领域与苏联等社会主义国家进行对抗，为美国对外政策服务，以维护美国的国家利益。新闻署署长由总统任命，直接向总统报告工作。

美国新闻署以“团结自由世界，以非战争的方式减少共产主义的威胁”为使命，集中了对外文化交流和宣传的主要手段，利用广播、新闻出版、影视等各种媒体，宣传美国的对外政策和意识形态，推销和宣传美国的形象。到 20 世纪 80 年代，除了广播之外，美国新闻署已经在 142 个国家设立了 190 个新闻处，所属的“美国之音”以 50 多种语言每周向世界广播 660 小时，所属的全球电视网的卫星电视每天播出 24 小时，内容包括新闻转播、教育、文化和娱乐节目。自由欧洲电台和自由电台对中欧、俄罗斯、伊朗、伊拉克以及新独立的国家每星期用 23 种语言播出 500 小时。

① ［美］雷蒙德·加特霍夫著：《冷战史——遏制与共存备忘录》，伍牛等译，北京：新华出版社，2003 年版，第 14 页。

美国新闻署自1953年成立，其内部组织编制几乎没有大的改变。自成立后，它便一直是美国实施文化战略行动的主要机构。“在整个冷战时期，美国新闻署搜集了大量有关美国政策的信息，并在综合分析的基础上给予国外公众以巨大的影响。它不断对苏联、东欧国家中的政治家、知识分子、艺术家等群体施加影响，为促成这些国家背离社会主义道路立下了汗马功劳。”[①] 艾森豪威尔在退休时还不忘强调，应该从军事预算中拨款来加强美国新闻总署。[②] 这从一个侧面反映了美国新闻署在与苏联文化宣传较量中不可低估的作用。

### （三）基金会及其外围组织——实施文化冷战的“联合部队”[③]

除了这些形形色色的政府机构以外，美国还注重加强非官方组织的外援作用。美国的私人基金会组织就是其中的急先锋，当中又以福特基金会（Ford Foundation）、洛克菲勒基金会（Rockefeller Foundation）、卡内基基金会（Carnegie Foundation）最为典型。它们不仅为中央情报局洗钱的交易提供重要掩体，而且亲力亲为实施各种文化渗透活动，包括出版传播美国文化的杂志，赞助各种讨论“文化自由”或类似问题的代表大会、专业大会、群众集会，开展灵活多样的座谈会、演出会、展览会，向国外援助项目捐款，参与国外高校的改造与建设等。

受中央情报局幕后指使，这些基金会还大力发展其外围组织。以福特基金会为例，受福特基金会资助的这类外围组织包括：被称

---

① 王宏伟：“‘9·11’后美国的公众外交”，《国际论坛》，2003年第1期，第45—46页。

② ［美］约瑟夫·奈著：《软力量：世界政坛成功之道》，吴晓辉、钱程译，上海：东方出版社，第114页。

③ “联合部队”的提法参见弗朗西斯·斯托纳·桑德斯著，《文化冷战与中央情报局》，曹大鹏译，北京：国际文化出版公司，2002年版，第142—161页。

为“文化的北大西洋公约组织”的“文化自由代表大会”、“当代艺术研究所”、“国际文化出版计划委员会”等。又如，1957 年 4 月，福特基金会拨款 50 万美元成立了一个专门的基金会，用于资助美国和波兰之间的学生和教授的学术交流，以及资助波兰一些大学和图书馆建设。①

除了基金会，美国政府还动员其它私人机构、民主组织、公益组织、劳工组织等培训苏联的立法、司法人员，从而推进民主化和私有化，加速苏联演变。此外，还曾借助于民间思想库的研究成果为文化冷战服务。例如兰德公司曾从事的“苏联学”（Sovietology）和“克里姆林宫学”（Kremlinology）以及心理战等课题，都在某些情况下间接为美国政府的战略行动提供了依据。②

## 四、美国文化战略实施的主要途径

美国文化战略的实施，并不是空洞的布道和宣传，而是充分利用各种方式，将美国的文学、艺术、宗教、自由、民主等文化思想孕育于各种载体中，传送到国外，以潜移默化的形式对对象国进行文化侵蚀。“如果我们把冷战界定为思想战，那么这场战争就具有一个庞大的文化武器库，所藏的武器是刊物、图书、会议、研讨会、美术展览、音乐会、授奖等等。”③ 新闻媒体宣传、影视文艺传播、教育交流活动等，是美国政府及相关执行机构进行文化渗透和民主输出的最有效途径。

---

① Piotr S. Wandycz, *The United States and Poland*, (Poston: Harward Univercity Press, 1980), p. 366.

② 参见［美］雷蒙德·加特霍夫著：《冷战史——遏制与共存备忘录》，伍牛等译，北京：新华出版社，2003 年版，第 13、18 页。

③ ［英］弗朗西斯·斯托纳·桑德斯著：《文化冷战与中央情报局》（前言），曹大鹏译，北京：国际文化出版公司，2002 年版，第 2 页。

### （一）电台媒体宣传——美国政府进行反共宣传的“喉舌”

美国记者、小说家和历史学家西奥多·怀特把美国的媒体称为“世界上最大的传声筒和最好的洗脑系统”。[①] 作为主流意识形态的载体，媒体在政治和社会生活中的作用是勿庸置疑的。1964 年，美国众议院外交委员会在报告中公然宣称：“有些外交政策的目标是能够直接对付外国人民而不是他们的政府。通过应用现代新闻媒介，今天有可能联系外国中的大部分人或有影响力的一部分人，——向他们报道，影响他们的态度，有时甚至诱惑他们向我们所设想的方向发展。这部分人反过来就能够对他们的政府施加明显的甚至断然的压力。”[②] 冷战时期最主要的媒体形式无疑是国际广播。

在当时相对不发达的通讯条件下，国际广播被认为是“进行冷战的主要媒体，承担着铁幕后的心理战的全部责任”[③]。冷战时期为美国对外政策作宣传的电台主要有：美国之音、自由欧洲电台、自由电台。它们已成为宣传美国政府对外政策极为重要的途径，担当着对外传播美国价值观念即美国式自由民主、自由市场经济制度和生活方式的重任，同时又是美国进行反共宣传，攻击社会主义国家和制度的主要武器。

---

① 王纬著：《镜头里的“第四势力”——美国电视新闻节目》，北京广播学院出版社，1999 年版，第 1 页。

② ［美］J·斯帕尼尔著：《第二次世界大战后美国的外交政策》，段若石译，北京：商务印书馆，1992 年版，第 10 页。

③ Walter L. Hixson, *Parting the Curtain: Propaganda, Culture, and the Cold War*, 1945 – 1961, (Palgrave Macmillan, 1997), p. 32.

## （二）影视文艺传播——推广美国政治价值观的“大使”

好莱坞电影同样承担着传播美国民主精神、为美国对外文化战略服务的职责。在20世纪40年代，好莱坞新的电影出口代理机构称自己为“小型的国务院”，他们被要求用电影把美国的政策、意识形态和生活方式灌输给全世界。[①] 1955年，美国国家安全委员会心理战处和国防部联合组织一场绝密行动，要在好莱坞贯彻“战斗的自由”思想。一大批反共影片被生产出来，如《赤色噩梦》、《红色的威胁》、《侵略美国》、《我是联邦调查局的一名共产党员》、《红色火星》、《铁幕》等。中央情报局还在好莱坞安插自己的特工，直接监控这里发生的所有政治动向。1961年10月，肯尼迪政府送给好莱坞一份备忘录，明确要求美国电影进一步配合政府的“全球战略”。[②] 所以，美国电影工业虽然是私营的，但美国政府出于意识形态的考虑，给它们投入了大量的资源。二战后曾经先后担任过四个国家大使的斯坦顿·格里菲斯，在多个场合都毫不隐晦地说：“用好的美国影片所取得的效果，比官方外交那些正式的活动与繁琐的手续所取得的效果要好得多。”他坚信，美国的电影是“美国对外政策的一个极有价值的辅助手段”。[③] 与美国政府相呼应，好莱坞在这方面也尽心尽力。

---

① ［英］托比．米勒：“好莱坞与世界”，载于陈犀《跨文化视野中的影视艺术》，学林出版社，2003年版，第279页。

② 李智著：《文化外交——一种传播学的解读》，北京大学出版社，2005年版，第91页。

③ 同上，第326页。

### （三）教育文化交流活动——与其他国家社会精英建立长久联系的桥梁

教育、文化交流活动更是直接地为美国对外文化扩张服务。早在1945年，美国负责文化事务的助理国务卿威廉·本顿就直言不讳地称，以人员、图书、艺术等手段进行的文化交流是一种“慢媒介”，比方说，“从长远看，培养外国留学生是一种最有前景、一本万利地推销美国思想文化的有效方式”，其主要作用是“影响精英人物”，着眼点是“长期的文化转型”；无线电广播和电影的大众传播宣传手段则是一种“快媒介”，在影响其听众和观众方面，可以立竿见影地“改变人们的见解和政治态度”。所以，“无论是文化交流，还是新闻宣传，其任务都是向全世界推销美国的思想”。①

美国把教育及其教育思想的对外输出看作完成其“拯救世界”使命的重要的文化行为之一。教育文化交流项目被认为是“对美国长远利益投资的一个典范”，“它造就了一批致力于加强国家间相互了解的领导人和舆论创造者”。② 曾负责教育文化事务的助理国务卿菲利普·库姆斯（Philip H. Coombs）把教育文化交流称为“对外政策的第四维”。③ 杜鲁门总统也宣称：“如果我们可以和世界上所有的国家互相交流教育工作者，并且把我们的教育工作者派到那些国家去说明我们的立场观点，那么要不了多长时间，我们就会能够像控制我们48个州的形势那样控制世界的形势。”④ 艾森豪威尔在计划出资资助几千名苏联大学生到美国留学时，就指出：“有朝一日，这

---

① 参见弗兰克·宁柯维奇：“美国对外文化关系的历史轨迹”，钱学存编译，《编译参考》，1991年第8期。

② Leonard R. Sussman, *The Culture of Freedom: The Small Word of Fulbright Scholars*, Maryland, 1992, p. 87.

③ See Philip H. Coombs, *The Fourth Dimension of Foreign Policy: Educational and Affairs*, (New York: Harper and Row, 1964).

④ ［美］唐纳德·怀特著：《美国的兴盛与衰落》，北京：人民出版社，2002年版，第334—335页。

批新人将在苏联掌权，我们要努力争取的正是这一代人。”[①] 据不完全统计，二战以来的半个多世纪里，先后有70多万人参与了美国政府资助的对外文化和学术交流，其中包括联邦德国前总理赫尔穆特·施密特（Helmut Schmidt）、英国前首相玛格丽特·撒切尔（Margaret Thatcher）等人。[②]

## 五、冷战时期美国对外文化战略的效果

冷战时期美国实施对外文化战略的作用和效果固然不能用量化的方法来计算，但可以通过国际关系格局的改变得到验证。90年代初的东欧剧变和苏联解体，主要是苏东国家内部矛盾发展演变的结果，但不可否认，美国实施的对外文化战略起到了巨大的推动作用。美国有学者认为，冷战时期西方文化宣传的结果，使得前苏联“几乎所有的知识分子以及相当多的工人都开始拥护叶利钦和美国生活方式”。再从解体前苏联领导人的意识形态变化来看，马克思列宁主义的世界观已完全被消解。苏联共产党领袖在意识形态上的崩溃，客观上标志着美国实施文化冷战的胜利。[③] 因为“意识形态的崩溃不仅使得苏联外交政策失去历史上的理论基础和信念，也让苏联局势中固有的困难加剧”，[④] 而这些正是美国对外文化战略所期望的结局。

美国前总统尼克松在他的回忆录中交代，他认为自己“不战而

① 李智著：《文化外交——一种传播学的解读》，北京大学出版社，2005年版，第83页。

② Joseph S. Nye, *Soft Power: The Means to Success in World Politics*, (New York: Public Affairs. 2004), pp. 109–110.

③ 周建明著：《美国国家安全战略的基本逻辑》，北京：社会科学文献出版社，2009年版，第311页。

④ ［美］亨利·基辛格著：《大外交》，顾淑馨、林添贵译，海南出版社，1997年版，第764页。

胜”的战略目的似乎达到了。文化冷战的结果让美国更深切地体会到运用文化战略去配合权力政治以实现国家战略利益的有效性，从而得出的一条结论是：美国“赢得冷战胜利，不是因为军事强大或因为外交官的技艺高超，而是凭借美国制度赖以为基础的民主思想的力量”。[①] 我国香港新闻署的评论也认为，前苏联的失策不在军事战略上，而是在文化战略上。前者只能征服空间，占有自然资源；后者才能征服人心，是拥有人心并创造人力资源的有力手段。这些恰恰印证了美国对外文化战略在冷战国际关系互动中所取得的成功。

总而言之，美国有目的、有计划、长期的、无孔不入的文化渗透及意识形态价值观输出，最终成为苏联解体的除军事、经济因素之外的重要因素，而苏联的消亡终于促成了美国作为唯一超级大国的局面，进而在很大程度上助长了其妄图“领导世界”的战略野心。实际上，这就是美国推行对外文化战略的最终目的——按美国的模式“塑造”世界，领导世界。

冷战时期美国实施对外文化战略实现“不战而胜”，至今仍是美国在运用其文化权力资源方面最感自豪的范例之一。然而，该战略实施过程中用对人们进行意识形态灌输，以及操纵大众的现代手段对人民进行潜移默化的欺骗，这种违背国际道德原则、集多重负面特征为一身的做法，也使得美国人长期以来引以为傲的软实力资源蒙受挫折。首先，美国对外文化战略在缔造阶段就对国家利益界定存在偏差，完全以意识形态建构国家利益。受其影响，美国的对外政策往往不可避免地出现过度夸大威胁、过度的战略扩张，结果在苏东国家或是第三世界国家中，常常导致其软实力的效用下降。其次，美国一味的追求文化霸权，较少考虑他国利益和感受，反而招致其他国家反感、怨恨、抵制和对抗，从而增加国际社会的不稳定因子，美国自身的权力资源体系也会受到影响。正如约瑟夫·奈指出的，在文化外交上的单边主义不仅不会增进，反而只会挥霍、破

① Joshua Muravchik, *Exporting Democracy: Fulling American's Destiny*, (Washington, D.C., 1991), p. 1.

坏和削弱其软权力资源，使美国权力陷于困境之中。

当今世界已经进入了一个国家文化战略全面竞争的时代。“文化冷战”所留下的“国家文化安全困境”问题，将影响着国际文化安全格局的走向，它愈加唤起了各国对文化软实力的思考和重视。同时，在世界多极化趋势下，各国在运用文化软实力这一战略资源的时候，更加注重其在国际社会中所产生的正面效应，即通过强调多元共处和沟通交流，来强化文化作为战略资源特有的吸引力。

# 亚太安全

# 国家利益视野下的中国南海政策分析*

杨光海

【内容提要】国家利益是国家对外政策的最高指南，南海问题的处理也必须以国家利益为指导。但在此方面，目前的研究仍存在一定局限：要么对我国利益的定义比较单一，要么缺乏对相关利益的深入分析。鉴此，本文采取综合考察和具体论证相结合的方法，对我国在南海问题上的国家利益进行全面分析，并以此为基础思考我国的应对之策。本文认为，南海问题涉及的我国国家利益完整地看应该包括四个方面，即领土主权、资源开发、睦邻关系和战略安全。由于这四方面利益都很重要，而且前两方面利益与后两方面利益之间存在着冲突，因此必须把寻求利益平衡作为我国南海政策的指导原则。为此，需要在五个方面做出努力：一是摆正利益关系，确保和平发展大局；二是控制争端升级，避免紧张局势再起；三是明确主权及管辖权范围，消除误解和疑虑；四是制定南海行为准则，并在此基础上探索建立全面的争端管理机制；五是以加快资源开发利用为重点，谋求资源利益最大化。

【关键词】南海问题　中国国家利益　利益平衡　南海政策

* 本文系作者主持的2011年度国家社会科学基金项目“中国与东盟睦邻关系的建构研究”（批准号为11BGJ029）的阶段性成果。

随着最近四年来南海争端连年升温以及由此引起的各种影响不断显现，南海问题已成为我国在东南亚方向面临的最紧迫、最重大的战略性问题。关于这一问题如何应对和解决，我国舆论界和研究界已提出了不少建设性的观点，但同时也存在一些不足或局限。其中之一是，虽然都是从维护我国国家利益的立场出发，但是对我国在此问题上的国家利益的定义比较单一，考虑不够全面，如较多强调领土主权和资源权益的重要性，而轻视了对国家间关系和战略环境等方面利益的考量，由此导致所得出的结论如果仅从自身所关注的利益层面看是适用的，但若从我国利益的全局来考虑，则并非完全得当。另一些研究虽然注意到了该问题所涉及的国家间关系和战略环境方面的利益，但缺乏对这些利益的关联性和重要性的具体论证。鉴于这种现状，本文拟以国家利益概念为切入点，在全面分析该问题所涉及的我国各方面利益的基础上，从利益兼顾与平衡的角度对该问题的应对之策做一探讨。

## 一、南海问题涉及的中国国家利益

国家利益是国家对外政策的根本依据，维护和增进国家利益是国家对外行为的根本动因。国际政治学大师汉斯·摩根索（Hans J. Morgenthau）指出："只要世界在政治上还是由国家所构成，那么国际政治中实际上最后的语言就只能是国家利益。"[①] 这句格言深刻地指出了国家利益在国际政治以及国家对外政策中的基础性地位。我国改革开放国策的总设计师邓小平同志也反复强调国家利益原则，

① Hans J. Morgenthau, *Dilemmas of Politics*, Chicago: University of Chicago Press, 1958, p. 68.

并且将其提升到我国对外战略“最高准则”的地位。[①]

以国家利益作为对外战略的最高准则，具体到南海问题的处理上，就是要首先明确、清晰地界定我国在该问题上拥有哪些利益，这些利益是如何排序的，以及它们对于我国的安全和发展具有什么样的意义。此外，还要理清这些利益之间是一种什么样的关系，亦即是相互冲突的，还是相互促进的。而要对这些问题做出准确回答，则需要对南海问题的性质予以全面的把握。就此而言，人们首先想到的自然是领土问题，其次会是资源问题。的确，这两个方面正是南海问题所具有的最根本和最突出的属性。但是，如果把视野再放开一些，我们就会发现，南海问题除了这两方面之外，还应包括国家间关系和战略环境层面的含义。由此引申，我国在南海问题上的国家利益完整地看应该包括领土主权、资源开发和利用、睦邻友好关系以及战略安全这四个方面。

### （一）领土主权

领土是国家生存和发展的最基本的物质基础。领土分为陆地领土和海上领土两大部分。随着人类对于陆地领土的开发和利用空间日益减小，海上领土正变得越来越重要。中国是一个陆海复合型国家，中国的进一步发展决定了中国必须把海上领土和海洋权益作为一个至关重要的领域来保护和经营。就南海而言，中国对该海域诸岛及其附近海域拥有无可争辩的主权、主权权利和管辖权。[②] 这些权利基于以下国际法原则：一个是习惯国际法确立的有关岛屿主权归

---

① 《邓小平文选》第 2 卷，人民出版社，2002 年版，第 312 页；《邓小平文选》第 3 卷，人民出版社，1993 年版，第 94、105、128 页。

② 根据《联合国海洋法公约》，沿海国的“主权”及于该国拥有的岛礁及领海；“主权权利”和“管辖权”及于该国拥有的专属经济区和大陆架，其中，前者是指勘探、开发、养护、管理海床和底土及其上覆水域自然资源（不论为生物或非生物资源）的权利；后者是指建造和使用人工岛屿、设施和结构、海洋科学研究、海洋环境保护及维护的权利。

属的“发现和先占”原则；另一个是《联合国海洋法公约》确立的有关领海、毗连区、专属经济区和大陆架划分的“陆地支配海洋”原则；还有一个是习惯国际法确立并在《联合国海洋法公约》中得到承认的“历史性权利”。

我国在南海的上述权利不仅体现在国际法上，还体现在我国长达1000多年的相关实践上。进入20世纪后，我国维护南海权益的行动不断加强。早在三四十年代，当时的民国政府就颁布了若干文件和地图，声明我国对南海诸岛的主权。二战结束后，民国政府又根据《开罗宣言》和《波茨坦公告》，派兵进驻南沙主岛太平岛，并设各群岛管理处。新中国成立后，我国政府不仅收复了被非法侵占的西沙群岛和南沙群岛几处岛礁，还通过颁布《领海声明》（1958年）、《领海及毗连区法》（1992年）和《专属经济区和大陆架法》（1998年）等法律文件，明确宣布：我国的陆地领土包括南海的东沙群岛、西沙群岛、中沙群岛和南沙群岛在内；我国在南海享有符合《联合国海洋法公约》规定的领海、毗连区、专属经济区和大陆架。2012年6月24日，我国政府正式将原来的县级西南中沙办事处升格为地级三沙市。所有这些为我国在南海的主权和管辖权奠定了法律和政治基础，也为我们维权提供了重要依据和动力。

但是，由于近半个世纪以来一些周边国家的不断侵占，我国在南海实际行使的主权和管辖权范围却非常有限。目前，整个南海四大群岛中，只有西沙群岛和中沙群岛附近及其以北海域由我国控制，东沙群岛为台湾当局管控。至于在面积最大、岛礁最多的南沙群岛，我国实际占有的岛礁仅有8个（包括台湾当局驻守的太平岛在内），其余有40多个分别被越南、菲律宾和马来西亚侵占。文莱虽未实际占有，但对其中的南通礁提出要求。不仅如此，这几个国家还以种种“理由”把南沙群岛附近的大片海域及海床划为本国的专属经济区和大陆架。进入21世纪，特别是最近几年来，这些国家虽未敢再采取抢占我岛礁的行动，但开始利用一些新的手段对我在南海的权益进行侵犯，包括：加快国内立法，强化民事管理；炮制法理依据，开展法理攻势；吸引外国公司，扩大油气开发；加紧内引外联，推动争端多边化和国际化；无视我国政府的休渔令，过度捕捞渔业资源，同时对我渔民的正常作业进行抓扣阻拦，等等。这些举动使得问题的解决变得更加复杂化、艰巨化和长期化。如何应对这些挑战、切实维护我国权益，已成为我们不得不面对的一个严峻课题。

## （二）资源开发

南海是世界第三大海，拥有丰富的、多样化的海洋资源。就石油和天然气资源而言，虽然目前国际上对该海域储量的估计存在较大差异，但一个普遍的看法是，其储量是相当可观的。据中国海洋石油总公司的最新数据，整个南海盆地群石油地质储量约在230亿至300亿吨之间，天然气地质储量约为16万亿立方米，约占中国油气总资源量的1/3，其中70%蕴藏于153.7万平方公里的深海区域。[①] 此外，南海还蕴藏有大量的替代性能源“可燃冰”。2010年12月，我国科考人员在南海北部“神狐”海域发现了11个可燃冰矿体，矿藏面积约为22平方公里，预计储量约为194亿立方米。[②]

在过去，由于政治顾虑、技术薄弱和资金缺乏等方面的原因，我国对南海油气资源的开发利用没有予以足够重视，我国的开发区域仅限于南海北部近海，即北部湾中国海域以及雷州半岛、海南岛周边一带，至于在南海南部，尤其是南沙群岛海域，迄今仍然是空白。而随着形势发展，这一利益的开拓正变得越来越重要。

首先，开发利用南海资源是缓解我国能源紧缺矛盾、扩大能源供给来源的必然要求。随着我国经济持续快速发展，我国对于能源的需求正呈现迅速扩大之势。早在2002年，中国的能源消费就已位居全球第二，仅次于美国，到了2010年，中国又成为全球第一大能源消费国。2000年到2011年间，中国石油消费从2.2亿吨增长至

① 胡俊超：《闯南海：中海油知难而进》，《国际先驱导报》，2012年7月6日。

② 中国新能源网：“中国南海圈定11个‘可燃冰’矿体”，2011年2月12日，http://www.newenergy.org.cn/html/0112/2121138639.html.

4.7亿吨，天然气消费从245亿立方米增长至1294亿立方米，预计未来还将进一步增加，中国油气压力越来越大。①

其次，开发利用南海资源是我国规避因过分依赖进口能源而可能面临的各种风险的必然要求。我国自从1993年起成为石油净进口国以来，进口石油就一直呈逐年增长的趋势。而随着我国陆地油田进入枯竭期，我国对进口石油的依赖越来越大。据中国石油经济技术研究院发布的《2011年国内外油气行业发展报告》，2010年，我国进口石油为2.39亿吨，同比增长17.5，对外依赖度接近55%。而到了2011年，我国石油对外依赖度已上升至56.3%，天然气对外依赖度达到21.9%。② 我国的进口石油主要来自中东和非洲，从这两地进口的石油占目前我国石油进口总量的60%左右。但是，由于非洲局势长期不稳，突发性的冲突和内战不断，而中东已陷入大规模的政治和社会动乱，而且由于矛盾错综复杂，未来形势难以乐观。波斯湾和霍尔姆斯海峡是我国从中东进口石油的唯一必经通道，也被称为“世界上最重要的石油咽喉要道”，但由于伊朗核问题的不断加剧以及美以同伊朗关系的持续紧张，这条通道的安全保障存在隐患。这就使得过分依赖这两地来补充能源需求面临难以把握的政治、经济和安全风险，并因此而被称为“中国的战略软肋”。③ 这就要求我国必须拓宽能源供给来源，加快对包括南海在内的我国管辖海域的油气资源的勘探和开发。

除油气资源外，南海还是我国广东、广西和海南等沿海省份的传统渔场和经济生活的重要依托，对于这些省份经济的发展和人民

---

① 邱明：“学者称中国应立即制定深海油气开发国家级战略”，《光明日报》2012年7月6日。另据美国国防部估计，中国的进口石油到2015年将达到2/3，到2030年将进一步达到4/5。参见 Michael Richardson，“China Walking A Tightrope on Disputed Resources,” *The Straits Times*, December 20, 2010.

② 邱明：“学者称中国应立即制定深海油气开发国家级战略”，《光明日报》，2012年7月6日。

③ Michael Richardson，“China's Reliance on Mid - East Oil A Strategic Vulnerability,” *The Straits Times*, February, 14, 2011.

收入水平的提高乃至我国渔业的可持续发展具有非常重要的意义。中国是世界上最大的渔业生产国，2009 年渔业产量占世界的 34.37%，捕获量占世界的 16.78%。[①] 渔业已成中国国民经济的一个重要组成部分，在中国农业生产总值中所占比重已从 1978 年的 1.6%增至 2010 年的 9.3%。[②] 在我国的渔业生产结构中，以往近海渔业占主要份额，但由于长期过度捕捞以及沿海一带工业化和城市化的快速扩展，近海渔业资源已经趋于衰竭，加之我国政府已对近海捕鱼实行限制政策，因此把渔业开发的重点向深海扩展已成为必然趋势。

南海是世界上最重要的渔场之一，占全球捕获量的 1/10。[③] 同时，南海也是世界上生物种类最多的海域之一，各种鱼类多达 2000 余种，占全球可食用鱼类的近 10%。[④] 而且，包括南海在内的亚洲各海域的鱼类所含蛋白质约为 22.3%，远高于 16.1% 的世界平均值，[⑤] 因此是我国发展深海渔业的一个颇有吸引力的方向。不过，据联合国粮农组织发出的警告，南海西部的渔业资源正面临过度捕捞的危险，而且有些渔种已经灭绝。[⑥] 这种情况要求我国既要加大对南海渔业资源的开发利用，同时也要重视对其进行保护，这也是《联

---

① Zhang Hongzhou, *China's Evolving Fishing Industry: Implications for Regional and Global Maritime Security*, RSIS Working Paper, No. 246, S. Rajaratnam School of International Studies, Singapore, August 16, 2012, p. 3.

② 中国农业部渔业司：《中国渔业统计年鉴 2011 年》，北京：中国农业出版社，2011 年版。

③ Ian Storey, "China's Bilateral and Multilateral Diplomacy in the South China Sea," in Patrick M. Cronin ed., *Cooperation from Strength: The United States, China and the South China Sea*, Center for New American Security, Washington, D. C., U. S. A., January 2012, p. 55.

④ Will Rogers, "The Role of Natural Resources in the South China Sea," in Patrick M. Cronin ed., *Cooperation from Strength: The United States, China and the South China Sea*, p. 90.

⑤ Ibid.

⑥ Ibid.

合国海洋法公约》的专属经济区制度赋予沿岸国的义务。但在此方面，我国同样面临着来自周边一些国家的挑战。它们一方面置我国政府每年5—8月间在部分海域实施的休渔制度于不顾，鼓励或纵容本国渔民肆意过度捕捞；另一方面派遣所谓的执法力量对我国渔民在我传统渔场的正常作业进行阻挠。据统计，1989年以来，南沙群岛海域已发生300多起中国渔船遭抓扣、驱赶甚至枪击的事件，其中，遭到抓扣的渔船超过80艘、渔民超过1800人。[①]

## （三）睦邻关系

南海问题的核心虽然在于领土主权和资源权益之争，但由于争端各方都将这两方面视为本国的核心利益，因此其处理方式和发展走向对于争端各方关系的亲疏变化势必会产生重大影响。另外，该问题是一个多边性质的争端，虽然在东南亚10国中只有4个是争端方，而且东盟作为一个组织声明不对各方的声索采取立场，但由于该组织谋求在对外事务中“用一个声音讲话”，在本地区事务中发挥核心作用，并且试图用“东盟规范”对中国的行为进行约束，因此该争端的实际影响更为广泛，如果处理不好，也会对中国与东盟组织的关系造成冲击。这样一来，南海问题就涉及中国与东南亚两个层面的关系：一个是中国与越、菲、马、文等争议国的关系；另一个是中国与东盟组织的关系。

关于中国应该与东南亚建立一种什么样的关系，这个问题从理论上讲很容易回答，这就是：睦邻友好、全面合作。但若是把它同南海问题联系到一起，就不那么简单了。因为南海问题毕竟涉及的是中国与东南亚好几个国家之间的利益之争，同时也涉及到中国与东盟组织就这一争端的解决渠道的不同预期以及所偏好的国际法原

① Li Mingjiang, *China's South China Sea Policy: Claims and Changing Contexts*, South China Sea Studies Website (Vietnam), July 29, 2011, http://nghiencuubien-dong.vn.

则的不同考虑，[1] 这就无形中在保持睦邻关系与维护国家权益之间形成了某种程度的紧张甚至冲突。实际上，这也是我国在南海问题上所面临的最大困境和难处。那么，在处理南海争端时是否需要考虑睦邻关系这一点呢？如果单从维护我国的领土主权和资源权益的角度看，鉴于我国在这两方面面临的日益严峻的挑战，答案肯定是否定的。但是，如果把角度再放宽、放远一些，将其置于我国东南亚乃至整个周边战略的全局和高度加以考虑，所得出的看法就会有所不同。实际上，保持与东南亚的睦邻关系也属于中国的重要利益，也需要尽可能地加以维护，在南海问题趋于升温的背景下，尤其需要小心呵护。

首先，保持与东南亚的睦邻关系是中国塑造有利于和平发展/和平崛起的周边环境的必要组成部分。和平发展是我国自改革开放以来所确立的最高层次的国家战略，其根本目标是要通过加快经济增长和社会进步，使中国尽快摆脱落后面貌，达到发达国家的水平，并通过不断增强综合国力，使中国从一个地区性大国成长为一个具有全球影响的世界级大国。最近30年来，中国在推进这一目标方面已经取得了非常显著的成就，最重要的标志就是中国作为全球第二大经济体地位的确立以及由此引起的中国国际声誉、国际威望和影响力的历史性提升。这些成就的取得从外部因素上看得益于相对和平、稳定、友善和包容的国际环境尤其是周边环境，从政策层面看得益于我国奉行的“与邻为善、以邻为伴”和“睦邻、安邻、富邻”等外交政策。

但与此同时，也必须看到，中国仍处于崛起的初级阶段，中国的人均GDP距离中等发达国家水平还有相当大的差距。这就决定了争取有利的国际环境，首先是周边环境，仍然是中国外交的一项首

① 就解决渠道而言，东盟虽然无意就争端的是非曲直采取立场，但力图通过多边谈判就争端的处理方式达成一个总的指导框架，而相比之下，中国虽然也谋求以和平方式寻求解决，但坚持把谈判限制在争议方双边之间；就国际法原则而言，东盟更多强调的是《联合国海洋法公约》，而中国虽然也主张以《公约》为指导，但认为也必须充分考虑“历史性权利”。

要任务。冷战时期，中国的国际环境非常险恶，这不仅是指中国相继甚至同时面临来自美苏两个超级大国多方面的巨大压力，也包括周边多数邻国或是出于追随超级大国的考虑、或是由于意识形态及安全方面的顾虑而对华采取疏远和敌视的态度。这是导致我国无法把战略重心集中到经济建设这一中心任务上来的外部原因。冷战结束以来，我国迎来了相对宽松的国际环境，与周边各个方向国家的关系也大为改善。就东南亚方向而言，所取得的成就尤其明显，我国政府倡导的与周边国家永远做“好邻居、好朋友、好伙伴”的政策正在该地区收到越来越好的效应。我国的外交也因此而率先在该地区赢得“魅力攻势”、“微笑外交”、“软实力外交”等美誉。正如美国亚洲问题专家罗伯特·萨特（Robert Sutter）指出的那样：“东南亚的政府官员和专家学者对于中国近年来的东南亚政策所取得的进展和给该地区所带来的利益似乎感到非常满意。中国已经树立起了相对友善、与东盟合作和关心东盟利益的形象。”①

这些成就的取得使得我国在这一地区第一次不再有敌对国家和国家集团，也使得任何区外大国利用该地区对我国施压的企图难以奏效。这就为我们维护战略机遇期和统筹国内国外两个大局创造了必要条件，也为我国增进在该地区的其他利益开辟了广阔的道路。新加坡资深外交官、巡回大使许通美（Tommy Kohzhi）在评价我国近年来的东南亚外交时指出：“过去20年里，中国对东南亚邻国奉行睦邻政策。中国以慷慨和支持的姿态对待东盟国家，这为中国赢得了极大的善意。”他还进一步指出：“中国不应该挥霍这一善意，而是应该继续以平等和相互尊重的方式来对待邻国。随着中国变得越来越强大，中国应该学着用更加轻柔的声音讲话，并以极大的谨慎来运用其权力。”② 这一评价值得我们珍惜，其中的期待值得我们

---

① Robert G. Sutter, “*China's Rise: Implications for U. S. Leadership in Asia*,” Policy Studies 21, East - West Center in Washington, Washington, D. C., U. S. A., 2006, p. 55.

② Tommy Kohzhi, “ASEAN Nations Want Rich, Peaceful, Cosmopolitan China,” *Global Times*, July 2, 2012.

参考。

其次，保持与东南亚的睦邻关系是中国发展外向型经济的必要条件之一。我国的经济建设在很大程度上是以不断地加强同世界各地和各国的经济交往为前提的。在我国经济增长的诸多驱动因素中，对外贸易、投资和经济技术合作占有相当大的分量。东南亚是我国的近邻，又是一个拥有11个国家、6亿人口且日益呈现出较高增长活力的庞大市场，因此一直是我国外向型经济的一个非常近便和重要的平台，而且在我国的对外经济中所占地位日趋突出。以贸易为例，1991年，即中国与东南亚所有国家全面建立和恢复外交关系的第一年，中国与东南亚的贸易额只有84亿美元，2004年突破1000亿美元，2007年突破2000亿美元，2011年更是达到3628.54亿美元。[①] 2012年突破4000亿美元。而且，中国与东盟贸易的增幅一直远高于中国对外贸易的平均增幅。据统计，1991—2008年，中国对外贸易年均增幅约为15%，而与东盟的贸易年均增幅超过20%。[②]目前东盟已是中国的第三大贸易伙伴、第三大进口来源地和第四大出口市场。[③] 再从单个国家看，中国也已同该地区各国互为首要或主要的贸易伙伴。2008年全球金融危机爆发以来，美欧等发达国家经济遭受伤筋动骨式的重创，市场急剧萎缩，而相比之下，包括东南亚在内的亚洲市场在经历了短暂低迷之后，已率先恢复增长。这对于我国扩大出口和投资来说更显重要。

经济关系与政治—安全关系密切相连。很难想象在政治—安全关系陷入持续紧张的情况下，经济关系会朝着越来越紧密的方向发展，遑论陷入对抗或冲突。冷战时期，中国与东南亚的经济关系之所以难有进展，就是由于双方在政治和安全方面相互防范和对立所致。

① 中国商务部亚洲司："2011年1—12月我对亚洲国家（地区）贸易统计"，http://yzs.mofcom.gov.cn/aarticle/g/date/p/201202/20120207946820.html.

② Sanchita Basu Das, "For Firmer ASEAN - China Ties," *China Daily*, August 23, 2011.

③ 中国商务部亚洲司："2011年1—12月我对亚洲国家（地区）贸易统计"，http://yzs.mofcom.gov.cn/aarticle/g/date/p/201202/20120207946820.html.

同理，最近20年来双方经济交往的日益密切首先归因于彼此以睦邻友好为基础的政治—安全关系的不断改善。因此，为了确保我国对东南亚的经济外交不断深化，必须努力维护睦邻友好关系。而要做到这一点，就需要努力化解彼此间在政治—安全领域的矛盾和纠纷，至少应设法使其得到控制。

最后，保持与东南亚的睦邻关系是中国加强增信释疑、化解东南亚国家对中国和平崛起的疑虑的必要举措。当前，“中国崛起”已成为国际社会广泛热议的话题，由此引起的国际反响也越来越强烈。面对中国的迅速崛起和综合国力进一步壮大的必然趋势，作为近邻和弱小行为体的东南亚国家所产生的认知和心态是极其复杂的：一方面，它们把中国的崛起视为机遇，把崛起的中国视为合作伙伴，希望通过加强同中国在各领域的合作来带动自身经济的发展和本地区的繁荣、稳定与一体化，希望中国能够成为维护发展中国家权益的有力支柱；另一方面，它们又对中国未来的战略意图及走向存有疑虑，担心日益强大的中国是否会继续坚持和平发展道路、是否会像历史上的崛起大国那样推行扩张主义和霸权主义，是否会寻求以武力方式解决与邻国的领土领海争端。[①] 正如一位著名的东南亚问题专家所言：“北京宣称它需要一个和平的地区环境，以便集中精力发展经济。这毫无疑问是其最优先的考虑。为了实现这一目标，它准备把与邻国的领土争端搁置起来，并表示要在它的‘新安全观’的指导下奉行‘共同安全’政策。但是，当中国达到一定的发展水平之后又会发生什么样的事情呢？”[②]

应该说，对于大国崛起的疑虑和担心是国际政治的常见现象，本无需过多在意。但问题是，忧虑和畏惧作为一种心理认知，如果无限加深和扩大，会直接影响国家的态度、立场及政策反应，进而

---

① 钱洪良主编、杨光海副主编：《中国和平崛起与周边国家的认知和反应》，北京：军事谊文出版社，2010年版，第179—226页。

② Amitav Acharya, *Seeking Security In the Dragon's Shadow: China and Southeast Asia In the Emerging Asia Order*, Working Paper No. 44, Institute of Defence and Strategic Studies, Singapore, March 2003, p. 12.

导致崛起大国的外部政策环境恶化。目前，在东盟国家以及东盟组织以“大国平衡”为特征的对外战略中，之所以仍然存在对华制衡的一面，就是由于它们对于中国的上述疑虑所致。因此，在中国谋求和平崛起的过程中，有必要把增信释疑作为一项具有战略意义的、经常性的任务来做。而要在此方面取得突破，除了政策宣示和舆论宣传之外，最容易产生实质性效果的应该是继续推行睦邻友好政策。而南海争端作为目前我国与东南亚存在的唯一一个重大安全矛盾，无论中国采取何种政策，也无论中国出于何种正当理由，已经被该地区多数国家以及亚洲其他一些国家视为是“对中国在21世纪作为亚洲的一个地区性和全球性大国角色的一个关键考验”，也是“对中国睦邻友好政策意图的一个关键考验”。[①] 新加坡总理李显龙于2012年9月6日访华期间在中共中央党校发表演讲时也毫无保留地指出：许多国家将通过中国处理棘手的南海问题的方式来评价中国发展对世界的含义。[②]

总之，保持与东南亚的睦邻关系也是中国的一项非常重要的利益，是我们在思考和处理与东南亚有关的问题时必须认真对待的一个战略性问题。

### （四）战略安全

所谓战略安全，是指一国的生存和发展不受来自敌对大国的致命性威胁和挑战，不存在足以使本国的发展陷入中断或受阻的外部障碍，因而得以按照自己的意愿谋求国力的不断强盛、利益的不断拓展和影响力的不断扩大。战略安全事关国家生存与发展大计，因此是一国在国际政治斗争中必须解决的最高层次的战略问题。就我

---

① Amitav Acharya, *Seeking Security In the Dragon's Shadow: China and Southeast Asia In the Emerging Asia Order*, Working Paper No. 44, Institute of Defence and Strategic Studies, Singapore, March 2003, p. 4.

② 李显龙：“中国与世界，互荣共进”，（新加坡）《联合早报》网，2012年9月7日，http://www.zaobao.com/sp/sp120907 0155.shtml.

国而言，周边地区是我们维护战略安全的首要区域。冷战结束后，我国在周边各个方向的战略安全环境都得到了很大改善，第一次不再面临紧迫的外来入侵威胁，也不再面临众多国家的集体压力。但是，若从拓展国家利益和影响力、维护海洋权益和战略通道安全等角度看，我国的战略安全环境并不容乐观，而且随着中国崛起的步伐加快和与邻国海上争端的加剧，最近几年来还出现了趋紧的迹象。

具体到东南亚方向，目前我国在战略安全方面所面临的挑战主要表现为美国出于“重振领导地位”的目的，大力实施“重返亚洲”和“战略重心东移”战略。具体举措包括：军事上，计划把60%的海军力量部署在西太平洋区域、首次在作为东南亚南部侧翼且距南海最近的澳大利亚北部部署海军陆战队、在新加坡部署濒海战斗舰、在印度洋南部靠近东南亚和南海的科科斯群岛建立航空和监视设施、扩大与菲律宾的军事合作和对菲军事基地的使用、提升与越南的安全关系并谋求越南军事基地（包括岘港和金兰湾）的使用权、提出“印度—太平洋”概念，把这两大洋视为一个统一的战略区域，并通过加强与印度的战略合作关系，增加在亚太的战略筹码、制定“空海一体战”和“联合作战介入”构想，应对所谓“反介入/区域拒止”挑战、加强在亚洲的导弹防御系统建设（包括最新计划在菲律宾部署 X 波段雷达）等；外交上，巩固传统盟友，寻找新的伙伴，一改以往轻视东盟和以东盟为中心的东亚多边主义的传统，全面参与该地区的多边机制（包括新近成立的东亚峰会和东盟国防部长扩大会议）、举办年度性的美国—东盟首脑会议、派驻东盟大使、推进与缅甸关系正常化、加大对老挝和柬埔寨的重视、力推国会批准加入《联合国海洋法公约》等；经济上，以“国家出口计划”为指导，扩大对包括东南亚在内的亚太地区的出口贸易、推进“跨太平洋伙伴关系”计划（TPP），力图建立以美国模式为标准、以美国市场为中心、最终把该地区所有国家都纳入进来的“高质量”的 21 世纪“亚太自由贸易区”等。

美国的战略重心东移虽然说不是完全针对中国，但却是以加强同中国竞争影响力以及威慑和遏制中国为主要目的，尤其是在军事和战略领域，更是把中国作为首要对手看待。如果说在经济领域美国在把中国视为竞争对手的同时，也视为合作伙伴的话，那么，在战略和安全领域美国已经明确地把中国当作头号对手来看待了。只要翻阅一下最近几年来的美国报刊、学术论著和内部文件，就可以发现，这已是美国研究界的主流看法，也是美国决策界的真实意图。正如美国学者自己所言：基于对中国国力持续增长和美国国力相对衰退的预测，“美国正在力图把战略关注点重新转移到中国崛起上来，它所明确强调的是平衡和限制中国在该地区的实力和影响力”。[①] 为了达到这一点，“美国会竭尽全力遏制中国，并且最终削弱中国，以使其不再成为主导亚洲的威胁”。[②]

应该说，上述举措能否顺利实施，不仅取决于美国自身的努力，还取决于该地区国家是否愿意接受、支持和配合。从经济方面看，美国通过TPP削弱中国地位的图谋未必能够实现，因为伴随着中国作为全球增长引擎和亚洲生产及供应链中心地位的确立，能够向该地区提供更多、更具吸引力的经济机会的国家已经变成了中国，而不是美国。但是，如果从军事和安全领域看，目前的形势对美国来说则是比较有利的，其中的一个重要背景就是面对中国迅速崛起周边一些国家产生了疑虑，更为直接的原因则是南海争端近几年来的持续升温和加剧。美国此次公开介入南海争端打的是“维护航行自由”、“遵守国际法”、“反对使用武力及武力威胁”等旗号，因此具有很强的欺骗性和蛊惑性。目前，美国在实施上述举措方面已经取得不少进展。东南亚一些国家尤其是与我有争议的越菲等国由于自知缺乏与中国单独对抗的实力，因此对美国等区外大国的介入予以欢迎，甚至是主动邀请美国介入。越南一位外交官就坦言：“邀请美

① Michael D. Swaine, “America's Asia Pivot Threatens Regional Stability,” *The National Interest*, December 7, 2011. http://nationalinterest.org/commentary/washington-destabilizes-sino-american-relations-6211.

② John J. Mearsheimer, “The Gathering Storm: China's Challenge to US Power in Asia,” *The Chinese Journal of International Politics*, Vol. 3, 2010, p. 390.

国介入并利用美国平衡中国的影响力是我们的最佳战略。"[①] 泰国军方一位负责与邻国军事关系的官员指出：安全形势的变化正在把该地区的国家推向美国一边，以寻求其帮助。[②] 可见，南海争端的升温的确为美国战略重心东移提供了可乘之机。美国决策界和研究界对此普遍感到窃喜。例如，曾经在美国国务院任职、现在约翰·霍普金斯大学负责东南亚问题研究的布朗·波西瓦尔（Brown Percival）指出：南海局势的持续紧张"为美国重申其原则立场和加强与亚洲国家的同盟及伙伴关系提供了黄金般的机遇。……中国的做法正中美国的下怀：它无形中加强了美国的力量，推动了美国对于航行自由的支持，也显示了美国在亚洲压倒性的海军能力"。[③] 美国《纽约时报》刊登的一篇文章指出："在过去好些年里，有关亚洲未来的讨论流行着这样一个总的观点，即随着中国崛起，其邻国正在不可避免地被拉入中国的轨道。……在此情况下，美国被认为成了输家，因为它的财富和影响力被耗费在了伊拉克和阿富汗，它的经济麻烦侵蚀了它在更具活力的亚洲的地位。但是，最近以来中国与其邻国日益升级的摩擦给美国提供了一个重塑其主导权的机会。这个机会正在被奥巴马政府急切地加以利用。"[④] 该文还借用澳大利亚一位防务问题专家的观点指出："中国在亚洲的争端加固了美国的影响力。"[⑤] 由此可以预见，南海局势越是紧张，美国加强在该地区存在和影响力的图谋就越容易得手。

---

① International Crisis Group, *Stirring up the South China Sea (I)*, Asia Report No. 223, April 23, 2012. Note 66, p. 7.

② Achara Ashayagachat, "US Return to Asia Stage a Counter to China," *Bangkok Post*, November 21, 2011.

③ Bronson Percival, *American "Returns" to Asia: The South China Sea*, paper presented at The Third International Workshop on "The South China Sea: Cooperation for Regional Security and Development", Hanoi, Vietnam, November 3 - 5, 2011, p. 1.

④ Edward Wong, "China's Disputes in Asia Buttress Influence of U. S.," *The New York Times*, September 22, 2010, http://www.nytimes.com/2010/09/23/world/asia/23china.html.

⑤ Ibid.

美国的上述举措对中国的消极影响将是巨大的和多方面的：一是会加剧南海争端的复杂化和国际化，使我国所坚持的与争端方直接谈判的政策变得越来越难以实现；二是会增加越、菲等在南海问题上向我发难、与我对抗的底气和筹码，进而助长争端的恶性循环，给我国旨在稳定南海的政策造成冲击；三是会使美国进一步扩大在该地区的力量优势和战略主导能力，徒增我国在东南亚方向的战略压力，尤其是会削弱我国对马六甲—南海这条至关重要的海上航线的安全保障能力；四是不利于我国在该地区安全事务中影响力的提升，甚至会使我国在地区安全领域变得被动和孤立。

总之，南海问题已成为中美之间日益显现的地缘战略竞争的一个焦点，也因此而成为我国在东南亚方向战略安全利益的最大牵引点。由于这一利益事关重大，因此也是我国在处理南海争端时必须高度重视的问题。

## 二、寻求利益平衡——中国处理南海问题的指导原则

通过以上分析，可以看出，中国在南海问题上的利益并非仅限于某一个或两个方面，而是涵盖四个方面。而且，由于这四方面利益都很重要，因此不存在在它们之间进行取舍的问题，而是必须予以兼顾，以使其都得到维护和促进。这样一来，寻求利益平衡就成为我国处理南海问题的指导原则。

寻求利益平衡的关键在于：一方面要努力维护中国在南海的领土主权、海域管辖权和资源权益；另一方面要确保我国与东南亚的睦邻关系和在东南亚方向的战略安全环境不受损害。由于这两类利益之间存在着冲突，因此能否以及如何处理好这两者的关系，便成为我国在政策层面所面临的最大难题。关于这个难题如何破解，笔者试提出以下几点：

## （一）摆正利益关系，确保和平发展大局

战略的制定必须着眼于解决具体问题，但具体问题的解决则要有大局意识来指导，要服从和服务于大局的维护和促进。自从以经济建设为中心的基本国策确立以来，我国战略的大局就一直是为和平发展创造一个有利的国际环境，首先是周边环境。时至今日，我国的现代化建设已经取得了举世瞩目的成就，但是我国所确立的三步走的发展目标并未实现。这就要求我们必须继续维护这个大局。邓小平同志当年提出用“搁置争议、共同开发”的主张来处理我国与邻国存在的海上领土争端，其根本着眼点，与其说是为了寻求争端的彻底解决，不如说是为了防止这些争端对我国旨在改善与邻国关系的努力造成障碍，因为这一主张有意绕开了最根本、最复杂、最棘手的岛屿归属和海域划界问题，期望以此来淡化纷争、促进合作，并为最终解决创造条件。如果仅从维护领土主权和海洋权益的角度看，这一主张并非最为理想，但是如果从维护有利于我国和平发展的周边环境这一大局的角度看，则不失为一项具有高瞻远瞩的大战略视野的创见。这一主张虽然在后来的实践中遇到了障碍，但所包含的战略考量则是我们在今天思考应对之策时需要继续汲取和继承的。实际上，正是由于这一思想的指导以及一系列旨在稳定周边、发展睦邻关系的政策的实施，在最近以前的一二十年里，我国的周边环境出现了自建国以来最为积极的变化，我国在周边的经济、政治和战略利益也因此而得到极大的增进。尽管其间在南海问题上也出现过摩擦（如美济礁事件），但并未影响到这一大局。因此，为了防止已取得的成就因领土争端激化而前功尽弃，并在此基础上使之进一步扩大，必须继续坚定不移地把维护有利的周边环境和战略机遇期作为我国周边外交的最高原则。

就南海问题而言，就是要确保这一问题的处理不至导致我国与东盟的关系以及我国在东南亚方向的战略环境恶化。由于领土主

权和海洋权益的过激追求会导致这一大局受到冲击，同时也由于睦邻关系和战略安全对于这一大局的维护必不可少，因此有必要把后两类利益摆在更高的层次上来看待。否则，一味地强调前两类利益的重要性而忽视后两类利益的更大影响，只会导致长远的大战略层次上的失误。正如我国著名国际问题专家、中国亚太学会会长张蕴岭先生所言：除了南海，我们还有很多其它重要的利益。不能因为这个问题，就采取与东南亚对抗的政策。这个大局把握不住，导致关系恶化，不仅南海问题会更复杂，还会制造一个对抗的格局，树立一批敌国，制造一个不稳定的外部环境，此外还会给美国提供一个绝好的机会。若此，我国自己的和平发展大局就会受到影响。①

## （二）控制争端升级，避免紧张局势再起

我国在南海问题上的四大利益都需要维护，这是毫无疑问的。就前两类利益而言，鉴于武力手段所导致的其他方面代价过大，因此只能寻求以和平的方式来处理，加之南海问题本身就极其复杂，短期内解决并非现实，这就需要我们保持足够的战略耐心，从长计议，在确保局势大体平稳的条件下渐进地推进目标的实现。至于后两类利益，更是需要以确保局势稳定作为保障。这样一来，防止争端激化、促进局势稳定便成为前提条件，也成为我国南海政策的当务之急，因为一旦矛盾持续激化、紧张气氛不断加剧，无论出于何种原因，只会对我国造成以下不利影响：

其一，我国一直坚持的通过与争议方直接谈判的方式解决争端的氛围会趋于恶化，因为无论从情理还是从经验看，只有在争议各方对立情绪不重、关系相对缓和的条件下，谈判与合作才较容易开

① 岳巍、沈铭辉：“求解南海争端——专访中国社科院学部委员张蕴岭研究员”，载《领导文萃》，2011年第12期，第14、18页。

展，双方也较容易达成谅解和协议；① 其二，我国旨在稳定周边、与东盟建立睦邻友好及战略伙伴关系的政策势必会受到冲击，因为该争端不仅涉及东盟的4个成员国，而且东盟组织还谋求以集体身份介入争端管理，以显示其在本地区事务中的主导能力，并且力图避免因内部分歧扩大而导致本组织分裂；其三，与我有争议的东南亚国家势必会进一步寻求加强与美国的安全合作，其他一些国家出于“大国平衡”的目的也会对美国增加在该地区的存在予以欢迎，进而给美国以我为主要矛头的战略重心东移提供进一步的可乘之机，并把邻国进一步推向美国的怀抱；其四，东盟组织及其成员国目前仍然坚持的“不在中美两大国之间选边站队”的立场可能出现不利于我的调整，从而导致其对华战略中的制衡一面进一步增大，甚至转向同美国等区外大国一道对中国推行遏制政策；② 其五，中国在周边的朋友圈可能会缩小，并由此导致我国在同美国竞争影响力方面处于不利地位（需要指出的是，我国在和平崛起过程中在战略层面不得不面对的主要障碍是决意维护“首要地位”的美国，以及不愿意看到中国更加强大并因此而紧随美国遏制中国的日本）。最后，由于

① 我国在2000年同越南达成《关于在北部湾领海、专属经济区和大陆架的划界协定》和《北部湾渔业合作协定》，以及在2005年同越南和菲律宾达成《南海协议区联合地震工作协议》，都是在南海局势日趋稳定、相互关系不断改善的背景下实现的。而南海争端从2009年起再度升温，则与《联合地震工作协议》在2008年6月到期后各方未能继续推进合作有关，尽管导致这一结局的主要原因在于菲国内反对派对此协议的抗议。

② 有学者指出：此轮争端已导致东南亚国家与美日等区外大国相互靠拢，还将打破该地区对于中国的认知平衡，使其中的威胁认知得到增长。如果这一趋势继续下去，邻国可能就不得不转向他们原本不希望采取的遏制政策。参见 Evelyn Goh, *Rising Power…To Do What? Evaluating China's Power in South East Asia*, RSIS Working Paper, No. 226, S. Rajaratnam School of International Studies, Nanyang Technological University, Singapore, March 30, 2011, p. 23. 另有学者指出：南海问题如果继续恶化，可能会改变东盟的性质，使其从目前的经济面重新回到冷战时期的战略面，甚至成为防备中国的多边战略机制。参见郑永年：“南中国海问题与中国亚细安关系”，（新加坡）《联合早报》，2011年8月16日。

与日本的钓鱼岛争端也同时迸发，南海局势的持续紧张已经扩大了我国在海上面临的麻烦和压力，使我国不得不同时面对来自东海和南海两个方向的挑战。因此，考虑到这两个争端不同的特点和影响面、争议对象国不同的对华战略取向，以及确保战略重点这一战略谋划的基本原则等因素，有必要采取“稳南海、争东海”的战略部署，以便集中精力强力应对来自日本的挑战。

### （三）制定“南海行为准则”，并在此基础上探索建立全面的争端管理机制

南海局势持续紧张对于我国的上述不利影响，决定了我们必须把稳定南海作为一项长期的战略性任务。这一任务的实现有赖于争议各方保持沟通和克制，但从更具实效性和稳定性的角度看，则需要有共同认可的行为规范的约束以及全面的争端管理机制作保障。就此而言，我国同东盟10国于2002年达成的《南海各方行为宣言》无疑是一个积极的进展。该宣言虽然未能阻止住这一轮争端的发生，也因此而大受诟病，但所产生的积极效应却是非常明显的。随着该宣言的发表，不仅因美济礁事件所引起的紧张局势明显降温，而且还促进了我国与东盟关系的进一步改善以及与越菲在南海问题上的初步合作。我国的声誉也因此而进一步提升，被认为是我国对东南亚邻国的“魅力攻势”的重要组成部分。①

目前，东盟正在积极推动制定“南海行为准则”，并已于2012年7月完成了文本草案的拟定。对于东盟的这一努力及其对我国的利害关系，我们应该有一个合理的认识。首先需要认识到的是，东盟此举的主要目的在于通过达成一个具有法律约束力的文件来防止

① Ian Storey, *Intra－ASEAN Dynamics and the South China Sea Dispute：Implications for DoC/CoC Process and ZoPFFC Proposal*, paper presented at The Third International Workshop on “The South China Sea：Cooperation for Regional Security and Development”, Hanoi, Vietnam, November 3－5, 2011, p. 5.

南海争端失控、确保本地区的和平与稳定。这其中虽然含有约束中国的一面，但这种约束仅限于防止中国动武，而不涉及针对中国在南海的主权要求采取立场问题。正如新加坡东南亚研究所负责经济问题的首席研究员桑其塔·巴素·达斯（Sanchita Basu Das）所说："东盟制定行为准则的主要目的在于促使中国同意以和平方式解决争端，并且缓解本地区的紧张局势。"[①] 中国虽然谋求实现在南海的权益，但不希望以武力方式解决问题，也不愿意看到南海争端不断加剧并引起与东盟关系的紧张以及外部大国的趁机利用。从此意义上讲，东盟推动行为准则的努力是与中国稳定南海局势的要求相一致的。况且这种约束也是针对其他争议国的。其次，南海由于地处至关重要的海上运输航线上，其局势发展也很容易引起其他许多国家的关注，确保该海域的和平与稳定已成为国际社会的共同希望。尽管我国已为此反复做出承诺，也做出了巨大贡献，但是，由于我国与其他争议国在实力对比和威望等级上的巨大反差，加之我国正处于迅速崛起之际，国际舆论往往更多地把关注点集中在中国身上，把中国的作为看得更为关键。最后，树立东盟在本地区合作进程中的"核心地位"一直是该组织追求的战略性目标，东盟希望以此在充满大国竞争的东亚格局中扮演独立角色，凸显其在塑造地区和平、稳定与合作中的独特作用。东盟也因此被国际社会视为一支和平的、进步的力量。最近20年来，东盟在南海问题上所做出的努力得到了国际社会的广泛赞扬。中国是东盟团结和主导地位的积极支持者。如果东盟因南海问题而出现分裂或是在南海问题上一无所为，可以预见的是，东南亚各国在战略层面很可能会出现分化，其中的一部分成员可能会放弃从目前看对我仍然比较有利的"大国平衡"政策，转而对内寻求抱团，对外寻求靠山；而美国等则会趁机加大介入，进一步扩大在南海乃至整个东南亚的发言权和势力。届时，东亚地区原本加快形成的对我有利的多极化和区域一体化势必会出现逆转，

---

① Sanchita Basu Das, "ASEAN: A United Front to Tackle the South China Sea Issue," *East Asia Forum*, May 13, 2012.

我国的战略安全环境势必会大大恶化，包括不得不面对一场新的、战略层面上的冷战的可能。这就需要我们在维护南海稳定方面显示出更加积极的姿态，发挥引领性、创造性的作用。为此，需要积极回应东盟诉求，尽快完成行为准则的谈判。至于行为准则的具体内容，则完全可以通过谈判使之朝着对我有利的一面调整。除此之外，还有必要提出更多具有创见性的倡议，并通过进一步的双边和多边谈判，建立一套旨在控制争端升级、维护南海和平与稳定的争端管理机制。2012 年 9 月 7 日，胡锦涛主席在会见越南国家主席张晋创时提出了探讨“管控争议、稳定局势”的建议。这对于我国下一步处理南海争端具有重要的指导意义。

### （四）明确主权及管辖权范围，消除误解和疑虑

南海争端的实质是国家利益之争。争端方能否使这一斗争朝着有利于自己的方向发展并最终取得有利于自己的结果，除了需要有实力、外交等因素的支持之外，还需要有充分的法理依据作为支撑，尽管争端的解决并非必然走法律途径。因为在国际关系制度化日益发展的时代，“合法性”已成为国家谋取利益、权力、地位和声誉的一个重要来源，同时也成为在争端中争取国际理解、同情和支持的重要依靠。

我国对南海的权利主张具有充分的历史和法理依据。连西方学者都承认，在此方面，中国拥有的资料最丰富、证据最确凿。① 但是，由于我国政府没有明确南海权利要求的具体范围，尤其是没有明确“断续线”（即九段线）的性质及含义，这导致东南亚国家以及许多国际舆论产生猜疑，怀疑我国是在对断续线内的所有海域提

① 张海文：“从国际法视角看南海争议问题”，《世界知识》，2012 年第 4 期，第 20 页。

出要求，甚至担心我国力图把整个南海变为自己的领土或内湖。[①] 虽然无论从断续线提出的原本意图，还是从我国政府历来公布的各种法律文件、政策声明及外交照会看，这种怀疑和担心都是毫无根据的，但是，由于没有对断续线做出明确的解释，致使该线的法律地位仍然成为外界质疑的焦点。[②] 毕竟，按照《联合国海洋法公约》的规定，沿海国对于特定海域的权利要求只能以该国合法拥有的陆地领土（含岛屿）作为基线，并据此分别主张12海里领海、24海里毗连区、200海里专属经济区以及在特殊情况下不超过350海里的大陆架。而目前我国只是笼统地用“附近海域”、“相关海域”来表达我们的立场，这未免会使外界产生无限的猜疑，进而也就容易给外界造成我国的要求与《公约》的精神不一致的印象。同样由于这个原因，我国的合法主张以及正常的维权行动反而容易成为其他争议国以及一些别有用心的区外大国对我国进行攻击和指责的对象。因此，为了消除外界疑虑，使我国立场的合法性得到伸张，同时也便于开展维护行动，在法理准备上，有必要明确以下几点：

1. 以适当方式向外界说明我国对于“断续线”地位和性质的定义，即该线不是我国海域控制的界线，而是指“岛礁归属线或岛礁范围线”，线内所有岛屿、岩礁、沙洲等陆地结构属于中国所有。实际上，把断续线作为“岛屿归属线”已是国内外大多数专家的一致意见，而且，在国际法上也更容易被接受。因为就像新加坡国立大

---

① 例如，可参见：Zou Keyuan, *Law of the Sea in East Asia: Issues and Prospects*, London and New York: Routledge, 2005, p. 53; Robert Beckman, *South China Sea: How China Could Clarify Its Claims*, RSIS Commentaries, No. 116/2010, S. Rajaratnam School of International Studies, Nanyang Technological University, Singapore, September 16, 2010, pp. 1-2.

② 2009年5月7日，针对此前一天越马两国向大陆架界限委员会联合提交外大陆架划界案侵犯我南海权益一事，我国政府向联合国秘书长提交了一份抗议照会，郑重声明：“中国对于南海诸岛及其附近海域拥有无可争辩的主权，对于相关海域及其海床和底土享有主权权利和管辖权。”照会中还附有一张标有断续线的地图。这原本是作为这一声明的证据来使用的，但由于没有对此做出明确的说明，外界的猜疑仍然未减。

学国际法研究中心的一份研究报告所指出的那样："这样一来，中国对南沙群岛附近海床及海域的主张就能够建立在根据这些岛礁所要求的海域基础之上，并因此而与《海洋法公约》相符合。"[①] 至于断续线是否需要继续保留，由于该线如同其他证据一样，有助于我国对线内诸岛提出要求，因此有必要继续将其作为支持我国对南海权利主张的一个重要证据来使用。[②]

2. 用符合《海洋法公约》的"领海"、"专属经济区"和"大陆架"概念代替传统的比较模糊、笼统的"附近海域"、"相关海域"的说法。这虽然只是措词上的改变，但效果和意义却有很大不同。因为《公约》是迄今为止唯一一部权威性的关于海域划界和海洋秩序的法律文件，是沿海国获取海洋权益的最重要的"合法性"来源。在其中的有关规定中，并不存在"附近海域"或"相关海域"的概念。[③] 况且《公约》为海域划界所确立的是"陆地支配海洋"原则。我国完全有理由借助这一原则，依据对南沙群岛所拥有的无可争辩的主权，向周边海域主张 12 海里领海、24 海里毗连区、200 海里专属经济区以及远至350 海里的大陆架。至于南沙岛礁是否具备主张专属经济区和大陆架的条件，由于国际上并无权威性的定论，[④] 加之《公约》第121 条在界定"岛屿"和"岩礁"的同时没

① Tara Davenport, et al., *Report of* 2011 *CIL Conference on Joint Development and the South China Sea*, Centre for International Law, National University of Singapore, June 2011, p. 11.

② 李金明："南海断续线的法律地位：历史性水域、疆域线、抑或岛屿归属线?"，载《南洋问题研究》，2010 年第 4 期，第 27 页。东南亚以及其他国家的一些严肃的法学专家也认为，中国在明确本国的立场时无需抛弃九段线地图，中国需要明确说明的只是它所主张的专属经济区和大陆架的具体界限。如参见 Robert Beckman, *China, UNCLOS and the South China Sea*, paper presented at the Third Biennial Conference, Beijing, China, Asian Society of International Law, 27－28 August 2011, p. 30.

③ 李金明："南海断续线的法律地位：历史性水域、疆域线、抑或岛屿归属线?"，第 27 页。

④ Tommy Koh, "Mapping out Rival Claims to the South China Sea," *The Straits Times*, September 13, 2011.

有给出足够明确的区分标准——关键是什么样的岩礁才算“不能维持人类居住或其本身的经济生活”，因而也就“不应拥有专属经济区或大陆架”这一点，[①] 因此，我国可以利用这种模糊性，根据我们掌握的证据来证明这些岛礁具备这样的条件，或是通过对已占岛礁的建设使其具备这样的条件。[②] 实际上，我国政府在 2011 年 4 月 14 日给联合国的一份照会中已经声明：南沙群岛的各个岛屿充分享有领海、专属经济区和大陆架的权利。[③]

3. 充分利用《公约》对于“历史性权利”的承认，针对 200 海里专属经济区以外的南海海域，提出我方的主权权利和管辖权主张。“历史性权利”是习惯国际法中确立的一种权利，尽管《公约》没有给这种权利下定义，但在《公约》的第 10 条第 6 款、第 15 条以及第 46 条第 2 款中，都对这种权利给予了承认。其中的第 15 条指出：“海岸相向或相邻国家领海界限的划定以等距离中间线为准。但如因历史性权利或其他特殊情况，而有必要按照与上述规定不同的方式划定两国领海的界限，则不适用上述规定。”[④] 这一点对我国非常重要，可以被用作我国对南海更广的海域提出权利要求的法理依据，弥补仅靠专属经济区和大陆架主张可能造成的我国行使主权权利和管辖权范围的不足。不过，由于历史性权利主张的特殊性，我

① Tara Davenport, et al., *Report of* 2011 *CIL Conference on Joint Development and the South China Sea*, Centre for International Law, National University of Singapore, June 2011, p. 36.

② 根据新加坡国立大学国际法研究中心的一份研究报告，在南沙群岛约 170 个已命名的陆地结构中，大约有 48 个符合《公约》对于“岛屿”的定义，并因此具备《公约》确立的岛屿制度所赋予的各项权利。包括专属经济区和大陆架。参见 Tara Davenport, et al., *Report of* 2011 *CIL Conference on Joint Development and the South China Sea*, p. 9.

③ Note from China dated 14 April 2011, http://www.un.org/Depts/los/clcs new/submissions files/submission mysvnm 33 2009. htm.

④ 《联合国海洋法公约》，北京：海洋出版社，1983 年版，第 11 页。

国可以根据情况，将其作为非专属的或非排他的权利来对待，[①] 从而也可以给其他争议国留下一定的权利空间。

总之，我国在维护南海权利方面要尽可能地利用好法律工具，把我国的主张牢牢地建立在公认的国际法依据之上。鉴于在海洋权益和海域划界方面目前最具公认性和权威性的法律文件当属《联合国海洋法公约》，加之我国又是该条约的缔约国和签字国，因此尽量使我国的主张与之保持一致，便成为我国获取合法性和话语权的关键。而且，在这一轮争端中，东南亚争议国方面已出现了把它们的主张朝着与《公约》相一致的方向调整的趋向。如在 2009 年 3 月向大陆架界限委员会联合提交的外大陆架划界案中，越马两国似乎不是根据它们主张的南沙岛礁提出各自的声索，而是将它们的声索建立在从本国陆地领土基线量起的专属经济区和外大陆架要求之上，[②] 菲律宾 2009 年 2 月通过的《领海基线法案》、越南 2012 年 6 月颁布的《海洋法》，也都包含这样的倾向，尽管它们的这些立场是经不起反驳的，因而也不可能得到国际法的支持。东盟组织在表示支持各争议方通过国际法解决争端时也特别强调《公约》的地位。另外，美国政要从 2012 年 4 月起突然表现出高调推动国会尽快批准《公约》的举动，也包含着假借《公约》向中国发难的企图。在此背景下，充分利用包括《联合国海洋法公约》在内的国际法伸张和维护我国的领土主权及管辖权更显必要：一是有助于彰显我国主张的合法性，化解因争端升温而所有抬头的“中国威胁论”；二是有助于增进我国权利诉求的道义内涵，争取国际社会对我国南海政策的理解；三是有助于促使争端从政治化和情绪化的层面朝着理性化和法理化

① 根据台湾法学家傅崐成教授的观点，“历史性权利”的主张要比专属经济区主张的排他性弱得多，独占性小得多，留给其他国家的利益空间也多得多。参见傅崐成著：《南（中国）海法律地位之研究》，台湾 123 资讯有限公司，1995 年版，第 199 页。

② Robert Beckman, *Islands or Rocks? Evolving Dispute in the South China Sea*, RSIS Commentaries, No. 75/2011, S. Rajaratnam School of International Studies, Nanyang Technological University, Singapore, May 10, 2011.

的方向转变，推动争端逐渐降温以及彼此态度趋于冷静；四是有利于阻止美日印澳等区外国家、东南亚争议国以及东盟组织打着“遵守《联合国海洋法公约》”的旗号向我集体施压，从而缓解我国的舆论压力；五是有利于我国“共同开发”倡议的推进，因为共同开发必须是在有争议的区域进行的。[①] 既往实践也表明，只有在争议各方明确各自的声索区域并就相互重叠的区域达成共识，而且争议各方都认识到对方的声索具有一定的国际法依据，从而很难通过法律途径获得令自己完全满意的解决的条件下，它们才比较容易接受共同开发的倡议并为此举行谈判。[②] 六是有利于我国相关部门执法维权活动的开展以及我国渔民捕鱼作业的安全，减少因授权区域不明而可能导致的与别国发生摩擦的几率。

### （五）以加快资源开发利用为重点，谋求资源利益最大化

南海问题由于涉及岛礁主权和资源利益之争，在海洋权益争夺趋于升温、各国民族主义趋于上升的大背景下，期望任何一方在此方面做出退让是不现实的，加之该问题本身就十分复杂，通过外交或法律手段在可预期的将来不可能获得解决，采取武力手段又不符合我国东南亚战略的总体需要（除非遇到其他争议国的武力挑衅），因此，在采取渐进、适度的措施加强执法维权的同时，大力推进该海域油气和渔业资源的开发利用才是更具实际意义的做法。这是出于以下考虑：一是我国能源需求的急剧增长和渔业发展的必然需要；二是东南亚争议国油气开采的力度加大，并已有区外多国公司参与，使得该海域的油气开发已完全处在无政府状态；三是根据既往经验，

① Tommy Koh, “Mapping out Rival Claims to the South China Sea.”

② Tara Davenport, et al., *Report of* 2011 *CIL Conference on Joint Development and the South China Sea*, Centre for International Law, National University of Singapore, June 2011, pp. 17 – 18.

资源之争虽然难免引起摩擦，但不至于导致严重对抗和军事冲突，岛礁争夺才是关键导火线；四是相对于其他一些方式而言，加大资源开发是显示我主权及管辖权存在的一种更为实际和有效的办法，[①]同时也能够起到迫使越菲等激进争议国重新思考其南海政策乃至最终接受与我“共同开发”的效果。正如南海问题专家吴士存先生所言：“只有加强了存在，积累了谈判筹码，才能真正促成共同开发。”[②]

关于开发的方式，一方面应继续倡导“共同开发”的主张，但另一方面，鉴于这一主张一直得不到响应，而且目前的条件尚不具备，因此有必要拓展思路，积极启动单独开发或是吸引区外国家公司参与开发的计划，争取在此方面尽快迈出实质性步伐。可喜的是，我国最新研制的“海洋石油981”深水半潜式钻井平台已从2013年5月9日起在距离香港东南320公里处的南海海域正式开始钻探石油。不过，还有必要把勘探和开采区域向南部尤其是南沙群岛海域推进，因为正是在这一带海域，我国的开发依然是空白。2013年6月23日，中海油对外公布了位于南海西部我国断续线以内的9个招标区块，8月28日又公布了第二批共26个招标区块，其中有22个区块位于南海。期待这些举措尽快达到预期效果。

## 三、结语

随着最近以来南海争端连年升温，该问题的影响面日益扩大，甚至可以说已具有“牵一发而动全身”的效应。由于该问题关乎我

---

① 在此方面，马来西亚的做法比较聪明：它一方面是从开发南海油气中获利最多的国家，另一方面在主权和管辖权争夺当中则保持低调，避免了与其他争议国公开对抗局面的出现。

② 毛凌云：“南海争端：搁置争议的关键在于共同开发——专访中国南海研究院院长吴士存”，《南风窗·双周刊》，2011年第17期，第33页。

国多方面的利益，因此需要将它们纳入到一个统一的战略框架下来考量。这其中，保持各种利益的兼顾与平衡是关键，具体政策的制定和实施必须以此为指导，防止一方面利益的追求对其他方面利益的维护造成不应有的损害。在这里，最难处理的是“维权”与“维稳”的关系。鉴于“维稳”的大战略意义更为突出，更具有全局性影响，同时也鉴于“维权”不适合采取急躁和过于激进的方式，因此把政策的重点放在“维稳”方面似乎是更为妥当的选择。从最近四年来的情况看，在南海问题上每年都会有一些与我国直接相关的摩擦和纠纷发生，我国甚至已成为矛盾的焦点。这给我国造成的影响是值得关切的。经过2012年上半年的黄岩岛对峙事件之后，原有的紧张局势已经得到平息。为了防止争端再度激化，不仅有必要采取临时性的应对措施，更需要有一套长远的处理办法。我国领导人早在2005年就提出了把南海建设成为连接中国与东南亚共同利益的“和平之海”、“合作之海”、“友谊之海”的设想。在当前南海争端趋于升温的背景下，重提这一设想似乎有些天方夜谭。但是，从大战略的角度看，朝着这一目标努力仍然具有重大意义。

# 试析美国构建亚太地区防务合作网络的基本特点

蔡华堂

**【内容摘要】** 近年来，为了维护其在亚太地区的领导地位，美国推出“重返亚洲”又称“亚太再平衡战略”。为配合这一战略的实施，美国又在亚太地区构建防务合作网络。从其实际行动和战略意图看，美国构建亚太防务合作网络具有鲜明的特点，即凸显预防性防务战略、强化集体安全机制、促成海上对华围堵效应。

**【关键词】** 美国　亚太战略　防务合作网络

美国构建亚太地区防务合作网络，是根据亚太地区战略格局和安全环境的改变所做出的反应，其目的是为了配合“亚太再平衡战略”的实施，维护其在亚太地区的主导地位，并为其经济增长创造机遇。因此，美国构建亚太地区防务合作网络，有其鲜明的特点。

## 一、凸显预防性防务战略

预防性防务思想是冷战后提出的一种战略指导思想。它把预防作为军事战略的组成要素，与威慑与实战并列，体现出防患于未然的思想。它使美国军事力量的运用从危机和战时扩展到和平时期。这一防务思想把“预防”作为军事战略的首务。美国在亚太地区构建防务合作网络，带有明显的预防性防务的特征。

## （一）“合作”是美国构建防务合作网络的首要内容

海湾战争中伊拉克成功突袭科威特的行动使得美国发现，地区性大国在远离美国本土的利益攸关地区发起的攻击只有很短的预警时间，[①] 常规的应对程序往往来不及反应。而预防性防务强调对事态发展全过程的控制，争取把对美国国家安全的潜在不利因素消除在萌芽状态。在美国政府看来，“一盎司的预防，要比一吨的事后干预强得多”。[②] 因此，特别是海湾战争以后，美国战争预警的重点就转向对付地区战争和防范敌国使用大规模毁伤性武器对美国本土及美国海外军事力量进行有限打击。战争预警的目标选择首先就是在美国眼中具有实施大规模打击能力和远程打击能力的地区性大国，不管这样的国家是否具有与美国为敌的意图和发动攻击的可能，只要具备了相应的能力，就会被美国视为潜在的预警目标。

亚太地区是世界各大战略力量的汇聚地。中国因为不断增长的国力水平和在地区舞台上的利益诉求就可能引发美国的这种战略怀疑。因此美国的预防性防务理念在美国对华政策中占有十分重要的特殊地位。美国前国防部长佩里和哈佛大学教授卡特在其合著的《预防性防御：一项美国新安全战略》一书中指出，中国的崛起是美国以西发生的最重要的地缘战略变化，“预防性防务战略的主要用途

① 莱斯·阿斯平：《财政年度国防报告》，北京：军事科学出版社，1995 年版，第 14 页。

② Werner Bauwens, *The Art of Conflict Prevention*, 1994, p. 2.

之一，就是指导美国与中国的关系”。[①]

通过合作，使当事方相互了解，而避免因为误读对方造成冲突，是预防性防务的重要内涵。预防性防务政策不同于遏制政策，因为预防性防务政策鼓励中国的参与，展开合作，而遏制政策则是设法拒绝中国的参与，进行孤立。从美国的实际行动看，美国在亚太地区构建防务合作网络，并没有完全将中国排除在外。奥巴马第二任期开始以来，美国政府多次表示，其“亚太再平衡战略”并不是要遏制中国，而是要与中国进行合作。2013 年 6 月，中美两国首脑在美国加利福尼亚的安纳伯格山庄举行私人会晤时，就表示要在两国之构建新型的大国关系。2013 年 6 月，美国国防部长哈格尔在香格里拉对话（亚太安全论坛）上表示，美国在亚太地区部署更多的军力，并不是针对中国。国务卿克里也曾宣称，美国“亚太再平衡战略”考虑到中国的合作因素。2013 年 9 月，中国海军还应美国之邀，赴夏威夷与美国海军进行海上演习。等等。

当然，不容置疑的是，美国推行预防性防务战略的核心在于采取综合手段经营和塑造对美国安全发展有利的地区和国际环境。它所允许中国的参与也只限于保证这个大前提下的参与，美国始终要求主导权掌握在自己手中。

### （二）“应对危机”是美国构建亚太防务合作网络的主要目标

任何危机，都有可能升级为战争。美国预防性防务的核心内容就是阻止危机，将冲突的隐患消灭在萌芽状态，而不使其演变为战争。美国这样做的原因是基于它对历史经验的认识。20 世纪的两次世界大战的经验证明，用实战方式消除威胁的做法反而会促进危机的升级，可能引发灾难性的全面冲突，造成巨大损失，这一点随着

① 艾什顿·卡特、詹姆斯·佩里：《预防性防御：一项美国新安全战略》，上海人民出版社，2000 年版，前言。

战争破坏力的增加而变得更显而易见。即使局部战争，也往往得不偿失。第二次世界大战后至冷战结束，美国从事的两场主要局部战争，虽然付出巨大的代价，但结果却是出乎意料，都以失败而告终。即使在冷战结束以后，当美国成为唯一的超级大国后，从军事意义上说，赢得了几场局部战争，但依然没有达到预期的目标。

另外，冷战时期长期奉行的威慑战略也被证明消耗了巨额的资金和资源，实现这样的军事战略反而成为了经济发展的沉重负担，并且随着当今世界威胁的多样化，面对诸如恐怖袭击和极端宗教民族问题引发的危机，以及多次被美国《国防报告》列为首要威胁的大规模杀伤性武器扩散，都无法再通过传统的威慑战略进行控制。当美国已经具备在全球范围内打赢任何一场战争的能力时，提出预防性防务思想，就在于强调通过合理使用力量来避免战争的发生和控制战争的走势，而非单纯地追求打赢战争。预防性防务使得美国军事战略与国家安全战略更好地衔接起来。预防性防务突破了使用或威胁使用武力的传统军事战略，成为一种干涉手段。[①]

亚太地区存在着许多争端和国家间矛盾，处置不当，就可能引发重大的危机，甚至进入战争。这是美国不愿看到的。亚太国家间的争端或矛盾一旦引发了危机，美国都可能被卷入其中，因为几乎所有当事国的一方或双方都是美国的盟国或盟友。

对于亚太国家之间存在的诸种矛盾，美国的态度是明确的。一方面，它希望亚太国家之间存在矛盾，否则它就没有任何理由在相关国家驻军，建立同盟关系，进而成为这一地区事务的主导者。也就是说，因为相关国家之间有矛盾，需要借助外力，而美国就是这一外力的主要源泉。另一方面，它又不希望亚太存在矛盾的国家通过战争解决它们之间的争端，否则美国就不得不直接介入。一旦介入，它必然要付出巨大的代价。所以，美国最好的选择就是保持这些矛盾或争端的存在，同时在必要的时候又使相关国家就这些矛盾

① 翟晓敏：“冷战后美国预防性防务评析”，《南京大学学报》，2000 年第 6 期，第 97 页。

或争端产生一些冲突和摩擦，但不能进入危机状态。基于此，美国构建亚太防务合作网络，有着双重的打算：既要控制自己的盟国或盟友，又要威慑另一方采取冒险的行动。

### （三）“防止战争”是美国构建亚太防务合作网络的重要内涵

防止战争是美国预防性防务的重要内涵，美国构建亚太防务合作网络当然也有防止战争的考量。要防止战争，一是要化解矛盾，使战争的策源地消失。二是具有先胜的能力，使对方因为不能从战争中获利益而放弃战争的意图。由于美国不愿意在亚太国家之间的争端中选边站，不愿意看到这些矛盾或争端的解决，因而就不可能通过矛盾化解的方法去防止战争。那么，为防止战争，美国的唯一选择就是通过构建防务合作网络，使其及盟国或盟友一方具先胜的能力，使对方不敢贸然从事战争。

从近年美国构建亚太防务合作网络的实践看，这一意图是明显的。在中日钓鱼岛争端、中菲黄岩岛争端和日韩竹岛争端的问题上，美国的立场都是一样的，即在这些争端中不持立场，但希望当事国和平解决争端。从预防性防务思想的具体贯彻实施来看，美国政府广泛寻求与对美国安全具有重要意义的国家建立合作防务关系，以便施加影响，防范美国与潜在敌对大国间可能发生的冲突。为了控制地区局势，防止危机的出现和升级，美国通过前沿驻扎或部署部队、开展安全合作和安全援助以及与盟友的共同训练和演习，以显示军事力量来控制地区局势。从亚太地区的现实情况看，这些实施方法符合多年来美国开展的各项涉及军事和安全领域的合作活动。事实证明，长久以来美国在这一地区开展的防务合作活动，就是其预防性防务思想的生动实践。

## 二、强化集体安全机制

第二次世界大战后，美国改变了传统的孤立主义的做法，不仅在和平时期保留一支强大的军事力量，而且奉行联盟战略，通过建立集体安全的机制，以维护战后的胜利成果和应对各种安全挑战。所以，美国与许多国家建立了同盟或防务合作关系。在亚太地区，美国曾主导建立了“东南亚条约组织”，由于遭到许多国家的反对，后来被解散。于是，美国在构建亚太集体安全机制方面另辟蹊径，通过双边合作的方式，与诸多亚太国家签订了共同防御条约或防务合作协定等。奥巴马上台以来，作为推行“亚太再平衡战略”的一部分，美国政府通过巩固已经存在的同盟关系、拓展新的合作伙伴等方式，构建防务合作网络，强化集体安全机制。

### （一）通过安全焦点凝聚战略共识

美国崛起的历史始终伴随对欧洲事务的介入，利用欧洲各国间的矛盾扩大自己的外交空间并最终取代欧洲成为世界性的大国。[①] 那么，要把欧洲各国特别是西欧老牌帝国主义国家纳入其战略轨道，美国必须首先凝聚这些国家的战略共识。而凝聚共识的的最简捷的方法，莫过于找到共同的安全威胁。于是，美国通过渲染苏联的威胁，使西欧国家与美国匆匆忙忙地在战略上达成了共识，建立了北大西洋公约组织。之后，通过与欧洲国家展开各种方式的合作，形成了欧洲集体安全的机制。

美国人深知，共识能够凝聚力量，而要凝聚力量，必先凝聚共

---

① 张文木：《全球视野中的中国国家安全战略（上卷）》，山东人民出版社，2011年版，第15页。

识。尽管美国在欧洲有了成功的建立安全机制的经验，也试图将其运用到亚太地区，通过突出共同的安全焦点，凝聚广大亚太国家同美国的战略共识，扩大对美国的依赖，从而使美国牢牢地掌握地区霸权的地位，如与一些亚太国家建立了“东南亚条约组织”等。但是，由于亚太国家对共同威胁从未达成过共识。有的国家惧怕俄罗斯，有些不放心中国，有些对崛起的日本担忧，有的东南亚国家认为越南是威胁。[1] 因此，在安全焦点问题上的不统一，使美国在亚太地区开展防务合作网络建设方面面临重重困难。不仅如此，由于美国承担众多同盟义务，还无谓地被不同国家间的纠纷而消耗掉许多战略资源。所以，美国若要构建亚太集体安全机制，必须为亚太地区制造一个统一的安全焦点，以利于凝聚战略共识。

历史的发展，为美国带来了机遇。中国的国力提升和国防现代化建设的斐然成就，为美日等国制造所谓“中国威胁论”提供了借口。同时随着近年来中国与周边邻国的领土主权与海洋权益的争端日益显现，引起了一些周边国家的战略焦虑，防范中国的心理加重。加之中国与周边国家的政治、经济体制存在着本质性差别，因而使中国容易成为周边国家关注的安全焦点。

在20世纪70年代以后，包括日本、韩国等美国传统盟国在内的亚太国家，纷纷提出要求，修改与美国签订的安全保障或共同防御条约，减少或撤走美国驻军，压缩或关闭军事基地。至上个世纪末，美国削减了驻日、韩的部队规模，从菲律宾撤走了驻军，并关闭了苏比克湾海军基地和克拉克空军基地。然而，本世纪开始不久，亚太的战略环境发生了重大变化。一些亚太国家主动要求加强与美国的防务合作，并愿意提供基地甚至经费，希望美军返回驻扎。同时，出于维护自身领导地位的需要，美国也希望加强与一些国家的防务合作。尤其值得注意的是，为了达到自己的目的，美国还渲染亚太国家面临的威胁，使这些国家与其形成战略共识。这样，它就

① [美] 亨利·基辛格：《美国的全球战略》，海南出版社，2012年版，第103页。

可以打着“传统盟友”和“维持地区稳定”的旗号获取广泛支持，进而与其堂而皇之地开展各种军事合作。这样，美国一方面取得亚太国家对其主导的构建防务合作网络的外部支持；另一方面又利用其国内民众对中国崛起的担忧情绪，获得对政府战略重心调整的内部支持。

综上所述，美国推行亚太新战略，组建亚太防务合作网络，再次以制造共同安全焦点的方式聚焦战略共识，从而增强同盟体系的凝聚力，并企图借构建防务合作网络对中国等国家施加外部安全压力。

### （二）突出伙伴聚集作用发挥集群效应

生物学研究表明，只论大型动物个体强弱没有意义，因为个体的强悍难以强过种群，通过合作形成的集群效应，可以占据资源丰富的生存环境，集群本身就是一种强大的能力，同时维持过于强悍个体所需的资源消耗反而是个负担。与此类似的情况是，形成集群化的国际组织争取到的是更加广阔的安全空间和生存环境，同时美国作为一个过于强大的个体一直需要庞大的国力支撑，因其过去主张的“轴辐式”同盟体系所带来过多的同盟义务逐渐使得美国力量透支，其所需的庞大国力资源在金融危机面前已经成为了负担。尤其在美国经济走低而亚太经济向好时，让亚太盟国间加强合作、分摊更多的防务责任和成本成了美国战略调整的必然选择。

经济学上的研究也显示，集群效应是一种高效率的产业运行方式。其最典型的例子如美国的硅谷高科技产业集群和中国的浙江小商品产业集群。通过集聚作用实现相关个体和资源的整合，有利于更高效率地达成共同的目的。在亚太地区的防务问题上，实现地区安全就是各国追求的共同目的。在亚太地区，出于历史原因造成的相互担忧和不信任，伴随任何一个国家的实力增强，周边的其他国家都要对此做出调整，从而保障自己的安全。而在这种安全困境下，若单独一国的国力不足以保障它自身的安全，那么更容易出现多个小国因为共同的安全威胁而形成防务抱团的趋势。美国利用各国对安全问题的共同关注形成集聚作用，借由对以美国为核心的传统“轴辐式”同盟体系加以改进，增加相关国家之间的联系和互动，进而实现达到最大效能的防务集群效应。但同时应当强调的是，美国构建的亚太防务合作网络实现的集群效应是整合亚太国家防务资源的整体效果，但所体现的依旧是防务主体，也就是美国的个体意志，换句话说，这个防务合作网络达成的安全，是美国认为的安全。

### （三）利用集群效应强化集体安全机制

20世纪50年代，美国以北约组织为蓝本，试图在亚太地区构建集体安全机制，先后拼凑了“东南亚条约组织”和“中央条约组织”，但由于亚太国家“水土不服”，以失败而告终。之后，美国就以双边合作的方式，建立军事联盟，如与日本、韩国、菲律宾、泰国、澳大利亚等国签订了共同防御条约和同盟条约。这种方式，还不能形成集体安全机制。然而，从本世纪初开始，美国着手在亚太地区构建集体安全机制。前太平洋总部司令布莱尔曾提出“亚太安全共同体”的构想，内容是以军事合作为基础，通过维和及海上搜救等多边军演形式将亚太所有国家纳入“集体安全网”。

尽管美国在其官方文件中，没有明确表示要建立亚太集体安全机制，但早在1998年，国防部发表的《东亚战略》报告就指出，美国应象改造北约那样改造亚太地区的五对双边军事联盟，特别是美日同盟，使之为整个地区以至全球的安全与稳定服务。时任副国务卿塔尔波特甚至称，日美防务合作新指针是“北约东扩的自然归宿和北约东扩的亚洲版”。[①] 实际上从小布什政府时起，美国在推动其与亚太国家安全与防务合作方面，就有所改变，在传统的双边合作基础上，进行多层次的多边合作。

---

① 中国现代国际关系研究院：《反恐背景下美国全球战略》，北京：时事出版社，2004年4月版，第141页。

奥巴马上台后，亚太地区的战略环境发生了重大的变化。一方面，中国与其亚太邻国关系发展迅速。例如，中、日、韩启动了自由贸易区的谈判，中国与东盟关系在过去的10年里上升速度快，建立了比较稳定和有效的合作机制。另一方面，随着中国力量的上升，一些亚太国家由于历史的原因与中国存在着岛屿与海洋权益的争端，从而对中国“威胁”的担忧有所上升。为了维护亚太地区的主导地位，美国便利用这些国家的心理，对其进行诱惑和拉拢，将它们纳入自己的战略轨道，形成一种集群效应。因此，美国在推动双边合作的同时，也推动盟国之间的互动。在这种情况下，美日澳战略对话机制、美日韩情报合作机制、美日印战略对话机制、日越菲互动等都已经建立或有所进展。这样，原来以双边合作为主体的松散的集体安全机制得以强化，进而形成一种成型的较为密切的集体安全机制。

从历史上看，弱国在面对自身无法消除或对抗来自强国的威胁和压力时，便寻求盟国来平衡强国的优势。[①] 正是基于这一原理，美国制造了“中国威胁”这一亚太共同安全焦点，介入亚太地区事务，构建亚太地区防务合作网络，企图以自己为主导，借助亚太国家的力量，强行推广自己的地区安排框架。不过，根据国际关系的发展经验，“统治国际体系的企图将招致一个会制约该国的制衡性联盟”。[②] 目前美国的举动正是在进行这样的危险尝试。

---

① 王伟伟：“中国合纵连横思想——一种均势的解读”，《战略与外交》（第1辑），北京：时事出版社，2012年版，第203页。

② Robert Jervis，“A Political Science Perspective on the Balance of Power and Concert,” The American Historical Review, Vol. 97（1992），p. 717. 转引自时殷弘：“制衡的困难——关于均势自动生成论及其重大缺陷”，《太平洋学报》，1998年第4期，第49页。

## 三、着眼构建海上围堵中国阵线

美国之所以提出“重返亚洲”战略，并构建亚太地区防务合作网络，主要目的是应对中国的崛起。传统上，美国通过所谓的海上岛链，对中国走向太平洋进行围堵。随着中国海上作战能力的提高，美国实际上已将自身的兵力从第一岛链进行收缩，着重经营以关岛为中心的第二岛链。围堵中国的岛链能否发挥作用，一是取决于美军兵力投送能力是否充足，二是取决于美国在亚太地区是否有足够的盟友对其提供支持，二者缺一不可。按照美国的一贯作法，为了使其本土免于战争或受到其他形式的破坏，它总是设法将其战略防线构建在它能力所能达到的最远之处。所以美国在亚太构建防务合作网络，意在亚太西端临近中国的地方建立起一道防线，对中国构成事实上的围堵，以便做到未雨绸缪。

### （一）延长第一岛链线，扩大对华海上包围圈

第一岛链是指北起日本群岛、琉球群岛，中接中国台湾岛，南至菲律宾、大巽他群岛的链形岛屿带。在冷战时期，为了遏制所谓共产主义势力，对苏联和中国进行威慑。苏联解体后，美国并没有放弃岛链的概念，随着中国力量的壮大，它还延长和加固了第一岛链。

按照1951年杜勒斯提出的岛链概念，韩国尚不在其内。朝鲜战争后，南北双方分裂成为长期的历史存在，美国加强了在韩国的驻军，才将韩国视为第一岛链的一部分。近年来，为了进一步加强对中国的制约，利用越南与中国存在岛屿和海洋权益的争端，美国不计与越南的前嫌，居然与其展开军事合作，企图使越南成为其亚太防务链条上重要一环。

还不止于此，美国还在两个方向上继续拉长第一岛链的延长线，即一方面极力拉拢印度，使其成为它的战略伙伴，并推动印度与日本展开合作与互动，构筑围堵中国走向太平洋和印度洋的防线。另一方面，美国还与印尼建立防务合作关系，使其防守中国南海南端的防线。

### （二）利用朝鲜安全焦虑，加深日、韩对美国战略依赖

20 世纪 80 年代后期以来的相当长时期里，中韩与中日关系发展迅速，经济关系日益密切，共同利益不断扩大。2002 年，关于建立三国自由贸易区的设想正式提出。但是，为防止急于求成，三国领导人决定先进行民间学术研究，待条件成熟时，再进行谈判。2008 年 12 月，三国领导人在日本福冈举行第一次会议，签署了《三国伙伴关系联合声明》，并决定定期举行三国领导人会议。2009 年，第二次三国领导人会议就尽快启动三国自贸区官司产学联合研究达成共识。2010 年，第三次三国领导人会议表示要在 2012 年前完成自贸区联合研究。2012 年 5 月，三国投资协定签订，为自贸区建设提供了重要基础。2013 年 3 月，中日韩三国在韩国首都首尔开始自贸区第一轮谈判。虽然三国自贸区谈判实施“政经分离”原则，但事实上，一旦自贸区建成后，政治上也必然会向前迈进。

美国对此深感忧虑，于是通过与韩国加强军事合作，进行大规模的演习，使朝鲜产生了严重的安全焦虑。为了显示自己的决心，朝鲜在军事上采取了一系列措施，致使朝鲜半岛形势紧张。为了自身的安全，韩国不得不与美国展开进一步的军事合作。与此同时，日本在钓鱼岛问题上开始向中国发难，美国则采取相互矛盾的政策，既表示“不选边站”，又声称美日安保条约适用于钓鱼岛，从而使中日关系跌入低谷。美国利用朝鲜的安全焦虑和中日钓鱼岛问题的争端，使日、韩两国对美国的战略需求再次提升，从而进一步巩固了

美日、美韩同盟关系。由于中日关系的紧张，2013 年的中日韩三国领导人会议并没有如期举行，已起步的自贸区谈判，也未按首轮谈判预设的时间表继续进行。

### （三）利用南海争端，制造东南亚国家对美国战略需求

东盟国家在过去的相当长时间里，与中国的关系发展良好。2013 年 9 月在南宁举行的中国—东盟领导人会议上，中国总理李克强在发言中表示，中国—东盟建立战略伙伴关系的 10 年，开创了双方合作的“黄金十年”，将来还要创造“钻石十年”。[①] 然而，美国却利用一些东盟国家与中国在南海岛屿上存在争端，试图通过搅浑水，使东盟一些国家产生对其安全上的依赖。

对于中国日益增强的实力与国际影响力，东盟一些国家，特别是那些与中国存在岛屿或海洋权益争端的国家，产生了较重的防范的心理，美国对此有深刻的认识。在南海问题上，美国一方面表示“不持立场”，但希望中国与东盟成员国尽快在没有威胁、没有强制和不使用武力的情况下达成有约束力的“南海地区行为准则”。[②] 另一方面，美国又声称，那些拥有南海岛屿主权的各国必须厘清模糊，不应以国民情绪和历史作为解决问题的依据，美国有能力、有信心同时兼顾亚洲和中东的事务及地区安全。[③] 借此，某些东南亚国家倚恃与美国的军事合作，在领土争议中尝试采用更为强硬的立场，甚

---

① “中国聚集：‘黄金十年’硕果累累 中国东盟开启‘钻石十年’”，新华网，2013 年 9 月 3 日。

② Remarks at the ASEAN Ministerial Meeting, John Kerry, Secretary of State, New York City, Sept. 27, 2013.

③ 法新社 2013 年 9 月 27 日电。

至愿意付诸某种程度的军事行动。①

美国上述行为与表态，使得一些东盟国家，特别是与中国存在岛屿和海洋权益争端的国家，产生了对美国的安全需求，并主张加入美国在亚太地区构建的防务合作网络。

综上所述，不难看出，美国利用一些亚太国家与中国存在着领土和海洋权益之争，以及对中国崛起的防范心理，激起它们在安全上对美国产生需求，从而构建一道指向性极强的防务合作网络。并通过这张网络，美国将这些国家纳入其战略轨道。虽然美国政府不愿公开表明，它在亚太巩固盟友和寻找伙伴，目标就是集结起抗衡中国的联盟。"②

① 夏立平："美国军事上重返南亚及其对亚太安全的影响"，《现代国际关系》，2002 年第 8 期，第 144 页。

② "2011：美国'战略东移'"，人民网，2011 年 12 月 23 日，http：//world. people. com. cn/GB/16690258. html.

# 东盟地区论坛框架下海上安全合作解析*

虞 群

【内容摘要】作为亚太地区官方多边安全对话与合作最为重要的平台，自东盟地区论坛成立至今，海上安全对话与合作一直为论坛高度重视。东盟地区论坛开展海上安全合作主要源于以下动因：东南亚海域是区域外大国海上力量交汇之地；近年来，海上非传统安全威胁日趋凸显；东南亚区域内存在“海上安全困境”；东南亚区域内外海洋权益争端日益激烈。基于此种海上安全环境，东盟地区论坛通过发表联合声明、召开海上安全领域的研讨会和会间专题会、构建由防务官员参加的海上军事安全对话与合作机制以及举行海上联合演习等途径深化地区海上安全合作。东盟地区论坛框架下海上安全合作的开展，对于增强地区各国间海上互信、维护地区海上安全和稳定以及提高东盟国际战略地位发挥了重要作用。同时，东盟地区论坛的本质特征决定了其框架下海上安全合作的最大缺陷在于：合作方式以对话磋商为主，较为务虚，难以深入开展务实合作。

【关键词】东盟地区论坛　海上安全　安全合作

---

* 本文为2011年国家社科基金课题（军事类）“东盟国家海上军事安全合作研究”（课题号：11GJ003－002）的阶段性成果。

海上安全合作是指，两国或多国海上安全力量，为维护和促进本国的海上利益，实现共同的海上安全目标，通过对话、协调、联合和结盟等途径和方式，在海上安全领域进行的安全安排以及采取的行动。[①] 自1994年成立以来，历届东盟地区论坛会议议题处于不断扩大之中。但是，自始至终，海上安全领域的对话与合作一直是论坛的重点关注和合作领域。目前，东盟地区论坛已经发展成为亚太地区官方多边海上安全对话与合作最为重要的平台。

## 一、东盟地区论坛海上安全合作的动力溯源

### （一）区域外大国海上力量交汇于此

东南亚自古以来便是世界战略要地，极具地缘战略价值。它地处太平洋和印度洋之间，又扼亚洲和大洋洲交通的要冲，形成两大洋和两大洲之间的“十字路口”。在这个“十字路口”上，散布着众多国际海上战略通道，如马六甲海峡、巽他海峡、龙目海峡、巴士海峡和望加锡海峡等。其中，马六甲海峡与其南部的巽他海峡和望加锡海峡共同成为沟通太平洋与印度洋的重要通道，具有极其重要的经济和军事价值，被誉为“东方的直布罗陀”和两洋“战略走廊”。同时，东南亚地区拥有丰富的物产资源，尤其是冷战以来在环南海大陆架上发现了丰富的石油和天然气，储量之丰富，堪称“第二个波斯湾”。此外，该地区还拥有众多优良的港口、港湾，如新加

① 冯梁等：《中国的和平发展与海上安全环境》，北京：世界知识出版社，2010年版，第323页。

坡港、岘港、苏比克湾等。[①] 从经济角度而言，东南亚海域的马六甲海峡至南海航道是中国、日本、韩国等东亚重要经济体的“海上生命线”，其意义非比寻常。从军事战略角度来看，东南亚地区是区外大国从南部进攻和进入东亚腹地的“桥头堡”，也是区外大国从南部对东亚腹地实施包围和封锁的“前哨阵地”和“岛链节点”。[②] 同时，东南亚海域还是区外大国向东北亚投送力量的“战略走廊”。

正是由于东南亚地区身处极具地缘战略价值之地且自然资源丰富，自古以来便吸引着域外大国、强国积极介入该地区事务。这种来自大国的战略影响，长期存在于殖民时代至今的不同时期之中。冷战结束后，美国撤出菲律宾苏比克海军基地，俄罗斯退出越南金兰湾，加之柬埔寨问题的和平解决，使东南亚地区在一定程度上分享到了“和平红利”。然而，区域外大国对东南亚地区的影响并未消失，反而更为强劲复杂。一方面，大国关系的深刻调整令东南亚地区成为各大国海上力量交汇的中心。美国将中国视为假想敌，加速全球战略重心的东移进程，以遏制中国的崛起。为达此战略目的，近年来，美国不断强化亚太地区的海上军事部署，将半数以上的航母部署在亚太海域，派遣海军陆战队进驻澳大利亚，并在新加坡部署濒海战斗舰。此外，美国还利用南海争端造成地区不稳定因素，通过与部分东盟国家开展海上联合军事演习等方式，联手制华。美国的铁杆盟友日本为配合美国的亚太战略，并牵制中国解决钓鱼岛问题，也积极介入南海争端，拉拢东南亚国家，试图东海、南海遥相呼应，打乱中国的阵脚。亚太另一新兴大国印度冷战后推出“东向政策”，加强与部分东盟国家的合作，意图牵制中国，削弱中国在印度洋的影响。另一方面，冷战结束以来，中国、日本、印度等东南亚周边大国海军实力大幅提升，使东南亚国家陷入为邻近大国控

① 虞群：“试论东南亚自然地缘特征对地区海上安全的影响”，《东南亚之窗》，2012 年第 1 期。

② 杨光海：“论东南亚在东亚和中国安全环境中的地位”，《东南亚之窗》，2009 年第 1 期。

制的恐慌之中。21世纪被称为“海洋世纪”，随着国际安全形势尤其是海上安全形势的演变，东南亚地区再度成为大国博弈的舞台，多种力量交汇于此，为地区安全带来不少变数。

## （二）地区海上非传统安全威胁日益严峻

美国学者西蒙认为：“慑止或防范国家间的侵略在今天已非东南亚核心的安全关切，相反，‘非传统’威胁已从侧翼走到了中央舞台。”① 自冷战以来，东南亚地区成为全球海上非传统安全威胁最为突出的地区之一。这主要源于以下因素：其一，东南亚地区自然地理特征。东南亚是一个以海洋为主的自然地理区域，海域广阔、岛屿林立、地形破碎构成了其基本自然地理特征，这为海盗、海上恐怖主义分子、海上跨国犯罪分子提供了天然的作案场所。此外，东南亚海域也处于海啸、地震等自然灾害多发地，海洋自然灾害因此也是地区海上非传统安全威胁的重要类型；其二，冷战以来东南亚各国国内政局不稳导致的“外溢”效应。冷战结束尤其是亚洲金融风暴爆发以来，印尼、菲律宾等部分东南亚国家国内长期固有的民族矛盾激化，政局普遍不稳，经济严重衰退。除民族分离主义势力、宗教极端势力等利用海盗、海上恐怖主义及海上跨国犯罪活动筹集资金或进行政治报复外，不少濒海而居的印尼人、菲律宾人都铤而走险，从事海盗职业，或进行跨国犯罪。另外，缅甸等国国内政治问题导致的海上难民也成为东南亚地区海上非传统安全威胁的重要来源；其三，东南亚地区海洋划界及海洋权益纠纷有如犬牙交错，加上东南亚各国海军力量多半不济，直接导致对海洋监管存在盲区或力有不逮，为海上犯罪活动提供了可乘之机；其四，随着海运成为国际贸易最重要的物流方式，通过东南亚海域尤其是马六甲海峡

① Ashley J. Tellis, *Assessing America's War on Terror: Confronting Insurgency, Cementing Primacy*, NBR (the National Bureau of Asian Research) Analysis, Vol. 15, No. 4 (2004), p. 37.

的国际货船数量激增，为海盗、海上恐怖主义分子提供了数量庞大的攻击目标。

以海盗和海上恐怖主义活动为例。海盗一直是东南亚地区安全痼疾之一，冷战后东南亚海盗越发猖獗，2008 年亚洲共发生 96 起海盗事件，仅东南亚海域便多达 63 起。① 自 20 世纪 90 年代特别是 1997 年亚洲金融风暴以来，东南亚地区成为全球海上恐怖活动最为严重的地区，马六甲海峡也成为全球五大海上恐怖活动多发区之一。② 目前，有证据表明，海上恐怖主义分子与海盗之间相互勾结，沆瀣一气，使东南亚海域更是危险重重。而海洋自然灾害则是地区海上安全另一重要威胁来源。2004 年 12 月发生的印度洋海啸造成 16 万人死亡，是世界近 200 多年来死伤最惨重的海啸灾难，至今仍令人心有余悸。而距离目前最近的一次台风灾害发生于 2011 年夏季。台风"纳沙"、"尼格"及其引发的洪灾重创菲律宾、泰国、柬埔寨、越南等东南亚国家，近千人在台风中丧生。③ 2013 年 11 月台风"沙燕"造成菲律宾 5000 多人丧生。

## （三）区域内存在"海上安全困境"

冷战结束后，两极格局瓦解，国际局势相对缓和，为国际军控与裁军提供了良好的环境。然而与国际裁军大潮相悖的是东盟国家军费的大幅增长。瑞典斯德哥尔摩国际和平研究所（SIPRI）的数据表明，东南亚军费开支近年不断增加，越南 2010 年军费开支比 2005 年增长了 172.8%，印度尼西亚增长了 106%，泰国增长了 96.7%。④

---

① （台湾）蔡明彦："国际海盗情势与台湾应有之海事作为"，http://www.pf.org.tw:8080/FCKM/inter/research/report_open.jsp?file_id=859.

② 王英强："警惕！海上恐怖主义浪潮"，《国家安全通讯》，2003 年 8 月，第 17 页。

③ "台风洪灾重创东南亚多国经济"，中新网，2011 年 10 月 12 日。

④ 暨佩娟、丁刚："美将东南亚视为主要售武扩展区"，《人民日报》，2011 年 9 月 23 日，第 21 版。

国际战略研究所发布的《军事平衡2011》中指出："泰国和其他东南亚国家，尤其是印尼、马来西亚、新加坡和越南继续增加它们的国防开支并且都有大宗军事采购项目。"① 而在东盟国家的军事装备采购项目中，海空军进攻性武器比重最大，这无疑导致了东南亚区域内"海上安全困境"的产生。

以东盟国家竞相采购的潜艇为例。当新加坡在1995年采购了第一批潜艇后，其两大近邻印尼和马来西亚立刻作出反应，也希望能够配备潜艇。而泰国军方2007年提出购买潜艇计划时，"为了让泰国的防卫水平接近邻国"是其向公众解释的最主要的原因。我国著名军事学者尹卓少将在分析东盟国家购买潜艇的动机时指出："……要说发展潜艇，就是互相防范，它现在没有面临一些重大的威胁。周边的一些大国，比如美国，虽然在这里活动，……但是没有把他们作为作战对象，大部分都是盟国，中国完全是和平独立自主的外交政策，在南海地区我们提出建立和谐海洋的口号，他们都非常清楚，根本就不构成威胁。唯一的解释就是互相之间的防范，……比如越南主张，基本南海都是它的，它和菲律宾、马来西亚、新加坡和印尼都有矛盾，特别是和菲律宾、和马来西亚，矛盾非常尖锐。你加强海军建设，对周边的国家就是一个威胁。"②

### （四）区域内外海上权益争端愈演愈烈

"无论从军事安全或经济安全的角度分析，海洋权利的维护成为20世纪末东南亚主要国家所面临的重要国家安全课题。"③ 历史的纠

---

① The International Institute for Strategic Studies, *The Military Balance* 2011 (Executive Summary), http://www.iiss.org/publications/military-balance/the-military-balance-2011/press-statement/.

② "海军少将：东盟国家互相攀比发展潜艇非好势头"，中国网，2010年2月26日。

③ 陈欣之：《东南亚安全》，台北：生智文化事业有限公司，1999年版，第81页。

葛和经济利益的冲突，决定着东盟国家面临比世界其他任何海域周边国家更多的海洋权益争端。其中，既有越南、菲律宾等部分东盟国家与中国围绕南海问题产生的矛盾，也有东盟国家之间的海洋权益争端。

中国对南海海域及岛礁拥有无可置疑的主权。20 世纪中期后，南海海域蕴藏的丰富的油气和渔业资源及其重要的地缘战略价值，引起了独立不久的东南亚国家的觊觎。一些东南亚国家在确定国家疆域范围的过程中，以西方殖民主义者历史上的窃据为借口，对南海海域和岛屿提出主权要求，引发了中国与东南亚国家之间的冲突。进入新世纪以来，越南、菲律宾等东盟国家加强了对南海的主权宣示，并变本加厉地对南沙群岛附近海域资源进行开发和掠夺。近年来，南海形势更是骤然紧张，“危机频现、一触即发”，2011 年引起国际社会广泛关注的中菲黄岩岛对峙便是最好的例证。此外，东盟国家之间都或多或少地存在海洋权益争端，领海边界与岛屿争端使东盟国家之间危机频现，有时甚至兵戎相见。例如，2008 年 10 月，印尼和马来西亚就西巴丹岛和利吉丹岛周边海域油田主权归属问题产生争端，双方都派遣海空军力量前往该油田所在海域巡逻，剑拔弩张，不惜一战。随着海洋利益的急遽凸显，可以预见，东南亚区域内外海上权益争端在当前及今后一个时期将日益激烈。

上述诸多因素相互影响，相互叠加，构成了东南亚地区严峻复杂的海上安全环境，进而促使东盟国家认识到有必要通过亚太地区唯一正式的、官方的多边安全对话机制——东盟地区论坛开展多边海上安全对话与合作，以建立相互信任，纾解海上“安全困境”；同时，通过合作，联手应对海上非传统安全威胁，谋求“共同安全”。

## 二、东盟地区论坛海上安全合作的主要内容

### （一）发表有关海上安全的声明或在其他声明中涉及海上安全合作问题

在东盟地区论坛历届会议发表的声明中，经常涉及有关海上安全领域的合作。1994 年首届外长会议便确定论坛今后在建立信任措施、核不扩散、维和、交换非机密军事情报、海上安全和预防性外交六大领域开展合作，并同意论坛沿正式与非正式两轨道进行。①1994—1997 年的历届东盟地区论坛会议主席声明中，多次提到开展海上搜救和抢险救灾、联合反海盗、反走私、交换与海上军事安全有关的情报信息（海洋环境、水文气象、航道、海图等），代表团和军舰互访，海军院校交流和军官培训，有关国防政策、战略思想、海上军事行动法等问题的研讨，建立共同的海上军事行动准则，建立海上军事安全磋商以及预防冲突的机制等海上合作内容。②

自 2001 年起，几乎每届论坛外长会议的“主席声明”都涉及海上安全合作。例如，2003 年，第十届东盟地区论坛外长会议就地区和国际总体安全形势、反恐和打击跨国犯罪以及论坛未来的发展方向等问题进行了广泛的讨论，充分地交换了意见。打击恐怖主义和跨国问题是会议的重点议题。各方认为，本地区仍面临恐怖主义威胁，跨国问题也日益突出，应在海上安全、边界安全以及打击海盗、贩卖人口、洗钱等方面加强国际和地区合作。会议还通过了“关于

---

① “Chairman's Statement of the 1st Meeting of the ASEAN Regional Forum”, *ASEAN Regional Forum Documents Series* 1994 – 2006, p. 4.

② 张炜：“亚太地区海上军事安全合作的兴起及其影响”，《中国军事科学》，1998 年第 3 期。

东盟地区论坛在边境安全方面开展联合反恐行动的主席声明”和“关于东盟地区论坛开展反海盗和其它威胁海上安全行为的合作声明”。在后一份声明中，东盟地区论坛成员国表达了通过进行情报合作、联合巡逻、人员培训合作、联合演习等方式开展务实性海上军事安全合作的愿望与决心。①

### （二） 召开海上安全领域的研讨会和会间专题会

自1996年起，东盟地区论坛先后召开了近百次研讨会和会间会，就不同的议题进行讨论、对话和磋商，主题涉及搜救、救灾、维和、反恐与打击跨国犯罪、海上安全等。其中，“海上安全会间会”（ISM on MS）是东盟地区论坛各会间会中专门关注海上安全问题的会议。

2009年3月，首次会议在印尼泗水召开，至今已经召开3次会议。在第一次会议上，与会代表回顾了东盟地区论坛在海上安全领域所做的努力及取得的成果，分析了海上非传统安全威胁的严峻形势，探讨了海上安全合作的必要性和重点领域。中国、加拿大、印度、新加坡、泰国和斯里兰卡代表团就本国海上安全力量尤其是海军在捍卫海上安全方面作出的贡献进行了交流。会议分别对海盗及海上武装劫掠、海上有组织跨国犯罪行为、经济专属区内的海洋活动进行了讨论。各国还就加强各国海上安全机构间合作以及海上能力建设方面交换了看法。② 2010年3月，第二次会议在新西兰奥克

① “ARF Statement on Cooperation Against Piracy and Other Threats to Maritime Security”, http://aseanregionalforum. asean. org/library/arf – chairmans – statements – and – reports/172. html.

② “Co – Chairs’Summary Report of the First ASEAN Regional Forum Inter – Sessional Meeting on Maritime Security”, http://aseanregionalforum. asean. org/files/library/ARF% 20Chairman´s% 20Statements% 20and% 20Reports/The% 20Sixteenth% 20ASEAN% 20Regional% 20Forum,% 202008 – 2009/Co – Chairs% 20Summary% 20Report% 20of% 20the% 201st% 20ARF% 20ISM – MS. pdf.

兰举行。会议在强调各成员国加强海上非传统安全领域合作的同时，也表达了对于地区各国海军力量增长所造成的风险的关切。会议通过了一份《东盟地区论坛海上安全工作计划草案（讨论文本）》，这是此次会议取得的最重要成果。该工作计划指出，海上安全相关问题是东盟地区论坛最为紧迫也是最有益处的合作领域，海上安全概念非常广泛，既包括了诸如军事威胁、国家主权和领土争端等传统军事安全议题，也涵盖了海盗、恐怖主义、自然灾害、气候变化、非法捕鱼、毒品走私、人口贩卖等非传统海上安全议题。工作计划还确定了东盟地区论坛在海上安全合作方面的优先领域，即：情报信息的共享与交换；海上恐怖主义、海盗及海上武装劫掠；海上有组织跨国犯罪活动（包括毒品、武器及人口走私，以及环境犯罪）；在海事领域预防性外交及信任建立；国际及地区法律框架、安全及合作；海军预算和行动的透明性；能力建设。① 2011 年 2 月，第三次会议在日本东京举行。会议主要围绕地区海上安全情报共享情况、气候变化等未来海上安全问题、论坛的海上安全领域工作计划等问题展开了讨论。②

① “Co – Chairs'Summary Report of the Second ASEAN Regional Forum Inter – Sessional Meeting on Maritime Security”, http：//aseanregionalforum. asean. org/files/library/ARF% 20Chairman's% 20Statements% 20and% 20Reports/The% 20Seventeenth% 20ASEAN% 20Regional% 20Forum,% 202009 – 2010/Annex9 – ISM – MS% 20Co – Chairs% 20Statement% 20Auckland% 202010. pdf.

② “Co – Chairs'Summary Report of the Third ASEAN Regional Forum Inter – Sessional Meeting on Maritime Security”, http：//aseanregionalforum. asean. org/files/library/ARF% 20Chairman's% 20Statements% 20and% 20Reports/The% 20Eighteenth% 20ASEAN% 20Regional% 20Forum,% 202010 – 2011/12% 20 –% 20Co – Chairs% 20Summary% 20Report% 20of% 20the% 203rd% 20ARF% 20ISM% 20MS. pdf.

### （三）构建防务官员参加的海上军事安全对话与合作机制

尽管东盟地区论坛在成立之初，有意降低对于军事安全问题的敏感性，较少安排有关军事安全问题的讨论，[①] 仅于 1997 年起举办论坛成员国国防院校校长会议。但是，随着地区安全形势的发展，东盟地区论坛逐步加强防务官员参与论坛的进程。1999 年起，论坛单独设立防务官员午餐会。2002 年，在新加坡和新西兰的倡议下，论坛在防务官员午餐会的基础上建立了由中级国防官员参加的国防官员对话会机制。

2002 年第 9 届东盟地区论坛外长会议发表的主席声明指出："部长们强调防务和军事官员以及其他安全官员的积极参与对于东盟地区论坛进程的重要性。"[②] 随后，中国于 2003 年 6 月在第十届东盟地区论坛外长会议上首次提出召开"东盟地区论坛安全政策会议"的倡议。2004 年 7 月，在印度尼西亚召开的第 11 届东盟地区论坛外长会议批准了中国提交的概念文件，决定东盟地区论坛安全政策会议以后每年举行一次，由东盟国家担任主席，参与人员为国防部副部长或相应级别的防务和安全官员，原有的论坛国防官员对话会机制保持不变。东盟地区论坛框架内的安全政策会议提升了各国防务部门对论坛参与的层级，促进了论坛框架下防务领域的对话与合作。同时，从历届安全政策会议的议题来看，海上安全是该会议的重点关注领域。因此，东盟地区论坛安全政策会议也可视为多边海上军事安全合作机制。2009 年 5 月在泰国普吉岛举行的第六届安全政策会议，确认了地区面临的各种非传统安全威胁，海上安全、恐怖主

① 陈欣之：《东南亚安全》，台北：生智文化事业有限公司，1999 年版，第 140 页。

② "Chairman's Statement of the 9th Meeting of the ASEAN Regional Forum", http: //aseanregionalforum. asean. org/library/arf - chairmans - statements - and - reports/168. html.

义、跨国犯罪、大规模灾害、海盗等名列其中。大会认为，只有对地区国家能联手应对的非传统安全威胁进行明确定义，才能够开展卓有成效且富有活力的合作。① 2011 年 6 月在印尼泗水召开的第八届安全政策会议发表的“主席声明”称：“大会对海上安全问题的观点进行了交流。大会强调了海上安全对于亚太地区国家日益增长的重要性。海上安全不仅是沿岸国家的关切，而且是地区所有国家的关切。海盗、人口贩卖以及走私继续构成海上安全威胁。……大会还表达了对和平解决南中国海争端的支持。”②

### （四）举行海上联合演习

2007 年 1 月，来自东盟地区论坛 22 个成员的 102 位官员参加了为期两天的东盟地区论坛海上安全岸上演习。在演习中，军方、执法部门、港口和政策部门的海事安全人员进行了一系列演练，其中包括跨部门研讨、桌面模拟以及在樟宜海军基地战术训练中心进行搜索海上失踪船只等演练。演习目的在于增强相关海事安全部门之间的相互协作和熟悉程度。这次演习的开展，表明东盟地区论坛在从对话走向实际合作方面迈出了重要一步。③

2009 年 5 月，东盟地区论坛在菲律宾举行联合救灾演习。演习持续 8 天，日本、美国、韩国和欧盟等 13 个国家和组织共约 570 多人参加了此次多国实战演习。演习假定菲律宾的吕宋岛遭遇大型台

---

① “Report of the 6th ARF Security Policy Conference”, http://aseanregionalforum.asean.org/files/library/ARF%20Chairman's%20Statements%20and%20Reports/The%20Sixteenth%20ASEAN%20Regional%20Forum,%202008-2009/report%20of%20aspc.pdf.

② “Summary Report of the Eighth ASEAN Regional Forum Security Policy Conference”, http://aseanregionalforum.asean.org/files/library/ARF%20Chairman's%20Statements%20and%20Reports/The%20Eighteenth%20ASEAN%20Regional%20Forum,%202010-2011/4%20-%20Report_8th%20ASPC.pdf.

③ “东盟地区论坛海上演习结束，中国代表团参加”，中国新闻网，2007 年 1 月 25 日。

风袭击，东盟地区论坛成员国对灾区实施救援，在马尼拉等吕宋岛三处进行医疗救助、供水、建筑重建的相关演习。不少国家海军部队也参加了演习。据报导，日本海上自卫队的救难飞艇参加了在马尼拉湾海上进行的搜索遇难者并实施救援的演习。[①] 2011 年 5 月，东盟地区论坛在印尼北苏拉威西省省会万鸦老举行了第二次救灾演习。

## 三、东盟地区论坛海上安全合作的成就

东盟地区论坛囊括了亚太地区所有重要战略行为体，是本地区最主要的官方多边海上安全对话与合作渠道。东盟地区论坛框架下海上安全合作的开展，对于增强地区各国间海上互信、维护地区海上安全和稳定以及提高东盟国际战略地位大有裨益。其海上安全合作的主要成就表现在：

### （一）促进论坛成员国间增信释疑，维护地区海上和平与稳定

鉴于东盟地区论坛成员的成分多元广泛，关系错综复杂，东盟地区论坛在成立之初，就确立了维护地区和平的三大步骤方针：信任建立措施、开展预防性外交和探讨解决冲突的方式。其中，信任建立措施是东盟地区论坛开展最为成功的实践领域。所谓“信任建立措施”，是指“为缓和紧张局势、减少军事冲突的可能性而制定的深思熟虑的经济、政治和军事措施”，“还谋求使军事意图明朗化，以通过加强信息交流来促进信任，使国家关系更易于预测，由此减

① “日本自卫队参加东盟地区论坛联合救灾演习”，新华网，2009 年 5 月 5 日。

少发生冲突和突然袭击的可能性”，“其基本目的在于增加各国间的透明度”。[①] 东盟地区论坛在安全领域采取的信任建立措施主要有：非扩散和军控合作；出版安全政策文件；发表国防白皮书；参与联合国常规武器名册的登记并提交相关报告；分享军事演习情报；军控谈判；军事人员的培训与交流；参观军事设施、观看军事演习；在国际维和任务中相互合作等。[②] 自2000年起，东盟地区论坛鼓励各成员在自愿的基础上提交“年度安全展望”，阐述本国对国际局势、地区热点问题、本国防务政策等敏感问题的观点，再由东盟地区论坛将它们汇编成册，公开发表，此举极大地提高了亚太地区各国的政治安全互信，进而维护了地区海上和平与稳定。

### （二）地区各国联手应对海上非传统安全威胁的能力得到提升，在一定程度上维护了地区海上安全

如前文所述，历届东盟地区论坛会议中，海上安全均为合作的重点领域。例如，2003年召开的第十届东盟地区论坛外长会议通过了“关于东盟地区论坛在边境安全方面开展联合反恐行动的主席声明”和“关于东盟地区论坛开展反海盗和其它威胁海上安全行为的合作声明”。在后一份声明中，东盟地区论坛成员国表达了通过进行情报合作、联合巡逻、人员培训合作、联合演习等方式开展务实性海上安全合作的愿望与决心。[③] 此外，近年来东盟地区论坛框架下的海上联合演习均以应对海上非传统安全威胁挑战作为立案背景，有

---

① 东盟国际战略研究所第5号备忘录：《东南亚建立信任措施》，1993年12月，第11—12页。

② Zhang Xuegang. The ASEAN Regional Forum: Pathways to Progress 22nd Asia Pacific Roundtable Papers. http://www.isis.org.my/files/apr/22nd%20APR/13%20Zhang%20Xuegang.pdf.

③ “ARF Statement on Cooperation Against Piracy and Other Threats to Maritime Security”, http://aseanregionalforum.asean.org/library/arf-chairmans-statements-and-reports/172.html.

针对性地设置操作性较强的非传统安全科目演练。这些努力都有力地提升了东盟地区论坛成员国合作应对海上非传统安全威胁的能力，维护了地区海上安全。

### （三）东盟国际战略地位得到大幅提升

东盟国家大多是中小国家，绝大部分都曾沦为西方列强或日本的殖民地。冷战时期，东南亚地区地处东西两大阵营对垒前沿，基本上处于美苏两超控制之下。因此，在历史上，东盟国家从未主宰过自己的命运。冷战的结束为东盟主导本地区安全提供了千载良机。东盟在加强区域内安全合作的基础上，积极构筑以东盟为主导力量的地区多边安全合作机制。

1994 年，东盟地区论坛成立，成为亚太地区最大的多边安全对话合作机制，世界最具影响力的国际行为体均被囊括其中。东盟作为论坛的倡导和构建者，是论坛的永久性东道主，掌握着拟定每届年会议程的大权，这充分显示了东盟的核心支配地位，标志着东盟崛起为亚太地区一极。新加坡前总理吴作栋认为："东盟地区论坛把世界主要强国带了进来，在与它们建立建设性关系上，扮演领导角色。"① 在这个多边合作机制中，海上安全是重点合作领域。在论坛召开的第一轨道和第二轨道各层次会议中，涉及海上安全合作的会议非常之多。通过这些海上安全合作的平台，东盟在一定程度上主导了地区海上安全对话与合作。

通过创立多边海上安全对话合作机制，东盟在大国的海上博弈和竞争中左右逢源、游刃有余。正如中国一位学者所述："当我们还固守东南亚是大国争夺势力范围的竞技场这一老概念时，东盟的'大国平衡'战略已运转开来。美日甚至开始为中国在东南亚影响力

---

① 罗景斌："东南亚地区安全合作特点及走向"，《东南亚研究》，1996 年 6 期。

的上升而吃惊，结果是不断给东盟国家以更多的胡萝卜。”[①] 可见，东盟大国平衡战略成功促使其国际战略地位进一步提升。

## 四、东盟地区论坛：海上安全合作的不足

同时也值得指出的是，东盟地区论坛的海上安全合作在取得突出成就的同时，论坛的本质特征又决定了其框架下海上安全合作的最大缺陷在于，合作方式以对话磋商为主，较为务虚，难以深入开展务实合作。

东盟地区论坛的主要运行机制建立于“东盟方式”基础之上。“东盟方式”的一大原则是偏好于通过非正式协商的方式，达成一定的共识，但不具备强制性。虽然这样的方式可以照顾到各方的舒适度，营造一个宽松友好的对话氛围。但是，这种方式在很多实际问题的处理上显得消极乏力。因而，东盟地区论坛更像是一个清谈式的茶馆，所通过的声明也仅是宣示立场，毫无强制性措施。尽管第一轨道和第二轨道每年分别举行各层次的会晤，召开各种形式的研讨会以及形形色色的工作小组会议或会间会，然而，泛泛而谈者居多，切中肯綮者寥寥。纵然在会上提出不少加强地区务实性合作的倡议，但很少被付诸实践，无怪乎诸如东盟地区论坛之类的多边合作机制经常被国际社会冠之以“NATO”（No Action Talk Only）的“美誉”。[②] 有学者对此评论道：“从东协区域论坛的议程和对话形式可以看出，东协区域论坛主要是一个信心建立措施的工具，东协希望藉由该论坛作为达到预防外交的效果，但是该论坛对区域安全问

---

① 翟崑：“小马拉大车——对东盟在东亚合作中地位作用的再认识”，《外交评论》，2009 年第 2 期。

② Peter Ho, “Rise of a Militarised Asia - Global Implications”, *9th Annual IISS Global Strategic Review*, Plenary Session 4, 11 September 2011.

题的实质性贡献，目前仍停留在初步的信心建立措施层次上。”[①]

即使是东盟地区论坛所提倡的信心建立措施，由于毫无强制性，就连作为东盟地区论坛主导力量的东盟国家自身也未能积极响应，展现团结有力的一面。例如，东盟地区论坛提倡论坛成员每年就本国对国际安全形势的判断以及本国国防政策发表报告。但是，在东盟地区论坛年度安全展望报告的提交中，东盟国家的表现令人大跌眼镜。仅新加坡和泰国每年都提交报告，其余国家则是偶一为之。东盟地区论坛海上安全合作“重磋商、轻务实”的特点由此可见一斑。

# 结语

冷战结束后，东南亚地区独特的海洋自然特征及地缘政治环境，导致海上传统安全与非传统安全威胁相互交织、盘根错节，进而促使海上安全占据着东南亚各国乃至亚太国家安全考量中最为重要的位置。为有效应对地区多元海上安全威胁，除了在东盟区域内部开展海上安全合作以外，东盟国家还积极建立以自身为主导的地区多边海上安全合作平台。其中，东盟地区论坛可谓机制最为成熟、影响最为广泛，成就最为显著。作为亚太地区最大的官方海上安全对话与合作机制，东盟地区论坛在维护地区海上和平与稳定方面做出了重要贡献。然而，由于论坛运行机制基础——“东盟方式”的内在弊端以及东盟国家间战略互信的缺失，东盟地区论坛海上安全合作在某些方面还不尽如人意。

中国作为东盟国家的友好邻国和亚洲地区大国，历来重视积极参与东盟地区论坛海上安全合作。中国的参与不仅提振了与东盟国

① 陈欣之：《东南亚安全》，台北：生智文化事业有限公司，1999 年版，第 142 页。

家在海上安全领域的互信，而且推动了亚太地区海上安全对话与合作。今后，中国应进一步重视利用东盟地区论坛框架下的海上安全合作，加强与包括东盟国家在内的亚太各国之间在海上安全领域的对话与合作，大力宣扬构建“和谐海洋”的理念，共同维护地区海上安全稳定。

# 美军“反进入和区域拒止”作战目标述评

叶建军

**【内容提要】**2001年美国正式启动国防转型后，“反进入和区域拒止”作战成为美军各军种转型路线图中的重要内容。从2005年起，美军“反进入和区域拒止”作战的矛头突出指向中国，不仅开发出针对中国的空海一体战作战新概念，更从多方位合力部署，防范和遏制中国。美军“反进入和区域拒止”作战聚焦中国，是美国战略重心东移、调整对华政策的结果，根源则在于美国的新现实主义思维。

**【关键词】**“反进入和区域拒止” 国防转型 空海一体战 新现实主义

在美军“反进入和区域拒止”作战的发展过程中，美国国防部2001年和2006年发布的两份《四年防务评估报告》具有标志性的意义，前一份报告正式将“反进入和区域拒止”威胁列为美军六大作战目标之一，后一份报告正式将中国视为“反进入和区域拒止”威胁的主要来源。因此考察这一时期美军“反进入和区域拒止”研究的过程极有意义，以之为标本有助于理解新世纪美国的国防转型和战略重心调整。

# 一、“反进入和区域拒止”作战：从国防转型到突出指向

## （一）国防转型推进阶段

美国2001年《四年防务评估报告》提出了“基于能力”的国防新战略，其核心就是国防转型。[①] 在新战略的指引下，美国的国防转型驶上了快车道，以此为龙头，美军“反进入和区域拒止”作战的研究进入加速和深入阶段。应对“反进入和区域拒止”威胁成为美军转型建设的重要内容，各军种的转型路线图中都列出了具体的应对措施，同时在研究领域，短期内涌现出一批代表性的专题论述。

2001年《四年防务评估报告》出台后不久，美国立即紧锣密鼓地展开国防转型。11月26日，美国成立了由国防部长办公室直接领导的部队转型办公室，12月11日，美国总统布什发表“加速军事转型是美国当前的第一要务”的讲话，正式吹响转型号角。2002年1月31日，国防部长拉姆斯菲尔德发表“推进美国军队转型”的讲话，明确表示2001年的《四年防务评估报告》所列包括“向远距离的反进入或区域拒止环境投送和维持美国力量，挫败反进入和区域拒止威胁”在内的六大作战目标正是美国国防部“必须集中力量实现的六项转型目标”。[②] 之后，美国国防部2003年4月公布的《转型计划指南》明确指示，“美军将综合运用更为有效的沾染规避措施、机动性的基地、时效性强的关键目标打击能力，挫败大多数潜在敌

① US Department of Defense, *Report of the Quadrennial Defense Review*, 2001, p. 16.

② 军事科学院外国军事研究部译：《新世纪美国军事转型计划——美军转型“路线图”文件汇编》，北京：军事科学出版社，2003年版，第15页。

人的反进入和区域拒止能力。"[1] 该指南还明确要求美军各军种和联合部队司令部在2003年9月前提交"转型路线图"，11月前由国防部综合形成首份完整的转型路线图。

受此推动，美国陆海空三军陆续出台本军种的《转型路线图》，其中都涉及到如何应对所谓"反进入和区域拒止"威胁。陆军转型路线图提出在近期内组建"斯特赖克旅战斗队"和对传统部队实行数字化改造，在中期组建目标部队，以基于完全网络化、全谱作战的能力"从多点进入部署，并且以最小的后勤补给量展开作战行动，从而挫败反进入和区域拒止战略"。[2] 海军转型路线图提出打造一支海军—陆战队合成部队，通过建立在力量网络基础之上的"海上打击"、"海上盾牌"和"海上驻扎"三个相辅相成的作战方案增强海军能力，其中海上盾牌能保证联合部队在敌人企图阻止美军进入战区的情况下实施有效的作战行动，而海上驻扎可有效地克服正在出现的对海外进入的军事和政治限制，最大限度地提高海军从海上实施持久作战行动的能力，同时最大限度减少对海外岸基支援的依赖。[3] 美国空军在其转型路线图中认为应对"反进入和区域拒止"威胁是一个涉及面非常广泛的任务，空军的每一种转型能力都直接满足这个目标的某些需要。美国空军认为其在路线图中提出的全球打击特遣部队、全球反应特遣部队和全球机动特遣部队等作战方案特别适合应对"反进入和区域拒止"威胁，其中，全球打击特遣部队将作为一支打头阵的主导力量，在紧张的反进入环境下进行作战，它将快速反击敌方反进入威胁，为后续部队扫清道路，为全球机动特遣部队快速部署后续作战力量创造条件，进而持续进行战斗。[4]

在各军种出台转型路线图的同时，美军"反进入和区域拒止"作战研究也取得了可观的进展，集中出现了一批有代表性的专题研

---

① 军事科学院外国军事研究部译：《新世纪美国军事转型计划——美军转型"路线图"文件汇编》，第34页。

② 同上，第84、102页。

③ 同上，第216—219、236、241页。

④ 同上，第280、345页。

究成果。由美国战略与预算评估中心推出的专题研究报告《反进入威胁和战区空军基地》（2002 年）着重探讨了美国战区空军基地可能遭遇政治上、尤其是军事上的“反进入和区域拒止”威胁的各种形式和美军应对该威胁的反制措施。兰德公司美国空军研究项目的成果《美国空军的全球进入战略》（2002 年）详细探讨了空军特遣作战部队利用海外基地开展行动时面临的进入问题。美国战略与预算评估中心发布的报告《应对“反进入和区域拒止”挑战》（2003 年）是第一份专门以“反进入和区域拒止”威胁为主题的研究成果，较为系统地回顾了“反进入和区域拒止”研究的过程，重点评析了美国陆海空三军各自的转型路线图中针对“反进入和区域拒止”威胁提出的应对之策，认为各军种亟需形成一个联合的应对方案。同时，《应对“反进入和区域拒止”挑战》也是最早出现 A2/AD 这个首字母缩写词的文献。兰德公司的另一份研究报告《确保关键战略地区的进入：着眼长期战略》（2004 年）系美国陆军资助、服务于陆军中短期转型建设的科研项目“挫败反进入：确保未来美国陆军的地区进入”的结项成果。该书不仅尝试对“反进入和区域拒止”威胁做出详细的描述，而且还推演西南亚战区、太平洋战区、欧洲战区、拉美和加勒比战区可能出现的“反进入和区域拒止”威胁，梳理潜在的对手，提出应对之策。应该说本书是当时最深入的“反进入和区域拒止”威胁专题研究。

综合这一时期的研究来看，以地区而言，美军认为现实的“反进入和区域拒止”威胁主要来自于从中东到东北亚这个弧形动荡带，其中以中东地区最为迫切。2001 年《四年防务评估报告》在论述美军全球部署调整时指出，美军增强全球关键区域基地适应性的“重点是西欧和东北亚之外的其他基地”，要“制定在太平洋和印度洋以及阿拉伯海湾增加应急基地的计划，确保有足够的中途基础设施用于加油和后勤保障，以支援在阿拉伯海湾或西太平洋作战”，要“考虑将预置在地中海的海军陆战队装备转移至印度洋和阿拉伯海湾，以便提升中东地区突发事件的反应能力”。[①] 以对象而言，由于美国聚焦于反恐战争和大规模杀伤性武器，因此美军认为现实的“反进入和区域拒止”威胁主要来自于可能拥有大规模杀伤性武器的所谓“失败国家”或“流氓国家”，例如伊拉克、伊朗和朝鲜等。[②] 中国虽然也被列为可能对美国构成“反进入和区域拒止”威胁，但是由于此时美国仍立足于与中国发展“建设性关系”[③]，同时在包括反恐在内的大局上也需要中国的合作，因此并没有在“反进入和区域拒止”威胁研究中出现针对中国的露骨表述。

## （二）突出指向阶段

### 1. 突出指向：聚焦中国

至少从2005年开始，美军对“反进入和区域拒止”威胁的主要来源的认定出现了明显的变化。这种变化首先表现为美国掀起新一轮紧锣密鼓的“中国军事威胁论”炒作。2005年6月3日，美国国防部长拉姆斯菲尔德在新加坡召开的国际战略研究所研讨会上公开指责中国的军队建设，媒体指出这是拉氏上任以来对中国发出的最

---

① US Department of Defense, *Report of the Quadrennial Defense Review*, 2001, pp. 26 – 27.

② 2002年兰德公司完成的另一个美国空军研究项目《反进入战略下的反制能力评估：波斯湾地区可行性战略的探索分析》就以伊拉克为“反进入和区域拒止”威胁的假想敌。Paul K. Davis, Jimmie McEver, and Barry Wilson, *Measuring Interdiction Capabilities in the Presence of Anti – Access Strategies*, RAND, 2002, p. xiii.《确保关键战略地区的进入：着眼长期战略》中推演的“反进入和区域拒止”环境下作战对象中排在首位的也是西南亚战区的伊拉克和伊朗。《应对反介入和区域拒止挑战》报告中认为霍尔木兹海峡最有可能遭到来自伊朗的区域拒止威胁。Andrew Krepinevich, Barry Watts & Robert Work, *Meeting the Anti – Access and Area – Denial Challenge*, p. 94.

③ *The National Security Strategy of the United States of America*, 2002, p. 27.

激烈的言论。①6月9日，美国情报界多位现任和卸任官员向国家情报局长内格罗篷特提交报告，谴责美国情报界对中国日益增长的军力情报获取不力，多次用“惊奇”一词表达美国特工对中国军情的疏忽。②6月29日，美国国务卿赖斯也在《华尔街日报》上称美国必须在中国变成“军事超级大国”前帮助其融入国际经济并遵守游戏规则。以赖斯的身份，使用“军事超级大国”一词描述中国足以挑动“中国军事威胁”这根神经，正如有评论煞有介事说的那样，赖斯是研究苏联的专家，冷战结束前有在白宫工作多年的经验，她应该“不是轻易使用‘超级大国’这一措辞的”。③

在这股“中国军事威胁论”的带动下，美军的“反进入和区域拒止”研究开始把矛头直接指向中国，这种指向性最先表现在2005年7月19日美国公布的年度《中国军力报告》中。对比2004年的《中国军力报告》，在“反进入和区域拒止”威胁这点上，前后两个报告的表述出现明显的变化。首先是着墨量的变化，2004年的报告中只在一处有一小段论及中国的反进入策略，而2005年的报告不仅多处提到中国的反进入策略，而且在专门论述中增加到三段表述；其次，2004年的报告将反进入问题放在报告的第五部分“中国军力现代化和台湾海峡的安全”内，而2005年的报告将反进入问题放在报告的第一章“关键进展”以示突出，具体的论述则出现在报告的第五章“军力现代化的目标和趋势”，这一变化不仅说明美国提升了对中国的反进入威胁的关注度，而且显示出美国开始不仅仅从台海冲突的角度来认识中国的反进入威胁。实际上，该报告还对中国将反进入策略上升至更宏观的海洋控制战略可能会出现的主要征兆做

---

① “Rumsfeld questions China military buildup”, *The Associated Press*, 03 June 2005, url: http: //www. iiss. org/whats – new/iiss – in – the – press/press – coverage – 2005/june – 2005/rumsfeld – questions – china – military – buildup/.

② “Analysts missed Chinese buildup”, *The Washington Times*, June 9, 2005, url: http: //www. washingtontimes. com/news/2005/jun/9/20050609 – 120336 – 4092r/.

③ John J. Tkacik, Jr, *A Chinese Military Superpower*?, The Heritage Foundation, March 8, 2007, p. 1, url: http: //www. gees. org/documentos/Documen – 02197. pdf.

了预判。[①]

2005 年 7 月 27 日，美国传统基金会高级研究员约翰·卡西克在美国国会众议院军事委员会就中国军力作证时说，美国防部 2005 年的《中国军力报告》对美国及其在亚太地区的朋友和盟友都是一个"警醒的号角"，各方要"急切做出政策调整，阻止中国利用快速增长的军力主导东亚的政治格局"。同时他还建议美国政府确保在即将出台的《四年防务评估报告》中制定应对中国新的进攻性军力的计划，尤其是要重新审视美军的潜艇制造和部署。[②]

果然，2005 年 9 月 14 日，美国战略与预算评估中心主任克雷皮内维奇在国会众议院军事委员会就准备中的《四年防务评估报告》作证时将中国的崛起列为美国面临的除极端伊斯兰主义和核扩散之外的三大持久安全挑战之一，同时认为美军需要应对敌手利用"反进入和区域拒止"力量这类新型非对称作战构成的破坏性挑战。[③] 10 月 24 日，克雷皮内维奇将他在国会的证词完善成一份题为《四年防务评估报告：反思美国军事态势》的报告，其中更进一步写道："中国的反进入和区域拒止能力比美国的其他任何潜在对手都更成熟，中国辽阔的幅员也为其提供了巨大的战略纵深"，"中国是唯一拥有资金和技术制造这一威胁的国家"。[④]

这些意见在 2006 年 2 月 6 日美国国防部发布的《四年防务评估报告》中被正式表述为"在所有大国和崛起中大国中，中国最具潜

---

① Office of the Secretary of Defense, *The Military Power of the People's Republic of China 2005*, p. 33.

② *China's Military Power*, *Testimony of John J. Tkacik*, *Jr.*, *Senior Research Fellow in Asian Studies*, *The Heritage Foundation*, *Before the Committee on Armed Services*, *United States House of Representatives*, Washington, D. C., July 27, 2005, pp. 4, 11.

③ *The Quadrennial Defense Review*, *Testimony of Andrew Krepinevich*, *Executive Director*, *Center for Strategic and Budgetary Assessments*, *Before the Committee on Armed Services*, *United States House of Representatives*, Washington, D. C., September 14, 2005, p. 5.

④ Andrew Krepinevich, *The Quadrennial Defense Review: Rethinking the US Military Posture*, Washington, D. C.: CSBA, 2005, pp. 8, 115.

能在军事上与美国竞争，发展出破坏性的技术，随着时间的推移，这些技术将抵消美国传统的军事优势，而且美国还没有相应的反制战略”。该报告认为“中国军力增长的速度和范围已经危及地区军力平衡”，“中国可能会继续大量投资于高端、非对称军事能力……这些能力，加上亚洲战区的辽阔幅员，中国的大陆纵深，以及美国通往该战区和战区内基地面临的挑战，都要求美国重视建设能够在受到拒止的区域有能力进行远距离的持续作战”。[①] 作为应对之策，2006 年《四年防务评估报告》提出将美军 11 艘航母中的 6 艘和攻击型核潜艇的 60% 部署到太平洋地区；在配合军事力量东移部署的同时，报告还要求美国国防部急速增加精通汉语的专业人才，为从战略到战术的各个层面的决策和作战提供语言服务。[②]

2006 年《四年防务评估报告》中关于中国“反进入和区域拒止”威胁的直白表述标志着从 2005 年以来美军将“反进入和区域拒止”作战的矛头指向中国的完成，是对这种指向性调整的正式确认。从这以后开始，美军的相关研究和应对之策完全聚焦于中国。和 2005 年的中国军力报告相比，2006 年以后出台的历次中国军力报告不仅大量增加了关于中国“反进入和区域拒止”能力的内容，而且在描述上已经细化到实施该能力的军种、作战空间和武器类别。[③] 值得注意的一点是，在“反进入和区域拒止”作战的焦点转向中国之前，大规模杀伤性武器是美军最为关注的“反进入和区域拒止”威

---

① US Department of Defense, *Report of the Quadrennial Defense Review*, 2006, pp. 29, 30.

② Ibid., pp. 47, 78.

③ 从 2006 年的报告开始，美国公开指责中国谋求扩大至第二岛链的“反进入和区域拒止”能力，2006 年报告提及了中国 C4ISR 支撑下的水面和水下海洋拒止能力、空军反进入作战能力、针对敌方后勤和力量投送系统的计算机网络攻击等“反进入和区域拒止”能力，之后的年度军力报告中除了重复论述的部分外，2007 年报告增加了拦截航母战斗群、远程精确制导、联合防空、电子战、信息战、无人机、卫星导航系统和信息化特种作战力量等内容，2008 年报告增加了第四代战机和外太空作战能力的内容，2009 年报告增加了关于东风 -21 弹道导弹的描述，2010 年报告增加了各作战空间的制信息权能力和导弹防御能力的内容。

胁手段，而在转向中国之后，美军的相关研究中焦点关注的是所谓的“杀手锏武器”，其中尤以对反卫星武器、网络攻击、反舰导弹等关注为甚。这种变化是美军“反进入和区域拒止”作战从关注非对等敌手转向关注对等敌手的结果，从一个侧面反映出美国军事战略重心的调整。

美军“反进入和区域拒止”作战焦点调整之后出现的第一本针对中国的专题研究成果是2007年美国兰德公司推出的《深入龙潭：中国的反进入战略及其对美国的影响》，该书是美军“中国的反进入概念和能力”研究项目的成果[①]，堪称当时美军“反进入和区域拒止”作战研究的集大成之作。

**2. 应对之策：空海一体战**

在“反进入和区域拒止”作战的关注焦点转向中国后，美军开始致力于开发一种新的作战概念——空海一体战——作为应对之策。作为推动，时任美国国防部长盖茨2009年初在《外交》杂志发表题为“一个平衡的战略：重新规划五角大楼新时代”的文章，提出美国要加快发展超视距的全球快速打击能力，因为“北京在网络战、反卫星、防空、反舰武器、潜艇和弹道导弹上的投资可能威胁美国用以帮助其太平洋盟国的主要军力投送手段，包括基地，空中和海上资产，以及支持它们的网络”。[②] 随后，美国战略与预算评估中心主任克雷皮内维奇跟进在7—8月号的《外交》杂志上发表“国防部的贬值资产”一文，声称中国的反进入和区域拒止能力正使“东亚海域慢慢而不可避免地变成美军舰艇的另一个潜在的禁入区……如

① Roger Cliff, et al., *Entering the Dragon's Lair: Chinese Antiaccess Strategies and Their Implications for the United States*, RAND, 2007, p. iii.

② Robert M. Gates, “A Balanced Strategy: Reprogramming the Pentagon for a New Age”, *Foreign Affairs*, January/February 2009, url: http://www.jmhinternational.com/news/news/selectednews/files/2009/01/20090201_20090101_ForeignAffairs_ABalanced-Strategy.pdf.（上网时间：2011年3月16日）

果美国不能适应这些新出现的挑战，则亚洲的军事平衡将朝有利于中国的方向发生根本变化。这将增加鼓励中国用胁迫——如果不是侵略的话——来解决突出的地区安全问题的危险”。该文还写道：“美国现在需要一种类似于冷战初期促使当时的政策制定者积极行动起来的那种紧迫感，主动进行军事转型，否则会让美国军事能力坐等衰落。”①

2009年9月下旬，美国空军和海军签署合作备忘录，正式启动对空海一体战作战新概念的研究。2010年2月1日，美国国防部公布的《四年防务评估报告》正式采纳了空海一体战作战概念。该报告特别强调了美军在“反进入和区域拒止”环境中威慑阻吓和击败进犯的能力，认为“这种能力对维护美国的利益和保障关键地区的安全至关重要”，明确要求美军开发一个联合的空海作战概念以“击败各种作战环境下的敌手，包括拥有尖端反进入和区域拒止能力的敌手……整合空军海军在各个空间——空、海、陆、太空和网络空间——的作战能力以挫败针对美军行动自由的日益严峻的挑战。”② 2月19日，美国战略与预算评估中心发布《为什么需要空海一体战?》报告，5月18日又发布《空海一体战：作战概念新起点》报告，美军空海一体战研究取得初步成果。空海一体战矛头所指是谁，《空海一体战：作战概念新起点》中有明确的答案：“空海一体战作战概念首要的任务是应对西太平洋战区的高端军事行动……正如冷战时期苏联对美国陆军和空军构成最严峻的挑战一样，今天的中国人民解放军对美国空军和海军构成最严重的反进入和区域拒止挑战。”③

空海一体战作战新概念的出现，说明“反进入和区域拒止”作战已经被美军提升到一个更高的战略高度。理解空海一体战作战新

---

① Andrew F. Krepinevich Jr., “The Pentagon's Wasting Assets: The Eroding Foundations of American Power”, *Foreign Affairs*, July/August 2009, pp. 23, 33.

② US Department of Defense, *Report of the Quadrennial Defense Review*, 2010, pp. 31, 32.

③ Jan van Tol, et al., *AirSea Battle: A Point-of-Departure Operational Concept*, Washington, D.C.: CSBA, 2010, p. xi.

概念最重要的一点是，它是一个针对对等对手的作战新概念，就像冷战后期美国提出空地一体战对付苏联一样。以空海一体战应对“反进入和区域拒止”威胁，除了说明“反进入和区域拒止”作战在美军军事斗争准备中有了更重要的地位之外，还说明美国加快了军事战略重心东移的步伐，把防范和遏制中国提到了新的高度。

**3. 防范和遏制：合力部署**

进入2010年后，除了加速推进空海一体战研究之外，美国军方高层渲染中国“反进入和区域拒止”威胁的活动也进入到一个密集爆发的阶段，通过美军高层不断表态关注中国的“反进入和区域拒止”威胁，形成舆论焦点。2010年3月25、26日，美国太平洋舰队司令罗伯特·威拉德在美国参众两院军事委员会作证，称中国正在研发和测试一款专门用来对付航母的反舰弹道导弹。[①] 8月24日，威拉德向日本媒体透露说中国的反舰弹道导弹已经多次试验，“可能已非常接近投入实战”。[②] 2010年11月，美中经济与安全评估委员会出台的年度报告中称，中国人民解放军已经有能力用常规导弹攻击美军部署在东亚除关岛安德森空军基地之外的其他5个主要基地。[③] 12月14日，美国助理国防部长格雷格森称国防部创造了A2/AD这个新的首字母缩写词，用以描述中国的特殊导弹和其他先进武器所构成的威胁，并称中国的A2/AD武器对美军力量投射的主要手段构成威胁，可以封锁美军进入西太平洋地区的通道，或遏制其在

① *Statement of Admiral Robert F. Willard, U. S. Navy, Commander, U. S. Pacific Command, Before the House Armed Services Committee on U. S. Pacific Command Posture*, March 23, 2010, p. 14, url: http: //www. pacom. mil/web/pacom_ resources/pdf/Willard_ Statement_ HASC_ 032510. pdf. （上网时间：2011年3月18日）

② Yoichi Kato, “China's anti - ship missile is nearly operational”, *Asahi Shimbun*, 2010/8/26, url: http: //www. asahi. com/english/TKY201008250379. html.

③ *2010 Report to Congress of the U. S. - China Economic and Security Review Commission*, US Government Printing Office, Washington: November 2010, p. 90.

这片重要海域的行动能力，对美国维护亚太地区稳定的战略目标构成了重大挑战。[①] 12 月 26 日，美国太平洋舰队司令威拉德接受日本《朝日新闻》专访，称中国的“东风－21D”导弹已经具备“初始作战能力”，并称该武器对日本、菲律宾以及越南等国都存在威胁，在美国持续关注的同时也应该值得东南亚国家关注。[②]

另一方面，美国一些学者和媒体不断配合造势，利用“反进入和区域拒止”概念释放“中国军事威胁论”，或污蔑和丑化中国，或暗示中国意图搞冷战式对抗。美国战略与预算评估中心主任克雷皮内维奇在《为什么要空海一体战?》中写道：中国正在“打造一个反进入和区域拒止网络，其最终目标看来是要使美军向西太平洋投送力量的代价增至难以承受的地步，威慑阻吓美国履行保卫该地区盟国的义务，从而为日后可能出现的中国式大东亚共荣圈的势力范围做好准备”。[③] 克氏“大东亚共荣圈”之用语无疑暗含了将中国比之于历史上的军国主义日本帝国，用心之险恶可见一斑。同年 9 月 11 日，克氏又在美国《华尔街日报》上撰写“中国在太平洋的‘芬兰化’战略”一文，称“尽管苏联从未成功地‘芬兰化’欧洲，但如今这一威胁重现——中国正试图在西太平洋地区做同样的事”。中国以打造“杀手锏”能力为核心的军力建设就是芬兰化战略的佐证之一。克氏还夸大其词地说，东亚水域正在变成美国军舰和军机的“禁区”，美国的卫星正坐以待毙。最后克氏又批评美国国防部说，一种“伏地魔效应”蔓延于国防部内，因为他们面对中国的“反进入和区域拒止”威胁却不敢指名道姓，中国就像《哈利·波特》中那个邪恶的巫师“伏地魔”一样，是“那个连名字都不能提

① Bill Gertz, “China ‘A2/AD’ threat”, *The Washington Times*, December 15, 2010, http://www.washingtontimes.com/news/2010/dec/15/inside－the－ring－251245374/? page＝1.

② Yoichi Kato, “U.S. commander says China aims to be a ‘global military’ power”, *Asahi Shimbun*, 2010/12/28, url: http://www.asahi.com/english/TKY201012270241.html.

③ Andrew F. Krepinevich, *Why AirSea Battle*?, p. 25.

到的人”。[①] 2010年底，美国国际评估与战略中心高级研究员里克·费舍尔接受美国《华盛顿时报》采访时说：“解放军不断提升的反卫星能力、数量日增的潜艇以及不久的未来要推出的第五代战机，再加上反舰弹道导弹，我们正目睹中国在西太平洋建起一座新的长城。”费舍尔“新长城”之说颇有丘吉尔当年“铁幕”一语的遗风。[②]

在针对中国军力大造舆论的同时，美国在外交和军事上的相应部署也在紧锣密鼓地进行。自2009年11月奥巴马总统在日本发表“重返亚洲”的主题演讲后，2010年成为美国重装上阵宣称其亚太领导权的高潮之年。在亚太地区加强外交工作“前沿部署”[③]的同时，美国也抓住时机强化前沿军事存在，与该地区多个国家频繁开展军事演习。借用美国军事专家里克·罗佐夫的话来说，五角大楼已借演习之名正式开启了“亚太新世纪”。[④] 凡此种种，都可看出美国正多方位合力部署，以应对“反进入和区域拒止”威胁为名，实现对中国的防范和遏制。

---

① Andrew F. Krepinevich, “China's ‘Finlandization’ Strategy in the Pacific”, *The Wall Street Journal*, September 11, 2010, url: http://online.wsj.com/article/SB10001424052748704164904575421753851404076.html.

② Bill Gertz, “China has carrier - killer missile, U.S. admiral says”, *The Washington Times*, December 27, 2010, url: http://www.washingtontimes.com/news/2010/dec/27/china - deploying - carrier - sinking - ballistic - missile/.

③ Hillary Rodham Clinton, “America's Engagement in the Asia - Pacific”, Honolulu: October 28, 2010, url: http://www.state.gov/secretary/rm/2010/10/150141.htm.

④ “美在亚太频密军演史无前例，专家称意图遏制中国”，新华网，2010年12月13日。url: http://news.xinhuanet.com/mil/2010 - 12/13/c_ 12873163.htm（上网时间：2011年3月25日）.

## 二、“反进入和区域拒止”作战：突出指向的原因

### （一）美国调整战略重心防范和遏制中国

早在世纪之交，美国已经露出战略重心东移以图防范和遏制中国的迹象。2000 年，时任美国共和党总统候选人外交政策顾问的赖斯在《外交》杂志撰文，称“中国不是一个‘安于现状’的国家，而是可能改变亚洲力量平衡向其有利方向发展的国家。仅止这一点已足使其成为（美国的）战略竞争对手，而非克林顿政府所说的‘战略伙伴’……中国能否取得有利的力量平衡，很大程度上取决于美国对其挑战的反应。美国必须深化与日本和韩国的合作，毫不动摇在该地区保持强力军事存在的决心”。[①] 美国国防部 2001 年发布的《四年防务评估报告》也把从孟加拉湾到日本海的东亚近海描述为“极具挑战的地区”，认为该地区有可能会出现一个拥有强大力量的军事竞争者。[②] 该报告所说的军事竞争者无疑指的就是中国。然而“9·11”事件的突如其来使美国的注意力转向反恐和防止大规模杀伤性武器的扩散，而且美国在这个问题上也需要中国的支持，因此，美国不得不暂时调整战略，与中国发展“建设性关系”。因此，如果没有“9·11”事件的突发，美军“反进入和区域拒止”研究的矛头会更早地指向中国。

2004 年 7、8 月号美国《外交》杂志刊登的由该杂志主编詹姆士·霍格主笔的《形成中的全球权力转移：美国准备好了吗?》一

---

① Condoleezza Rice, “Campaign 2000: Promoting the National Interest”, *Foreign Affairs*, Volume 79 Number 1, 2000, p. 56.

② US Department of Defense, *Report of the Quadrennial Defense Review*, 2001, p. 4.

文，释放了一个重要信号：美国到了调整“9·11”事件后对华政策的时候了。该文认为全球权力由西向东的转移正在加速，而从历史上看，大国间发生的重大权力转移罕有和平达成的。在这场权力转移中，中国的崛起无疑是最耀眼的，美国需要拿出应对之策。[①] 果然，在这股世界权力重心东移论调的伴奏下，美国重启战略重心东移调整。2005 年 3 月发布的《美国国防战略》中出现了耐人寻味的关于“关键国家”的表述。所谓“关键国家”，也就是美国后来所说的“处于战略十字路口的国家”，美国既需要帮助塑造它们的战略选择，使其成为“负责任的利益相关者”，又需要对其加以防范，因为只有“关键国家”有能力接近成为对等的敌手，对美国的霸权构成真正的挑战，正如该报告所写：“一些新兴国家可能有能力直接威胁美国和我们的伙伴，在军事和技术竞争的关键领域与我们抗衡，或通过在关键地区谋求主导权来威胁美国的利益。”[②] 尽管该报告随后又说：“美国对大国竞争局面可能再现保持警惕，但近期我们与俄罗斯和中国等国关系的发展让人看到一定的希望。”[③] 但是这种含蓄的表述不过是为了起到中和作用，避免把中国直接推到对抗的对立面。在美国看来，中国无疑是美国所说的有可能直接威胁美国的“关键国家”之一，这一点美国副国防部长费思在外交关系委员会发言时说得直截了当：中国的迅速崛起、大规模杀伤性武器的扩散、恐怖分子极端主义以及失败或没落的国家带来的风险是当前美国特别关注的四项世界事务。[④]

在美国眼里，持续快速发展的中国越来越被视为对等的竞争对手，因此需要对华采取既接触又遏制的政策。在此政策推动下，“谁

---

① James F. Hoge, Jr., “A Global Power Shift in the Making: Is the United States Ready?”, *Foreign Affairs*, July/August 2004, p. 2.

② *The National Defense Strategy of the United States of America*, 2005, p. 4.

③ Ibid.

④ Douglas J. Feith, “National Defense in the Second Term”, *Council on Foreign Relations*, February, 17, 2005, url: http://www.cfr.org/world/national-defense-second-term/p7858.

忽视了中国”、“中国军事威胁”等舆论在2005年再次抬头，也正是从这个时候开始，美军“反进入和区域拒止”作战的焦点对准了中国，应该说，这一焦点转变是美国对华政策中强调防范和遏制中国这一面的必然结果。

## （二）美国新现实主义思维的作祟

美军对“反进入和区域拒止”威胁的关注与冷战后美军推进国防转型的努力密切相关，“反进入和区域拒止”威胁正是在主张国防转型的人士推动下正式被列为美军的重要作战目标之一。而美军之所以要推进国防转型，根源在于用新现实主义的思维看待国与国的关系。新现实主义者认为国家追求的最终目标是安全，而霸权是安全的最高形式，为了维持霸权，国家就需要拥有毁灭对手而不用担心报复的能力。[①] 这就是为什么冷战后美国作为世界上唯一的超级大国仍然要积极推进国防转型。2001年《四年防务评估报告》将美国的军事战略从“基于威胁”转向“基于能力”，标志着新现实主义思维在美军建设中地位的正式确立，“基于能力”的国防转型由此展开。

在新现实主义者看来，既然各个国家都以追求安全的最大化为最终目标，那么国与国之间不可避免会出现竞争。用新现实主义代表人物米尔斯海默的话来说，就是“国家彼此间怀有一种进犯的倾向，即使他们的最终动机只是为了生存。一句话，大国具有侵略意图”。[②] 由此导出的结论就是美国必须时刻提防潜在对手的挑战。就军事方面而言，尽管美军在常规战争中难觅对手，但是美军必须提防潜在对手以非对称手段攻击它的力量投送和前沿基地等薄弱环节，这就是“反进入和区域拒止”威胁进入美军视野进而被确立为作战

---

① ［美］约翰·米尔斯海默著，王义桅、唐小松译：《大国政治的悲剧》，上海人民出版社，2003年版，第46—47、209页。

② 同上，第47页。

目标的原因。

到了2004年，当以美国为首的一些西方国家开始惊呼世界权力重心从西向东转移的时候，美国越来越把中国视为对等的竞争对手。一方面美国要极力维护其霸权地位，另一方面中国的国力日益提升，在新现实主义者看来，这是一个难以调和的结构性矛盾，因为大国间的悲剧就在于难以避免安全竞争。2005年11月18日，米尔斯海默在《澳大利亚人报》上以“中国不可能和平崛起”为题发文，称“如果中国在接下来的几十年里继续保持其令人惊叹的经济增长速度，那么美国和中国之间很可能发生紧张的安全竞争，进而引发潜在的战争……（中国）将试图把美国赶出亚洲，就像美国将欧洲大国赶出西半球一样”，因此“美国要防止中国成为亚洲霸权，正如当年美国防止德国和日本那样”。[①] 美军“反进入和区域拒止”研究最重要的推手克雷皮内维奇则表示，美中关系就像一个多世纪前的英德关系一样，中国可能成为美国安全的主要威胁。[②] 在这种新现实主义思维模式的主导下，美军“反进入和区域拒止”作战的焦点自然会转向中国。

## 结语

通过梳理“反进入和区域拒止”作战的发展过程可以发现，美军从开始关注“反进入和区域拒止”威胁，到逐步形成共识将其列为六大作战目标之一，再到将矛头突出指向中国的发展过程，正是冷战后美国推进国防转型的过程和调整战略重心的过程。可以说，

---

① John Mearsheimer, “The Rise of China Will Not Be Peaceful at All”, *The Australian*, November 18, 2005, url: http://mearsheimer.uchicago.edu/pdfs/P0014.pdf.

② Andrew Krepinevich, *The Quadrennial Defense Review: Rethinking the US Military Posture*, p.7.

“反进入和区域拒止”作战是理解美国国防转型和战略重心调整的一个很好的标本。美军最终将“反进入和区域拒止”作战的矛头突出指向中国，是美国战略重心调整的结果，从根本上说则是新现实主义思维模式作祟使然。最近一段时间以来，美军紧锣密鼓地渲染中国的“反进入和区域拒止”威胁，制造紧张气氛，意图造势遏制中国。如果美国不反思其大国必然走向对抗的零和思维模式，摆脱西方近代以来大国博弈历史传统的束缚，无疑会累及亚太地区的和平与稳定。

# 日本挑动钓鱼岛争端的主要因素

孙雨桥

**【内容摘要】**近年来，日本不断挑起钓鱼岛争议，甚至走极端，将中日关系推向谷底，这主要缘于日本右翼势力的发展、不满和俄韩等邻国领土争端中处于下风、焦虑中国的崛起、以及“大国化”欲望的膨胀等因素。在这些因素的发酵下，日本错误地选择将钓鱼岛作为突破口，挑战中国，转移矛盾。当前，日本鹰派政客主政日本，坚持走强硬路线，而中国在维护国家领土完整方面意志坚定，因此中日围绕钓鱼岛的争端很难“降温”，只能在“争端”与“冲突”中间寻找“平衡”点。

**【关键词】**日本　钓鱼岛　日本右翼　中国国家利益

钓鱼岛问题由来已久，但近年来，日本变本加厉地挑动钓鱼岛争端，力度前所未有。特别是2010年日本无理扣押中国舰长詹其雄事件后，2012年日本政府又不惜破坏40年来两国精心培育的双边关系，公开“收购”钓鱼岛，并使之所谓“国有化”，以致中日矛盾骤然上升，钓鱼岛争端几近白热化，至今仍处于僵持甚至对峙态势。日本如此放弃“搁置争议”的共识和通过和平谈判解决钓鱼岛争端的外交途径，急于施之抢占钓鱼岛和对外宣示主权的手段，除了其扩张思想根深蒂固和钓鱼岛的经济资源、战略地位等固有的原因外，当前主要因为在其政治、经济、外交等内外矛盾的刺激下，日本民族主义泛起、右翼势力社会化发展，焦虑中国崛起、日本战略地位被弱化，以及美国区域战略利益的需求等因素。在这些现实因素的驱动下，日本选择在钓鱼岛问题上走极端，并企图拉美国与中国抗衡，加剧东亚安全紧张局势、转移国内矛盾，这是当前日本社会“无序”发展的表现。日本如此“发展”不仅恶化中日关系，而且破坏地区安全与稳定，最终害人更害已。

## 一、日本右翼[①]势力是幕后推手

由于日本经济长期不景气，对外政策又不断受挫，特别在与邻国的领土争端中，对俄无奈、对韩无招。因而，日本内外矛盾加深，民族主义势力抬头。日本各派政治力量不断分化重组，小党丛生、频繁换相，一些鹰派政客关注的不是日本的未来，而是过去的历史。日本民间右翼势力也借机像蘑菇一样在其社会最潮湿的心理暗角迅速生长，带着日本人朝着历史深处和被二战重塑的日本国土边缘走去，汲取在颓势中刺激日本社会的力量。它们与政治右翼政党以及文化界右翼人物相互配合，推动日本社会整体右转。在对外领土争端中它们避开俄、韩两个棘手国家，选择钓鱼岛为泄愤口，公开与中国作对。特别是以石原慎太郎为代表的极右分子挑头与政府唱“双簧”，演出一场“购岛”闹剧，将钓鱼岛争端推向危机化的边缘，致使中日关系跌到谷底。表面上看，是某些右翼组织和激进分子所为，实质上是日本右翼势力社会化相互作用的结果。

首先，民间右翼团体壮大成反华生力军。日本的民间右翼势力派系复杂，团体众多，已有上千个，达400余万人。从组织结构上

① 《中国大百科全书》的词条解释，“日本右翼”指的是“日本近代鼓吹效忠天皇和向外扩张的反动社团和日本军国主义的急先锋”。日本《右翼辞典》对右翼概念的界定是，“右翼一般指反动的、反近代的国家主义思想及其运动，作为近代革命的对立面，指保守派的政治态度”。而日本的《大辞林》则把右翼解释为“保守、国粹主义的思想倾向，以及具有这种思想倾向的个人或团体”。

看，现代右翼主要由“传统右翼”和“新右翼”构成。传统右翼大多数是战前右翼的沿袭，以“保皇”为特征。他们渗透各个阶层，一直是日本社会的“顽症”。值得关注的是日本新右翼组织不断兴起。它们当中既有民间团体，也有政客联盟。目前反响较大的主要有“日本学生同盟”、“不允许在日特权市民之会”、“‘加油日本’全国行动委员会”、“一水会”、“保卫日本领土行动议员联盟”等。[1]以青年学生为主的“日本学生同盟”，行动比较激进，是新一代“日本愤青”，是街头游行示威的生力军。以“草莽崛起”为口号的“加油日本”是近年来名声鹊起的极右翼组织，以宣扬“尊皇爱国”著称。该组织的发起人是航空自卫队前幕僚长田母神俊雄，他是一个家喻户晓的极右分子。与其它组织不同的是，在繁荣的网络世界，日本又蹿出一批新型极端分子，他们通过互网络相互串联，尽情传播和宣泄极端丑陋的仇恨言论，人称“网络新右翼”。

新右翼组织以推崇军国主义为特征。它们成分复杂、社会影响大，虽然各自的主张略有差异，但都是标榜民族主义、排外主义、历史修正主义的团体。它们在民间既宣扬“皇国史观”又培养政客，在政坛寻找诸如石原慎太郎、桥下彻和安倍晋三等代理人，以重塑“大日本帝国”为目标。在钓鱼岛争端中，它们大规模走向街头，掀起反华浪潮，向政府施加压力，扮演了极其重要角色。

其次，政治右翼日益坐大成对华强硬派。政治右翼是指日本政治势力中的鹰派，或日本保守政党中的强硬派。纵观战后日本政治发展，右翼政党不断扩容且一再右行，鹰派政客更是一代比一代激进。从上世纪80年代中期开始，以中曾根康弘为代表，形成了新保守主义势力，其主张是修宪、强化日美同盟，宣扬“中国威胁论”，走强硬对抗路线。其后，小泉纯一郎更是以鹰派形象示人，以首相身份带头参拜靖国神社为人所熟知。接着前原诚司、安倍晋三等新政客脱颖而出，他们继承前辈的政治遗愿，而且在对华政策上更加强硬，以致中日关系一冷再冷。2012年10月的自民党总裁竞选中，

① 任景国：“日本右翼组织大起底”，《环球时报》，2010年10月21日。

安倍晋三和石破茂等政治精英不遗余力地发表右翼政治宣言，鼓吹强军政治。乘日本政坛乱象之机，极端右翼分子、“购岛”事件的直接策划者石原慎太郎组建新政党，并以“第三极”政治力量冲击日本政坛。石原慎太郎厌美仇华，是位为日本历史翻案的代表人物。令人关注的是在日本新一届国会众议院中，传统右翼政党“自民党”、中左偏右的“民主党”和极右政党“日本维新会”三大政治力量占据垄断地位，其中自民党以绝对多数票重返执政党，日本朝野可谓右翼势力大集结。当前，日本右翼政党和鹰派政客均奉行新保守主义的强硬路线，有意制造钓鱼岛争端，与中国抗衡。其代表人物是当前主政日本的安倍晋三，他不仅扮演鹰派角色、宣扬鹰派主张，而且聚集鹰派政客，实施鹰派政策。他当选自民党总裁后即宣称：“日本的领海和领土正受到威胁，我将解开难局，建设强大日本。”[①] 当选首相后在钓鱼岛争端上他表现得极为强硬，并声称“在钓鱼岛问题上没有谈判的余地”。他同时还提出了关于修改宪法、修改《防卫大纲》和《日美防卫合作指针》、扩大自卫队、组建钓鱼岛专属警备队等应对钓鱼岛争端的政策主张和实施计划，表现了与中方对抗到底的决心。

另外，文化右翼疯狂叫嚣成反华吹鼓手。“文化右翼”主要包括媒体、教育、思想等文化界右翼组织和学者。文化右翼为日本社会右翼的发展起到思想和理论宣传指导作用，危害极大。当前日本主流媒体右翼有知名度极高的《产经新闻》、发行量较大的《读卖新闻》；刊物有《周刊文春》、《思想战士》、《原理日本》等，媒体右翼聚集在这些报纸刊物下，形成了媒体鹰派右翼势力。

日本京都大学政治学教授中西辉政是一个彻头彻尾的“日本核武装论”者，是日本政治家们的高级政治顾问，也是日本民间右翼团体的思想家，其理论与思想在政坛和民间有广泛影响。号称文学家、评论家的西尾干十二是闻名日本的右翼复古主义者，他著书《国民的历史》等，竭尽全力抹黑中国，美化日本。还有诸如田中正

① “日本朝野两党均被鹰派垄断”，［日］《东京新闻》，2012年9月27日。

明、板仓由明等人，他们著书《南京大屠杀虚构论》、《虚构的南京大屠杀证据》等，竭力否定侵略战争。这些文化右翼分子往往以文化活动与学术研究为幌子，以思想和理论家自居，并与媒体右翼勾结遥相呼应，不断鼓吹和传播右翼激进思想，为右翼团体的反华活动撑腰打气，提供思想武器。

当前，日本民间、政坛和文化三个层次的右翼势力，在日本内外困境的背景下，合力推动日本右翼社会化发展。在钓鱼岛争端中，这三股右翼势力正形成共生和响应的关系，加剧了钓鱼岛争端的复杂化、尖锐化。

## 二、为修宪强军实现“正常国家”造势

日本不断挑起钓鱼岛争端，并坚持强硬立场，其根本目的是通过对外领土争端，达到修宪强军的目的，实现“正常国家”的目标。

实现“正常国家”是长期以来日本一直追求的目标，日本始终认为，一个没有军队和交战权的国家不是一个主权国家，而主权不完整的国家就不是一个正常的国家，一个不正常国家就不能正常参与国际安全事务。日本不是一个正常的国家，“不正常”主要由于和平宪法的限制，使得日本在政治与安全保障领域受制于人，没有自主权。日本前首相中曾根康弘曾把日本政治比喻为“无脊椎动物”游泳，日本右翼学者将日本的和平视为“奴隶的和平”，石原慎太郎甚至把日本形容为“太监”。虽然冷战结束后，日本以争做“国际贡献”、维护地区安全为名，实现了多渠道的海外出兵行动，多方位参与国际安全事务，为日本争得了一点“名分”。但这些均属违宪行为，“名不正，言不顺”，甚至花钱、出兵还不落好，日本右翼一直为之愤愤不平、鸣冤叫屈。特别像安倍晋三、石破茂等新一代“国防族”政治明星的升起，努力为国家“正名”的愿望异常迫切。当前，日本右翼的首要目标是通过修改战后和平宪法、摘掉“战败国”

的帽子、打破制约，弥补军事等行为能力的缺陷，强化国家主义精神，使日本成为一个所谓的“正常国家”。应该说这是自民党获得选民支持主要原因，也是日本政府在挑动与激化钓鱼岛争端中政策选项的基础。

修宪强军是实现“正常国家”的基础，是首要条件。《日本国宪法》因第9条和平的内容，[①] 被称之为“和平宪法”。和平宪法是日本战后彻底诀别侵略政策的政治宣示、对日本军国主义分子和右翼势力进行法律约束的根本大法。可是，自从1947年颁布起，围绕宪法的斗争从未停止过。战后以鸠山一郎、岸信介、中曾根康弘、小泉纯一郎为代表的政府先后掀起四次修宪浪潮。虽然修宪四次未果，但左翼护宪力量减弱，右翼修宪力量增强。

当前，在对外领土争端的推动下，在日本安全受到所谓威胁的蛊惑下，日本民间的右翼团体、极端分子和朝野右翼政党、政客竭力为修宪强军造势。特别是安倍晋三从竞选自民党总裁到当选首相，一直打着“修宪”的旗帜、高喊“强军”的口号，坚持打钓鱼岛争端这张牌，竭力将修宪强军推到国家政治活动的中心。这不仅是安倍政权走鹰派路线的一件政治大事，也是其完成“祖业”的一件重大历史任务。现在，日本国内修宪强军的呼声普遍高涨，修宪条件也日益成熟。首先，日本政坛修宪的呼声明显占上风。自民党在众议院竞选纲领中就明确提出修宪的三大内容：一是以日章旗为日本国旗，以“君之代”为国歌；二是明文规定放弃使用武力不妨碍启动自卫权，日本要有国防军；三是新增应对武力攻击等紧急事态的条款。[②] 自民党获胜后，安倍又急于宣称：“自民党成立的宗旨，主要就是通过修改宪法等方式，改变占领时代形成的体系。”同时他还要求放宽宪法第96条的限制，改“参众两院三分之二以上”议员通

① “永远放弃以国家权力发动的战争、武力威胁或使用武力作为解决国际争端的手段”，“不保持陆海空及及其他战争力量，不承认国家的交战权”。

② ［日］《读卖新闻》，2012年12月18日。

过为“半数以上”通过即可。[①] 现在以安倍晋三为首的19名新一届内阁成员右翼色彩浓厚，都是清一色的鹰派人物。他们其中多数成员属于参拜神社的国会组织，主张修宪、重建战后日本传统价值观，为战败历史翻案。正如日本共产党书记局局长市田忠义表示：“坦率地讲，我感觉安倍内阁是一个非常危险的鹰派政权，是一个逆时代的内阁。”[②] 安倍在第一次内阁会议上就将竞选时的承诺－－修宪问题提到了重要议事日程，并准备发表2013年“安倍讲话”，企图篡改“三个讲话”，[③] 终止“谢罪外交”，重新“认识”历史，为修宪强军鸣锣开道。其次，国会与民间修宪的基础已形成。根据朝日新闻社调查，“在新当选的众议院议员中，有89%的人赞成修宪，有79%的人赞成行使集体自卫权，这一数字再创历史新高；在日本民间有75%以上的人同意修宪，现在日本多数民众对新首相安倍晋三的修宪主张表示支持和期待”。[④] 可见，宪法一旦得以修改，自卫队必将改名换姓，自卫力量的扩大也将顺理成章，自卫权的行使亦将名正言顺，“和平宪法”或将不再“和平”，日本谋求回归“正常国家”的进程将得到实质性推进。

## 三、焦虑中国发展成就

改革开放以来，中国政府在“和平与发展”的主题下，实行对外开放，加强以经济建设为中心的“四个现代化”建设，取得举世

① “安倍明确提出修宪主张”，《参考消息》，2012年19日。

② “危险鹰派政权否定战后路线”，http://news.163.com/06/0928/14/2S45DN5N000120GU.html

③ 指1982年关于“历史教科书”的“官泽谈话”、1993年关于“慰安妇”的“河野谈话”、和1995年关于“侵略历史”“村山谈话”。这三个关于日本殖民历史的道歉谈话精神一直被日本政府视为“国家态度”而继承。

④ 日本《朝日新闻》，2012年12月19日。

瞩目的成就。中国国力的增强不仅提高了人民的生活水平，而且为人类的和平与发展做出了重大贡献。中国共产党第十八次代表大会为中国未来发展描绘了更新的蓝图，其中提出了关于“实现社会主义现代化和中华民族伟大复兴”的总任务，同时强调了“维护国家主权、安全、领土完整，保障国家和平发展”的国防建设目标。

可是，中国越发展，日本越焦虑。20 世纪 90 年代以前的二三十年里，日本经济发展创造“奇迹”，日本国民的“优越心理”得到满足，战后日本社会的信心也得以恢复，与亚洲国家相处也有了相当宽松的心理空间。可是，后来日本经济陷入长期低迷，而中国经济却持续增长，2010 年取代日本成为仅次于美国的第二大经济体，2012 年的国内生产总值高达 51 万亿人民币，这与长期经济停滞、社会不景气的日本成为鲜明的对比。日本的经济奇迹被稀释了，地位被撼动了，国家自信倍受打击，战略恐慌与日俱增，整个社会弥漫着焦虑和危机的气氛。2011 年初，在车站、机场接受日本 NHK 电视台采访的探亲返岗人员普遍反映：“心情越来越沉重起来，因为看不见经济发展的光亮。”同时，日本《产经新闻》发表社论说：“1968 年，日本超过当时的西德，成为世界上仅次于美国的‘第二经济大国’。40 多年后，日本从这个宝座上掉落下来，由中国取代。现在，由美国、中国、大欧洲主导的地球新格局已经形成，日本的位置在何处?”① 日本一直是危机感很强的国家，对经济数据的变化、时代和事态的变化都很敏感。2000 年，中国 GDP 还只是日本的 1/3，10 年后就超过日本。在中国人看来，10 年是个漫长的发展过程，但作为被超越者，日本人的震动和焦虑是不难理解的。

但是，难以理解的是日本看不到中国的和平发展，在国际上制造所谓“中国威胁论”。中国在防御性国防政策的指导下，为维护国家安全和发展利益的需求，适度加强军事力量建设，应该说是无可非议的。可是，日本对中国的正常发展耿耿于怀，坚持认为，“中国军费不断增加，军事现代化的飞速发展，包括海空军和核力量的现

---

① “日本焦虑 GDP 被中国超”，http：//news. 163. c om/10/0105/02/5S7UM6SI000120GR. html.

代化，在周边海域持续频繁的军事威胁日本安全”[①]。近年来，中国海军正由近海走向深蓝，有计划地前出宫古水道，进入西太平洋拉练，让敏感的日本心神不定。2012 年 10 月，中国第一艘航母“辽宁”号的正式列编服役，又刺痛了日本的神经。加上为应对日本挑起的钓鱼岛争端，中国军民结合的维权新模式，突破了日本对钓鱼岛的“有效控制”，令日本更加焦虑。

在不正常的社会心理作用下，日本朝野和民间关于所谓“中国威胁论”和“晚下手不如早行动”等声音嚣尘甚上。在这一背景下，钓鱼岛成为日本上下关注的焦点，进而希望以此为突破口，用“购岛”和“国有化”的形式，宣称其为“日本领土”，公开挑战中国。日本政府也借势调整防卫政策，强化西南岛屿的防卫，并鼓动美国将钓鱼岛纳入“安保条约”，同时举行多层次的大规模军事演习，向中国示强。此外，日本还为与中国在南海有争端的菲律宾、越南提供军事援助，与相同价值观的澳大利亚、印度加强军事合作，并对中国周边国家展开“突破性外交”，企图通过放大中国与其它周边国家间的矛盾，破坏中国的周边安全环境，干扰中国经济发展的步伐，妄图迫使中国迁就日本的“购岛”行为。

## 四、美国亚太战略利益的助动

钓鱼岛问题是美国一手造成的，日本不断挑起钓鱼岛争端也是美国所希望的。美国在钓鱼岛问题上的战略意图旨在既不要“平静”，也不要“冲突”，维持钓鱼岛争端符合美国亚太战略利益。

首先，制造和推动中日领土争端是美亚太战略的一部分。战后冷战时期，美国在日本部署强大的军事力量，构筑应对社会主义国

① 防衛省編:《平成 23（23）年度以降に係る防衛計画の大綱について》, 2011 年 12 月 17 日。

家的前沿阵地。1951 年美国带头违反《开罗宣言》和《波茨坦公告》，搅乱战后秩序，通过所谓《旧金山和约》，将钓鱼岛纳入管辖范围。1972 年，美国又通过《归还冲绳协定》，将钓鱼岛交由日本管理，人为制造中日钓鱼岛争端问题。美国在日本的长期军事存在和对中国钓鱼岛的处理，主要是“控制日本、遏制中国”。

近年来，由于美军的“占领”和日本争当“正常国家”的目标相悖，日本的民族主义、排外主义、离心主义越来越让美国感到担忧。特别是在冲绳普天间基地搬迁问题上，日本民众不断掀起抗议浪潮，给政府施加压力，要求美军撤出冲绳，日美同盟裂痕加深，影响美军“亚太中心”战略的实施。美国为控制日本，在钓鱼岛问题上大做文章，以期达到缓和矛盾、强化同盟，维护自身战略利益的目的。而日本也需要拉虎皮作大旗，有意利用钓鱼岛问题拉美国抗衡中国。从 2010 年日本不断挑起钓鱼岛争端以来，美国出尔反尔，改变在钓鱼岛问题上《美日安保条约》不适用于钓鱼岛的固有立场，多次声称：“日美安保条约包括钓鱼岛”，公开为日本撑腰打气。特别是 2012 年 11 月 29 日，美参议院全体会议决定，在 2013 年财年国防授权法案中加入一条补充条款，即“尖阁列岛及其附属岛屿是《日美安保条约》第五条适用对象。美国在尖阁列岛问题上不持立场，期待相关国家以和平的方式解决，但尖阁列岛归日本管辖”。[①] 2013 年 1 月 3 日，奥巴马总统不顾中国抗议竟然签署了这一“法案”。美国采取了一种貌似中立的立场，但实际上是带有干预性的积极介入的政策。美国将一直沿用的钓鱼岛称谓改称为日本所用的“尖阁列岛”，就明显偏向日本一方。

美国除了在外交上声援日本外，还在军事上积极与日合作。在中日钓鱼岛之争持续发酵时，日美不断按实战要求联合举行大规模军事演习，甚至在关岛附近海域的天宁岛模拟钓鱼岛进行夺岛演习，公开炫耀武力。美国的举动鼓舞了日本右翼分子，缓和了日本的反

---

① 《日美安保条约》第五条内容为“共同防卫”，即日美任何一国如在日本管辖内遭到武力攻击，双方将依照本国宪法的规定和手续采取行动对付共同威胁。

美情绪，同盟关系得到了进一步发展。普天间基地不仅没搬迁，日本政府还以日本安全需要美国保护为由，顶住民众压力，坚持应美国的要求在普天间基地部署12架先进的“鱼鹰”直升机，同意美国在日本西南方向部署第二套“X波段”远程探测雷达和美国帮助日本升级完善导弹防御系统，并决定从美国采购争议已久的42架“F－35”战斗机和3架“全球鹰”无人侦察机等先进军事装备，强化钓鱼岛海域的管控。

美国的行动意在向日本表明，在中日钓鱼岛争端中，如果没有美国的支持，日本无法有效单独应对中国，日本必须维护美日同盟关系。同时，也试图向中方表明，《美日安全条约》存在的现实性，要求中方在钓鱼岛争端中保持克制。事实上，美国这样做助长了日本的气焰，为日本挑动钓鱼岛争端起到了推波助澜的作用。

维持钓鱼争端是美国“重返亚洲”、遏制中国、维护地区霸权的战略需要。应该说遏制中国是美国长期的战略目标，在当前美国“重返亚洲”的战略中，这个目标被放到更加突出的位置。整个东亚地区的形势错综复杂，特别是近年来，区域内国家不仅对中国的崛起，而且对于美国的存在，心态复杂。中国经济高速发展、综合国力不断增强，在东亚地区的影响力与日俱增。面对中国的崛起，周边国家既想“搭车”来推动本国经济发展，又担心在领土争端日益突出的背景下中国崛起会危及自身利益。对于中国的崛起，以及区域内相关国家的复杂心态，美国一度非常担心自身在亚太地区的主导地位被削弱，影响“重返亚洲”战略的推进。为此，美国有意炒作所谓“中国威胁论”，利用中国和邻国之间的矛盾，特别是利用钓鱼岛争端、南海争端等安全热点问题，在东亚地区保持适度的紧张关系，让它们意识到对美国的安全需求，以强化其地区军事存在，达到维护美国在亚太的优势地位的目的。客观上，美国的“重返亚洲”战略为日本、菲律宾、越南等国家与中国的领土争议起到了“撑腰”的作用。

其次，支持日本挑动钓鱼岛争端是美国维护东亚货币霸权的需要。自布雷顿森林体系建立以来，[①] 世界货币体系的实质就是美元本位制体系。后来虽然因越南战争等因素，导致布雷顿森林体系的崩溃，但是美国拥有庞大的消费市场和世界货币所需的国家信用，以及强有力的安全保障，美元仍是国际贸易的结算货币，拥有国际贸易中的铸币权，占有世界货币的霸主地位。当前国际产业结构已经出现明显的互补趋势，美国处在管理国际金融秩序产业链的最高端上享受着铸币权给其带来的好处时，制造业已被金融衍生品取代转移至第三世界国家中。然而，经过 1997 年亚洲金融危机和 2008 年经济危机的冲击，日本和东南亚国家的经济受到重创，美国经济也受到较大影响，高通胀接踵而至。而中国由于不断发展壮大制造业和长期的贸易顺差，不仅有效地缓冲了危机所带来的冲击，而且还让中国的廉价商品源源不断地出口，用以抵消国际通货膨胀压力，使得人民币在国际市场上的影响力与日俱增，向外辐射的能力也不断增强，尤其是在中国周边地区贸易中，用人民币结算给边境贸易乃至区域贸易带来了很大的便利。迄今为止，中国同韩国、中国香港地区、马来西亚、白俄罗斯、印度尼西亚和阿根廷货币部门签署了货币互换协议，互换总规模达 7000 多亿元。此外，东盟的“去美元化”也在人民币区域化的同时平行推进。

2011 年 5 月以前，中日两国在双边贸易中 60% 用美元结算，30% 用日元，人民币不到 1%。2011 年 12 月，在日本首相野田佳彦访华期间，中日双方就建立人民币和日元直接交易的金融市场达成共识，并同意在双边贸易中尽量以人民币或日元结算，以降低两国进出口商的汇率风险与交易成本。同时，日本将向中国大陆进行人民币直接投资，包括投向日本企业在华附属机构。因此，中日间用人民币或日元结算的贸易额逐年增长，反之美元被降低。

---

① 是指战后以美元为中心的国际货币体系。为结束战后国际货币体系混乱的局面，1944 年在美国新罕布尔州布雷顿森林召开了以美、英为主的 44 国参加的会议，通过了以美国“怀特计划”为主的《国际货币基金协定》，全球固定汇率制的布雷顿森林体系宣布诞生。该体系是按美国的原则制定的，实现了美国经济霸权的体制。

当世界上出现另一种货币挑战美元的霸主地位时，美国是不会接受的，也不会容忍的。美元的背后有美国强大的政治和军事力量的支撑，美国会利用一切可以利用的资源去保障美元在全球中的地位，确保美国始终掌握着铸币权。当人民币区域化正在形成，中国和周边国家正着手以人民币结算双边贸易，美元将在这个区域中被边缘化时，美国一方面极力指责中国操纵汇率，提高从中国进口商品的关税，加强贸易保护；另一方面，唆使和支持周边国家与中国的领土争端，破坏经济贸易和投资环境，削弱人民币的影响力。美国在钓鱼岛问题上就别有用心，图谋通过挑动中日钓鱼岛争端，干扰中日经济投资贸易秩序，促使大量的国际热钱逃出中日两国，而这些热钱不会流向当前债务繁重的欧洲，那么自然就流回了美国的腰包，同时达到打击人民币和日元、维护美元的世界霸主地位的目的。

事实上，中日钓鱼岛争端已从政治层面向经济领域发展，双方的经济利益均受到影响，日本遭到的打击更大一些，这是美国乐见的。美国虽不愿意中日由钓鱼岛争端走向冲突将其卷入，但却愿见中日在军事以外的冲突，如经济战。如果中日经济两伤，日本则更依赖美国；中国经济受挫，正符合美国牵制中国崛起的长远战略，保障美国的全球霸权。这就是美国让中日相互制衡，斗而不破，相互消耗，美国坐收渔翁之利的战略图谋。

## 结语

现实表明，日本不断挑起钓鱼岛争端，并坚持顽固立场，与中国对峙，是当前日本民族自信心缺失和社会“无序”发展的结果，是其为历史翻案、加快“大国化”进程而采取的一项战略性步骤。随着日本强国欲望的膨胀、中国实力增强和利益的拓展，中日矛盾必将加剧，日本必然倍加焦虑。特别是当前日本右翼政党、鹰派政客治国理政，两国民众彼此对立的情绪上升，钓鱼岛争端回旋的余地缩小。从当前的日本政治生态看，日本不太可能在钓鱼岛争端中“服软”，重新回到“搁置争议”这一共识上来，争端不可避免，而且由争端进一步发展成冲突的可能性也是存在的。因此，我国明智的政策应是在“争端”与“冲突”之间寻找平衡点。

# 缅甸国内政治改革及其国际关系影响

孙 健 晋 军

**【内容提要】** 缅甸国内政治变更的起始点大致可追溯至2003年8月缅甸总理钦纽宣布“七步走民主路线图”。按照这个路线图，2008年5月，缅甸就新宪法是否通过举行了全民公决，而公决通过的这个新宪法确立了缅甸国内的西方式议会民主政体。在具体实践中，尽管2010年11月缅甸议会议员选举、2011年缅甸总统选举和2012年4月缅甸议会议员补选饱受西方国家批评和质疑，然而迄今为止，缅甸的政体业已初步具备了西方式民主制的若干重要特征。丹瑞、登盛和昂山素季从不同的观念、立场和态度出发，共同推动缅甸国内政治改变。缅甸国内政治改革的国际关系影响主要体现为两大方面：一是缅甸融入国际社会；二是美缅关系的接近与缓和有助于美国在东南亚权势阵地的巩固。

**【关键词】** 缅甸 国内政治改革 军人统治转型 民主化改造

从奈温（Ne Win）将军到苏貌（Saw Maung）将军，再到丹瑞（Than Shwe）将军，缅甸军政府执掌国家政权将近半世纪之久，长期孤立自处的缅甸也在经济上跌入异常贫穷落后的深渊，曾经拥有的医疗和教育优势丧失殆尽。而且，因其国内在族裔、社群和宗教问题上根深蒂固的分裂，以及因此而导致的国内安全局势上突出的脆弱性，缅甸被列入美国和平基金会和美国《外交政策》杂志公布的《“失败国家”指数》（Failed State Index）名单之中。[①] 实际上，缅甸并非严格意义上的“失败国家”，但西方认为缅甸以其专制和腐败的领导、羸弱和低效的机构、赤贫和高文盲率的人口、受恫吓和压制的公民社会、低下的人均产值、毒品种植及其走私转运的昌盛、艾滋病的大为流行、遭受国际社会的怀疑或鄙薄等特征，[②] 可被称为羸弱国家或者被边缘化的国家。基于这一现实，缅甸军政府决心开启国内政治改革，宣布“七步走民主路线图”，并且按部就班予以实施，其重大结果在于结束了缅甸军人统治，民选政府掌握国家权力，由此开启“军人统治的转型”或曰国内政治的民主化改造。同时，由于缅甸的地缘政治（经济）和战略上的重要性，缅甸的国内政治改革也带来重大的国际关系影响。

## 一、缅甸国内政治改革的基本历程

缅甸国内政治改革的起始点大致可追溯至2003年8月缅甸总理钦纽（Khin Nyunt）将军宣布国家和平与发展委员会（SPDC）“七步走民主路线图”：（1）重新召开国民大会（创立于1994年，1996年休会）；（2）为建立一个真正且有纪律的民主体制进行必要的程序准备；（3）根据国民大会确立的原则起草一部新宪法；（4）就新

---

① 从2005至2012年，缅甸在《失能国家索引》中分别位居第23、18、14、12、13、16、18和21名。从2005—2008年，缅甸在这索引中的排名逐年上升，2008年升至第12位，此后它的排名又逐年回落，2012年跌至第21位。参见“Failed State Index,” http：//ffp. statesindex. org/.（上网时间：2013年3月19日）

② Bruce Matthews，“The geopolitical significance of Burma/Myanmar's human and economic crisis”，http：//www. yorku. ca/ycar/CCSEAS%20Papers/Geopolitics. SPDC. Oct. 05. pdf.

宪法是否通过举行全民公决；（5）举行自由和公正的选举，产生与新宪法相符的国民议会；（6）召集新的国民议会；（7）建立现代、发达和民主的国家。按照这一路线图，2008 年 5 月，缅甸新宪法（亦即 2008 年宪法）通过全民公决生效。这部新宪法至少有这样两项核心内容：（1）缅甸实行议会制。新宪法规定，议会是两院制的，由民族院或曰上院（224 席）和人民院或曰下院（440 席）组成，议会议员由多党公开选举产生；（2）缅甸实行总统制。新宪法规定，总统作为国家元首由议会议员选举产生。可以认为，新宪法确立的缅甸政体，就具体形态而言，在颇大程度上类似于英国、法国和德国的议会民主制，而非美国的总统共和制。

有必要指出，对于军人势力，缅甸新宪法做了相当大的保留和维护：（1）上、下议院议席需有四分之一部分留让给经由国防军总司令任命的军队代表，其中上院留让 56 席，下院留让 110 席。换言之，这些军队代表毋需选举即可当选为议员；（2）总统由总统选举团选举产生，而总统选举团有如下三个：一个来自上院，一个来自下院，另一个则由国防军总司令任命；（3）政府部门的关键职位，例如国防部长和内政部长，只能由军人担当，因而具有排他性；（4）宪法赋予未经选举产生的国防军总司令极大权力，使其能在自我宣称的紧急状态期间执掌立法、行政和司法之大权；（5）宪法的任何修正须得到议会四分之三以上议员同意，这就使得军队代表对宪法的任何改动持有否决权。[①] 由此可见，无论是在议会里，还是在民选政府里，缅甸军人的势力相当庞大，国防军总司令大权在握，缅甸政府远非严格意义上的“民选”政府。

然而，尽管如此，自 2008 年宪法诞生以来，缅甸政体已经初步具备了西方民主制若干重要特征：（1）有公开和相对透明的选举。2010 年 11 月缅甸举行议会议员选举，2011 年 2 月缅甸议会议员选举登盛（Thein Sein）为总统，2012 年 4 月缅甸举行议会议员补选，

---

① Sean Turnell, “Myanmar in 2010,” *Asian Survey*, Vol. 51, No. 1 (January/February, 2011), p. 149.

并且主动邀请美国和欧盟派遣观察员来缅监督。尽管2010年11月缅甸议会议员选举被欧美政要和众多国际观察家贬抑和谴责为“既不自由也不公正”、“不符合国际通行标准”，也尽管所有这些选举“受人摆布”、“残缺不全”且“脆弱易毁”，因而饱受质疑，[①] 然而毋庸置疑，它们毕竟是公开举行且众目可观；（2）选举具有竞争性。缅甸选民可在两个或者多个候选人之间进行选择。缅甸实行多党制，大约有37个政党参加2010年11月缅甸议会议员选举，而昂山素季（Daw Aung San Suu Kyi）领导的最大反对党全国民主联盟（NLD）参加了2012年4月议会补选，同现任总统登盛领导的联邦巩固与发展党（USDP）竞争角逐议会席位；（3）候选人在政治和政策上有公开的辩论和讲演。候选人可以公开表达自己的政见，说明当选以后的政治行动计划以及对选民的承诺等等。2010年11月13日，昂山素季软禁获释以后多次发表讲演，竞选议员期间更是如此。登盛亦如此。2012年9月底，登盛在美国接受英国广播公司（BBC）采访时还公开表态，如果反对党领袖昂山素季赢得2015年总统大选，那么他将接受此项结果。[②]

从某种意义上可以说，缅甸国内政治改变是一种向西方式民主的回归。事实上，缅甸并非没有民主实践。1948年1月缅甸脱离英国殖民统治宣告独立以后的十几年里仍然实行西方民主制。直至1962年，奈温将军发动军事政变，夺取政权，成立军政府，民主政治才被骤然打断。由此，缅甸国内政治改变可被称为“军人统治的转型”，或曰缅甸国内政治的民主化改造。

在推动政治民主化过程中，缅甸还逐步实行政治自由化。2011

① 参见Sean Turnell, “Myanmar in 2010,” *Asian Survey*, Vol. 51, No. 1 (January/February, 2011), p. 148, 150; Sean Turnell, “Myanmar in 2011: Confounding Expectations,” *Asian Survey*, Vol. 52, No. 1 (January/February, 2012), pp. 157_158; Neil A. Englehart, “Two Cheers for Burma's Rigged Election,” *Asian Survey*, Vol. 52, No. 4 (July/August 2012), pp. 666–672.

② “缅总统：接受昂山素季当总统，强调军方政坛职责”，http://news.sohu.com/20121002/n354262079.shtml.

年10月，缅甸政府宣布，正式解除对西方著名社交网站，即脸谱（Facebook）和推特（Twitter）以及著名视频分享网站，即YouTube的屏蔽；2012年8月缅甸政府信息部在其官方网站上宣布，废除对缅甸国内出版物的审查制度；2012年12月，缅甸政府宣布全面开放报禁，从2013年4月1日起允许民间办报、私人办报。① 自由化和民主化这两者互动发展，有望促使缅甸的西方式自由民主政治逐步生长发育继而臻于成熟。

必须指出，缅甸国内政治的民主化改造绝非易事，它还有很长一段路要走，甚至会有倒退。尽管缅甸具有了相对自由的政党政治、民主化的议会、竞选产生的政治家、未来很有可能实现的独立的舆论系统，然而缅甸军人统治转型仍需解决若干重大问题，例如国内经济制度的改革、官僚机构的“去军事化”、议会选举的“民主化”、训练有素的政治家的大批涌现、公民社会的真正浮现、族裔矛盾与冲突的和平解决、民众的觉醒和启蒙与国内社会和平安定等等，可见缅甸的军人统治转型存在很多不确定的因素，由此可见转型道路荆棘密布，未来发展难以预测，它尚有很长一段路途要走，甚至会有倒退。

## 二、缅甸国内政治改革的基本动因

考察缅甸军政府的国内政治改造，关键要看国内外形势。缅甸国内政治改革确有国内外基本原因。就国内形势而言，缅甸军政府面临政权合法性的严重危机。程序合法性、价值观（或意识形态）

① 周勇进：“缅甸之变悄然来临”，http：//www.21ccom.net/articles/qqsw/qyyj/article_2012022954617.html；张慧：“缅甸民主小舞步越迈越大”，http：//www.21ccom.net/articles/qqsw/qyyj/article_2012090767103.html；“缅甸宣布允许民间办报”，http：//roll.sohu.com/20121231/n362109943.shtml.

合法性和政绩合法性被中国国内某位学者确认为构成了政权合法性的三个来源。[①] 但长期糟糕的军政府统治导致的民众不满和愤懑，军政府也由此长期遭受政权合法性危机的折磨煎熬，并且愈益难以应付，2007 年 8—9 月爆发的反军政府示威，亦即第二次缅甸民主运动，或曰“番红花革命”（Saffron Revolution）便是最典型代表，这无疑在颇大程度上促使军人统治集团的自危思变，否则继续苦撑苦斗会身陷更大危机而难以自拔。

缅甸国内政治改革的主要推动者至少包含：丹瑞、登盛和昂山素季。丹瑞和登盛可谓缅甸军人统治集团内部两位政治家。丹瑞原先是强硬派，近年才急剧转变成为温和派。缅甸国内政治改革自上而下，倘或没有他的同意和默许，特别是没有他在 2011 年春的和平退位和交权，很难想象缅甸国内政治改革能够发展至今。同丹瑞相比，登盛则相对开明温和得多。他同美国以及其他西方国家、缅甸国内反对派力量保持着紧密协调关系，持续推动缅甸的“自由化”和“民主化”进程。除了丹瑞和登盛，缅甸国内政治改革的主要推动者还有军人统治集团外部最大反对派领袖昂山素季。昂山素季是英国教育体系培养出来的政治家，本人坚持西方价值观。她领导的民盟亲近西方，被西方称为民主派力量，并且得到西方国家大力支持。昂山素季在缅甸国内人气颇旺，拥有其他政治领袖难以比拟的众多支持者。获释以后的昂山素季和军人主导的民选政府的关系有了根本缓和：由遭受软禁之苦的政治要犯急剧转变为合法的政治竞争对手。昂山素季不再一味反对政府的民主政治改革。相反，她还支持登盛推进这些改革，并且积极参与。2012 年 4 月，缅甸议会补选。昂山素季领导的民盟大获全胜，击败了登盛领导的巩发党，登盛及其政府对此项结果并未否认，而是予以确认。昂山素季由此合法地当选为缅甸联邦议员，正式重返政治舞台。可以认为，缅甸执政者和反对者之间有了最起码的政治互信。2012 年 2 月，昂山素季

---

① 袁雪：“合法性危机引发此轮民主潮”，http：//www.21cbh.com/HTML/2012-3-10/5NMDY5XzQwODM5Nw.html.

在接受中国《南方人物周刊》记者采访时曾经如此谈到："虽然登盛不能代表整个缅甸政府，但是他对缅甸政府其他成员有很大的影响力，由此相信他推动改革是有诚心的。"①

就外部形势而言，缅甸军政府面临被国际社会孤立和排斥的严重危机。而美国无疑构成了这国际背景中的首要因素。自1988年8月缅甸国内政治大风波以来的大部分时间中，美国作为东南亚区域外头等大国对缅甸施加了巨大压力。美国比尔·克林顿和乔治·布什（George W. Bush）政府的对缅政策可被称为对抗性政策。美国不仅从外交上孤立缅甸，将两国外交关系由大使级降格为代办级，而且美国还对缅甸实施了经济制裁。这些制裁至少包含：停止赴美签证、限制金融服务、冻结缅甸资产、限制缅甸产品进口、禁止对缅投资以及对缅双边、多边援助。当然，美国对缅政策也不都是孤立和制裁。2008年5月，缅甸遭遇特强风暴"纳尔吉斯"扫荡，美国对这场特大自然灾难施以了人道主义救援。实际上缅甸军人统治集团内部强硬派最害怕和担忧的莫过于美国借机干涉以搞掉自己。1885年英国殖民者沿伊洛瓦底江北上，轻而易举直捣缅甸首都曼德勒且囚捕贡榜王朝国王锡袍（King Thibaw）及其国戚的历史梦魇始终萦绕在他们心头。不过，美国赈灾之举加强了美国和缅甸之间的联系，也大大加强了美国在缅甸军政府和民众中间的道义影响，以及由此自然派生的政治影响。尽管有如众多西方观察者和研究者提示的，缅甸国内政治改革似乎并非主要由国外压力所驱使，② 然而这并不意味国际因素或者国际原因无足轻重。

2009年2月，美国巴拉克·奥巴马（Barack Obama）政府重新审视了美国对缅政策。是年9月，美国对缅政策由先前的外交孤立和一味排斥，显著改变为有限"接触"或者"实用接触"政策，亦

---

① 杨潇："追求修复式的正义——对话昂山素季"，http://blog.sina.com.cn/s/blog_4c8629f901010pbb.html?tj=1.

② *Crisis Group Asia Briefing* No. 136, *Reform in Myanmar: One Year On*, 11 April 2012, p. 13.

即在双边接触和政经制裁之间互相平衡。这为缅甸国内政治改革提供了重大的外部诱因。

另外必须指出，东盟的作用不可低估。同美国克林顿和小布什政府对缅政策形成鲜明对照的是，东盟抵制住美国的压力，奉行建设性的接触政策，并且在1997年一致同意接纳缅甸为其成员国。东盟认为，扩大它同缅甸的经济联系是推动缅国内经济和政治改革的最有效方法。① 东盟的对缅政策以及东盟与缅甸十多年的经济、政治、社会和文化交往，对缅甸的国内变革发挥了直接的影响。

事实上，自1988年8月8日国内政治大风波以来，缅甸长期遭受美国的外交孤立和经济制裁，由此缅甸面临重要选择：是继续坚持军人统治甚至漠视国际社会的基本规范："人权的保护和公民自由"的尊重，从而受到国际社会主要国家的孤立和排斥，还是接受际社会的通行做法，得到国际社会主要国家的接纳？大致自2009年5月开始，缅甸军政府选择了后者，决心同美国缓和关系，藉此融入国际社会和依附国际体系获得增长和发展机遇。②

可以说，缅甸国内政治变革是来自内部的良性变革，或曰内生的改革。就内部成因而言，丹瑞、登盛与昂山素季在妥协与和解中逐步推动国内政治的民主化改造。此类转型是渐进温和的，也是小心审慎的。军人统治集团作为既得利益者并未有太大损失，改革的阻力相对而言比较小，也并未超过军人统治集团的承受力，缅甸国内政治变更的成本代价颇低。至于外部成因，缅甸国内政治变更的初始阶段，大致从2003—2008年，外部力量（尤其是西方国家）的支持非常薄弱，甚至可以忽略不计。然而，自2008年往后，伴随缅甸国内政治民主化进程的实质性展开，外部力量的支持日益增长，尽管这外部力量的支持仍是辅助性的，远未达到干预或者介入的地

① Leon T. Hadar, "Burma: US Foreign Policy as a Morality Play," *Journal of InternationalAffairs* (2001: Spring), p. 415.

② Andrew Quinn and Neil Chatterjee, "Coaxing Myanmar in from the cold", http://www.trust.org/alertnet/news/special-report-how-the-us-coaxed-myanmar-in-from-the-cold.

步。2013年1月底，希拉里·克林顿（Hillary Clinton）国务卿在美国对外关系委员会的演讲中指出："未来四年甚至更长时期，美国的一项紧要任务是继续寻求缅甸的开放和改革。"[①]

## 三、缅甸国内政治改革的国际影响

缅甸国内政治改革作为国家层次，亦即一国国内状况的变化，引发了国际层面的变化，至少对国际关系产生两大主要影响：

### （一）缅甸融入了国际社会

当19世纪20年代缅甸大门被英国殖民者强行打开时，缅甸同近代国际体系大致隔绝的状态从此结束，转而被纳入了一个以西方列强为权势中心、"西方文明标准"为行为规范的国际社会。然而，到1962年以后的一个相当长的历史时段里，缅甸与这一国际社会大致脱离，尤其是1988年8月8日国内政治大风波往后，缅甸同国际社会中的西方国家主要成员近乎完全隔绝，而后者则大力孤立和排斥缅甸。大致在2009年5月以后，缅甸军政府希望融入国际社会，一举改变被孤立和排斥状态，并将改变孤立状态当成是走向现代化、脱贫求富和自立自强的一大前提条件。除了先前所论及的、逐步接受"民主"这类国际社会的主流价值观，缅甸融入国际社会的另一重要标志在于它开始尊重和遵守国际规范，尤其是涉及国际安全领域的国际规范。一个重要的例子是，美国行政当局长期以来对缅甸同朝鲜之间的军事交往或者关系抱有疑虑，担心缅甸从朝鲜那里购买常规武器和制造核武器所需的可能的零部件。然而，缅甸政府决

① 参见 Remarks on American Leadership at the Council on Foreign Relations，http：//www. state. gov/secretary/rm/2013/01/203608. htm.

定接受国际原子能机构的核查，同时恪守联合国安理会第1874号决议。

缅甸融入国际社会意味着它与西方国家的关系有了显著改善，从而摆脱了被孤立和排斥的状态。与之相应，缅甸国际地位也有了相当大的提升：从2011年年底至今，美国（更广泛的程度上是以美国为首的西方国家共同体）同缅甸形成了一种良好关系。美国、欧盟、澳大利亚、日本和韩国等国家相继争取或者拉拢缅甸：2011年12月初，希拉里国务卿访问缅甸。这是自1955年美国国务卿约翰·福斯特·杜勒斯访缅以来，美国国务卿时隔半个多世纪之久的再度访缅。希拉里在缅期间，宣布要和缅甸建立紧密关系；2012年4月中旬，英国首相戴维·卡梅伦访缅，成为缅甸独立以来首次访缅的英国首相；欧盟将缅甸的国内政治变化称为“历史性变化”，决定暂时中止对缅甸实施的部分经济制裁，11月，欧盟委员会主席若泽·曼努埃尔·巴罗佐访缅。澳大利亚、日本和韩国也采取类似的接近缅甸的政策行为。日本分别在2012年4月和2013年1月决定，为了支持缅甸国内政治改革，豁免缅甸欠下的巨额对日债务，并且向缅甸提供贷款。与此同时，缅甸也更为充分地参与东南亚区域多边主义国际体制，全面参与东盟区域经济一体化进程。2011年11月，东盟国家在巴厘岛峰会上同意由缅甸作为东道国举办2014年东盟峰会。在传统的军事、战略领域，缅甸同西方国家的军事关系也初现缓和迹象。根据2012年10月19日路透社的一篇报道，缅甸受邀以观察员的身份参加代号为“金色眼镜蛇”的多国年度军事演习。①很多欧盟国家正准备向它们的驻缅大使馆派驻武官，并且同缅甸军方进行了非正式的交往。

缅甸融入国际社会有其重要影响。首先，缅甸融入国际社会有助于经济全球化的扩展和东南亚区域经济一体化的实现。为了同国

---

① “Myanmar to be invited to major U.S. – Thai military exercise”, http://www.reuters.com/article/2012/10/19/us – usa – myanmar – military – idUSBRE89I07W20121019.

际经济通行规范相契合，缅甸实施了与国内政治改革相伴的国内经济自由化和市场化改造。2012 年 4 月，缅甸进行汇率制度改革；2012 年 11 月，签署新的《外国投资法》。这些经济改革措施无疑有利于缅甸融入经济全球化进程，并且实现在东盟框架内的区域经济一体化。其次，它有助于东南亚区域非传统安全问题的缓解。鉴于缅甸糟糕差劲的国内治理，它面对的非传统安全问题可谓为数众多，小到国内粮食安全，大到核不扩散问题，其中令东南亚国家尤为关心的是毒品贸易、公共卫生问题（艾滋病）和人口外逃这三大问题。它们构成了三大范畴的地区性挑战。无疑缅甸融入国际社会，加强它同其他国家在上述非传统安全领域的国际交流和国际合作有助于地区性安全困境的缓解。再次，缅甸融入国际社会反过来也推动着其国内经济和政治进一步变更。以美国为首的西方国家共同体逐步取消制裁大有利于缅甸民众扩大同西方国家的经济、社会和文化交往，从而更广更深地接受西方国家的影响，据此进一步推动缅甸国内经济政治民主化和经济自由化、市场化的改造。可以预见，融入国际社会的缅甸正逐步远离羸弱和被边缘化。

### （二）缅甸国内政治改革促成的美缅接近与缓和有助于美国在东南亚权势阵地的巩固

在美国奥巴马行政当局筹谋“重返亚太”或曰推行“亚太战略再平衡”的背景下，该年 5 月，缅甸军政府决意同美国缓和关系，并于翌年 11 月实质性启动国内政治改革——缅甸议会议员选举。尽管美缅接近与缓和无助于美国在东南亚的传统军事/战略权势的强化，也无助于阻滞美国在该区域的经济、金融和贸易影响的逐渐衰减，然而它有利于扩展美国在该区域的政治和外交影响，巩固美国在东南亚权势阵地，从而局部改变了东南亚区域地缘政治构造。

美国重返亚太意味着美国对外政策目标的轻重缓急次序有了重大调整：在中东地区的反恐打恐不再是国家大战略最优先的对外政

策目标。国务卿希拉里 2011 年在《外交政策》（Foreign Policy）杂志上撰文称：未来的政治将决定于亚洲而非阿富汗或者伊拉克，[1] 而确保美国在亚太地区的优势或曰领导地位则成为相对靠前的对外政策目标。

事实上，自 2009 年奥巴马当选总统以来，中美两国之间在广义的东亚（或曰中国的东北到西南的周边外围地区）便已展开了争取影响力的竞争，[2] 而美国在这个地区寻求伙伴是其影响力重返亚太、和中国竞争影响力这个大外交方向的一个组成部分。在美国决策者心目中，缅甸拥有紧靠印度洋且毗邻中国的重要的地理位置，它的地缘政治和战略意义是不言而喻的。不仅如此，缅甸军政府还寻求同美国的接近与缓和。为希拉里国务卿所津津乐道的是美国的“巧实力”（smart power）。巧实力运用的关键大致在于，发现可加以利用的机会并藉此发力，以施加美国的影响力，而缅甸出现的国内政治改革则为美国发力提供了良好机会。美国对缅甸国内政治的民主化改造持有欢迎、鼓励和支持的态度。希拉里在《美国的太平洋世纪》一文中提出：“我们密切关注内比都的局势发展以及昂山素季与政府领导层之间不断增多的交流。我们向缅甸政府强调，必须释放政治犯，推进政治自由及人权，同过去的政策决裂。”[3] 美国还提供经济“奖赏”以支持和巩固缅甸已有的国内政治改革成果，并且促进缅甸在这方面取得更大进展。美国允诺部分乃至完全取消经济制裁，此举既可继续推进缅甸国内政治的民主化改造，又可防范缅甸军人统治集团内部的强硬派起而扼杀改革。2012 年 11 月，刚刚竞选连任的奥巴马总统挑选缅甸作为他亚洲之行的首站，继而成为首位在任期间访问缅甸的美国总统。

---

① 参见 Hillary Clinton，“America's Pacific Century”，http：//www. foreignpolicy. com/articles/2011/10/11/americas_ pacific_ century.

② 时殷弘：“美国在东北亚：权势阵地的随机巩固”，《现代国际关系》，2012 年第 1 期，第 10 页。

③ 参见 Hillary Clinton，“America's Pacific Century”，http：//www. foreignpolicy. com/articles/2011/10/11/americas_ pacific_ century.

对于美国而言，美缅接近与缓和带来了经济性和战略性的利益，其中战略性意义更为明显。克林顿和布什行政当局受意识形态支配，对缅经济制裁，不仅没有实现将缅甸军政府赶下台的既定目标，反而有损于美国的外交和经济利益，使美国同东盟的关系受到局部损伤，美国在缅甸的贸易和投资利益也少有收成，甚至促成缅甸与中国更紧密的关系，而现今奥巴马行政当局的灵巧发力显然增长了它在缅甸的影响力，从而巩固了美国在东南亚的权势阵地。

美缅接近自然对中缅关系产生较大影响。缅甸是较早承认中华人民共和国的亚洲国家，在过去数十年里，中国和缅甸保持着紧密联系。美国重返亚太和缅甸国内政治改革，连同中国迅速崛起在东南亚区域引发的担忧、猜疑和不满，以及缅甸国内多数民族缅族的民族主义情绪，这些均造成了缅甸对与中国关系某种程度上的“疏离”，并有意平衡中国在缅甸乃至东南亚的影响力。然而尽管如此，就中国直接面对的地缘和非地缘战略环境而言，这种对华疏离在短期内不会给中国周边安全形势带来太大消极影响。当然，中国在处理对缅关系，例如中缅边境地区的和平与稳定、缅甸国内族裔矛盾和冲突、在缅经济投资（尤其是同先前军政府签订的大型基础设施建设项目）时需要更为审慎小心，缅甸国内正逐步兴起的其他政治力量也更值得中国去重视和关注。在中国对缅外交政策上，既要顾及缅甸军人势力的传统影响力，又要关注反对派甚至缅甸民众在对外政策上的利益诉求。

# 外交政策

# 现代主流外交决策模型及其缺陷研究

崔建树　邢亚亚

【内容摘要】理性选择模型、官僚组织模型和认知心理模型是现代外交决策研究的三个重要流派。理性选择模式是宏观层面的决策研究，研究对象是作为外交决策主体的国家；官僚组织模式则属于“中间层面”的决策研究，其研究的决策主体是人或官僚机构；认知心理模式属于微观层面的决策研究，决策者个人的性格、理念、认知、信仰等主观因素成为考察的重点。上述三大外交决策模型是互相补充、互为奥援，而不是相互排斥、互不相容的关系。

【关键词】外交决策　理性选择模型　官僚组织模型　认知心理模型

一国政府需要在风云变幻的国际政治中作出抉择，这种抉择反过来又对国际社会产生各种各样的影响，所以一国政府的对外决策总是引起国际社会的广泛关注。外交决策是决策中的一种。汉语中的“决策”一词最早出现在《韩非子·孤愤》中，是为“智者决策于愚人，贤士程行于不肖”。[①] 现代汉语字典上的“决策”意为“决定策略或办法、决定的策略或方法”。美国政治学家理查德·斯奈德

① 参见陈奇猷：《韩非子新校注》，上海古籍出版社，2000 年版。

说得更准确，即“决策”是“从多种社会限定的不确定选择中，决策者挑选其中一种他认为能够实现自己所构想的特定状况的过程”。[①]简言之，所谓决策就是在存在着不确定因素的备选方案中做出选择的行为。外交决策与其他类型的决策相似，也是一个动态和复杂的过程，决策者需要在不断权衡与斟酌中，广泛考虑各类意见和建议，从而制定出对外政策，但是外交决策者所面临的环境和背景要比其他类型的决策者复杂得多，表现在：目标、计划及解释的范围更大；对象更复杂并会带来敌意和不满；需要集中的不同观点更多；决策环境更加复杂和不确定，结果也更难以预测和控制；信息来源更广阔且不可靠性增强，信息分类成为特殊问题；相对缺少实验和重复的机会；组织效率和政策后果难以判断；更有必要研究那些无法满足最低要求的选择；判断问题性质所需时间更长；更有可能出现基本价值观的冲突和全面妥协的必要性。[②] 由于外交决策环境与背景复杂，导致决策者手中的备选方案常常不那么明晰，“尤其是在发生国际危机的时候，因为牵涉到的利益十分重大，决策者的精力已经使用到了极限”。[③] 外交决策理论着眼于外交政策的制定过程，研究决策者与所处环境之间在不同层次上的互动过程和互动内容。自上个世纪50年代以来，外交决策理论发展迅猛，涌现出诸如托马斯·谢林、阿尔伯特·查马、格雷厄姆·艾利森等一大批重要学者，以及诸如《冲突策略》[④]、《决策的本质》[⑤]、《超级大国的游戏：博弈论在

① Richard C. Snyder, H. W. Bruck, Burton Sapin, *Foreign Policy Decision - making*, New York: Free Press, 1962, p. 57.

② Richard C. Snyder, H. W. Bruck, Burton Sapin, *Foreign Policy Decision - making*, p. 104.

③ ［美］詹姆斯·多尔蒂、小罗伯特·普法尔茨格拉夫：《争论中的国际关系理论（第五版）》，阎学通、陈寒溪等译，北京：世界知识出版社，2003年版，第597页。

④ Thomas C. Schelling, *The Strategy of Conflict*, Cambridge: Harvard University Press, 1960.

⑤ Graham T. Allison, Philip Zelikow, *Essence of Decisions*，北京大学出版社，世界政治与国际关系原版影印丛书，2008年1月版。

超级大国中的应用》[①] 等经典之作，形成三种经典理论，即理性选择模式、官僚组织模式和认知心理模式。

## 一、外交决策理论及其演进

作为国际政治重要实践，外交决策很早就吸引学者自觉或不自觉地进行研究。希腊历史学家修昔底德可谓外交决策研究的先驱，其所著的《伯罗奔尼撒战争史》率先从外交决策的角度，研究城邦领导人在当时条件下决定战争与和平、结盟与建立帝国等重大问题。[②] 成书于汉代的《战国策》[③] 用优美的文辞、生动的语言，记述了战国时期纵横家的政治主张和策略，蕴含了丰富的决策思维、决策方法，是研究我国古代决策实践的必备资料。但是，真正的外交决策理论产生于20世纪50年代：当时自然科学在信息论、系统论、控制论、博弈论等方面取得突飞猛进的发展，社会学科也开始向自然科学靠拢，将自然科学理念和研究方法运用到社会科学的研究领域，从而出现了行为主义等学派。外交决策学作为政治学和国际关系理论的一部分，就是在这种大背景下诞生的。[④] 从外交决策的研究视角、方法等出发，外交决策理论的发展可以粗略地分为三个阶段：

---

① Steven J. Brams, *Superpower Games: Applying Game Theory to Superpower Conflict*, New Haven: Yale University Press, 1985.

② Thucydides, *The History of the Peloponnesian War*, Barnes & Noble Classics Series, April 2006.

③ （汉）刘向：《战国策》，上海古籍出版社，1998年3月版。

④ 王鸣鸣："外交决策研究中的理性选择模式"，《世界经济与政治》，2003年第11期，第14页。

## （一）第一阶段：基于经典现实主义的传统外交决策研究

战后，以摩根索等为代表的国际关系理论学者建立起了比较完整的现实主义理论体系，并以其强大的解释力，垄断了20世纪50—60年代的“整个西方国际政治学”。[①] 现实主义旗下的外交政策学，主要从权力和利益的角度出发，考察国家外交政策制定的过程和规律，强调外交政策在国际政治中的巨大作用，外交的目标必须明确，外交的主要手段是把握权力平衡等问题。[②]

理性选择模式是现实主义外交决策研究的传统方法。理性选择模式不是一种哲学或历史的视角，而是从决策思维视角对决策者进行抽象的研究。它假定作为整体的国家是“单一的理性行为体”，外交政策都是目标明确且十分理智的深思熟虑的结果，决策者在对各种选项进行“成本”和“收益”的仔细计算后，最终选定相对收益最大的选项。[③] 博弈论是理性选择模式分析外交政策的重要工具。博弈论强调用一种假设在逻辑上将各种选择联系起来，进而推理出政策结果。在分析外交政策过程中，博弈论的分析原理是“假设—推理（演绎）—结果（决策）”。[④] 博弈论最大的优点在于它是一种对思维过程的数理实验；但是人们的理性思维总是受到许多因素的制约，因此对于外交决策的实践者来说，运用博弈论解决政治问题，往往因为过于复杂的数学分析和逻辑推理，而显得不那么实用。

---

① 王逸舟：《西方国际政治学：历史与理论（第2版）》，上海人民出版社，2006年版，第109页。

② 前引书，第113—115页。

③ 王鸣鸣：《外交政策分析：理论与方法》，北京：中国社会科学出版社，2008年版，第4—5页。

④ 前引书，第6页。

### (二) 第二阶段：基于作为人或组织的决策者的外交决策研究方法

理性选择模式的基础假定是国家作为整体是单一的理性行为体。这一假设使得纷繁复杂的国际关系瞬时变得易于理解。然而这种简而化之的特点，既是理性选择模式的优势，也是它的缺陷。法里德·扎卡里亚说："理论的简约性在某些方面是有用的，但国内政治视角对于解释非常具体的实践、趋势和政策似乎更有用，而在这一方面国际政治大理论似乎显得过于宏观和抽象。"[①] 相反，有学者认为，国际关系变化的根源在于作为个人或组织的决策者所制定的外交政策，这些决策者并不能用抽象的国家概念来代表。为此，一些学者开始挑战理性选择模式的研究方法，将个人和由个人组成的集体作为研究外交决策的切入点。[②]

官僚组织模式是这种研究视角的重要研究方法。对于官僚组织模式，不同的学者进行不同的分类和命名。如格拉汉姆·艾利森在《决策的本质》一书中提出了组织行为模式和政府政治模式。[③] 杰里尔·A. 罗赛蒂提出了"总统政治学模式"和"官僚政治学模式"，前者适用的对象是总统关心并积极参与的问题，后者则是在总统及其主要助手相对插手不多或无法全面控制决策过程时起作用。[④] 斯奈德提出了效用最大化理论、有限理性理论和官僚政治理论。[⑤] 上述分类虽然名称不同，但都摒弃了将作为整体的国家视为单一的决策主体，它们或是从决策小团体，或是从官僚体制本身出发，研究组织

① Fareed Zakaria, "Realism and Domestic Plitics," *International Security*, Vol. 17, 1992, p. 198.

② 王鸣鸣：《外交政策分析：理论与方法》，第 8 页。

③ See Graham T. Allison, Philip Zelikow, *Essence of Decisions*, pp. 4 – 5.

④ 杨捷：《美国在第一次柏林危机中的决策研究》，华东师范大学博士论文（指导老师：邓演达教授），2009 年 4 月，第 232 页。

⑤ 参见詹姆斯·多尔蒂、小罗伯特·普法尔茨格拉夫：《争论中的国际关系理论（第五版）》，第 618 页。

内部和组织之间各种因素相互作用的过程，即外交决策的形成过程。

### （三）第三阶段：强调“领导人特性”和“文化与认同”的外交决策理论

外交决策理论在20世纪60—70年代已经不断成熟，理性选择模式、官僚组织模式和认知心理模式的理论框架已经成型并被广泛应用。但在两极对立的国际体系中，两大集团之间彼此进行信息封锁和苏联不透明的政治体制，使得学者不易从其国内因素或决策者个人视角出发，剖析美苏两大集团的外交决策的过程和精要。种种原因导致外交决策领域在20世纪80年代出现一个沉寂期。①

冷战的结束为外交决策理论的发展提供了契机，许多人意识到仅仅利用现实主义或自由主义等适合一般行为体的理论，无法预测和解释苏联解体这样的颠覆性剧变。相反，从苏联国内的组织和领导人的角度出发探讨苏联的崩溃，却能取得许多意想不到的收获。正是基于这样的认识，90年代的外交决策研究，主要从领导人特性和文化与认同的角度探讨外交决策。② 这方面的著作包括罗斯·麦克德莫特的《国际关系中的政治心理学》③、波斯特的《政治领导人心理评估》④ 等。进入21世纪后，一些新的心理学研究成果也被应用到外交决策研究，例如研究人的神经系统是如何在认知过程中发挥作用的神经系统科学被引入外交政策的研究等。⑤

---

① 王鸣鸣：《外交政策分析：理论与方法》，第31页。

② 同上。

③ Ross Dermott, *Political Psychology in International Relations*, Ann Arbor: University of Michigan Press, 2004.

④ Jerrold Post, *The Psychological Assessment of Political Leaders*, Ann Arbor: University of Michigan Press, 2003.

⑤ R. McDermott, "The Feeling of Rationality: The Meaning of Neuroscientific Advance for Political Science," *Perspectives on Politics*, Vol. 2 2005, p. 691 - 706.

## 二、外交决策理论中的理性选择模式

理性选择模式是外交决策理论重要模式之一，是外交决策研究领域中最为重要、最具影响的模式，格雷厄姆·艾利森称之为一种“基本概念模式（basic conceptual model）”，[①] 彼得·奥得斯胡克（Peter Ordeshook）称之为“正式模式”或“正式假设”，[②] 斯奈德称其为“效应最大化理论”，强调决策者从所有可能的选择中挑选使预期效果最大化的方案。[③]

理性选择模式的核心概念是理性。“理性（rationality）”一词来源于拉丁语中的“ratio”，是一个与“理智”相关的名词。可以说，理性就是一种辨别和推理，“是对偏好进行排序并针对这一偏好体系作出行动选择的能力”。[④] 利特尔则认为，“在对形势的既定判断下，如果存在某项行动是达成某种特定目标的合理手段，那么它就是理性的”。[⑤] 艾利森则更直白地说，理性行为模式中的“理性”指的是“在特定限制条件下，连贯一致的、价值最大化的选择”。[⑥]

“理性行为”则是一个基于“理性”而衍生出的概念。帕森斯认为理性行为应该是“追求为条件所允许的目标，其手段被经验科

---

① Graham T. Allison, Philip Zelikow, *Essence of Decisions*, p. 4.

② SeePeter C. Ordeshook, *A Political Theory Primer*, Routledge: Chapman and Hall Inc., 1992.

③ 参见詹姆斯·多尔蒂、小罗伯特·普法尔茨格拉夫：《争论中的国际关系理论（第五版）》，第618页。

④ 王鸣鸣：《外交政策分析：理论与方法》，第43—44页。

⑤ Deniel Little, “Rational - Choice Models and Asian Studies”, *Journal of Asian Sudies*, Vol. 50, No1, 1991, p. 22 - 52. 转引自王鸣鸣：《外交政策分析：理论与方法》，第44页。

⑥ Graham T. Allison, Philip Zelikow, *Essence of Decisions*, p. 15.

学证明是可选择的，而且在本质上最适合对这一目标的追求”。[①] 托马斯·谢林认为他所构建的战略理论的基础就是“理性行为的假设”，而理性行为并不是聪明的行为，而是对各方优势进行仔细计算后的行为。谢林进一步解释说，“所假定的理性行为不仅是智力输出的行为，而且是受有意识的对优势的计算促动的行为”。[②] 艾利森在谢林的基础上，进一步阐述了理性行为。他认为，理性行为要具有目的性和目标引导性（Purposive and goal - directed），在追求目的的过程中要保持前后的连贯性（Consistency）和追求利益最大化。这里的连贯性有两层含义，一是用相类似的行为追求连贯的目标；二是在选择最优选项时，保持行动原则的连续性。[③]

“理性选择”就是行为体从理性出发，为了理性的目的而作出的选择。理性选择是理性行为的一种，因此，它必须符合“自主性”、“目的性”和权衡与比较的要求。所谓理性的决策，就是决策者依据明确的对外政策目标，对所面临的多种方案进行得失分析、权衡利弊，从中选择一种以最小代价换取最大效果的方案的过程。[④] 理性决策必须遵循收益最大化原则。收益最大化原则是经济学中“效用最大化”原则的衍生，指的是行为者在所处形势下可以达到的幸福和满意程度，也就是决策者对决策结果的主观评价。所谓“最大化”就是在条件许可的范围内实现需求的最大满足。

外交决策理论中的理性选择模式，就是假定“国家”是理性的外交决策者，在遵循“收益最大化原则”基础上，为了追求理性的目标而进行的理性选择的过程。理性选择模式的基本假设包括：（1）理性选择模式将“国家”高度抽象成一元整体，认为国家是理性的

① Talcott Parsons, *The Structure of Social Action*, 1937, p. 58. 转引自王鸣鸣：《外交政策分析：理论与方法》，第 44 页。

② See Thomas Shelling, *The Strategy of Conflict*, Cambridge: Harvard University Press, 1964, p. 4.

③ Graham T. Allison, Philip Zelikow, *Essence of Decisions*, p. 17.

④ 冯玉军：《对外政策研究中的决策理论》，《世界经济与政治》，2000 年第 2 期，第 31 页。

外交决策主体，即按照理性的方式，追求理性的目标，进行理性的选择。在这种假设下，国家被赋予了人格化的意义，即被视为拥有了特定利益偏好的实体，可以独立思考并采取行动。[①]（2）决策者按照理性的方式作出选择。理性的选择包括作出理性的判断，列举出理性的决策选项，理性评估可能的后果最终作出可实现“利益最大化”的选择。[②]（3）信息在决策过程中得到完全、可靠的传递，决策者可以充分利用这些信息和情报作出决策。[③]

美国学者埃德温·曼斯菲尔德提出了分析理性决策程序的五个步骤，分别是：设立或鉴别目标；找出并描述存在的问题；制定明确合理的解决方案；选择最优解决方案；贯彻实施政策。[④]还有学者提出了分析决策的八个步骤，分别是：识别问题；给出决策标准；就决策标准拟清权重；提出解决方案；分析各种方案；选择最佳方案；实施所选方案；评估政策的合理性。[⑤]格雷厄姆·艾利森在论证理性行为模式的三大构成要素——单一行为体（unitary actor）、独特目标（specified objectives）和价值最大化（maximizing value）——的基础上，提出了理性行为模式的四大变量，也即四大步骤，分别是：目标、选项、结果和选择。具体来说，决策者在决策之前，往往会将自己的利益和价值转化为类似于“收益”或“倾向性”之类的函数，并在函数内对各种目标和预期进行排列组合；决策者在决策过程中，往往面对大量的选项，从而组成“决策树”；每个决策选项都会带来一种后果，决策者要从这些后果着眼，评估这些选项；最后决策者选择收益函数上结果最优的选项，并作出决

① 王鸣鸣：《外交政策分析：理论与方法》，第49页。

② See：Graham T. Allison，Philip Zelikow，*Essence of Decisions*，p. 24.

③ 王鸣鸣：《外交政策分析：理论与方法》，第92页。

④ ［美］埃德温·曼斯菲尔德著：《管理经济学》，王志伟等译，北京：经济科学出版社，1999年版，第9页。

⑤ Stephen P. Robbins and Mary Coultar，*Management*，New Jersey：Prentice Hall Inc.，1994，p. 188 – 193. 转引自王鸣鸣：《外交政策分析：理论与方法》，第54页。

策。[①] 在上述学者研究的基础上，美国学者卡伦·明斯行提出了理性外交决策的流程。（如图：理性决策机构模型的流程[②]）

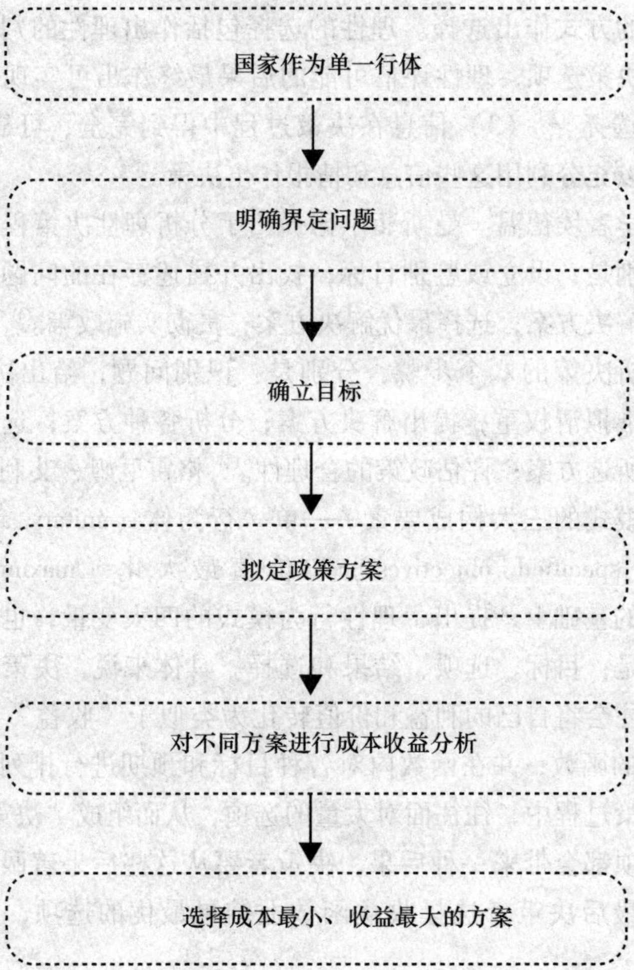


① Graham T. Allison, Philip Zelikow, *Essence of Decisions*, p. 53.

② ［美］卡伦·明斯特：《国际关系精要》，上海世纪出版集团，2007 年版，第 124 页。

理性选择模型理论将复杂的外交决策过程简约化了。关于国家是理性行为体的假设，排除了决策者个人、国内官僚机构等难以辨明的因素，使得研究者只需通过解读国家所追求的目的，就可以确定国家应该采取何种行为，以及作出这种选择的内在原因。[①] 理性选择模型关于外交决策是理性选择的假设，还为我们判断某个国家的决策行为提供了简便易行的分析路径。不可否认的是，真正的纯粹的持久的理性行为是不存在的，[②] 但理性选择的理论性假设却能让我们对国家的决策行为进行抽象和人格化，然后按照理性原则进行模拟、仿真，从而解释为什么某个国家会做出某种决策。正如西德尼·维巴所说："如果决策者是理性的，知道理性规则的观察着就能够在自己的头脑中重现决策过程；同时，如果观察者了解决策人的目的何在，还能够在预知其然的同时知其所以然。"[③]

但是，理性选择模型也有使理性绝对化、僵硬化的缺点：首先，它忽视了情感、信息不对等、突发事件等非理性因素对决策者的影响作用。该模型把国内因素视为"黑箱"，仅以"外在环境因素"来揭示国家的对外政策行为，根据这种假定，政治家的选择余地少，且只能根据自身实力与目标做出被动"反应"。[④] 但事实上，任何事物都是变化发展的，国民情绪、突发事件等非理性等因素都对外交决策产生一定的影响。在这样环境下，如果过于依赖理性的思辨，就会只见树木不见森林，所得出的结果未免有挂一漏万之虞。其次，理性选择模式将国家作为单一的理性决策者的假设，在现

① 参见［英］克里斯托弗·希尔：《变化中的对外政策政治》，唐小松、陈寒溪译，上海世纪出版社，2007 年版，第 119 页。

② 参见克里斯托弗·希尔：《变化中的对外政策政治》，120 页。

③ Sidney Verba, "Assumption of Rationality and non－Rationality in Models of the International System" in J. N. Rosenau, ed, *International Politics and Foreign Policy*, New York: Free Press, 1969, p. 225.

④ 冯玉军："对外政策研究中的决策理论"，《世界经济与政治》，2000 年第 2 期，第 31 页。

实国际政治运作中并无依据。在诸如美国等西方国家中，因为政党轮替而导致外交政策反复的事例屡见不鲜。事实上，任何外交政策都是内政的延续，尼克松曾形象地将内政和外交比作是连体的暹罗猫，“分开就得死”。然而理性选择模式正好犯了这样的错误，它们在分析过程中很大程度上忽视了国内因素对最终决策结果的影响。最后，理性选择模式将理性选择建立在“收益最大化”原则之上，但在实际的决策过程中，由于信息偏差、领导人能力和性格、现实和现时压力等因素的影响，使得一些国家并没有选择最优的决策选项，甚至有的国家在明知最优选项的情况下，依然不予选择。因此，僵硬地使用最优原则来衡量一国的决策合理与否，有时是有失公允的。

## 三、外交决策理论中的官僚组织模式

自上个世纪60年代以来，官僚组织模式开始在相关政治学研究中流行开来。[①] 官僚组织模式是外交决策理论的另一重要模式。它一反理性选择模式将国家作为外交决策主体的做法，强调任何外交决策活动都是由领导人个人和团体、组织作出的，而这些个人和组织之间在决策过程中的互动和博弈，正是外交决策研究所应该重点关注的对象。

官僚机构是依据一定的目的和利益而组建起来的，不同的官僚机构代表着不同的利益，利益之争随之在机构之间扩散开来。事实上，任何国家和社会都是由一个个组织机构组成，国家的内外政策和决策也是由机构制定并执行的。因此，官僚组织机构，特别是权力较大的官僚组织机构，往往对决策拥有很大的影响力，甚至能够

① 詹姆斯·多尔蒂、小罗伯特·普法尔茨格拉夫：《争论中的国际关系理论（第五版）》，第600页。

直接塑造决策。为此，著名政治学家马克斯·韦伯就敏锐地说道："在现代国家中真正的掌权者无疑是官僚机构，因为权力既不是通过议会中的演说，也不是通过君主的公告来行使的，而是通过行政部门的运转才得以行使的。"① 艾利森和霍尔珀林在《官僚政治：一种范式和一些政策的含义》一文中，对官僚机构在政府决策中发挥的作用进行了研究，他指出：（1）政府政策的决策者是由那些在政府政策上持不同观点的组织和个人所组成，彼此竞争以影响政策。（2）政府领导人具有相互竞争的、而不是统一的利益，职位决定了他们的优先考虑和偏好。（3）每个行为者都必须计算一个问题的解决如何影响自己的利益，以及如何决定了他的成本，他根据对这些成本的计算，决定自己的立场。②

正是考虑到官僚部门在决策中发挥重要作用，自20世纪50年代起，美国学者就开始尝试通过分析制定政府政策的个人的决策行为来研究决策过程。理查德·施耐德等人在1954年指出："把国家定义为官方的决策者是我们的一个基本方法。这些决策者们的权威性活动，无论其内容和目标是什么，都代表着国家的行为。国家行为实际上是那些以国家名义行事的人的行为。"③ 不过，直到1962年艾利森和霍尔柏林发表《决策的本质》一书，官僚决策模型的命题才闪亮登场。

艾利森《决策的本质》一书提出的组织行为模式的基本假设是：政府行为是机构输出（organizational output）的结果。"机构输出"指的是，政府行为不是有意选择的结果，而是"许多机构按照标准

① See Max Weber, *Economy and Society*: *An Outcome of Interpretative Analogy*, Berkely: University of California Press, 1978, p. 1393.

② Graham Allison and Morton Halperin, "Bureaucratic Politics: A Paradigm and Some Policy Implications," p. 42 –49. 转引自周琪："官僚政治模式与美国外交决策研究方法"，《世界经济与政治》，2011年第6期，第43页。

③ Richard C. Snyder, H. W. Bruck and Burton B. Sapin, *Decision – Making as an Approach to the Study of International*, Princeton, N. J.: Oraganization Behavior Section, Princeton University, 1954, p. 65.

作业模式发挥功能的输出。”[1] 最终的政府行为无不体现出不同机构的独立功能输出，而在这个过程中，政府部门领导人的作用只是影响或扰乱，而不能完全掌控。与此同时，机构的功能输出也要按照一定的行为模式而进行，这些行为模式往往都是事先已经确定的惯例或计划，即“昨天的行为塑造今天的决策”。但也正是因为如此，这些组织机构一直尽力避免不确定因素的发生，力图循规蹈矩，在熟悉的规章制度中解决问题，作出决策，因而缺乏快速、全新和根本性的环境变化战略。艾利森的“政府政治模式”与“组织行为模式”关系密切，它们都否认外交决策的主体是单一国家的理性选择。所不同的是，“组织行为模式”认为决策是不同组织功能输出的作用结果，相对比较静态；而“政府政治模式”则认为，政府内部的官僚机构都是“中心的、竞争的博弈参与者”[2]，它们不是静态地施加自己的影响，而是通过不断的讨价还价、纵横捭阖来推行甚至扩张自身的影响力。基于此，“政府政治模式”的基本假设为：外交决策就是讨价还价博弈的结果。[3] 在这样的博弈过程中，参与者无论是个体的人还是机构，并不受单一行为体或单一战略的指导控制，而是受关于国家、组织以及个人的目标的观念影响。而决定讨价还价最终结果的，并不是常规的组织程序，更不是对问题的理性判断，而是参与者的权力和讨价还价的技巧。[4]

此后，艾利森不断对自己在《决策的本质》一书中提出的假设进行完善。艾利森的努力与霍尔珀林的《官僚政治与外交政策》[5]

① Graham T. Allison, Philip Zelikow, *Essence of Decisions*, p. 143.

② Ibid., p. 255.

③ Ibid.

④ Ibid., p. 263.

⑤ Morton H. Halperin, *Bureaucratic Politics and Foreign Policy*, Washington D. C.: Brookings, 1974.

以及两人合作的《官僚政治：一种范式及一些政策含义》[1] 一起构建起了极具影响力的外交决策之官僚政治模型。

概言之，官僚组织模型的基本假设主要包括以下四点：

1. 决策主体。官僚组织模式认为外交决策的主体不能，也不可能是一个抽象化、拟人化的国家，相反它或它们应该是某一特定决策环境内的具体决策单元或个人。

2. “讨价还价”的行为方式。官僚组织模式认为决策机构或决策者之间不是以理性的方式约束各自的行为，而是通过游说、阻隔或操纵信息、控制议程、拉帮结派等各种招数或伎俩，来增加自身的利益。因此，“讨价还价”是官僚机构进行决策的重要工具。

3. 官僚机构的“地位决定立场”。官僚政治模式认为，决策者大都关心国家安全利益、组织利益和个人利益，但不同决策机构在决策活动的影响力和话语权是由其地位决定的，而地位又决定着政治立场，最终的决策结构取决于成员的“地位权限”和“有限使用这种权限的能力”。[2]

4. 各官僚机构内部按照“标准作业程序（SOP）”运行。[3] 官僚组织模式认为，“政府由数个半封建性质的组织构成”，组织内部早在需要作出决策之前就已经形成了一套有效的标准作业程序，而政策的内容是由政府内部各组织所具备的标准作业程序所决定的，而决策一旦形成，又会有很大的惯性和延续性。[4]

---

① Graham T. Allison and Morton H. Halperin, “Bureaucratic Politics: A Paradigm and Some Policy Implications,” in Raymond Tanter and Richard H. Ullman, eds., *Theory and Policy in International Relations*, Princeton, N. J.: Princeton University Press, pp. 40 – 79.

② ［美］杰里尔·罗赛蒂：《美国对外政策的政治学》，周启朋等译，北京：世界知识出版社，1997 年版，第 253 页。

③ See: Graham T. Allison, Philip Zelikow, *Essence of Decisions*, p. 169.

④ 冯玉军：“对外政策研究中的决策理论”，《世界经济与政治》，2000 年第 2 期，第 33 页。

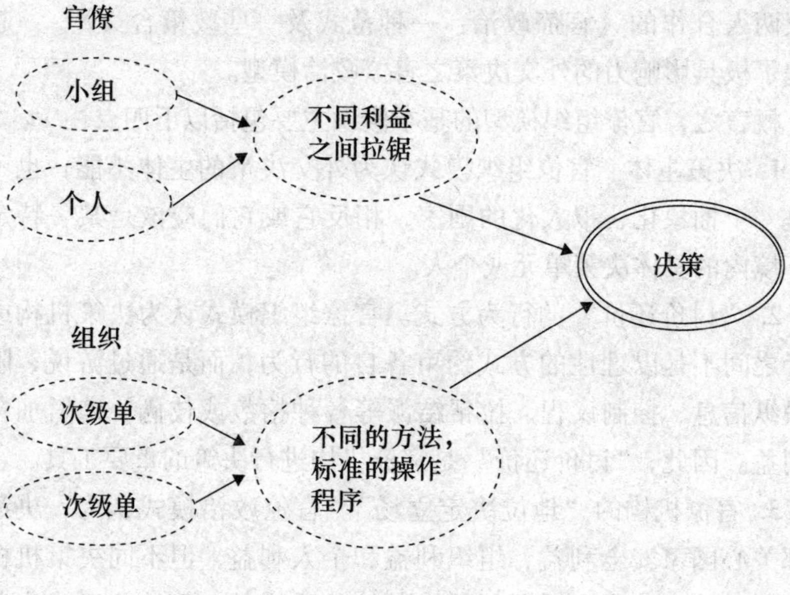


官僚组织模型①

外交决策之官僚组织模型在20世纪六七十年代之所以风行一时，这与其理论的解释力分不开的。首先，它填补了理性选择模式的研究“黑洞”。理性选择模式将国家抽象成理性决策主体，并按照理性行为方式分析国家的决策目的、意图，但却造成了国家内部决策活动研究的“黑洞”。事实上，对外政策总是对内政策的延续，对外政策总是由国内官僚机构和决策者所作出的，而官僚机构又不是铁板一块②。相反，正如艾利森指出的那样，“一个行为人的选择、次级博弈的综合、高层核心博弈，以及出现的混乱状况，所有这些组成了政府处理某个问题的完整画面。”③ 官僚组织模式重点考察国内官僚机构和决策者在外交决策中发挥的重要作用，从而在一定程度上填补了理性选择模式的研究“黑洞”。其次，该模型提出了理解和预测一国外交决策的另一条思路。理性选择模式从理性出发认为，

① 卡伦·明斯特：《国际关系精要》，第125页。

② Graham T. Allison，Philip Zelikow，*Essence of Decisions*，p. 144.

③ Ibid.，p. 257.

外界可以从“利益最大化原则”入手，理解和预测一国的外交政策和决策。但官僚组织模式认为，从理性的角度思考外交决策有失偏颇，外交决策是由不同的官僚机构和决策者个人作出的，因此，“预测一国外交政策可以从分析官僚政治背景下不同组织的利益和立场着手”。①

当然，官僚组织模型理论的缺点也很突出。首先，该模型倾向于将官僚机构之间的立场和利益对立绝对化和尖锐化，其理论的解释力很大程度上正是基于此。但事实上，官僚机构之间虽然有讨价还价、你争我夺甚至尔虞我诈的现象发生，然而这些并不意味着官僚机构之间总是相互冲突，相反它们是“合作冲突并存”。② 此外，过于强调决策机构的作用，会使研究工作滑入“程序主义”的方向，从而容易犯“将世界政治视为一系列的程序，而从所传递的信息或所做出的决定的实质却毫无关系”③。有学者甚至认为，这种对机构争斗的过分强调，“损害了民主政治的假设而具有危险性；因其为官员的失职寻找了借口，为学者们无止境的重新解释和论述提供了机会，而具有蛊惑性”④。其次，官僚组织模式假设的连接决策机构、决策过程和外交政策行为之间的线性关系有待商榷。官僚组织模式认为，研究者可以从作为官僚组织的决策机构出发，分析它们的立场和观点，进而剥开决策的过程，达到解释和预测外交政策的目的。但这种简单的线性关系并不能全面揭示外交决策复杂的过程和动因，事实上在决策过程中，外部环境因素、所涉事件本身性质，以及决策者的信仰、个性等因素都在不断发挥作用，外交决策的线性模式

---

① 王鸣鸣：《外交政策分析：理论与方法》，第19页。

② 参见詹姆斯·多尔蒂、小罗伯特·普法尔茨格拉夫：《争论中的国际关系理论（第五版）》，第616—617页。

③ S. H. Hoffman, “International Relations: the Long Road to Theory”, *World Politics XI*, p. 364.

④ Stephen D. Krasner, “Are Bureaucratic Important?” *Foreign Policy*, No. 7, 1972, p. 160. 转引自张清敏：“对外政策分析理论与中国对外政策研究：以官僚政治模式为例”，《外交评论》，2010年第4期，第59页。

是不可能出现的。[①] 最后，官僚组织模式未将行政系统之外的因素，如媒体舆论、精英阶层等，纳入研究范围。然而随着时代的不断发展，精英阶层、大众舆论、选民结构等因素对一国的国内政策和外交政策的影响越来越大，任何决策机构和决策者在做出外交决策时，都无法忽视上述因素。

## 四、外交决策理论中的认知心理模式

心理学在国际关系领域中的运用最早可以追溯到20世纪初。英国政治学家沃拉斯在1908年出版的《政治中的人性》一书，堪称利用心理学分析政治现象的开山之作。自30年代开始，就有学者开始从认知角度进行外交决策研究。但认知心理学真正进入外交决策研究领域，并独立成派，还是20世纪五六十年代的事，其公认的标志是斯普罗特夫妇在1956年发表的《国际政治背景下人——环境关系的假设》一文。[②] 此后30年来，认知心理模式作为外交决策的三大模式之一，在决策研究中应用不断广泛，影响不断增强。

外交决策理论中的认知心理学的兴起主要是针对理性选择模式的缺陷。[③] 理性选择模式强调决策者在作出决策过程中始终在进行复杂的理性计算，然后根据最优的计算结果作出决策。但决策者要想作出理性的计算，其前提是他能够接收并消化各类信息。然而认知心理学认为，充分消化、吸收各类信息，然后穷尽所有可能选项的做法，不仅是不现实的，而且也超出了人的生理性限制。他们认为，完全理性同物理学中假设物体运动没有摩擦力一样，只是便于分析

---

① 王鸣鸣：《外交政策分析：理论与方法》，第19页。

② 同上，第121—123页。

③ 同上，第121—124页。

所进行的理性化假设为而已。[①] 事实上，人类作出选择的过程不仅受到各种客体间相互依存关系的制约，而且还受到主体认知过程和精神状态的限制。[②] 因此，对决策者的认知过程、信仰体系、个性特征、知觉和错误知觉进行研究具有重要意义。当然，这种研究需要利用认知心理学的概念与方法。

认知心理模式的基本假设主要包括：

1. "国家间发生的一切都是以作为决策者的个人或集团为基础的。"[③] 也就是说，认知心理模式认为外交决策的主体是作为个人的决策者或决策集团，这既不同于以抽象化的国家作为外交决策者的理性选择模式，也不同于以官僚组织为决策主体的官僚组织模式。

2. 决策者的认知活动以及知觉和错误知觉都深深影响到外交决策活动。

3. 外交决策者"对世界和其他行为的知觉会偏离客观实际"，但这种偏离的规律可以发现，其原因也可以了解。[④]

行为准则、认知地图、意象理论和知觉理论，是外交决策理论的认知心理模式的主要研究工具，可用来分析决策者的思维和心理环境对外交政策的影响。

1. 行为准则。"行为准则"英文表述为 operational code，原指计算机中的操作代码。心理学中的行为准则，指的是人的行为来源于发自心灵深处的，为了达到特定目的的指令，[⑤] 其由领导人政治信仰系统所决定的对实现目标最有效的战略和战术的认识。具体来说，研究决策者的行为准则，就是研究他的政治生活本质价值观、政治

---

① 王鸣鸣：《外交政策分析：理论与方法》，第 121—125 页。

② Janice Gross Stein and Raymond Tanter, *Rational Decision Making*, Colunbus: Ohio State University Press, 1980, p. 7.

③ Valerie M. Hudson, "Foreign Policy Analysis: Actor - Specific Theory and the Ground of International Relations," *Foreign Policy Analysis*, Vol. 1, No. 1, 2005, p. 1.

④ ［美］罗伯特·杰维斯著：《国际政治中的知觉和错误知觉》，秦亚青译，北京：世界知识出版社，2003 年版，第 30 页。

⑤ 王鸣鸣：《外交政策分析：理论与方法》，第 129 页。

前景、历史发展的看法、预测、判断或解释其所采取的战略、战术、政策等。

2. 认知地图。“认知地图”又称意境地图、头脑地图、认知模型和意境模型，原是计算机技术领域的概念，这里指的是一种结点和结点线组成的知识网络，结点代表可变化的概念，概念代表系统行为的主要特征，反应系统中的属性和特点等。简而言之，认知地图就是利用模型处理因果知识的网络。[①]

认知地图被运用到外交决策领域发生在上个世纪70年代。虽然引入时间不长，但认知地图在决策研究中的地位不断加强，已经成为历届决策者看待外部环境的有效工具，特别是被应用到危机决策、国际协商和斡旋等研究之中。构建认知地图的原始资料是研究对象在公共场合的讲话或其他文本。研究人员对讲话或文本中的动词进行着重分析，主谓宾结构也是研究的重点，然后再对这些动词和主谓宾结构进行变化，用带方向的箭头将这些编码进行连接，从而展现出它们之间的因果联系。

3. 意象。任何行为体都能感知周围环境，从而获得相关的意象。在外交领域，决策者通过对所处环境的感知而获得意象，往往是其外交政策动机的第一重要步骤。[②] 亚历山大·乔治认为，外交领域中的意象，指的是一个国家对其在国际政治斗争中对对手本质特征的认识，是认知者处理信息的认知系统中的重要环节。他将外交决策中的意象总结为三个特征：第一，意象是国内的认知主体对于他国或地区的主观认识的再现，而非他国实施的客观的呈现。第二，意象是认知主体对他国和地区的较为一贯和稳定的认识。第三，意象的产生受到认知主体自身价值、知识、信仰体系、历史经验的影响。[③] 理查德·科塔姆则将意象分为四种：敌人意象、同盟意象、帝

① 洛祥峰：《认知图理论及其在图像分析与理解中的应用》，合肥工业大学博士论文，2003年4月，第1页。

② 王鸣鸣：《外交政策分析：理论与方法》第136页。

③ 参见陈晓东：“意象在美国外交决策中的作用——以美国军事干涉科索沃为例”，《现代国际关系》，2003年第8期，第35页。

国意象和殖民意象。理查德·赫尔曼又将意象分为三种属性：一是所感知的相对权力和力量；二是所感知的威胁或机遇；三是所感知的文化属性。赫尔曼对意象三大属性的总结得到了西方学界的普遍认同，同时敌人意象、盟友意象、退化者意象和殖民地意象，作为意象的四种分类也被普遍接受。①

4. 知觉是另一个广泛应用于国际关系研究领域的心理学概念。所谓"知觉"，是人脑对客观事物的各种属性、各个部分及其相互关系的综合的、整体的反映，它通过感觉器官，将从环境中得到的各种信息转化为对物体、事件的经验的过程。② 也就是说，当人接受到信息或受到环境中刺激因素的时候，他就会对这一刺激产生知觉，因此，知觉是人在受到刺激后进行选择、组织和判断所接收信息的过程。③ 错误知觉也是心理学概念，指的是由于决策者对接收到的信息作出了错误判断，其决策和行为随之偏离了实际，结果，事物的发展结果就与决策者的原本意图不相吻合。④

杰维斯提出了错误知觉产生的三个原因：认知一致、诱发定势以及历史包袱。所谓"认知一致"，指的是认知活动总是趋向于相符或平衡的状态，而这又往往会诱使我们作出心理愉快的认知，从而出现罔顾事实、知觉错误的情况。⑤ "诱发定势"指的是，人们知觉信息的过程不仅受到其认知结构的影响，还会受到他接受信息时正在关注的内容的影响，例如人们在看完暴力电影和喜剧电影后，走入黑暗的街道上的感觉是不同的。⑥ 所谓"历史包袱"指的是，人们通过学习历史上的经验教训，将历史上发生的事情与当今的事件进行类比，从而找出自己政策变化的证据。⑦ 杰维斯还总结了四种决

---

① 王鸣鸣：《外交政策分析：理论与方法》，第138—139页。
② 梁见宁：《当代认知心理学》，上海教育出版社，2003年版，第58页。
③ 孟昭兰：《普通心理学》，北京大学出版社，1994年版，第121页。
④ 罗伯特·杰维斯：《国际政治中的知觉和错误知觉》，"译者前言"，第13页。
⑤ 同上书，第112页。
⑥ 王鸣鸣：《外交政策分析：理论与方法》，第121—144页。
⑦ 罗伯特·杰维斯著：《国际政治中的知觉和错误知觉》，第222页。

策者经常发生的错误知觉。（1）统一性知觉，即习惯于将别人的行为理解为实行谋划周密的、集中统一的且协调一致的行动。（2）过高估计自己作为影响者或影响对象的重要性。（3）愿望思维，决策者往往选择基于对某个特定结果的期待，甚至刻意回避新信息或与愿望不同的信息。（4）认知失调，决策者力图使自己相信自己的行为是正确的、合理的和前后一致的，以减少失调因素对自己的压力。①

从认知心理学角度切入研究外交决策的认知心理学模型在研究方法上有很大的创新。认知心理学引入外交决策领域，使外交决策研究出现了研究方法上的巨大革新。传统的决策研究主要是从哲学、历史和法学等古典科学中研究出来的，而随着认知心理的引入，一大批诸如模拟技术、仿真技术、环境理论等先进研究方法纷纷入驻外交决策领域，大大推动了外交决策研究和发展。另外，它也是对理性选择模式和官僚组织模式的重大补充和发展。认知心理模式属于外交决策微观领域的研究，主要以领导人的认知、性格、信仰等个体因素为研究对象，从而弥补了理性选择和官僚组织模式所无法覆盖的“黑洞”。

外交决策之认知心理模型的缺陷在于：首先，该模型的解释范围较狭窄。由于认知心理的研究对象主要是个体，因此认知心理模式的适用对象主要是作为人或小集团的决策者，而对于国家层面和国际体系层面难以适用。因此，认知心理模式的研究很大程度上局限于微观层面，其理论覆盖面过窄。其次，理论的解释力不足。认知心理模式的一个重要假设是，决策者在巨大压力下有可能产生错误的认知和错误的知觉，从而导致非理性行为。因此，理性选择模式总是被用来分析非理性或有限理性的结果，认知心理学在这里似

---

① 罗伯特·杰维斯：《国际政治中的知觉和错误知觉》，第332、359、374、402页。

乎退化成了一种“非常态”心理学，其理论解释力因而大打折扣。①第三，理论建构尚待完善。经过几十年的发展，认知心理模式的理论体系建设有了很大的发展，但主要集中在对动机、个性和情绪等认知领域的建设，而诸如认知心理学中“热认知”和“元理论”等新近出现的概念，目前引入外交决策领域的深度和广度还不够，这方面的理论建构依然有待完善。②

## 五、结语

综观国际政治史上的任何外交决策活动，都是立体的，而不是平面的，也就是说，它总是包括宏观层面、中间层面和微观层面三个层次。因此必须综合考虑这三个层面，才能对外交决策做出合理解释，而且惟有如此才不会以偏概全、挂一漏万。而理性选择模式、官僚组织模式和认知心理模式就是对应上述三个层面的理论。理性选择模式是宏观层面的决策研究，研究对象是作为外交决策主体的国家；官僚组织模式则属于“中间层面”的决策研究，其研究的决策主体是人或官僚机构；认知心理模式属于微观层面的决策研究，决策者个人的性格、理念、认知、信仰等主观因素成为考察的重点。具体说，任何外交决策活动都是在一定的国际环境下做出，并且都或多或少影响着其所在的国际环境，从这个层面上看，理性选择模式是非常恰当的分析工具。但国家的任何外交决策都是由某些个体或某些机构作出的，因此研究这些决策个体和决策机构也就十分必要了，从这个层面上，官僚组织模式则是不可或缺的。此外，作为

① Jonathan Mercer, "Rationality and Psychology in International Politics", *International Organization*, Vol. 59, No. 4, 2005, p. 38.

② 尹继武：“认知心理学在国际关系研究中的应用：进步及其问题”，《外交评论》，2006 年第 4 期，第 108 页。

个体的决策者他们的社会经历不同、个人理念不同、所处环境不同，但这些差异性无不深刻地塑造着他们的决策活动，因此对作为个体的决策者进行研究也是十分必要的，从这个层面上说，认知心理模式可谓对症下药。就此而言，上述三大外交决策模型是互相补充、互为奥援，而不是相互排斥、互不相容的关系。

# 论中国军事外交发展面临的机遇与挑战

刘　强

【内容摘要】国际形势的深刻变化和中国的快速崛起，为中国军事外交发展提供了重大机遇，也带来了诸多挑战。就机遇而言，复杂的国际局势为中国军事外交提供了宽阔舞台；全新的外交理念为中国军事外交提供了巨大动力；强盛的国家实力为中国军事外交提供了有力支撑；自信的民族精神为中国军事外交提供了精神支柱。就挑战而言，“中国威胁论”是制约中国军事外交发展的桎梏；“中国责任论”是压在中国军事外交头上的负能量；“军事透明度”是影响中国军事外交深入的绊脚石；“中国规则论”是影响军事外交软实力发挥的“毒药”；狭隘民族主义给中国军事外交增添了过多的压力。因此，中国军事外交应抓住机遇，扎实提高中国军事外交的实效；科学创新，努力扩展中国军事外交新的增长点；纵横捭阖，灵活处置中国军事外交面对的各种挑战；趋利避害，积极配合总体外交实现中国国家利益最大化。要以开放务实的态度和锐意进取的精神，成为传递和平的友好使者；成为结交朋友的重要渠道；成为增信释疑投射中国军事软实力的重要手段；成为引进世界先进军事装备、技术的纽带和桥梁；成为促进尽早转换我军战斗力生成模式的重要助手；成为维护中国国家主权和领土完整及发展利益的开拓者和实现我军现代化和维护世界和平、稳定与安全的贡献者。

【关键词】中国　军事外交　机遇　挑战

中国国际地位和作用的日益提高不仅得益于经济的高速增长，也得益于中国外交的纵横捭阖。作为国家总体外交的重要组成部分，新中国军事外交自建国伊始便迅速展开，即便当时还没有专司军事外交的机构①，多年来为提高中国的国际地位发挥了应有作用并做出了重大贡献。但是，在当今复杂多变的国际局势中，中国军事外交既面临着前所未有的发展机遇，也面临着诸多重大挑战。尽管，中国各级领导人在论及中国军事外交时也几乎都认为"当前军事外交工作既面临难得的发展机遇，又面临前所未有的挑战"②。但是，对于"难得的发展机遇"和"前所未有的挑战"的具体内容却几乎无一论述。因此，笔者从学者的角度对此进行学理上的解析和探讨。希冀能为如何有效地继续推进中国军事外交发展，更好地服务于中国国家利益的拓展做出应有贡献。

## 一、中国军事外交面临前所未有的发展机遇

外交理论认为，外交是内政的延伸。随着中国改革开放的不断深入，中国的军事外交也焕发出勃勃生机，特别是近年来，随着国际形势变化，迎来了前所未有的发展机遇。总体来看，复杂的

① 新中国成立后的1949年11月即向苏联和一些东欧国家派驻了武官，但专司军事外交工作的部门——中央军委外联处是1951年3月8日经中央军委批准才诞生的。

② 此为时任总参谋长陈炳德上将在在2011年3月2日举行的"新中国军事外交发展历程暨总参谋部外事办公室成立60周年纪念大会"上致辞中所言。见"总参谋部外事办公室成立60周年纪念大会在京举行"，人民网，http：//military. people. com. cn/GB/14044925. html。

国际局势为中国军事外交提供了宽阔舞台；全新的外交理念为中国军事外交提供了巨大动力；强盛的国家实力为中国军事外交提供了有力支撑；自信的民族精神为中国军事外交提供了精神支柱。

## （一）复杂的国际局势为中国军事外交提供了宽阔舞台

当今国际局势复杂多变，大国关系正进入一个新的发展阶段，国际格局也正朝着多极化方向快速发展。但是，各种影响国际安全的问题不断发生，热点问题频发，特别是在国际军事安全领域问题众多，这为中国军事外交的展开提供了广阔的舞台。外交学理论认为，外交的一项重要职能就是“要为秩序或有秩序的变化作出贡献”①。也就是“外交的中心任务不仅仅是安排秩序，而且要安排变化，即通过说服在变化之中保持秩序”②。中国作为世界最大发展中国家，同时作为联合国安理会常任理事国，在国际事务中具有独特的地位和作用，在解决重大国际问题上具有重要话语权，这就决定了中国外交能在国际秩序的重构上做出重大贡献。

中国国防部外事办公室主任钱利华少将在总结新中国军事外交时曾说：“60余年来，新中国军事外交的贡献主要体现在五个方面，一是积极配合政治、军事斗争，捍卫国家主权、安全和发展利益；二是学习借鉴外军先进经验，促进国防和军队现代化建设；三是积极增进与周边国家的军事互信，促进地区安全与稳定；四是积极履行国际安全责任和义务，促进和谐世界建设；五是积极宣传和平外

① ［英］R.P. 巴斯顿著，赵怀普、周启鹏、刘超译：《现代外交》（第2版），世界知识出版社，2002年9月版，第2页。

② Adam Watson, *Diplomacy: The Dialogue Between States*, Methuen London, 1984. p. 223.

交政策和防御性国防政策，塑造国家和军队良好形象。”① 从中不难看出，中国军事外交的五项贡献概括起来就是，以良好的形象通过对外交往来提高自身建设、维护国家利益、促进世界稳定和国际秩序构建。

当今世界诸多领域的大变革和大调整引发了许多现实安全问题和诸多安全隐患，一些安全领域和地区甚至出现了大动荡，必须通过大治理方能有所缓解或消除。因而世界迎来了一个大变革、大调整、大动荡和大治理的时代。众多国际安全问题，尤其是诸多的安全热点，尽管一部分或将在未来有望降温，但有些问题才露出冰山一角，极可能呈现更加严峻的局面，而霸权主义、强权政治和新干涉主义的抬头，新的全球性安全问题的不断出现，国际安全形势依然将面临各种挑战并行的局面。国际安全问题是一个重大课题，需要全世界各方力量的协调与合作方能积极面对与有效解决。但是，由于冷战思维的影响，大国间的协调与合作仍不顺畅，集体安全机制暴露出其固有的弱点和问题，这为全球治理带来了巨大障碍。因此，勇气的迸发、思维的创新、智慧的运用与机制的重构应成为国际社会维护世界安全与稳定的基本路径。② 军事外交工作的重点聚焦于军事和安全问题，是在军事和安全领域协调国家间关系、维护和促进国家利益的一种重要手段，不仅无法回避反而必须更加通过积极的行动，方能为实现世界的大治理发挥重要作用，这也正是中国军事外交迎来更加宽阔舞台的重要前提。

近年来，中国军事外交本着“忠诚、善谋、伐交、笃行”的精神，通过务实开放的积极作为，在大国军事关系协调、国际防务磋商与对话机制或多边安全对话与合作机制构建、增进战略互信、国际军控和防扩散事务推进、扩大联合国维和的参与度、加大国际联

---

① “新中国军事外交：回顾与前瞻——专访国防部外事办公室主任钱利华少将”，中华人民共和国国防部网站，http：//www. mod. gov. cn/reports/201102/xzgjswj/2011 - 02/25/content_ 4226919. htm。

② 参见刘强、王维：“大变革、大调整、大动荡、大治理的世界——2012 年国际安全形势综论”，《世界经济与政治论坛》，2013 年第 1 期，第 1 页。

演联训力度、坚持不懈地联合反恐与反海盗、积极参与人道主义救援和公共外交等方面已取得重大成绩。而随着国际局势的继续深入变化和中国参与国际事务力度的不断加大，中国军事外交必将在更加广阔的领域有所深化并有所作为。这既是国际社会对中国作用的期待所驱使的，更是中国作为负责任大国承诺所引领的必然结果

### （二）全新的外交理念为中国军事外交提供了巨大动力

外交理论认为，“从一个国家的角度来看，外交的作用是提出、制定和执行外交政策”[①]。在具体实践中，每个国家都会因应变化了的世界或因自身变化而调整其外交政策，这既是必须因形势变化而变化的处理事务规律所决定的，也是由战略思维变化所决定的。特别是外交理念作为决定外交政策的思维活动，受到众多因素的影响自然会因新的认识而发生变化。

新中国成立至今，由于国际战略态势和自身国际战略思维的调整，中国的外交理念经历过重大变化，从建国初期的“一边倒”到后来的“两条线”、“一条线”、“两面开弓”、“四面出击”、“全方位外交”、“韬光养晦”、“以人为本”、“和而不同”、“有所作为”，直到当下以“和平、发展、合作、共赢”为主旨的“和谐世界”外交理念等，“在捍卫和维护国家利益、顺应时代潮流和伸张国际正义、积聚和善用国家软实力、转变外交模式等方面形成了鲜明的中国特色”，并“在历史进程中形成了与时俱进的世界观、时代观、和平观、利益观、统筹观等”。[②] 总体看，中国外交已逐渐超越了意识形态狭隘观念的束缚，朝着更加务实开放的方向发展。党的十八大

---

① ［英］R. P. 巴斯顿著，赵怀普、周启鹏、刘超译：《现代外交》（第2版），世界知识出版社，2002年9月版，第1页。

② 杨洁勉：“新中国外交60年：实践特点和理念演变”，《国际展望》，2009年第1期。

对中国外交进行了重新定位，更加突出了“共赢”理念，而在重申坚决维护国家主权、安全、发展利益时“决不会屈服于任何外来压力”的表述，更是体现了中国外交上的自信和决心，这为建立和谐世界的外交目标注入了新的内涵。因此，有评论认为，“十八大报告既发扬了中国外交独立自主、不怕鬼、不信邪的优良传统，也展示了中国外交在复杂严峻的新形势下，为维护自身合法权益，敢于斗争的外交风骨”[①]。

军事外交作为国家总体外交中最为敏感复杂的一个领域和分支，受到的制约因素相对最多，也最难有所突破。但是，中国外交理念的转变与发展，为军事外交的发展平添了巨大动力，在各个方面都有所发展，“我军对外交往的对象、领域和深度不断拓展，目前已与150多个国家开展了军事交往，与22个国家建立了防务安全磋商对话机制；在112个国家设立了武官处，有102个国家在中国设立了武官处，年均组织上百个军事代表团互访，形成了全方位、多层次、宽领域的对外军事交往格局”[②]。这充分说明，中国军事外交在中国总体外交理念转变的前提下，已经成为维护国家利益特别是安全利益的重要渠道、手段和力量。

由于军事外交独特的作用和功能，即“军事外交是友好合作的桥梁，也是力量与智慧的战略博弈”[③]，全新的外交理念带来的不仅仅是观念的改变，更会在实践中有所突破和发展，这既是改革开放理念在外交领域的新发展，也是中国军事外交不断成熟的重要标志，它将给中国军事外交大发展带来更大的机遇。

---

① “中共十八大报告外交部分新意多”，大公网，http://www.takungpao.com/paper/content/2012-11/22/content_1388622.htm。

② “新中国军事外交：回顾与前瞻——专访国防部外事办公室主任钱利华少将”，中华人民共和国国防部网站，http://www.mod.gov.cn/reports/201102/xzgjswj/2011-02/25/content_4226919.htm。

③ 钱利华：“顺势而为努力做好军事外交工作”，《解放军报》2013年1月28日，第4版。

## （三）强盛的国家实力为军事外交提供了有力支撑

中国改革开放的最大红利就是使中国彻底改变了贫穷落后的面貌，跻身于世界强国特别是经济大国行列。国富方可强军，军队的发展需要巨大的财政支持，特别是武器装备的研发和装备使用更需消耗巨大的资金。改革开放后，中国的 GDP 已从 1978 年的 3645.2 亿元人民币，增长到 2012 年的 51.93 万亿人民币[①]，是原来的约 142 倍。巨大的经济增长不仅极大地改善了国民生活水平，也为军力发展提供了前所未有的财力支持。中国国防经费预算也从 1978 年的 168 亿元人民币[②]，增长到 2012 年的 6702.74 亿元人民币[③]，是原来的近 40 倍。而根据提交第十二届全国人大第一次会议审议的预算草案，2013 年中国国防费预算比 2012 年又增长了 10.7%，达到 7201.68 亿元人民币。[④] 国防经费的增加，使得中国军队不仅在人员素质培训上得到了经费保障，更为自我研发和引进先进武器装备提供了重要保障，极大地促进了中国军力发展。更为可喜的是，国防投入的增加，也有力地促进了国民经济的发展，形成了一种良性循环。因为，“显然，军队建设的适当投入能产生军事、政治、经济和社会等综合效益，如：通过增强国家安全，为经济增长营造一个安全环境；加强地缘战略效应，有选择地抑制竞争对手的发展，削弱

---

① 数据来源于“1978－2010 年中国 GDP 总值与人均 GDP 值”，百度文库，http：//wenku. baidu. com/view/441578d649649b6648d74792. html。“2012 年中国国内生产总值突破 50 万亿”，中证网，http：//www. cs. com. cn/xwzx/hg/201302/t20130222_3870417. html。

② “中国历年军费开支一览”，共知网，http：//www. 21ccom. net/articles/qqsw/zlwj/article_ 2012033056582. html。

③ “李肇星：2012 年中国国防费预算为 6702.74 亿元”，中国新闻网，http：//www. chinanews. com/gn/2012/03－04/3716415. shtml。

④ “中国公布 2013 年国防预算 增幅适度合理”，中国新闻网，http：//www. chinanews. com/gn/2013/03－05/4616882. shtml。

竞争对手的实力；引起国防工业和其他一些产业投资的加速效应，从而促进经济增长等等”①，因而成为中国发展的军民双赢。

常言道：弱国无外交。中国经济的快速发展极大地增强了中国的综合国力，更是极大地提高了中国的国际地位，中国成为世界争相接近和拉拢的对象，这为中国外交的开展创造了有力条件。而中国军事外交自然成为这种红利的受益者。例如，中国军人开始更多地走向国际舞台，无论是国际维和行动、亚丁湾护航还是机制化的多国联合军事演习，特别是2012年在“围绕海上作战、特种作战、反恐、反海盗、紧急救援等课题开展十余次中外军队联演联训，取得许多新突破”②。而这一切成绩的取得，没有中国强大的国力支撑，很难想象能够得以进行。

### （四）自信的民族精神为军事外交提供了精神支柱

经济发展和国力增强带来的一个重要影响就是能够增强国民的自豪感和自信心。进入新世纪后，受中国经济以震惊世界的速度快速发展成绩的鼓舞，中国人的民族精神得到了极大的振奋。而所谓“民族精神”，通常是指“一个民族在改造自然与社会的过程中所创造一种具有社会主导意义的特殊精神现象”③。“中国梦”的提出，正是这种民族精神的充分体现。自信的中国民族精神已经成为中国发展的重要推动力。

中国外交对外传递的信息中就包含着这种民族精神，它自然也为中国军事外交的进一步发展提供了精神支柱，并充分反映在大国军事战略协调之中。这种自信更多地集中表现在中美两个大国的军

① “中国历年军费开支一览”，共知网，http：//www.21ccom.net/articles/qqsw/zlwj/article_2012033056582.html。

② 钱利华：“顺势而为努力做好军事外交工作”，《解放军报》，2013年1月28日，第4版。

③ 学术界至今对何为“民族精神”释义不同，也没有一个公认是定义。此为一个基本解释，参见“民族精神”，百度百科，http：//baike.baidu.com/view/507061.htm。

事交往中，并影响到美国对中国的态度，导致两国军事交往不断深化并即将迎来两军关系的最高标准[①]。近年来，中美之间保持着经常性高级将领互访，在此推动之下在许多领域有所突破，并在一些重大问题上取得了重要成果。其中，2012 年 5 月国防部长访美时与美方达成的四项重要共识[②]，标志着中美两军关系进入了一个新的发展阶段。而 2012 年 11 月 28 日正在中国访问的美国海军部长马布斯更是进一步表示，美国邀请中国参加 2014 年由美国主导的多国环太平洋联合军事演习，[③] 更将这一良好局面推向了一个高峰。

总之，综观中国军事外交的客观环境和主观意志，均表明其正迎来一个重大发展机遇期。这种机遇，既是中国综合国力提升所带来的必然结果，也是中国军事外交多年努力的成就，它为中国军事外交的进一步发展奠定了承前启后的重要基础。

---

① 按照美国的标准，美军在跟外军发展军事关系时有“八级标准”，即：第一级是高级将领的互访；第二级是参谋情报的交换；第三级为两军召开讨论会和研讨会；第四级是军官赴美受训和互派观察员；第五级则是进行工程和医疗方面的军事演习；第六级是进行小规模的军演；第七级为联合的实兵军事演习；最高标准的第八级则是“多国联合军事演习”。

② 这四项共识为：第一，中美两军关系是两国关系的重要组成部分，双方致力于在中美相互尊重、互利共赢合作伙伴关系的框架下，发展健康、稳定、可靠的两军关系。第二，继续加强两国防务部门和两军间的战略沟通，坚持通过对话磋商增进战略互信，妥善处理分歧、敏感问题。继续发挥中美国防部防务磋商、国防部工作会晤、海上军事安全磋商机制和国防部直通电话的重要作用。第三，继续加强各层次、各领域的务实交流与合作，不断扩大共同利益，双方同意在人道主义救援减灾、军事档案、环保、医学、院校教育、文体等领域广泛开展交流合作。第四，当前亚太地区安全形势复杂严峻，加强两军在安全领域的合作有利于维护本地区的和平稳定，符合双方根本利益。为应对各种安全威胁与挑战，中美两军应继续加强在非传统安全领域的合作，双方同意于年内举行人道主义救援减灾、反海盗等联合演练。参见“梁光烈会晤帕内塔 中美两军达成四项共识”，新华网，http：//news. xinhuanet. com/mil/2012 - 05/08/c_ 123091927. htm。

③ 2012 年 6 月底至 8 月初的环太平洋军演有 22 个国家、超过 40 艘舰艇参加，美国称这是世界上规模最大的军演。参见“美国邀请中国参加 2014 年环太平洋联合军事演习”，中国网，http：//news. china. com. cn/live/2012 - 11/29/content_ 17416608. htm。

## 二、中国军事外交发展面临重大挑战

尽管中国军事外交迎来了难得的重大发展机遇期，但也必须看到，其面临的挑战也将是巨大的。总体来看，中国军事外交发展面临的挑战有些是源自于自身发展的诸多因素，但更多地是源自外部对中国的误读甚至是别有用心的遏制思维所形成的。这些挑战主要有：

### （一）“中国威胁论”是制约中国军事外交发展的桎梏

随着中国和平发展速度的加快，综合国力特别是军事实力不断上升，这使得很多国家对此感到不适，加之冷战思维作祟，一股渲染中国威胁的思潮开始弥漫，并形成了所谓的“中国威胁论”。它被认为是“国际关系上一种诉诸对中国采取围堵的说法”，更因为“基于民主和平论，中共一党专制、侵犯人权的不民主政体更强化这种印象”。①

这种现象的存在，很大程度上削弱了中国“和谐世界”理念的说服力，更给专司对外军事事务的中国军事外交工作形成了巨大阻力，甚至成为制约中国军事外交发展的严重桎梏。因为，外交的本质是以和平为目的、以和平方式开展的对外交往活动，军事外交同样如此。从安全和伦理的视角看，“威胁”是与“和平”背道而驰的“大恶”。中国一旦被披上这样的外衣，给建立相互信赖的两国关系带来的显然是巨大的负面影响，而军事关系作为两国关系中最为

① “中国威胁论”，维基百科，http：//zh. wikipedia. org/wiki/% E4% B8% AD% E5%9B% BD% E5% A8% 81% E8% 83% 81% E8% AE% BA。

敏感的领域，则必首当其冲受到重大冲击。因此，在“中国威胁论”的影响下，代表中国国防利益的中国军事外交所受到的钳制和影响程度则可想而知。

### （二）“中国责任论”是压在中国军事外交头上的负能量

当前国际上一些国家针对中国与“中国威胁论”相提并论的还有“中国责任论”①，事实上，有学者称它是西方对待中国态度一个硬币的两面，是“棒杀”和“捧杀”的结合运用。② 但我认为就其本质而言，都是“抹黑”中国和“消耗”中国的同一种战略的不同表述或路径，是遏制中国组合拳中的一招。

中国政府一直表示将做一个负责任的大国。但是，从责任的角度看，存在着“各尽其责”的基本逻辑，即“责任”是需要各方依据自身的地位和能力进行划分和承担的。中国作为世界最大的发展中国家，尽管通过改革开放综合国力有了巨大增长，但并非可以承担起超越自身能力范围的所有责任。特别是将一些所谓的“责任”强加于中国时，则成为中国难以承受之重。为此，中国外交将消耗大量的资源，它已经成为压在中国外交头上的负能量，自然也成为压在中国军事外交头上的负能量。

---

① “中国责任论”是2005年9月由美国前副国务卿佐利克正式提出的。他在美中关系全国委员会的演讲中提出：“要促使中国成为这个体系中负责任的、利益攸关的参与者。”2006年10月，欧盟委员会发表了新的对华政策文件《欧盟与中国：更密切的伙伴、增长的责任》，第一次明确地提出中国责任。此后“中国威胁论”演进为“中国责任论”，成为美国等西方国家对华政策的新视角。

② 此为北京大学光华管理学院应用经济学博士后张勇的观点，参见“不惧‘棒杀’严防‘捧杀’——中国责任论的再认识”，中国新闻网，http://www.chinanews.com/cj/2010/07-30/2437173.shtml。

### （三）“军事透明度”是影响中国军事外交深入的绊脚石

近年来，一个与中国军事相关的词汇不断见诸各种西方战略报告或领导人的讲话中，即“中国军力不透明”，并已成为对中国进行施压的一种手段。例如，2012 年 5 月，美国国防部不顾中方一贯反对，继续向国会提交并发表所谓中国军事与安全态势发展的年度报告，并在报告中大肆渲染所谓“中国军事威胁”和“中国军力不透明”。[①]

军事外交的一项重要功能就是通过和平方式向世界展示本国的军事战略意图和相关领域的相关事项，为两国和多国之间架起沟通的桥梁。中国的战略意图历来十分清晰，即“防御性国防政策”。而在其他领域的所谓“透明”从来都是相对的而不是绝对的。任何一个国家都不可能做到军事上的 100% 透明，这是路人皆知的基本常识。然而，这种“中国军力不透明”说辞的流行，无疑给中国军事带来很大的负面效应，即使外界对中国军力形成某种猜忌和不信任感。这就为中国军事外交的实施制造了心理隔阂，从而成为影响中国军事外交深入发展的绊脚石。

### （四）“中国规则论”是影响军事外交软实力发挥的毒药

对外交往遵守的原则是国际法、国际条约和国际惯例。中国军事外交的多年实践，一直是在国际法、国际条约和国际惯例的框架下进行的，也就是说一直遵守国际原则和国际规范。但是，出于自身战略考虑，一些国家开始对中国加以规范。美国总统奥巴马曾在 2012 年 4 月强调指出：“随着中国经济的持续增长和中国影响力的

---

① “解放军军事透明度增加 自信公开高新国防技术”，搜狐网，http://mil.sohu.com/20130128/n364872723_1.shtml。

不断扩大，中国应该遵守国际规则和规范。”[①] 奥巴马甚至在2012年10月23日连任竞选的第三轮辩论中，将规则问题设置为中美两国关系发展的前提，即：中国是美国的对手，也是美国潜在的合作伙伴。如果中国能按照规则的来玩的话，那么中国就是我们的合作伙伴。[②] 显然，在美国人的视野中，当今中国是个不按规矩出牌的对手。

奥巴马的这种“中国规则论”理念，明白无误地表明是想将中国纳入美国主导的规则之中，否则，中国就属于“异类”和“对手”抑或“敌手”。这种理念从理论上讲，集中体现在世界政治中存在的规范与认同问题，即“国家层次规范也可能以与国际物质结构相反的方式塑造国家利益”。从而，“规范不仅影响到行为体的利益，也影响到行为体将它们的偏好与政策选择相结合的方式。更准确地说，规范决定了国家将会认为哪些手段或者途径是可用的、合适的”。[③] 尽管，这种规范与认同理论并不一定完全能够解释奥巴马的“中国规则论”，但是，利用这种理论视角，至少我们可以从中看到美国这个国家行为体在霸权思维的作用下，希望通过规范中国来继续维系其全球霸权地位的战略途径选择。

军事外交是以和平方式传播和塑造军事软实力的重要方式和途径，它可在两军甚至两国之间架起互信与合作的桥梁，以良好的形象影响和感染对方。但是，作为世界最有影响力的美国，其“中国规则论”的出现，无疑将极大地损毁中国和中国军队的形象，成为中国军事外交传播中国军队软实力的一剂毒药。

---

① “奥巴马：中国应该遵守国际规则和规范”，新浪网，http://news.sina.com.cn/w/2012-05-02/054424355573.shtml。

② “奥巴马：中国是对手，按规则玩才是伙伴”，凤凰网，http://news.ifeng.com/world/special/usa2012/content-3/detail_2012_10/23/18494687_0.shtml。

③ [美] 彼得·卡赞斯坦主编，宋伟、刘铁娃译：《国家安全的文化：世界政治中的规范与认同》，北京大学出版社，2009年3月版，第483、439页。

## （五）狭隘民族主义给中国军事外交增添了过多的压力

几乎世界各国都经历过经济快速增长导致民族主义情绪高涨的历史。中国快速的经济崛起，也同样将民族主义情绪推到了一个高峰。特别是中国2010年GDP总量超过日本成为仅次于美国的世界第二大经济体后，这种民族主义情绪达到了一个前所未有的顶点，人们开始更多地关注何时超越美国，并在一些涉及中国国家利益的问题上充满非理性的言行。这种浮躁的民族情绪不仅进一步恶化了中国的外交环境，有意无意地助长了“中国威胁论”的深化，也给中国外交特别是军事外交增添了过多的压力。

事实上，民族主义对于主权国家而言是一把双刃剑。如前所述，健康的民族主义所表现出的理性、自信已经成为中国军事外交的精神支柱，但是，缺乏理性的狭隘民族主义情绪也在一定程度上干扰着中国军事外交的展开。例如在处理中日钓鱼岛问题上，一些人甚至打出“中华帝国万岁”、“对日宣战、血洗东京”和“宁可华夏不长草，也要收复钓鱼岛；宁可华夏遍地坟，也要杀光日本人”等非理性的标语。之所以出现这种局面，既反映出中国一般民众参与国家事务的热情，但同时也反映出其对处理对外事务的知识和理性缺失。说到底，这是经济推升国力强盛后一种非理性冲动浮躁情绪的典型表征。如果说外界渲染的“中国威胁论”直接反映的是中国“被强大”，而这种非理性的狭隘民族主义情绪折射出的则是盲目的自我强大，也是一种“被强大”。而就结果而言，被自我强大远比被他人强大所造成的危害要大得多。它极易导致在处理对外事务时，以超越自身能力的方式去处理问题，从而导致更大的被动甚至重大国家利益流失。

作为代表中国国家国防力量和利益的中国军事外交，在这种缺乏理性的狭隘民族主义情绪的压力下，常常会导致左右为难的无奈。因此，时至今日，中国改革开放的步伐越来越大，民意对国家外交决策和执行的影响力也越来越大，“中国的民意不可辱、不可欺”[①]甚至也已成为宣示中国外交决心的一种视角。但是，如果不在健康的民族主义和狭隘民族主义之间构建一种良性平衡，其对中国军事外交构成的挑战则是巨大的。

## 三、中国军事外交发展的必然趋势和对策思考

新中国的军事外交已经走过了60多年的历程，“相对于改革开放以来前20年军事外交，新世纪新阶段中国军事外交实践形式更加多样，内容更加丰富。军事外交的内涵不仅表现出量的差异，更有质的变化：从维护中国周边和平环境为核心转变为以实现中国与世界的和平发展为核心；从保卫国家主权安全更多地转向保障国家海外利益的拓展；从被动地反应和解释自我更多地转向主动塑造自身国际形象；从依靠自我力量应对单一传统威胁更多地转向合作应对多样化非传统安全威胁；从强调独善其身专注于国内经济建设更多地转向关注地区与世界和谐环境的塑造；中国特色军事革命的着眼点从增强抵御战争风险的能力更多地转向危机管理和预防、遏制战争的能力以及实施和平的能力”[②]。这些外交理念的变化充分说明，中国军事外交具有强大的自我调节能力，能够应时代变化和国际局势调整自己的战略思维和战略目标。

早在2011年3月2日举行的新中国军事外交发展历程暨总参谋部外事办公室成立60周年纪念大会上，时任总参谋长陈炳德上将就

---

① 2009年底，就美国总统会见达赖喇嘛一事时，中国外交部发言人秦刚直截了当地提醒美国要倾听中国民众的声音，称“中国的民意不可辱、不可欺”，参见“民意助力中国外交出击”，新华网，http: //news. xinhuanet. com/herald/2010 - 11/09/c_13597877. htm。

② 王逸舟、谭秀英主编：《中国外交六十年（1949—2009）》，北京：中国社会科学出版社，2009年9月版，第150页。

指出："当前军事外交工作既面临难得的发展机遇，又面临前所未有的挑战。我们要深刻洞察国际战略形势发展变化，着眼维护国家发展重要战略机遇期，围绕国防和军队建设科学发展主题，努力开创军事外交工作的新局面：一是要着眼维护国家主权、安全和发展利益，牢牢把握军事外交工作的正确方向；二是要围绕加快转变战斗力生成模式，深化对外军事事务交流与合作；三是要坚持在继承中开拓创新，增强军事外交科学发展的生机活力；四是要大力加强能力建设，努力造就高素质的军事外交人才队伍。"[①] 这就是说，中国军事外交的使命是维护国家主权、安全和发展利益；中国军事外交提高我军战斗力生成模式转变的路径是通过深化对外交交流与合作；提高军事外交科学发展的方法是必须在继承中创新；提高军事外交能力的关键是人才。因此，要想在机遇与挑战并存的前提下，开创中国军事外交发展的新局面，则必须在使命的牵引下，继承前人的成功经验并在实践中开拓创新，通过对外务实交流与合作，以提高能力建设为抓手，促进我军战斗力生成模式的尽早转变。

党的十八大后，中国实现了领导集体的更新换代。以习近平为总书记的新一代领导集体在军事和外交上的特色正逐渐显现。特别是提出军队要"能打仗、打胜仗"，以及明确地为中国如何坚持走和平发展道路阐明了原则底线，即"任何外国不要指望我们会拿自己的核心利益做交易，不要指望我们会吞下损害我国主权、安全、发展利益的苦果"[②]。这无疑为中国军事外交的未来如何迎接挑战和进一步发展指明了道路。也由此表明，在坚定维护中国国家核心利益的基础上，以和平的方式继续为推进中国和平发展与建立和谐世界，仍将是中国军事外交前行的战略目标和必然发展趋势。

因此，中国军事外交必须要抓住有利的战略机遇，勇敢面对并

---

① "总参谋部外事办公室成立60周年纪念大会在京举行"，人民网，http：//military. people. com. cn/GB/14044925. html。

② "习近平外交军事强势开局"，千龙网，http：//news. qianlong. com/28874/2013/03/16/225@8567667. htm。

努力化解正在面对和即将面对的各种挑战，在维护中国国家利益特别是国家安全和发展利益上做出应有和更大的贡献。具体而言，应该做到以下几点：

### （一）抓住机遇，扎实提高中国军事外交的实效

如前所述，中国军事外交正面临着诸多重大发展机遇，这些重大发展机遇为军事外交的深入展开提供了有利的前提和保证。但是，就军事外交工作本身而言，抓住发展机遇的根本是要扎实提高中国军事外交的实效，因为只有提高军事外交的实效，才能更好地完成其所承担的任务，才能更好地实践其应尽的责任和义务，才能更好地体现其应有的价值。

战略机遇期并非长久存在，它稍纵即逝，能否紧紧抓住当前中国军事外交所面临的发展机遇，关系到中国军事外交未来的发展空间。应该说，总体而言，中国综合国力的快速增强，为军事外交拓展带来了前所未有的力量支撑，为中国军事外交扎实提高实效提供了更加广阔的空间，可以使其在纷繁复杂的国际局势中展现更加耀眼的风采。

若要抓住机遇，既要在意识上有所提高，也要在行动上有所作为，即：要对机遇有深入的了解和认知，把握机遇的内涵本质和基本特征，并善于利用机遇带来的红利积极进取。唯有如此，才能扎实提高中国军事外交的实效。

### （二）科学创新，努力扩展中国军事外交新的增长点

墨守成规是事物发展最大的敌人，它不仅导致止步不前，甚至导致最终的败北。尽管中国军事外交历经60多年积累了许多成熟的经验和做法，这些必须在实践中加以继承，但是，只继承不创新绝

然不会有更大的发展。

当今世界，创新能力的高下将决定一个国家和民族的未来。军事创新能力的高下也将决定军事能力未来的国际地位。胡锦涛同志曾多次强调要“秉持科学发展理念，提升自主创新能力”①。习近平同志也曾指出：“要在全社会大力弘扬创新精神、提高创新能力。”②由此可见，党和国家领导人深刻认识到创新能力对国家和民族生存与发展的重要性。

因此，中国军事外交不仅要通过良好的桥梁作用为提高中国创新能力穿针引线、提供借鉴，还应解放思想、开拓进取，努力扩展新的增长点。应该说，经过60年的实践，中国军事外交的内容和形式已由原来相对单纯的领导人互访、军事谈判，缔结军事条约，以及处理国际上的军事事务等，拓展到中外联演联训、联合反恐、联合国维和、国际救援、亚丁湾护航等新的领域，成为中国军事外交新的增长点。而随着国际形势的不断变化，传统安全和非传统安全领域必将出现一些新的问题，这将为中国军事外交拓展新的增长点提供新的机遇。因此，中国军事外交必须依据国家利益的需求，以创新的精神和科学的态度努力拓展新的增长点。

### （三）纵横捭阖，灵活处置中国军事外交面对的各种挑战

面对当前和未来的各种挑战，中国军事外交必须纵横捭阖、灵活处置。其中：

针对“中国威胁论”，中国军事外交应通过各种交流、对话和磋商机制在增信释疑上下功夫，大力宣扬中国防御性国防政策，并以

---

① “秉持科学发展理念 提升自主创新能力”，人民网，http：//politics. people. com. cn/n/2012/0919/c1024－19043660. html。

② “习近平：全社会要弘扬创新精神提高创新能力”，新华网，http：//news. xinhuanet. com/politics/2009－09/20/content_ 12081594. htm。

扎扎实实的实践向世界展示中国和平崛起和建立和谐世界战略目标的真情实意。同时，应通过加强与友好国家的务实合作，树立合作共赢的典范，从而最大限度地弱化“中国威胁论”的消极影响。

针对“中国责任论”，中国军事外交应通过高层互访、个别会谈、多边磋商、交换观点等外交通常手段做耐心细致的说服工作，让世人明白，所谓责任是应本着“共担责任、责任均衡”的原则进行的。只有这样，中国责任才能“既是维护和保障中国核心经济安全和核心利益的责任，又是推动促进经济全球化朝着有利于实现共同繁荣的方向发展，提倡国际关系民主化，尊重世界多样性，推动建立公正合理的国际政治经济新秩序的责任”。[①] 中国军事外交因其特有的工作渠道和方式，可以通过实际行动向世界展示中国在维护世界和平与稳定上能够出色地肩负起自己所应该承担的责任。特别是通过加大参与联合国维和行动、联合反恐、联合反海盗和人道主义救援等安全领域的工作力度，展示中国军事外交维护国际安全的决心和意志。

针对“中国规则论”，中国军事外交应该通过不断参与各种国际机制，逐渐改变现有的不合理或强加给中国的所谓规则，成为新规则的制定者。中国军事外交不仅能够为此做出贡献，也应该为此做出贡献。为此，中国军事外交应该在军事和安全领域加大与共同利益拥有国的联合，共同抵制这种所谓“责任”的无理要求，消弭其带来的不利影响，共同维护国际规则的严肃性和科学性。

### （四）趋利避害，积极配合总体外交实现中国国家利益最大化

中国军事外交在未来的一段时期内，必将在有利的机遇和不利的挑战中继续前行。因此，必须整合所有的有效资源并利用各种有

① “中国责任论的实质是什么?”新华网，http：//news. xinhuanet. com/observation/2010－09/03/c_ 12514161. htm。

效途径，将机遇因素尽可能延长和拓展，将挑战因素尽可能弱化和消弭。在国家总体外交的大框架下，积极配合总体外交实现中国国家利益最大化。

我们必须充分认识到，军事外交具有制约因素多、发展速度慢和最易受到政治外交影响而首当其冲受冲击等特点。这就要求中国军事外交必须要以开放务实的态度和锐意进取的精神，成为传递和平的友好使者；成为收获朋友重要渠道；成为增信释疑投射中国军事软实力的重要手段；成为引进世界先进军事装备、技术的纽带和桥梁；成为促进尽早转换我军战斗力生成模式的重要助手；成为维护中国国家主权和领土完整及发展利益的开拓者；成为实现我军现代化和维护世界和平、稳定与安全的贡献者。

# 中越关系的现状、困境与出路*

戚汉平

【内容摘要】自从中国政府于2012年6月正式宣布成立三沙市以及越南推行《海洋法》之后，中越关系又进入了一个新的时期。在美国战略东移步伐不断加快以及中越两国围绕南海主权争端愈演愈烈的复杂背景下，如何定位当前的中越关系、如何看待两国关系的未来发展？本文将以客观事实与大量数据为论据、以作者切身感受为体会，分析当今的中越关系现状，在此基础上试图对中越关系作出一个科学的定位，并对其未来发展走向提出自己的思考。

【关键词】中越关系　困境　科学定位　战略思考

## 一、中越关系的现状

### （一）本世纪以来中越关系回顾

为实现中越两国领导人所倡导的在新千年之前签署两国陆地边界条约的目标，1999年12月30日，中越双方在河内签署了《中华

* 本文为2012年国家社科基金课题（军事类）“美国军事战略调整背景下越南、菲律宾与其战略互动、对我影响及对策思考”（课题号：12GJ003—006）的阶段性成果。

人民共和国和越南社会主义共和国陆地边界条约》，确认了以 1887 年《中法界约》等历史边界条约为基础，双方宣称本着平等协商、互谅互让的友好精神解决双方的陆地边界问题。2000 年，中越两国各自国内的立法机构完成了批准边界条约的法律程序，从而正式完成了陆地边界划分工作。2001 年，由两国派出代表成立了“中越陆地边界联合勘界委员会”，负责实地勘界立碑的工作。然而，该项工作长期进展缓慢，进度远落后于预期，直至 2009 年，才最终完成中越陆地边界全线勘界立碑工作，双方随后签署了《中越陆地边界勘界议定书》以及边界与口岸管理制度等文件，整个工作历时整整 10 年。上述文件于 2010 年 7 月 14 日正式生效，至此，中越两国已经全部解决了陆地边界争议问题。

根据两国领导人提出的希望在新千年就两国海上边界划分展开谈判的建议，2000 年 12 月 25 日，中越双方在北京签署了《中华人民共和国和越南社会主义共和国关于两国在北部湾领海、专属经济区和大陆架的划界协定》，在北部湾地区确立了 21 个海上分界点，双方宣称本着公平原则解决了在北部湾地区的领海、专属经济区和大陆架划分，根据这一协定，双方大致上获得了 50% 的北部湾海域。此外，双方还签署了《中华人民共和国政府和越南社会主义共和国政府北部湾渔业合作协定》，跨双方管辖海域划定了一块“渔业共同作业区”，建立了联合巡逻等制度。

至 2004 年，双方完成了上述协定的各自国内法定批准程序，2004 年 6 月 30 起，上述协定生效，两国关于北部湾海域的争议也基本宣告解决。

然而，在西沙群岛和南沙群岛的主权争议方面，双方和平解决争端的外交进展却十分缓慢。相反，由于越南在越共十届四中全会上通过了《至 2020 年越南海洋战略》这一纲领性的文件以及越南国会于 2012 年 6 月通过《越南海洋法》，致使中越双方在海上的对抗不断加剧。虽然中国政府和包括越南在内的东盟十国于 2002 年签署了《南海各方行为宣言》，宣言承诺争议各方将根据《联合国海洋法公约》等公认的国际法准则，寻求和平解决争议之道，并在争端解决前保持克制，避免问题复杂化，但渐渐地越南开始滥用该行为宣言，凡是对其有约束性的避而不谈，对其有利的则要求中方遵守，并屡屡指责中方违反了该行为宣言，导致中越关系因此而不断出现波折，各自国内的友好气氛不断遭到破坏，尤其是越南国内的民族主义情绪日益高涨。

除了海上主权争端，中越两国在政治、经济、外交及军事领域的关系基本正常、大体平稳，其中经济贸易合作关系要远远好于两国的政治外交关系。

## （二）中越关系的基本现状

### 1.“政温经热”为当前主要特征

自从中越两国于上世纪90年代初实现了关系正常化以来，两国的经贸合作关系不断出现新的突破。如今，中国已成为越南最大的贸易伙伴和最大的进口产品来源地。中国已成为越南最大的旅游客源国；在越南的工程承包市场中国企业占据了80%左右的份额。中越贸易、投资、旅游、工程承包方面的合作，为两国关系发展注入了更大活力。越南向中国出口原油、煤炭、咖啡和食物等；而中国则向越南出口药品、机器、石油、肥料和汽车零配件等。

两国正成立一个起于中国云南省，终于越南北部的省份和城市的“经济走廊”，以及在北部湾地区成立类似的经济特区，把广西壮族自治区的南宁与越南的谅山省、河内、海防市和广宁省连接起来。连接两国的铁路、航空和海路交通现已开通，另外两国在边境省份一共设有7对陆路口岸。双方也合作成立了许多合资企业，例如位于越南太原省的综合炼钢厂，该厂生产了很多钢铁制品出口至其他国家。此外，中国还在帮助包括越南在内的东盟国家应对金融危机的过程中发挥了重要作用。

然而，中越两国政治、外交领域却远没有达到如此火热的地步。笔者以“政温经热”来形容当前的中越关系，即政治上不温不火，而经贸方面却热得发烫。

**2. 相互克制成海上争端的主要规律**

越南占据着我南沙群岛中的29个岛礁，是实际控制南沙岛礁最多的国家，中越存在着激烈而复杂的海上主权之争。在南沙群岛中，双方不时爆发渔业纠纷、勘探冲突以及油气招标纠纷。

2011年5月底，越南方面抗议中方海监船“侵入”越南海域，切断正在进行地震勘探作业的越南国家油气集团“平明02号”勘探船的电缆，要求中方道歉并赔偿损失。6月中旬，越南再次抗议中方渔政船舶在越南声称的“专属经济区”内破坏了越南租用的法国探测船VIKING2号的电缆。中方则强调中国执法船舶在中国管辖海域内从事正常海洋行政执法活动。2011年6月，越南军方首次在南海进行了军事演练，引发中方的抗议。此前中国外交部对越南在南海进行石油开采活动表示反对，并重申南沙群岛及其周边海域属于中国。6月25日，越南副外交部长胡春山作为越南领导人特使访问中国，与中国国务委员戴秉国举行了会谈，双方达成共识，表示要通过谈判与友好协商以和平方式解决两国之间的海上争议。

对于每次冲突，除了外交抗议之外，双方都能有效克制，没有在海上出现任何过激举动，更没有兵戎相见。迄今为止中方出动的执法船只均为渔政及海监船，为政府公务机构的正常执法行动，从未上升至军事对峙的层面。

即便在出现一系列不利于两国关系的海上纠纷之后，双方也能很快平息下来，不至进一步扩大事态。因此，相互克制成为爆发海上纠纷之后的一个主要规律。越南媒体披露，越南正仿效中国酝酿于2013年年中成立海监与渔政机构（其中渔政局已经成立，隶属于越南农业农村发展部渔业总局），[①] 这是因为越南的海上警察部队虽然其名称为：“Cảnh Sát Biển”，但实为现役部队，系军队编制，而非政府公务执法机关。这一调整可解读为：如果海上警察部队继续在海上执法维权，极易导致误判，继而引发可能的军事冲突。

① 成汉平：“2013，南海之水将更浑”，《世界知识》，2013年第2期。

### 3. 民间外交比较活跃

中越两国互为重要的邻邦，双方人员往来、缔结为友好城市的政府官员之间定期与不定期的互访以及部门行业之间的交流、合作十分密切，民间外交比较活跃。民间外交是中国语境下较为特殊的词汇，与国际通用的公民外交在理论和实践上有一定的重叠和联系①。目前中国是越南最大的贸易伙伴和最大的旅游客源国，即便在中国于 2012 年上半年更换了新的护照引发越方不满之后，越南也没有限制来自中国的游客，而是新增加了一张越方用于盖章的签证纸。因为中国游客给越南带来了巨大的消费；而对中国游客来说，花较少的钱便可实现出国梦。

此外，中国也是越南最大的留学派遣国，由于价格及地缘因素，多年来中国始终是越南学生海外留学的首选，越南学生喜欢的专业包括中医、电子、工程、交通、中文以及农业等，而两国的国家级与地方级大学之间的交流合作也十分普遍。在中国，几乎每所知名的大学都有来自越南的留学生。

### 4. 两军关系始终稳定

虽然两国海上争端不断加剧，但两军关系却并未受到影响。“增加互信”是两国军队的共同努力目标。2005 年，双方首次开始了两军军事留学人员的交流与互访，虽然规模并不大，且仅仅局限于军队外语领域，但这一项合作与交流却开创了中越两军合作交流的先例，一直持续至今。笔者作为首批中方赴越军事留学人员，深切地感受到两军的友好关系。此外，两军还定期举行军事院校交流、青年军官交流等项活动，这些交流活动都有利于促进双方的互信。

2008 年 11 月 18 日，中国人民解放军海军“郑和”号训练舰抵达越南中部的岘港市仙沙港，对越南进行了为期 5 天的访问。这是

---

① 苏淑民：《新中国民间外交研究》，中国经济出版社，2011 年版，前言部分。

中国海军军舰首次访问越南。仅仅半年之后，2009年6月24日，越南海军舰艇编队抵达广东湛江港，对南海舰队进行了为期4天的友好访问。这是越南海军舰艇首次访华。

从2009年开始，越南人民军政治总局每年都要选派师（旅）长政治委员短期培训班前来中国人民解放军的政治院校进行交流培训，学习中国军队开展政治思想工作的先进经验，时间从一周至三周不等。到目前为止，已经先后在解放军南京政治学院上海分院以及解放军西安政治学院（二期）进行过培训与交流。笔者全程参与了上述交流活动，认为这样的交流对稳定并提升两军关系十分有益。

为防止擦枪走火，共同维护海上安全，中越双方海军还定期或不定期举行海上搜救、海上通信以及共同巡逻等多种联合军演方式。

综上所述，虽然面临着激烈的海上主权之争，且越方小动作不断，但中越关系目前是稳定的，主流是好的。对屡屡出现的海上争端，均能保持较大的克制。

## 二、对当前中越关系的科学定位

中国与越南，山水相连，人文相近，两国均为共产党领导下的社会主义国家，相互间有着相同的意识形态和悠久的友好传统，经贸关系十分密切，但同时又存在着激烈的海上主权之争，那么两国的关系到底是战略伙伴合作关系，还是一般的国与国关系，是敌是友？一个准确而科学的定位有助于我们理性地处理好两国之间面临的一系列问题，继而以和平共处五项原则来推动两国关系的健康发展，以体现我国“与邻为善、以邻为伴”的一贯周边外交方针。

2012年9月20日，国家副主席习近平在会见出席第九届中国—东盟博览会的越南总理阮晋勇时表示，中国党和政府高度重视发展对越关系，愿在“十六字”方针和“四好”精神指引下，推动中越全面战略合作伙伴关系不断向前发展。当前亚洲国家面临新的严峻挑战，我们的首要任务就是本着同舟共济的精神，通过深化合作共同维护亚洲来之不易的稳定和发展势头①。

针对中越间存在的南海主权分歧，习近平特别指出：南海问题不是中越关系的全部，但处理不当会影响两国关系全局。两国领导人在南海问题上达成过许多重要共识，双方应认真落实。这对顺利推进两国各领域务实合作也至关重要。越南总理阮晋勇也表示，对华合作是越南外交的头等优先方向。越方愿竭尽全力，精心培育和维护越中友好关系。越中在南海问题上存在不同观点，双方应认真落实两国领导人达成的共识，从战略高度，本着“同志加兄弟”的精神，通过谈判协商，妥善解决彼此的分歧，不使其影响两国关系大局②。

2010年10月28日，温家宝总理在越南河内会见越南总理阮晋勇时强调，“妥善处理南海问题对维护中越关系健康稳定发展至关重要”，③ 越方对此表示完全认同。目前，中越之间已经建立了解决南海争议的谈判机制。

“远亲不如近邻”，作为亚太大国，周边外交在中国的总体外交格局中占据着十分重要的位置。早在2002年，中共十六大便将“与邻为善、以邻为伴”确定为中国周边外交的总指导方针。2007年，胡锦涛总书记在十七大上再次强调贯彻这一外交方针的必要性。在“与邻为善、以邻为伴”方针的指导下，中国致力于发展与周边国家的友好关系④。

对于中越两国的海上主权之争，中国在快速崛起，越南也在某

① 央视网：“习近平谈中越关系：南海问题处理不当影响全局”，http://news.cntv.cn/china/20120921/101127.shtml.

② 赵成：“习近平会见出席第九届中国——东盟国家领导人”，《人民日报》，2012年9月21日。

③ “温总理会见阮晋勇，强调中越关系健康稳定重要性”，《人民日报》，2010年10月29日第1版。

④ 李志斐：“与邻为善”、“与邻为伴”外交方针的回顾与前瞻，《领导之友》2011年第1期。

种程度上崛起，同一地区的两个国家同时崛起，必然存在资源与空间上的争夺，冲突与竞争是必然的①。说到底这是两个发展中国家在资源上的竞争与对抗，但并非战略上的对抗。

习近平同志提出的“南海问题不是中越关系的全部”这一观点，高屋建瓴地确定了中越关系的科学定位，即中越两国之间的关系不是一种敌对关系，而是互为重要的邻邦。国内学界也认为，中国经济迅速增长，国际影响显著提高；同时，中国亦面临更为复杂的国内外舆论和更为多元化的合作对象。国际与国内问题交错交织，国家间合作博弈不断加强②。国内著名越南问题学者于向东教授同样指出，即便在越南出台了《越南海洋法》之后，中越之间仍非一种战略上的对抗③。

对于中越两国来说，领土争议是中越关系中不可回避的问题和共同面临的一大挑战，但领土的争端同时在很大程度上只是经济利益的争夺和博弈，而不是意识形态上的对立以及国家与国家间战略上的对抗。机制理论假设：纷争的存在，可以是合作的基础；而在合作基础上，潜在的或者现实的纷争是可以被克服的。中国需要一个稳定的周边环境，只有团结尽可能多的周边邻国，才能一一化解我们所面临的周边安全困境，也才能突破“第一岛链”、“第二岛链”和日本安倍政府正在精心编织的所谓“钻石链”④。

---

① 李春霞：“越南官方媒体的中国认知变迁分析”，《当代亚太》，2012年第5期。

② 李慎明：《中国和平发展与国际战略》，北京：中国社会科学出版社，2007年版，第198页。

③ 于向东：“关于《越南海洋法》的若干评析”，《和平与发展》，2012年第5期。

④ 所谓“钻石链”是日本首相安倍在2013年年初的一篇文章中提及的，他写道：“我提出的战略是，由澳大利亚、印度、日本以及夏威夷构成一条钻石链，以保证其从印度洋至西太平洋共享海上安全。”他称“我愿意让日本尽其最大可能向这个钻石安全链投资”。其实，这旨在构建一个针对中国的新包围圈。见香港大公网：“安倍构建‘钻石链’遏制中国”，http://news.takungpao.com/hkol/digest/2013 - 01/1400529.html

# 三、中越关系面临的困境

虽然中越两国双方高层都强调两国关系的重要性，但在各自推行市场经济的时代，两国重新回到过去那种“同志加兄弟”的时代根本不可能。这是由两国关系中面临的一系列困境所决定的。

## （一）困境之一：海上主权

近年来，随着资源问题的日益凸显以及越南从我南海攫取的海上油气资源在其国民经济中所占的份额不断增大，中越两国围绕海上主权之争呈现愈演愈烈之态势，按照《至2020年越南海洋战略》设定的目标，至2020年越南海洋经济在国家GDP中占55%，从而一举实现其海洋强国梦[①]。

2012年6月21日，中华人民共和国民政部宣布，中国国务院已经正式批准海南省建立地级三沙市，管辖西沙群岛、中沙群岛和南沙群岛；越南国会也针锋相对地通过《越南海洋法》，把黄沙群岛（越南语：Quần đảo Hoàng Sa，即西沙群岛）和长沙群岛（越南语：Quần đảo Trường Sa，即南沙群岛）划入越南的领土范围。就此，中国外交部在当日发表声明，声称中国对西沙群岛、南沙群岛及其附属海域拥有“无可争辩的主权”；越南对西沙群岛和南沙群岛提出的主权要求是“无效”的。越南外交部发言人也在同一天作出回应，声称越南国会审议通过《越南海洋法》这件事是正常的立法程序，旨在方便越南当局管理、开发和保护由它控制的海域和岛屿，以及方便越南开发海洋经济。越南外交部发言人表示他们坚决反对中国

① 成汉平：“越南海洋安全战略构成及我对策思考”，《世界经济与政治论坛》，2011年第2期。

对此作出的“无理指控”，并对中国设立三沙市表示“强烈抗议”。

从中国三沙市的设立到《越南海洋法》的出台及其于2013年1月的正式实施，也意味着中越海上之争进入了一个新的阶段——双方由以往的“声索对立”上升到了立法的对立，继而则可能进入“执法对立”的阶段。在主权都被双方视为核心利益的前提下，围绕海上主权之争，两国的立场根本无法调和。这是两国关系中面临的最大的困境与挑战。

## （二）困境之二：民族主义

中越关系受困于双方的民族主义，这在越南体现得更加明显。中越两国间每次发生海上纠纷事件或涉海事件，越南国内总会出现针对中国的示威抗议。虽然规模并不大，但通过网络的串联、号召以及鼓动所造成的影响却相当大。在2011年出现海上电缆事件之后，越南国内的反华示威曾持续12个星期之久，每个周末都会有部分民众来到我驻河内大使馆以及驻胡志明市领事馆前抗议示威，高喊反华口号、焚烧我国旗。在我国于2012年6月正式宣布成立地级三沙市之后，越南国内再度掀起反华浪潮，少数反华学生前往我驻越外交机构发起示威，抗议我宣布成立三沙市，同样持续数周之久。此后还发生了护照事件，进一步使中越关系趋于复杂。

在越南政界也有一股民族主义势力，他们主张对华强硬，反对在涉海之争中对华作出任何让步。值得一提的是，越南社会目前有大约60%—70%的人是成长于或经历于中越关系恶化的时代，这部分人是在反华宣传中长大的。今后，这部分人将主宰越南社会的各个领域。

## （三）困境之三：贸易逆差

虽然中越两国的贸易往来十分活跃，但中方对越贸易顺差严重，造成了不平衡。从2004年开始，中国便跃居成为越南最大的贸易伙伴，而相比之下越南则在中国的贸易伙伴中排名第22位[①]。统计显示，越南约有90%的外贸逆差来自于中国，多年来持续不断的贸易逆差，使越南国际收入失衡状态不断积累，不得不寻求国际借贷缓解国际支出的需要，某种程度上也影响了中国作为一个负责任大国的形象。这也被部分越南媒体和反华人士炒作，称这是来自于中国的另一大威胁。

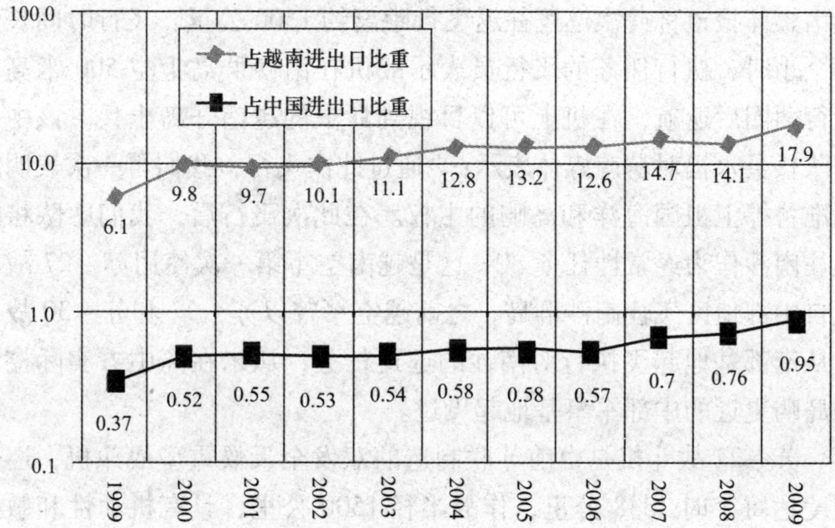


**中越贸易占两国进出口总额比重**

数据来源：中国商务部网站。

## （四）困境之四：国内局势

越南是一个在经济贸易方面对外依存度相当高的发展中国家，一旦受金融风暴的影响，将会遭遇灭顶之灾，2008年的金融危机就是最好的例子，直至近年越南仍未完全从危机的阴影中走出，通胀

① 周增亮："中越经贸关系中的贸易逆差问题"，《东南亚纵横》，2009年第1期。

率始终在两位数徘徊，2012 年 CPI 的涨幅更是创下新高[①]。在通货膨胀连续上升的背景下，各种社会矛盾交织在一起，引发了越南民众的埋怨和不满。统计显示，2012 年上半年经济增长远低于往年同期，其中，工业发展指数仅相当 2011 年同期的 46%[②]。

就在 2012 年 6 月《越南海洋法》出台之际，越南空军 940 战斗机联队派出 4 架飞机，其中包括 2 架苏 –27 战斗机，由中部地区的空军基地起飞，飞往南沙群岛执行所谓的巡逻、侦察和护权任务，越南媒体报道称此次巡逻往返飞行距离约 1300 公里，飞行时间长达两个小时，执行任务的飞行员表示战机在南沙群岛上空 500 米高度绕行两圈后返航，在机上可以目视到岛上的越南守岛士兵。该中队中队长吴永福对越南媒体表示："通过此次飞行，我们再一次表明时刻准备捍卫祖国海洋和岛屿的主权。在此次飞行后，我们中队将把飞往南沙作为经常性任务。"[③] 这是越南空军第一次使用苏 –27 战斗机自中部地区飞往南沙群岛，之前越空军曾以苏 –27 和苏 –30 战斗机从南部基地起飞执行对南沙的巡逻任务，从未在离中方实际控制的岛屿更近的中部军事基地起飞过。

苏 –27 战斗机是由前苏联制造的双发全天候重型战斗机，巡航速度达每小时 1348 公里，作战半径 1500 公里，具有机动性和敏捷性好、巡航时间长等特点，越南从其中部的军事基地起飞，可将其战斗范围覆盖到我南沙的永暑礁等岛屿和领海，如果类似的巡航形成了常态化和机制化，那么无疑将加大与我驻岛守军擦枪走火的可能性。对越南政府来说，在南海问题上采取攻势可以迎合国内的民族主义情绪，而目的则在于转移其国内民众对经济现状强烈不满的视线，又可回击越南部分反华学者以及网友们对政府对华软弱的抨

---

① 人民网："越南通货膨胀抬头，CPI 涨幅创下新高"，http://finance.people.com.cn/n/2012/0925/c70846 – 19103708.html。

② "2002 年上半年越南经济形势"，中国—东盟中心网站：http://www.asean – china – center.org/2012 – 07/20/c_ 131727525.htm。

③ "我军战机飞往海岛"，[越南]《首都安全报》，2012 年 6 月 18 日（越文版）。

击，同时还能将越南国家领导人塑造成坚定的爱国主义者。[①] 这便是学界所称的越南“祸水北移”的做法。

## （五）困境之五：大国因素

随着美国战略的东移，南海之争中的大国因素近来日益明显。美国的“亚洲再平衡战略”以及日本安倍政府抛出的围堵中国的“钻石链”的设想使越南不可避免地被卷入其中，并企图借助区域外势力来给自己壮胆，继而导致南海局势的复杂化。

2010 年，在越南党和政府的领导下，越南外交战线紧密合作，对外政治、经济、文化交往三线并进，集中力量配合越南党和政府完成担任东盟轮值主席国的任务，国际地位得到提升。[②] 同时也使区域外大国对越南趋之若鹜，使之成为拉拢的对象。

2010 年既是越南与中国建交 60 周年之际，同时也恰逢越美建交 15 周年。虽然越南与中国作为目前世界上为数不多的几个社会主义国家，同时双方也有着 60 多年的友好往来，但是如今由于南海之争，美国不断借南海问题介入争端，拉拢越南遏制中国，美国和越南双方形成战略互动。

2010 年越南总理阮晋勇应美国总统奥巴马邀请访问美国，参加首届核安全峰会。同年 7 月，希拉里应邀出席了东盟系列外长会议。同年 10 月，美国国防部长盖茨应邀出席东盟防长扩大会议。同年 11 月 22 日，美国陆军参谋长乔治 · 凯西访问越南。[③] 2012 年 6 月初，美国国防部长帕内塔来到了越南中部的金兰湾，这是自越战结束之后美国防长首次踏足金兰湾，极具象征意义。它意味着美国一惯奉

---

① 成汉平：“越南海洋法出台、实施的背景及对我影响”，《世界经济与政治论坛》，2013 年第 1 期。

② 广西社会科学院编：《越南国情报告》，北京：社会科学文献出版社，2011 年版，第 26 页。

③ 广西社会科学院编：《2000—2011 越南国情报告》，社会科学文献出版社，2010—2011 年版，第 30 页。

行的在南海争端中“不选边站队”的做法正在悄然改变。日本首相安倍晋三在其上任之后于2013年初访问了越南。美军对越南连年的军舰访问以及美越间不断增加的军事演习，为美国在南海增加军事存在增添了底气，同时外交上与区域外大国的频繁交往也使越南认为其在南海争端中的话语权无形之中已经得到了强化，双方一拍即合。在这一背景下，区域外大国将更加趋之若鹜，纷纷插足南海事务。

依现代国际关系的理论而言，大国平衡战略中的关键角色——“平衡手”正是小国集团，而非某一个强国。[①] 说到底，越南所希望的借助区域外大国如美国、日本、印度等国的影响力来逼迫中国在南海问题上作出让步，打破中方历来主张的“一对一”解决框架，并与菲律宾、日本等方形成合力使中国面临比以往更大的周边安全困境；或者使中方根本无暇顾及到南海争端，从而默认他们继续占据我南沙群岛、攫取大量油气资源的事实。这也意味着南海问题在我国总体外交中的地位不断上升，将是我国今后不得不长期应对的重大外交问题。[②]

## 四、推动中越关系的对策思考

显然，除了海上纷争，中越关系还受制于多种十分复杂的因素，如何稳定地推进两国关系，并处理好海上争端，考验着双方的智慧。作为一个负责任的大国，在现阶段，中国可打出下列几张牌。

---

① 李松寒、王森：“与大国共舞——东盟的大国平衡战略”，《东南亚纵横》，2012年第9期。

② 吴士存：“中国南海战略须妥善处理四对矛盾”，《参考消息》，2012年12月21日第10版。

## （一）“意识形态”是一张好牌

虽然越南与美国在围绕围堵中国的问题上有着一定的切合利益，但是在军事合作之外，越南与美国的关系因意识形态和价值观念的差异而存在着许多硬伤，如人权状况、2008 年的鲶鱼贸易壁垒、美越战争遗留的化学残留物质等问题的解决都不是能一蹴而就的。显然，在与美国交往的同时，越南必须打起十二分的精神来提防美国对其时刻都在进行着的和平演变与颠覆。对越南来说，在意识形态方面，美国等西方国家是敌人，而中国才是真正的朋友。中越两党在反对侵略、反对外国干涉，尤其是反对以人权为幌子干涉他国内政的做法等一系列问题上的立场是完全一致的。

## （二）“软实力”是一张需要修正的牌

近年来，我国政府利用经济、文化、教育等多元因素大力推行“软实力”，拓展我国在不断崛起之后全方位的影响力。然而，与欧美国家崇尚中国文化、渴望了解神秘的东方文化所不同的是，越南与中国文化相近，我国文化“软实力”在越南的影响和作用却并不明显，甚至有某些方面正变成一种负面和消极的影响，不利于我正面形象的塑造。

笔者近年曾在越南工作生活过，在许多越南人看来，通过边贸进入越南的中国的部分日用品就是伪劣商品的代名词，这既有中国企业恶意压价竞争的因素，也有越南人贪图便宜购买非主流产品的心理。每逢中国国内出现了食品安全问题，越南媒体习惯于大肆炒作，立即开始排查来自中国的同类食品，嫁祸于中国。其次，虽然每天有许多中国旅游团来到越南旅游消费，但部分中国游客素质不高，随地吐痰、大声喧哗、甚至打架争吵等，造成较坏影响；再者，在越南由于性别比例失调，拐卖妇女的现象较为普遍，而妇女被拐往最多的国家正是中国。加之长期的贸易顺差在越南民众中造成的心理影响，都使中方对越南的正面影响力受到一定的扭曲。在这样的背景下，我们应该进行全方位的反思，做出调整，力争把我国软实力重新变成一种有利于两国关系健康发展的正能量。

## （三）“蝴蝶效应”是一张明牌

笔者曾在数篇论著中提及在经济上采用“蝴蝶效应”来应对越南、菲律宾等国的挑衅[①]，但经历了2012年的海上争端之后，越南似乎已经明显有了这方面的应对之策，拥有相应的预案。一些反华分子甚至在网上叫嚣并号召在其国内抵制中国货，并称他们要对中国进行经济反制裁。在平时，越南媒体总在有意识地渲染中国产品的低劣以及中国食品给消费者带来的无安全感，以期让越南民众不要过分依赖物美价廉的中国商品。

一方面，这将使中国利用经贸手段应对越南挑衅的威力大为减少；而另一方面也易于给别有用心者留下口实，找到“中国威胁论”的注脚。这是一张各方皆知的明牌，既然如此，不如慎用，甚至弃用对越经济制裁这一招。越南与菲律宾无论是体制还是产业结构以及资源状况都完全不同，制裁对菲律宾有用但对越南未必奏效，还会落下中国“以大欺小”的口实。

## （四）军事存在是一张王牌

在《越南海洋法》出台之际，越南军方的苏－27战机首次从中部的空军基地起飞，直接威胁到了我南沙群岛，这是试探，也是挑衅。既然越南等国开始大肆购武扩军备战，我们也有必要增强海上威慑力。强化在南海的军事存在是维护我国海上权益的重要手段之一，这与我防御性国防政策并不冲突。十八大报告中明确提出了

① 成汉平：《越南海洋发展与安全战略》，北京：军事谊文出版社，2012年版，第6章。

“坚决维护我海洋权益，建设海洋强国”的主张，这可被视为是指导我们在未来展开海上维权的纲领性文件。

### （五）各自开发是一张底牌

越南是南沙群岛争端各方中的最大既得利益者。统计显示，截至2011年，越南开采了逾1亿吨石油、1.5万亿立方米天然气，获得了250多亿美元的巨大收益，系南海争端国中最大的既得利益者。① 对此，我们应调整以往的战略，将“各自开发”视为一张底牌，并予以尽快实施，充分体现我在南海问题有所作为的态度和立场。中国只有积极开发，在南海海域有了一定的物质设施，如海上石油钻井平台、海底输油管道等，才具有和周边国家“共同开发”的基础，才能引起其他国家的重视，才有可能使大家坐在一起，商讨解决摩擦和冲突的办法，才能形成某种共同的利益，也才能最终为了共同的利益而“搁置争议”。

在海监、渔政的保护下，一方面加大自主开发、捕捞的力度；另一方面，与其他国家合作开采南海油气资源，广泛实行国际招标，以此来宣示主权，警示他国切勿企图染指我国的神圣领土。目前，在我国南海问题研究学者中就有不少专家持这样的观点。这是落实十八大报告所提出的“海洋强国”奋斗目标的必然选择。

## 结语

从中越两国建交60年的恩怨中可以得出这样的结论：处于改革开放中的中越两国都需要一个稳定的周边，都需要营造一个稳定的

① 姚冬琴：“越南等五国争相开采南海油气资源获得巨大利益”，《中国经济周刊》，2012年第21期。

国际环境。不论从两国关系大局还是从地区与国际形势出发，中越两国和则利，斗则害。一个稳定的、不断推进的中越睦邻友好关系，符合两国人民的根本利益。这也是从60年来两国关系演变中得出的经验与教训。但在主权的问题上，我们则必须做到寸土必争，寸土不让。按照《2008年中国国防白皮书》所说的，“把捍卫国家主权、安全、领土完整，放在高于一切的位置”。

中越之间，首先是合作，其次是利益，再次才是争端。新兴大国的崛起总是会给世界经济政治格局带来巨大的影响。在经济全球化的今天，各国之间相互依存程度日益提高，通过经济手段实现合作双赢是当前国际关系发展的主流趋势。

# 北约与蒙古国的军事合作及其前景

宁　涛　储永正

【内容摘要】近年来，北约与蒙古国展开了一系列的军事合作。2012 年，蒙古国还成为北约的全球合作伙伴关系国。北约与蒙古国双方的军事合作，有着针对中国和俄罗斯的战略意图。如果北约与蒙古国的军事合作关系进一步发展，将可能直接威胁到中俄的安全，不能不引起中俄两国的警惕和防范。本文试图对北约与蒙古国军事合作的内容、原因及其影响进行分析，并探讨其未来的发展前景。

【关键词】北约　蒙古国　军事合作

2012 年 5 月 20—21 日，北大西洋公约组织（北约）峰会在美国芝加哥举行。这次峰会的一个主题是“伙伴关系”。在非传统安全和挑战日益增多、全球化不断加强的今天，展开与国际伙伴的紧密合作成为北约的一大目标。引人注目的是，在本次峰会上，蒙古国首次以北约“全球伙伴关系”框架内的“和平伙伴关系国”地位参会。蒙古国与北约近期的举动引起了国际上的广泛关注，但这并不是北约与蒙古国的首次合作，双方的军事合作由来已久。笔者将在下文分三部分介绍其发展历程、原因及发展前景。

# 一、北约与蒙古国伙伴关系的发展历程

早在2003年，蒙古国就开始参与美国主导的阿富汗国民培训计划，至2012年5月已派出13批265名军人，主要负责为阿富汗军队培训高炮和直升机人才。[①] 2005年12月至2007年3月，蒙古国还参加了北约领导的科索沃行动，[②] 在这次行动中，蒙古国共派出2批72名军人。[③]

2010年3月，蒙古国向驻守在阿富汗的以北约为首的国际安全援助部队（ISAF）提供了一个步兵排，编入国际援助部队的北方司令部。蒙古国部队在费沙巴德（Feyzabad）到喀布尔（Kabul）的国际航班的安全保护中发挥了积极作用，现阶段仍有212名蒙古国士兵参与国际援助部队的军事任务。蒙古国也参与了以美国为首在阿富汗的持久自由行动（OEF）。2003—2010年，共有1309名士兵（包括目前部署）参与了国际安全援助部队和持久自由行动。[④]

经过之前的初步合作，北约和蒙古国相互加强军事合作的意愿已经十分明显。2010年，蒙古国总统额勒贝格道尔吉（Tsakhia Elbegdorj）首次参加了在里斯本举行的北约峰会。在这次峰会中，蒙古国总统公开提出要维护好与北约的友好关系，并愿意增派驻阿军队。北约领导人也提出了他们的战略构想，北约将会调整其伙伴关系，制定更加灵活的伙伴关系政策，以更好地应对全球范围内的安全挑战，并决定于2011年在德国柏林的会议上批准一项新的伙伴关

---

① 人民网：“蒙古国与北约建立准同盟关系（国际视点）”，2012年5月16日电。

② 北约官方网站：“NATO's cooperation with Mongolia”，http：//www. nato. int/cps/en/natolive/topics_ 85297. htm.

③ 人民网：“蒙古国与北约建立准同盟关系（国际视点）”，2012年5月16日电。

④ 北约官方网站：“NATO and Mongolia agree programme of cooperation”，http：//www. nato. int/cps/en/natolive/news_ 85430. htm? selectedLocale = en.

系政策。针对蒙古国提出的希望，北约回应将会发展与蒙古国等国的全球范围内的伙伴关系，而这些不同层次的伙伴关系将会对国际和平有着显著的作用。①

2011 年 4 月，在德国柏林举行的北约高级会议中，北约进一步明确了其伙伴关系政策。在此框架下，合作伙伴之间将会以更多元的形式，展开更加频繁的往来。该机制为北约发展与非北约成员国的关系奠定了基础，有利于北约发展更多的伙伴关系国，以应对国际安全威胁。

同年 5 月，北约发言人詹姆斯·阿帕苏莱伊前往蒙古国的首都乌兰巴托展开高层会谈，他会见了蒙古国总统额勒贝格道尔吉，就蒙古国提出成为北约伙伴关系国的申请进行磋商。阿帕苏莱伊强调：北约对蒙古在阿富汗行动和科索沃行动中的积极表现高度认可，蒙古国维持国际和平的意愿和能力也从中得到充分体现。北约还强调，北约与蒙古国的伙伴关系通过协商、合作得以确立，旨在建立互信、达成共识，双方将加强合作促进和平、民主、人权、法制及国际和平。②

2012 年 3 月 19 日，北约通过了新型伙伴机制（Individual Partnership and Cooperation Programme），与蒙古国正式确立了“全球伙伴关系”。至此，北约的伙伴关系更加多元化，主要分为四类：欧洲大西洋伙伴关系，地中海对话伙伴关系，伊斯坦布尔合作伙伴关系，全球伙伴关系；其中蒙古国、阿富汗、澳大利亚、新西兰、日本、韩国、巴基斯坦、伊拉克属于全球伙伴关系。按照这项机制，所有的合作伙伴将会得到同样的尊重，北约将会积极展开与这些合作伙伴的合作与对话。在北约看来，蒙古国是一个十分有价值的合作伙伴。为了更积极地推进双边关系，蒙古国

① 北约官方网站：“NATO and Mongolia agree programme of cooperation”，http：//www. nato. int/cps/en/natolive/news_ 85430. htm？selectedLocale = en.

② 北约官方网站：“Mongolia and NATO hold High - level talks in Ulaanbaatar”，http：//www. nato. int/cps/en/natolive/news_ 74801. htm？selectedLocale = en.

计划广泛参与北约的课程和培训活动，并考虑加强作战部队在北约中的参与力度。蒙古国五山和平支援行动的培训中心（Five Hills Peace Support Operations Training Centre）也正在考虑准备参与到北约的合作伙伴培训和教育中心网络中。[①]

北约与蒙古国历时10年，已经发展成为十分紧密的合作伙伴关系，双方的合作机制涉猎广泛，形式多样，包括反恐合作、高层互访、人员交流、军事演习等诸多方面。这标志着双边关系已经有了重大突破，为日后进一步发展奠定了基础。

## 二、北约与蒙古国加强合作原因分析

北约与蒙古国的合作虽然只有10年的时间，但双边关系的发展却十分迅猛。北约与蒙古国对此有各自的战略考量，下文将分别对此进行分析。

### （一）蒙古国方面

蒙古国地处亚洲的东北部，面积只有156万平方公里，是亚洲少有的内陆国家，相邻国家只有两个，中国和俄罗斯（苏联解体之前和苏联相邻）。作为这样一个特殊的国家，其自身的外交政策受到很多制约。建国至今，蒙古国的外交政策经过了几番变化。

自1921年独立到苏联解体之前，蒙古国一直奉行“一边倒”的亲苏政策。冷战结束以后，俄罗斯外交政策转向西方，不再把蒙古国作为其盟国，两国关系迅速恶化，这首先体现在军事上，俄罗斯

① 北约官方网站：“NATO’s cooperation with Mongolia”，http：//www. nato. int/cps/en/natolive/topics_ 85297. htm.

于1992年12月30日将所有军队撤回。[①] 同时，双边贸易也受到重创，1990—1994年，蒙俄贸易由占蒙古国总贸易的82%下降到41%，俄罗斯对蒙古国投资从占蒙古国国民经济总投资的70%下降到10%。同期，蒙古国人均GDP也由1340美元下降到230美元。[②] 在这种情况下，蒙古国不得不大力整顿国内秩序。作为内政的延伸，外交也做出了相应的调整。

1994年，蒙古国通过了《蒙古国对外政策构想》（Concept of Foreign Policy of Mongolia），确立了新的外交政策。该构想指出："蒙古国外交政策的主要任务是通过政治外交手段维护自身安全以及实现国家利益，并创造有利的外部环境促进科学技术的发展。"[③] "在制订蒙古国外交政策，确立优先方向和目标的过程中，应采用灵活的处理方式，密切关注国际关系的动态发展以及地区和世界的政治局势。"[④] 由此可见，蒙古国改变了过去"一边倒"的外交政策，希望结合国家利益以及国际环境的综合因素来确定外交政策。

在对外政策的具体构想中，蒙古国就六个方面进行了阐述，可概括为以下几点：

首先，平衡中俄两大邻国。作为夹在两个大国中间的国家，蒙古国必须把中俄外交放在首位。因此，蒙古国并不会与任何一方结

---

① 苏军是在60年代中苏交恶时期根据《关于苏联帮助蒙古加强南部边界防务的军事协定》第三次（第一次为1921年，第二次为1937年）进驻蒙古的。1984年驻蒙苏军有2个坦克师和3个摩托化步兵师，总兵力达7.5万人之多。当时蒙古宣称，苏军进驻蒙古是"为了保证蒙古的和平生活和加强蒙古的独立"，"蒙苏全面合作，包括国防合作，对保卫我国的社会主义成就具有重要意义"。1989年，按照两国政府达成的协议，原苏联开始执行第一阶段大规模撤军计划，从蒙古撤出了5万名军人，占其驻蒙军队总人数的75%。1990年和1991年分别执行了第二阶段和第三阶段撤军计划。1991年12月25日，苏联解体，作为苏联遗产的主要继承国，俄罗斯继续管理留在蒙古境内的部队。1992年，俄罗斯将15%的留守部队撤离蒙古。

② 娜琳："蒙俄积极修复双边关系的背景剖析"，《当代亚太》，2002年第12期，第42页。

③ Concept of Foreign Policy of Mongolia, Chapter 5.

④ Ibid., Chapter 4.

盟，也不会与任何一方为敌，而是与两者保持适度的平衡关系（balanced relationship）和全方位的睦邻合作（all－round neighborly cooperation）。只有这样，蒙古国才能保证经济和政治上的安全，实现与两国的传统友好关系。

其次，“第三邻国”政策。“第三邻国”的称谓并不是原有的，而是中国学者针其外交政策提出的统称，这也是蒙古国外交政策调整中的一大变化。其主要内容是：蒙古国将积极发展与美国、德国、日本等东西方发达国家的友好关系，这样可以使蒙古国加强其经济合作的多元化，摆脱对中俄两国的过分依赖。

蒙古国还注重加强在亚洲特别是东亚地区的参与作用，加强与联合国等国际组织的合作，加强与前苏联国家的交往，加强与其他发展中国家的联系等。[①]

综合蒙古国的对外政策，不难发现，蒙古国新时期的外交政策一大特点就是向多元化、多支点迈进，更多的发展与中俄以外国家或国际组织的联系。在蒙古国的对外交往中，经济交往和政治交往一直发挥着主导作用，但军事合作却难有突破。

军事交往一直是双边关系最直接的反映，苏联解体之后，蒙古国一直在寻求更有象征意义的军事合作对象，以此来保障自身的安全。而北约作为世界上最大的军事集团为蒙古国提供了一个选择，因此蒙古国积极寻求与北约建立合作机制，试图在军事上脱离被动，防止受到中俄两国过分的牵制。

## （二）北约方面

北约是一个军事同盟组织。到目前为止，北约成员国数量已经上升到28个。北约寻求与蒙古国的军事合作有诸多有利因素。

首先，蒙古国的战略价值明显。自成立以来，北约就以遏制苏联为目标，反对共产主义的扩散。冷战结束以后，虽然俄罗斯不断

① Concept of Foreign Policy of Mongolia, Chapter 12.

推动民主化进程，但北约一直没有消除对俄罗斯的恐惧和担忧。据斯德哥尔摩国际和平研究所出具的报告显示，截止到2010年，俄罗斯仍然有2510枚战略进攻型核弹头，[①] 正是因为对俄罗斯的恐惧，北约一直寻求向东扩展。蒙古国地处中国和俄罗斯之间，和俄罗斯有3485公里的边境线，和中国也有4676公里的接壤区域。[②] 如果控制了蒙古国，那么自蒙古国向北进入西伯利亚地区，可以直接威胁赤塔和伊尔库兹克，还可以控制该地区的铁路运输系统，切断俄罗斯与远东的联系。自此向南，蒙古国与中国的华北、东北、西北地区相邻，可以直接威胁中国首都北京和东北重工业区，切断中国东部与新疆的联系。因此，蒙古国的地缘战略价值十分明显。如果中国或俄罗斯与西方交恶，西方可以借用北约的军事力量直接切入两国腹地。

其次，防止上海合作组织进一步壮大。北约一直夸大上海合作组织的军事力量和政治意图，企图借此加强自身力量。冷战期间，北约与华约集团或苏联进行较量。冷战后，亚洲地区尚没有能够和北约抗衡的军事集团。但新世纪初成立的上海合作组织却引起了西方国家极大的警惕。北约一直密切关注该组织，防止其成为军事同盟。而实际上，上海合作组织在成立之初就明确其宗旨：加强各成员国之间的相互信任与睦邻友好；鼓励成员国在政治、经贸、科技、文化、教育、能源、交通、旅游、环保及其他领域的有效合作；共同致力于维护和保障地区的和平、安全与稳定；推动建立民主、公正、合理的国际政治经济新秩序。[③] 如果一定要强调其军事目的，上合组织在其协议中明确其军事目的只针对恐怖主义、分裂主义和极

---

① 斯德哥尔摩国际和平研究所，中国军控和裁军协会译：《SIPRI年鉴2010——军备·裁军和国际安全》，北京：时事出版社，2011年版，第464页。

② 总参谋部地理研究室：《中国周边国家军事地理》，北京：解放军出版社，2000年版，第123页。

③ 上海合作组织官方网站："上合组织成立宣言"，http://www.sectsco.org/CN/show.asp?id=100。

端主义。[①] 值得注意的是，蒙古国也是上合组织的观察员国，为了防止上合组织转化为军事同盟，北约必须极力加强对该地区国家的拉拢渗透，蒙古国现在还只是观察员国，如果将蒙古国拉入北约的阵营，不但防止了上合组织的进一步扩大，还为北约在该地区设定了一个前哨阵地，为北约进一步观察上合组织提供了方便。

第三，推广民主制度。北约虽然是一个军事同盟，但冷战以后，它的根本目标已经不仅限于军事防务。北约在1995年发布的《北约扩大研究报告》中明确提出，后冷战时代欧洲安全的总目标是“在整个欧洲大西洋地区建立一个安全结构，向欧洲大西洋地区的所有国家提供稳定和安全”，“北约扩大用以加强稳定和安全的方式包括鼓励支持民主改革建立和培养新旧成员国之间的合作协商……”。[②] 北约与蒙古国在确定“全球伙伴关系”时也确立了共同的目标：北约与蒙古国的伙伴关系通过协商、合作得以确立，旨在建立互信、达成共识，双方将加强合作促进和平、民主、人权、法制以及国际和平。由此来看，北约与蒙古国之间不单进行军事合作，蒙古国也成西方国家推广西方式民主制度的一个对象国。

最后，北约东扩的美国因素。北约虽然有28个成员国，但是真正发挥作用的却是少数的几个大国，美国在其中占有绝对优势，美国也希望利用北约这个集体力量达到自身目的。进入新世纪以来，美国的战略发生了变化，开始向亚太地区转移。美国一直是蒙古国

---

① 上海合作组织官方网站：“打击恐怖主义、分裂主义和极端主义上海公约”，http：//www.sectsco.org/CN/show.asp？id =99。

② 北约官方网站：“Study on NATO Enlargement”.Chapter 1，article 3. http：//www.nato.int/cps/en/natolive/official_ texts_ 24733． htm？selectedLocale = en.

坚持“第三邻国”政策的主要对象国，而两国关系也有了很大的进展。[①]目前美国在亚太的的主要战略对手是中国。美国正在逐渐构建针对中国的包围圈，作为包围圈中的一环，蒙古自然有十分重要的战略价值。从20世纪90年代开始，美蒙两国领导人就开始了频繁的互访，美国还多次赞赏蒙古的民主改革，并在财政上给予大力支持，蒙古也对美国的帮助作出了积极回应。与此同时，两军关系也迅速发展，1993年，美蒙两国签订了军事合作协议，美国还将蒙古纳入了美国亚太安全体系。[②]美国在发展美蒙双边关系的同时，还积极发展以美国为首的国际组织与蒙古国的关系。美国极力拉拢蒙古与北约合作，为美国亚太战略的实施奠定了基础。因此，北约与蒙古的军事合作离不开美国的积极推动。

## 三、北约与蒙古国军事合作的前景

蒙古国与北约的合作确实引起了国际社会的极大关注，尤其是中国和俄罗斯两国。这就不得不提出一个问题，北约和蒙古国的军事合作接下来会如何进展？会不会在现有合作基础上进一步深化双方关系？蒙古国对东亚局势的稳定会不会构成极大的挑战？笔者认为，双方关系很难再有实质性的进展，其对东亚局势的影响也是十分有限的。这主要有三方面的原因。

首先，北约内部分歧严重，运转效率低。截止到现在，北约成员国已经有28个，这对于一个军事组织来说已经是一个庞大而复杂

① 1990年8月和次年7月，美国时任国务卿贝克先后两次出访蒙古国，随后，蒙古国的总统、总理也四次访问美国。在政治经济上，美国也多次帮助蒙古国，1991年和1995年，美国国会两次通过支持蒙古国“民主变革”的决议。从1991年起连续四年在东京召开的国际援蒙会议中，美国为蒙古国争取到4.9亿美元的低息贷款和无偿援助。除此以外，美国在军事上也不断加强与蒙古国的合作。

② 孙树理：“美蒙关系迅速发展”，《现代国际关系》，1996年第1期，第33页。

的体系，因此，北约内部要想达成共识并不容易。2009 年 4 月，北约成员国在法德边境召开 60 周年峰会，在这次会议中，北约领导人最初曾设想就 1999 年北约 50 周年峰会中提出的《联盟战略概念》提出一个新的版本，但因为各成员国意见不一致，计划落空。同时，新一届北约秘书长的产生也是一波三折，虽然最后丹麦首相拉斯穆森获得任命，但也足以暴露出各成员国的分歧。[①] 更为严重的是，各成员国在对北约未来使命及其方针政策的阐述和定位上也存在明显分歧。如何与北约的和平伙伴处理关系对于北约未来的发展十分重要，北约各成员国能否与作为“全球性伙伴关系国”的蒙古国就进一步深化合作达成一致意见还是未知数。

其次，北约的战略重心仍然在欧洲和大西洋一带。北约自成立之初就在《北大西洋公约》中确立了其宗旨：本公约之缔约国愿意促进北大西洋区域之安全与幸福，决定联合一切力量，进行集体防御及维护和平与安全。[②] 在北约内部，并不是所有的成员国都支持盲目东扩，其中德国最为忧虑，因为德国与俄罗斯邻近，德国并不想与俄罗斯关系恶化。美国外交家乔治·凯南[③]就曾对美国所主张的北约东扩提出质疑。他认为，盲目的东扩将带来 5 个消极后果：1. 刺激俄罗斯民族主义。这一假定是北约东扩将超过俄罗斯民族主义者的承受力；2. 促进反西方倾向；3. 滋生俄罗斯军国主义；4. 妨碍俄罗斯民主进程；5. 可能造成东西方新冷战，造成欧洲新的分裂。由此来看，美国单方面主张的北约东扩不可能不考虑俄罗斯的因素，事实上，美国十分重视俄罗斯的反应。北约各成员国在东扩的同时

---

① 王宝付：“难题考验六十岁的北约”，《解放军报》，2009 年 4 月 9 日。

② 原文：The Parties to this Treaty seek to promote stability and well-being in the North Atlantic area. They are resolved to unite their efforts for collective defense and for the preservation of peace and security.

③ 乔治·凯南（George Frost Kennan，1904 年 2 月 16 日—2005 年 3 月 17 日）是美国外交家和历史学家，普利策新闻奖获得者，遏制政策（policy of containment）始创人。

一直在试图安抚俄罗斯的情绪，力争不引起俄罗斯的对抗。[①] 值得注意的是，虽然蒙古国已经成为北约“全球伙伴关系”框架内的“和平伙伴关系国”，但早在北约与蒙古国展开军事合作之前，俄罗斯就已经与北约建立合作关系，1994 年，俄罗斯成为北约的“跨大西洋和平伙伴关系国”，双方还于 2002 年建立了北约—俄罗斯理事会（NATO—Russia Council）。这也充分说明，北约在发展其他伙伴关系的同时也将俄罗斯的反应视作重要参考，以避免北约与俄罗斯形成对抗。

第三，蒙古国也不可能得罪中国和俄罗斯两国。虽然蒙古国坚持平衡中俄两国关系，并与“第三邻国”处理好关系，但这并不代表蒙古国会忽略中俄而与“第三邻国”发展超出与中俄两国的关系，这与蒙古国的外交政策相违背。这样的外交政策也可以算作“一边倒”，与之前向俄罗斯“一边倒”并无区别。同时，蒙古国是内陆国家，只有南北两个相邻大国，在这种情况下，蒙古国的外交重心应该是中国和俄罗斯，与其他国家的外交只能是一种平衡，而不是以“第三邻国”为外交重心，用于中俄两国的关系平衡。因此，蒙古国之所以发展与“第三邻国”的外交，主要原因是防止对中国和俄罗斯产生过多的依赖，防止受到过多的牵制。就此来看，蒙古国也不会选择依赖“第三邻国”，否则也会受到“第三邻国”的牵制。

## 结语

北约与蒙古国的军事合作在短时间内成为国际社会的热点，合作内容广泛，形式多样，引起了各国的广泛关注，尤其是引起中俄两国的极大警惕。北约作为世界上最大的军事集团拓展了其影响力，

① 刘靖华、牛军、姜毅：“论北约东扩：地缘政治与文明特性的双重分析”，《欧洲》，1997 年第 4 期，第 11—12 页。

蒙古国作为少有的内陆国家，也将其外交对象多元化，减少了对中俄两国的过度依赖。但进一步分析北约与蒙古国各自的战略需求，以及蒙古国所处的地缘政治环境，不难看出，双边军事关系的发展是有其局限性的。

# 军事对外宣传的传播途径与面临的挑战

张 静 周 建

【内容摘要】军事对外宣传工作是一国对外宣传事业的有机组成部分，对于塑造国家形象，提升国际影响力具有十分重要的作用。本文首先论述了作为军事对外宣传主要渠道的大众传媒与具有军队特色的制度化宣传手段等军事外宣的传播途径，随后分析了随着军事对外宣传传播途径的不断拓展，在进行军事外宣活动时面临的意见表达多元化、传播内容非构造化与传播效果放大化三方面挑战，最后提出应对挑战应当注意的四方面问题：即权威与速度相结合、一元与多元相结合、传播与互动相结合、透明与管制相结合。

【关键词】军事外宣　媒体　传播途径　挑战

军事对外宣传，是指军事机构或军事人员实施的以影响外国政府、军队及民众态度为目标的军事信息传播和交流活动。其目标是影响外国政府、军队及民众的态度，进而营造有利的国际舆论，最终推进本国外交和国防政策目标的实现。①

---

① 张英利：《军事外交学概论》，北京：国防大学出版社，2009年10月版，第55页。

## 一、军事对外宣传的主要渠道：大众传媒

在现代大众传媒出现之前，军事对外宣传大多依靠人际传播，其中最主要的途径便是通过驻外武官和其他军事人员在国外的交流活动进行。大众传媒出现之后，报纸、广播、电视和互联网等方式逐渐成为军事外宣的主要传播渠道。拿破仑曾说“报纸一张，犹联军一队也”；毛主席也说过“共产党是左手拿传单、右手拿枪弹才可以打倒敌人的”。如今，随着大众传媒的发展，“美国媒体巨人的全球新闻传播效应，其威慑力绝不亚于冷战时代的核威慑力”。[①] 由此可见，军事外宣对国家的军事实力产生很大的作用和影响。

### （一）传统媒体传播

传播媒体，意指环境、媒介、手段、传播信息的途径，制造和传播信息机器。传播信息的载体，可以是私人机构，也可以是官方机构。传播管道有纸类（新闻报纸、杂志）、声类（电台广播）、视频类（电视、电影），还有现代的网络类。[②] 其中，前三类可被称之为传统传播媒体，而网络类则包括在新媒体之中。

随着传统媒体的发展，在第一次世界大战与第二次世界大战中军事对外宣传得到了广泛的运用。一战期间，英国随军记者斯温登发明了传单，并在西线战场向德军投放。随后，人们慢慢意识到宣传的重要作用。1918 年，英国成立了对敌宣传本部“克尔之家”，开始有计划有组织地对敌宣传。其他参战国也纷纷效仿，大挫德军

---

① 李希光、赵心树：《媒体的力量》，南方日报出版社，2002 年版，第 24 页。

② 齐建华：《影响中国外交决策的五大因素》，中央编译出版社，2010 年 4 月版，第 223 页。

士气，导致在战争后期德军不得不向自己的士兵收购英、法的传单。二战期间，各国开始注重对宣传的研究和运用。盟军建立了庞大的宣传机构，运用先进的工具，以广播宣传为主要手段，对德、意、日等国开展了积极的宣传活动。其中，又以英法两国的宣传最具特色，它们将矛头直指希特勒，大力发掘他生活中的各种丑闻，丑化希特勒的形象，煽动德军的不满情绪，最终造成德军内部的瓦解。与此同时，法西斯德国也很重视军事对外宣传。希特勒曾狂妄地说过“宣传帮助我们夺取了政权，还将帮助我们得到世界”。德军用英语和其他语言对反法西斯阵线国家的军队与人民进行广泛宣传，如针对英国的“哈哈爵士”[①] 与针对美国的“罗丽莱”等。[②]

现代战争中，传统传播媒体依然得到广泛运用。美国的海外驻军都拥有自己的广播电台和电视转播台，美军正式出版的军事刊物有1800多种，有许多是对外发行的。伊拉克战争时，美军非常注重军事对外宣传，尤其是对中东地区的媒体渗透。2002年4月，美国广播管理委员会推出了“中东广播网”，定位为在25个阿拉伯国家“促进自由和民主”。直属白宫的专司舆论宣传谋划、协调、管理的“全球宣传办公室”也迅速根据作战方案做出了舆论宣传计划，对宣传工作作了统一部署安排。[③] 这些行动使中东地区回荡着美国的声音。战争打响之后，军事宣传也与军事作战紧密配合，相辅相成。美军通过“电视直播”，陆续宣布“斩首行动”、“震慑行动”、“斩

① 1939年4月10日，英国的听众听到一位新播音员的声音，他自称是“哈哈爵士”，用一口纯正的英国口音进行亲切谈话，4个月后，英国竟有1800万台收音机听他的广播。他不断攻击社会上的一些问题，并时而抛出一两件令人愤怒的“政界黑幕”，使英国听众逐渐产生恐惧、不安、痛苦、混乱和不信任等不良心理，为此英国政府大为苦恼。一直到战后才查明，所谓的“哈哈爵士”是德国广播电台对英国实施的宣传，对英国民众进行错误引导，使英国政府不得不拿出一部分精力处理其造成的不良影响。

② “高技术条件下的心理战的溯源”，http：//www.defence.org.cn/article-13-83152.html。

③ 杨春长、刘戟锋：《论军事软实力——兼论与国家文化软实力的关系》，北京：军事科学出版社，2008年版，第85页。

断蛇头行动”等，实施全方位、多层次的宣传攻势。伊拉克也不甘示弱，虽在技术力量上处于劣势，但也充分发挥国家电视台、电台的作用，还主动争取卡塔尔半岛电视台等伊斯兰国家电视传媒，传输自己的声音，打破美国的新闻垄断。可以说，有力的军事对外宣传，从政治上、外交上、精神上等多方面起到了军事行动不可替代的作用，直接促进了战略目标的达成。[①]

## （二）新媒体传播

新媒体是指以信息技术为支撑，以互联网、手机和即时通讯、博客等自媒体组成，以共享、互动、开放为特征，以计算机、手机等终端设备为读写工具的新的信息传播平台。新媒体以传递信息广泛、传递速度快、交流方式新颖、影响范围大、参与便捷等特点受到广大受众的欢迎，迅速成为人们接受信息、表达立场、交流信息、获取知识、宣泄感情的重要工具，成为对外宣传的重要阵地，“新媒体”、“新媒体时代”等成为国际传播界使用频率很高的新概念。[②]

20世纪末以来发展最快的是网络的开发和利用，这对于军事对外宣传工作而言，既是机遇又是空前的挑战。一方面，信息的传播更加直接而透明，不再受国界和地域的影响，一国的对外宣传可以通过网络瞬时直达目标国家的民众，减少中间环节，从而有助于增强宣传效果；但另一方面，这种直接化和透明化使信息的控制和封锁变得非常困难，“互联网以及信息传播手段的改变，已经使得人们能够较以往更为透明地获得那些未经过滤的事实真相”，[③] 官方控制、制造、影响信息及其传播的能力正面临着重大考验。与此同时，大

① 杨春长、刘戟锋：《论军事软实力——兼论与国家文化软实力的关系》，第86页。

② 卢灿烽、李峰：“浅析新媒体在我军对外宣传中的作用”，《新闻世界》，2012年第6期，第146页。

③ 蔡翠红：“试论网络对当代国际政治的影响”，《世界经济与政治》，2001年第9期，第26—27页。

量虚假、欺骗信息也充斥网络，误导民众和舆论。如何趋利避害，在利用网络信息流通快捷、无障碍优势的同时，引导民众认识事实真相，营造有利的舆论环境成为世界各国政府共同关注的问题。① 建立官方网站、及时发布官方权威信息以引导民众和舆论，是世界众多国家都在采取的有效措施。如在伊拉克战争中，美国15家主要的新闻网站充分发挥自身优势，使造访量在开战后提高了62%，② 为美国在伊拉克的军事行动进行舆论造势。

高度信息化的今天，各国都普遍重视本国网站的建设。美国空军军官卡思·亚历山大在“联合力量”（JFQ）2007年秋季刊上发表的一篇名为“信息空间的争夺战”的文章中写道：美国政府和军队早已意识到基于互联网的信息空间（以及网络战）对维护国家安全的重要性。美国参联会主席在2004年的国家军事战略报告中指出：美军必须有能力在陆、海、空、天以及信息空间同敌人展开作战。由此可见，美国军方对信息空间的重视程度。作为信息空间中各类军事信息载体的军事类网站，在信息空间争夺战中占据着重要的地位，也是各国军队传播信息的渠道和展示军事实力的窗口。

各类网站中以军事机构网站最为典型，而军事机构网站中又以国防部网站最为权威。各国国防部网站的规模、页面及栏目设置各不相同，但大都具有以下两个特点：一是权威性。国防部网站都是由各国政府和军队建立的官方网站，其组织管理大多由本国国防部相关部门负责，网站适时更新，及时发布正式、权威而准确的消息。③ 二是全球化。国防部网站的受众除了本国民众之外，还包括国际社会，因此，大多数非英语国家的国防部网站都开通了英语版本，甚至开通法语、阿拉伯语等更多语种，体现了国防部网站正在逐渐

---

① 张英利：《军事外交学概论》，北京：国防大学出版社，2009年10月版，第59页。

② 杨春长、刘戟锋：《论军事软实力——兼论与国家文化软实力的关系》，第86页。

③ 张英利：《军事外交学概论》，北京：国防大学出版社，2009年10月版，第60页。

呈现面向全球的特点。很多国家还开设了形形色色的军事类网站，通过宣传其国家政策，展示军事实力，对内稳定民众情绪，增强社会对军队的支持和信任，对外创造良好的国际舆论氛围，产生震慑作用。如美国还存在军事协会类网站、防务智库类网站、防务技术类网站、个人类军事网站（军事博客、军事论坛）等。

## 二、具有军队特色的制度化宣传手段

除了以上提到的大众传媒这一最主要的军事宣传手段之外，在军事外宣的发展过程中，还逐渐形成了具有鲜明军队特色的一些制度化宣传手段，其中以国防白皮书和国防部新闻发言人最为典型。

### （一）国防白皮书制度

国防白皮书是指一国政府就本国防务问题发表的正式官方文件。定期或不定期发表国防白皮书，是世界上许多国家采取的做法。美国的国防白皮书为国防部发表的年度国防报告，与之功能相似的还有国家安全委员会发布的《国家安全战略报告》、参谋长联席会议发布的《国家军事战略》和国防部发表的《四年防务评估报告》等。俄罗斯不定期发表的《俄联邦国家安全构想》和《俄联邦军事学说》，在功能上与国防白皮书相似。日本的国防白皮书是日本防卫省（厅）的年度国防报告。多数国家的发表周期为一年、二年、四年不等，比如，美国、日本和一些欧洲国家每年发表一次，中国每两年发表一次，英国、韩国四年发表一次。[①]

因国情不同，各国国防白皮书所包含的内容各有侧重，但大致都包含以下几个方面的内容：对国际安全形势的分析判断、本国的

① “国防白皮书”，http://baike.baidu.com/view/1429009.htm.

国家安全战略、军事战略、军费预算和使用、装备研发、军兵种发展及国际交流与合作等。如《2013 年中国的国防》白皮书主要内容包括：新形势、新挑战、新使命，武装力量的建设和发展，捍卫国家主权、安全、领土完整，保障国家经济社会发展，维护世界和平和地区稳定等。[1]

总体而言，国防白皮书主要有以下四方面的功能：一是阐述国防政策和军事战略，指导国防和军队建设。一般而言，国防白皮书开篇即是通过对全球及地区安全形势，提出本国的国防政策和军事战略，为国家国防与军队建设做整体性指导。二是分析威胁判断，表明政治立场。台湾问题一直是中国国家安全中最重要、最敏感和最核心的问题。《2000 年中国的国防》白皮书中突出了中国关于台湾问题的政策，强调指出如果出现台湾被以任何名义从中国分割出去的重大事变，如果外国侵占台湾，如果台湾当局无限期地拒绝通过谈判和平解决两岸统一问题，中国政府将采取包括使用武力在内的一切可能的断然措施，来维护中国的主权和领土完整。此举向国际社会有力宣示了"台湾独立"就意味着挑起战争，表明了中国政府在维护国家统一问题上的严正立场和坚定决心。三是展示国防实力，实施军事威慑。通过阐述本国军事科技水平、军事力量构成、现状及未来发展计划展示本国军队的现代化建设水平。一些依靠军事结盟的国家还往往强调其军事结盟关系的稳固与可靠。如日本、澳大利亚、韩国等都不约而同地在国防白皮书中强调其与超级大国美国的结盟关系，以达到威慑潜在敌手之目的。四是增加军事透明，建立相互信任。国防白皮书为其他国家了解本国的防务状况提供了一个窗口，中国通过国防白皮书的发布，使国外各种所谓中国军事威胁和国防现代化的不实之说不攻自破，对于正本清源、增信释疑、增强军事透明度发挥了重要作用。五是普及国防知识，加强国防教育。日本的《防卫白皮书》不仅是面向国会和纳税人汇报自卫队年

---

① "国防白皮书：中国武装力量的多样化运用（全文）"，http://www.mod.gov.cn/auth/2013-04/16/content_4443008.htm.

度贡献和绩效的“工作总结”，更是面向本国青少年及普通民众的“国防教育教材”和“征兵宣传手册”。另外，日本每年的《防卫白皮书》都推出一个动漫版，在防卫省的网站上就可以点击观看，动漫版的白皮书以一个可爱的小姑娘和一个俏皮小男孩之间的对话展开，一问一答里没有政策上的说教，没有难于推敲琢磨的字眼，只有形象的比喻、易懂的语言。自卫队用这种方式进行国防宣传，使民众耳目一新，无形之中达到了国防教育的目的。

## （二）新闻发言人制度

新闻发言人指国家、政党、社会团体任命或指定的专职或兼职的新闻发布人员，其职责是在一定时间内就某一重大事件或时局的问题，举行新闻发布会，或约见个别记者，发布有关新闻或阐述本部门的观点立场，并代表有关部门回答记者的提问。[①] 这一制度起源于西方国家，并在西方国家被广泛使用。从实践看，新闻发言人制度就是一种有限的信息源，作为一种“润滑油”，协调政府和媒体以及公众之间的关系。同时，在此基础上隐蔽地引导舆论。它体现了政府或政治家从自身的立场出发，根据国家、公众的需要以及政治运作过程的需要，设定政策议程。[②]

中国新闻发言人制度起步相对较晚。1983 年 4 月，中国记者协会首次向中外记者介绍国务院各部委和人民团体的新闻发言人，正式宣布中国建立新闻发言人制度。[③] 中国国防部新闻发言人制度的正式成形则是在 2007 年底至 2008 年初。虽然在 1997 年香港回归之前，中国驻港部队就已设立了新闻发言人，但是直到 2008 年 1 月 8 日，

---

① 刘建明主编：《宣传舆论学大辞典》，经济日报出版社，1992 年版，第 357—358 页。

② 曹越：“新闻发言人制度的历史与现状”，《新闻记者》，2003 年第 7 期，第 9—10 页。

③ 中国社会科学院新闻研究所：《中国新闻年鉴 1984》，北京：光明日报出版社，1984 年版，第 482 页。

中国国防部新闻事务局发布消息称，美军太平洋总部司令基廷将于2008年1月13—16日访华，这才成为中国国防部新闻事务局的首次亮相并正式履行职责。国防部新闻事务局的成立，是中国军队新闻发言人制度建立的标志。

此项制度的建立是中国军队扩大对外开放的重大举措，更是中国军队在对外交流中更加自信、开放和透明的体现。具体看，设立国防部新闻发言人制度的重要意义在于：

第一，国防部新闻发言人制度是向世界发布权威国防信息的新渠道。过去中国权威国防信息大部分由外交部、新华社等机构和媒体代为发布，而设立国防部新闻发言人制度拓展了中国国防信息权威发布的新渠道。这既称得上是中国军事对外宣传工作的重大突破，也可被视作中国军队现代化和正规化建设迈出的关键一步。可以说国防部新闻发言人制度是最便捷、及时、有效的方式，以较短的时间、最快的速度、最有效的方式，向世界传达权威的国防信息。

第二，国防部新闻发言人制度是协调国家、军队与社会公众沟通之间矛盾的重要方式。国防部新闻发言人制度是国家与军队借助媒介平台与公众沟通，为公众提供信息，在公众中塑造良好形象，获取公众的参与和支持的一种现代而高效的方式。从传播学角度看，新闻发言人制度是通过议程设置对舆论进行控制。麦库姆斯在其议程设置理论中认为，大众注意某些问题，忽略另一些问题的做法本身可以影响舆论，人们将倾向于了解大众媒体注意的那些问题，并采用大众媒介为各种问题所确定的先后顺序来安排自己对于这些问题的关注程度。国防部新闻发言人制度的主体就是通过定期发布一些权威的、经过审定的信息来引导公众关注哪些事情，忽略哪些事情，从而引导舆论，协调国家、军队与社会公众沟通之间的矛盾。

第三，国防部新闻发言人制度是推动信息的公开透明和促进交流的有效途径。自20世纪90年代以来，中国经济的持续高速增长引发世界其他国家对中国军力发展的极大关注，世界上其他国家对中国军队现代化则给以或是善意或是敌对的不同解读，而处于现代化深刻调适中的中国军队在这一过程中却处于一种“缺语”甚至

“失语”状态，从而给外界留下不透明或刻意隐藏的印象，中国的国家形象也因此受到一定损害。[①] 国防部新闻发言人制度形成后，采取定期或不定期新闻发布方式，对外界关注的中国军队发展的重大动向问题进行澄清与解释，推动了中国与其他国家的沟通与交流。2008 年 11 月，国防部新闻发言人曾就中国海军编队远洋护航、航母研发、中国军费等问题，进行了信息发布，阐明了中方立场，减少了外部猜疑与揣测，提升了国家间战略互信水平。《2010 年中国的国防》正式发表之际，国防部外事办公室举行情况介绍会，向 81 个国家的 115 名驻华武官、副武官介绍新发表的国防白皮书。

## 三、军事对外宣传面临的挑战

由于军事对外宣传的传播途径不断扩展，相应地面临的挑战也在不断增加，并对军事外宣工作提出了更高的要求。

### （一）意见表达多元化

意见表达的多元化首先体现在不同国家主流媒体对于军事事件解读的不同。如我国主流媒体对于中国军事新闻的解读几乎全为正面报道，其中具有代表性的包括《解放军报》、中央电视台军事宣传中心、中国军网、国防部官方网站等，此类主流媒体体现的大多是中国官方的观点，以宣扬为主。但是据 2006 年新华社的研究表明，以美国的美联社、英国的路透社、法国的法新社、俄罗斯的俄塔社、日本的共同社等 2005 年度播发的 2640 条、400 多万字的中国军事新闻为样本进行统计，境外媒体对中国军队的正面报道仅占 6.9%，负

---

① 肖天亮：《新中国军事外交》，北京：国防大学出版社，2011 年 3 月版，第 241 页。

面报道高达47%，比较中立的46.1%。[①]

意见表达的多元化还体现在广泛的民间力量带来的多层次声音。以我国的网络媒体为例，虽然传统的权威渠道在信息传播中具有无可替代的作用，但大量的民间力量也不断涌现。近年来出现的新兴传播平台不下二三十种，如虚拟社区、博客、论坛、维基、微博等。这些平台信息承载量大、传播速度快，与传统的传播平台一起形成了多层次、多元化的意见平台。特别是近年来微博因简单而又随意的信息发布方式，契合了都市人群碎片化的情感表达方式和快节奏的生活状态而受到热捧。[②] 微博的兴起打破了传统媒体的垄断，为普通公众提供了一个更便捷的话语表达平台。人们不再被一个“统一的声音”告知对或错，每一个人都从独立获得的资讯中，对事物做出判断。传统意义上的传播者和受传者出现了角色转换。[③] 原来专属于记者的“发表权”在网络上被扩大化，个体可以直接面对受众发送文字、音频和视频信息，并在全球范围内进行传播。

## （二）传播内容非构造化

在传统外宣理论中，宣传口径是指舆论宣传中必须遵循的原则和界限。从传播学的角度看，这种宣传口径的拟制称之为信息构造，受众所接受的信息，是由宣传者“构造”，然后被其控制下的大众媒介选中并加以传播。[④] 这一模式也是各国在外宣工作中长期坚持的。然而，如上所述，意见表达的多元化随之带来的效果之一便是逐渐瓦解了传播内容的构造化，为信息的传播提供了多样的方式和多维

① 张蕾蕾：“多视角国际环境中外宣媒体构建中国军队国际形象探析”，《湘潮（下半月）》，2012年8月。

② 卢灿烽、李峰：“浅析新媒体在我军对外宣传中的作用”，《新闻世界》，2012年第6期。

③ 赵寅寅：“试论自媒体时代我军外宣工作中舆论领袖的作用及其培养”，《军队政工理论研究》，2012年第4期。

④ 同上。

的解读。各种平民化的传播者凭借丰富多样的渠道提供各种信息，并把这些信息通过新兴传播平台传播给受众，从而为受众解读信息构建了新的思路。传统媒体机构对新闻来源的垄断地位日趋减弱，宣传者按照理想的新闻口径“构造”信息的难度增大，进而改变了受众在传统情况下按照宣传者事先的“构造”来理解信息的思维定式，使传统的外宣工作模式面临严峻挑战。

### （三）传播效果放大化

“军事外宣无小事，事事处处连政治”。军事外宣的重要性不言而喻。军队不仅被视为一支军事力量，而且被视为一支政治力量。军事外宣工作的一举一动在外部舆论看来都可能具有政治涵义，这也是军事外宣工作所特有的高度敏感性。新兴媒介较之传统媒介更具社会性，传播信息的方式是即时的、海量的、互动的，信息从获得到发布，与受众的距离为零，其速度是传统的电视、报纸、广播等媒介所无法企及的。传播主体能够通过更加迅捷的“口口相传”，导致舆论宣传波及的广度、触及的深度和传播的速度都空前扩大，传播效果成几何级数层层放大，进而极大增强军事外宣的舆论风险，使得军事外宣工作中原本紧绷的“敏感神经”更加紧张。[①]

## 四、军事对外宣传的注意要点

面对科技革命的不断发展和挑战的层层叠加，采取何种对策是新形势下军事对外宣传工作面临的最严重问题，其直接关系到国家形象的塑造和国际影响力的提升。简而言之，在进行军事外宣活动

① 赵寅寅：“试论自媒体时代我军外宣工作中舆论领袖的作用及其培养”，《军队政工理论研究》，2012 年第 4 期。

时应当注意以下几个要点：

### （一）权威与速度相结合

媒介对社会舆论的引导作用的发酵期越来越短。美国传播学者萨尔文在一项有关时间差距对议程设置效果影响的研究中发现，社会舆论在传统媒介议程的影响下开始呈现变化，一般是在新闻报道后的5—7周，变化最显著的时刻是在新闻报道后的8—10周。[①] 但是基于新技术的媒体的信息影响力几乎是实时的。人民网舆情监测室提出了“黄金4小时”原则，强调重大突发事件消息发布的及时性，政府要在第一时间发声。

在信息迅速发酵的社会环境下，军事领域发生的重大事件如何发展，有时并不取决于事件本身，却与受众心理和传播速度相关。受众普遍存在这样的心理：既然是正面意义大于负面意义的事件，为何官方不敢在第一时间向外界说明，除非其中另有隐情。由此可以看出，传播速度非常关键。所以，军事外宣要注意权威与速度的结合，即权威机构应当成为突发事件的“第一定义者”。只有“速报事实、慎报原因”的快速应对，才能第一时间让舆论“安心”，并且可以避免发生在本国的新闻经国外媒体首发后“出口转内销”的现象。如此传播线路往往会使新闻内容在价值取向等方面给国外媒体可操作的空间，进而影响本国受众的判断。[②]

长期以来，中国新闻机构处理新闻的时效性，与国外同行相比非常滞后。学界把这种现象称为“慢三拍”或“后发制人”。比如，1994年的“海瑞”号恐怖袭击中，船上的24名台湾同胞和8名船员、导游全部遇难。相关事实及案情进展的权威信息本应在第一时间公布，但恰恰相反，地方政府和公安机关在惨案发生后一度封锁新闻，权威性信息没有得到及时发布，引起舆论的质疑。台湾与海

---

① 刘艳婧：“新媒体舆论特点解析”，《青年记者》，2011年第2期。

② 吕品：“军事外宣工作需要注意的几个问题”，《今传媒》，2010年第10期。

外媒体进行不符合事实的猜测和报道，一次偶然的突发事件甚至被描述为“有军警参与”的政治事件，海峡两岸关系陡然紧张。在军事外宣中应尽量避免此类情况的出现，将权威信息及时发布以正视听。

## （二）一元与多元相结合

在军事外宣领域，一元的权威信息已经不能够满足要求。海外舆论会把来自中国的声音看成是一个整体，即把中国本身看成是一个信息源。在军事外宣中，海外舆论在“平衡报道”原则的指导下，必然要寻找两种甚至以上的声音，但是他们又没有足够的能力去寻找军事领域的两种声音，只能依靠来自民间的看法。[①] 在长期的思辨传统影响下，西方受众对“宣传”这个词很反感，认为政府宣传很可能为了自身的利益隐藏某些事实，对于官方的宣传甚至表示怀疑的态度。此时适当地让民间舆论出现不同的声音能映衬出信息的可信度，当然民间舆论也要控制在一定范围之内。比如目前的中日钓鱼岛问题，海外舆论非常关注来自中国的声音，但中国政府的表态必须有所控制，而民间舆论不用受太多限制，可以发表某些程度比较深甚至是激进的言论，而这些在海外舆论看来才是一个完整中国的表态。虽然民间舆论可能会过激，但于中国的整体利益显然是利大于弊。所以，民间舆论的多元声音与权威平台的一元发声是相辅相成的关系，它能够有效地避免军事外宣报道中失衡与失实的现象，更加真实、全面地向世界展示中国。[②]

实现一元与多元相结合的一个途径就是培养舆论领袖。有关舆论领袖的研究表明，在现实的传播过程中，人际影响比大众传媒更

① 黄影：“论多元军事外宣实施策略”，《中国传媒科技》，2012年5月。

② 同上。

为普遍和有效，更能够保持基本群体中的内部意见和行动一致。[①] 以微博、博客等为代表的自媒体传播模式的兴起与繁荣，一方面为传统舆论领袖（如政界要人、商界精英、媒体主持人、英雄模范等）提供了大展身手的舞台，另一方面也为新兴舆论领袖（如论坛版主、微博博主等）提供了成长壮大的深厚土壤，从而使舆论领袖焕发出新的生机与活力。[②] 据初步统计，2010 年仅国防大学就有 10 多位学者在报纸、电视、网络等传媒上发表评论，从军事和国际关系等专业角度对钓鱼岛争议、南海争端、美韩黄海联合军演等事件进行分析，张召忠、金一南等学者甚至因媒体曝光度高、专业性强、论断深刻已经成为相关新闻领域内的“舆论领袖”。[③] 舆论领袖们可以在任何时候、任何场合，发表任何言论，而且这些言论可能会在公众群体中产生巨大的影响力。军事外宣要想对外扩大影响力，必须先设法影响对外传播途径中有影响力的舆论领袖。权威平台与意见领袖之间可以补台，也可以针锋相对，需要形成两面脸谱，让这种关系保持必要的热度，抓住海外舆论的兴奋点。

### （三）传播与互动相结合

首先是军队与媒体之间的互动。构建军队与媒体之间的良性互动关系，形成顺畅有效的信息流动渠道，有利于增强军事外宣效果。在相当长一段时间内，西方军队与媒体之间的关系比较紧张。近年来，情况发生了变化，军队对媒体的报道开始由“消极禁止”转向

---

① 刘明让：“让中国的‘意见领袖’走上国际舞台”，《对外传播》，2010 年第 2 期。

② 赵寅寅：“试论自媒体时代我军外宣工作中舆论领袖的作用及其培养”，《军队政工理论研究》，2012 年第 4 期。

③ 刘大勇、王林：“2010 年我国军事外宣行动盘点及启示”，《对外传播》，2011 年第 1 期。

“主动运用”。[①] 随着新媒体的普及，事件可能在发生后极短的时间内传遍全球。任何试图对媒体报道实施绝对管制的努力几乎都是徒劳。所以与其封锁、禁止媒体报道，不如与媒体进行有效互动。在伊拉克战争中，美国国防部向作战部队“嵌入”600多名各国记者，并通过新闻发布会等形式，主动向记者提供前线的战况，配合媒体的报道，有效开展了战时军事外宣。

其次是军队与民众之间的互动。在美国国防部网站首页显著位置上挂着这样的链接——“我们在倾听您的声音”和“请与我们联系”，鼓励民众向国防部长提问，并参加重要国防政策的观点调查投票。同时，该网站还包含了实时更新的博客、网络交友类的网站、以及对 YouTube 和 Twitter 的链接，等等。这种注重互动的方式值得中国学习，以改善中国军事外宣中存在的传播模式单一，缺乏双向互动的问题。

在军事外宣中进行互动的作用在于：第一，可以在传受双方互动中及时发现受者的关注点、兴趣点，有针对性地及时调整宣传内容；第二，可以实现传受双方直接互动，及时解答受者提出的问题，做到有针对性地一对一的宣传；第三，可以在传受双方互动中及时了解军事外宣的效果，有针对性地改进宣传内容、形式和策略。从而，有利于提高军事外宣的时效性和针对性，增强宣传的效果。[②]

### （四）透明与管制相结合

在如今媒体高度发达的时代，消极、闭塞的新闻封锁政策已经不能够适应现代军事外宣工作的需要。近几年来，我军在军事透明度方面已经进行了很大的改进，如建立国防部新闻发言人制度与定

---

① 濮端华：“积极发挥大众传媒在军事外宣中的作用”，《军队政工理论研究》，2009年8月。

② 郭红斌、易绍杰：“如何利用新媒体加强军事外宣”，《对外传播》，2011年第8期。

期发表国防白皮书等，使中国军队在对外交流中更加自信、开放和透明。但是，“三军之事，莫重于密”。一味的开放与透明并不能达到军事外宣工作的目的，有时还会适得其反。世界上没有任何一个国家会在军事信息发布上做到完全公开透明，军事外宣工作具有强烈的目的性，必须首先服务于国家安全与军事战略利益，主要任务是通过影响国内外舆论来获取支持，遏制不利言论并防止不利政策的制定与实施。因此，从军事外宣的实际操作来看，“会说”比“敢说”显得更为重要。[①] 对于军事信息公开的程度、范围、时机，最重要的标准就是看它是否符合整体的国家战略，是否有利于在政治上占据舆论主动。如2008年美国导弹打卫星事件的前两个月，美军采取对外透露消息、事先通知相关国家和国际社会等方式，试探各国舆论反应。打卫星行动实施后，美军就导弹发射、效果评估等问题及时发布新闻，为媒体提供充足信息，引导舆论。最后，组织专家通过媒体进行解读，回应国际社会的关切。由此可以看出，对于重大军事新闻，可以先吹风预热，后选择性发布新闻，再进行深入解读，做到透明与管制相结合。

军事对外宣传是增强军事软实力的重要手段。军事实践表明：军队自身形象好，纪律严明，就能产生巨大的亲和力和感召力。反之则会处处被动，最终失败。因此，应时刻注意通过各种渠道进行军事外宣工作并在实施过程中注重多种手段的结合，塑造军队的良好形象，以扩大军队的影响力、感染力和辐射力。

① 吕品：“军事外宣工作需要注意的几个问题”，《今传媒》，2010年第10期。

# K·M·潘尼迦的外交思想研究

胡二杰

【内容摘要】K·M·潘尼迦是20世纪前半期印度最为杰出的外交家之一，他不仅拥有丰富的外交任职经历，也形成了比较系统的外交思想。本文主要包括三部分：第一部分阐述潘尼迦对现实主义外交思想的传承，涉及外交的目标、外交工作的重要性、外交和内政的关系、外交是“交换的艺术”等；第二部分阐述潘尼迦对“新外交”风潮的鼓吹，涉及外交的发展历程、新旧外交工作的对比，特别是两者在宣传方面的不同之处；第三部分阐述潘尼迦对外交官真实风貌的复原，涉及外交工作的“祛魅”和“返魅”、外交官的职责以及对外交官弱点的透视等。

【关键词】潘尼迦　印度　外交思想

K·M·潘尼迦（1895—1963年）是20世纪前半期印度最为杰出的人物之一。他一生经历丰富，成就不凡，曾先后出任大学教授、报社编辑、土邦谋臣、驻外使节等职，同时又是一位高产的马拉雅拉姆语文学家，一位享有世界声誉的历史学家和海权思想家。在诸多头衔中，外交家是潘尼迦最当之无愧的头衔，也是他留给世人最普遍的印象。潘尼迦有着令人眩目的外交任职经历。他曾长期担任印度土邦外交部长，在印度独立后又成为尼赫鲁的主要外交政策顾问和智囊之一，并两度出任驻华大使。研究潘尼迦的外交思想是件饶有趣味的事，这不仅有助于发掘潘尼迦一些外交表现的内在动机，也有助于发现印度外交政策在其实际执行中的某些异常现象和明显矛盾的线索。

## 一、现实主义外交思想的传承者

潘尼迦关于外交工作的系统思考可见于他的著作《外交的原则和实践》，这是他在德里经济学院所做的关于外交问题的演讲集。从这部著作中我们可以发现，潘尼迦对外交工作的认识充满了强烈的现实主义色彩。在他看来，"用于国际关系的外交是在与其他国家关系中推进本国利益的艺术"。①

### （一）外交的目标是什么？

潘尼迦认为，"所有外交关系的基本目标都是维护本国的利益。国家最根本的利益当然是安全。但是除此之外，经济利益、贸易、保护国民也是外交需要着力维护的重要利益。此外，现代外交还宽泛地将宣扬本国的文化和生活方式纳入合法职责范围之内，希望以此来赢得其他国家的尊敬，并带来普遍的善意和理解"。② 不过，除去这些附加性的东西，外交的根本职责仍然是维护国家的领土、政治和经济统一。那么，外交又如何来寻求确保这些利益呢？潘尼迦指出："简单来说，一国外交政策的主要目标就是要强化与友好国家的关系，并使这些对己有敌意者转而变得中立。"③ 一国通过谈判，试图与友邦和盟国联合起来。这种友谊和联盟有时源于拥有共同的

① K. M. Panikkar, *The Principles and Practice of Diplomacy*, Asia Publishing House, 1956, p. 71.

② Ibid., p. 21.

③ Ibid., p. 23.

利益，有时源于面临共同的威胁。但是即便在这种情况下，在对共同利益的认同转化为具有特定承诺的联盟之前，细致耐心的外交工作仍然必不可少。让这些反对本国利益的国家中立化则是同一外交政策的另一个侧面。潘尼迦指出："外交政策的基本目标之一就是要防止其他国家联合起来反对自己；这就意味着它可能需要与一些国家妥协，向一些国家示好，乃至在别国的支持与援助有违本国利益或有利于敌国时，拒绝接受这些支持和援助。如果所有这些方法都不奏效，最终可能要诉诸于武力时，外交的工作就是确保武力运用于最为有利的情势下，并使世界确信，公道在你这边，你只是在捍卫自身的合法权益。"①

放眼世界潮流的潘尼迦注意到，在现代，一国的目标并不完全是政治或战略性的。当今最主要的非政治目标是经济和商业性的。在所谓资本主义国家中，它包括寻找市场，维护海外已经取得的贸易或工业利益，消除竞争，获取经济情报，以及所有其他可以增进一国利益的合法活动。"在过去三十年里，商业外交已经成为国际生活中最为活跃的一个侧面。伴随自由贸易体制的崩溃和对国家经济的强调，各国都已发现可以将贸易用作政治事务中的主要工具之一。"② 潘尼迦认为，经济外交在二战后得以进一步发展，尤其是朝着两个方向发展。其一是作为冷战中的战略工具。其二是这些刚摆脱政治附属地位的新独立国家改造国际经济体系的努力。尽管经济外交的重要性日益显现，但在潘尼迦看来，政治目标仍居于最重要的位置。"凡此种种，外交仍然主要是一个政治关系问题，其主要目标是服务于本国的长久利益。只有遇到严重危险时，我们才会忽略这些长久利益，或者拿它们来交换一些边缘或眼前利益。"③

在对外交的目标一一阐述后，潘尼迦表达了对"输出道德判断或者纠正其他国家的民众"的否定态度，认为这并非外交的目标，

① K. M. Panikkar, *The Principles and Practice of Diplomacy*, pp. 25 – 26.

② Ibid., pp. 3 – 4.

③ Ibid., p. 32.

因为世界各国并不是按照同一种模式治理的，它们也不会遵循同一种政治、经济或社会理念。“无论其国内体制如何，只要它们是稳定的政府，与他国的外交关系就必不可少。如果在建立或维持外交关系前，先要满足各自的道德或政治标准，那么外交本身就成为不可能之事。”[①] 当然，潘尼迦并未完全否认道德言辞的必要性。

尽管潘尼迦不厌其烦地反复强调“外交的目的就是维护国家利益”，但他几乎用同样恳切的语气指出：“这种认识也是千真万确，即外交官的职责就是建立友谊，并使用自己可支配的所有资源来培养友谊。如果其驻在国倾向于保持友好，或至少没有敌意，那么培养对本国的友谊能够增强国家地位，并帮助促进利益。”[②] 即便在这些潜在的敌对国家，外交的目标仍是尽力争取友谊。潘尼迦深谙“堡垒最容易从内部攻破”之道：“不大可能让一国政府改变其既定政策，也不可能阻止一国对其所界定利益的精心追求。但是，没有国家在内部组织上是如此铁板一块，没有哪个政府在本国境内得到的拥护是如此普遍，以至于未给任何持异见的团体留下生存和活动空间。所以说，为你的国家争取友谊仍然是可能的。”[③]

### （二）外交工作的重要性

历史上，由于政治利益局限于一国的邻国，国家间的外交关系很少超过这些与其在地理或利益上紧密相连的国度。然而在当今时代，对外部世界的缺乏了解可能会带来灾难性的后果。“我们当今的时代就见证了这种变化，其性质是巨变，其效果是革命性的，甚至可以说国际关系图景在过去20年里已经发生了彻底的改变。即便是世界上最强大的国家，要想维持其地位，也必须对力量关系进行持

① K. M. Panikkar, *The Principles and Practice of Diplomacy*, pp. 32 – 33.

② Ibid. , pp. 34 – 35.

③ Ibid. , p. 36.

续而机警的研究。”[①] 为外交服务的国际关系研究从根本上说是一种力量关系研究。当然，这里的力量不仅包括军事力量，也包括政治稳定、领导能力、工业实力以及构成国家力量的所有因素。如果对世界其他地区的社会生活变化和情势一无所知，一国就无法构建自己的生存环境。这是国际关系的基本目标，世界各国间的外交关系已将这一认识视为主要目标。

潘尼迦批评了印度历史上表现出来的对南亚次大陆以外事务漠不关心的倾向。他指出，从较早时期，印度就对本国疆界外的权势变化缺乏兴趣。“印度的外交理念局限于其地理界限内的国家。在这一区域内，在不同时代，印度都发展出一套国际关系和外交往来体系。但是只要超出印度所关注的物理疆界外，我们就满足于保持一种自满的无知态度。”[②] 潘尼迦将古印度邦国的无知状态与后来英印殖民当局积极了解并应对国际事态变化的态度进行了鲜明的对比，对后者赞赏有加。英国人细致地研究疆界外的情势，并培养了大批专家，专门研究印度邻近地区或与印度国防利益攸关地区的地理、语言、政治状况和经济结构。

潘尼迦非常重视地缘政治特性对外交的影响，认为“外交政策必须以一个国家的历史和地理背景为基础，换句话说，我们是从自己所居住的地方去观察世界的”。[③] 由于国家的地理特征具有恒久性，各国的外交政策也都有某些不变的侧面，印度自然也不例外。“印度的内政和外交关系主要是由其不可改变的地理状况和与其他相邻国家的空间距离关系决定的。”[④] 一旦印度在英国的统治下实现了自身

① K. M. Panikkar's Annual Day address to the Indian School of International Studies on 13 February 1961, http: //acorn. nationalinterest. in/2009/10/16/k – m – panikkar – on – indias – strategic – omphaloskepsis/.

② K. M. Panikkar's Annual Day address to the Indian School of International Studies.

③ 李铭主编：《政治警言》，北京：中国环境科学出版社，2005 年版，第 23 页。

④ Harish Kapur, *India's Foreign Policy 1947 – 1992*, *Shadows and Substances*, Sage Publications, 1994, p. 89.

的统一，地理的恒定作用就开始显示出来。一些地区变得对印度安全至关重要，敌对强国控制这些地区意味着对印度独立和自由的永久威胁，新加坡、安达曼群岛和亚丁均在此列。印度曾经表现出的地理隔离感，以及目光局限于次大陆地区，拒绝与区外国家发生关系的倾向被潘尼迦视为历史弱点。他强烈呼吁当今印度要克服历史弱点，“要了解世界其他地区的情势发展，不是因为我们在世界各地都有重要利益，而是因为世界局势已经发生重大变化，以至于在最为遥远地区的事态也可能会以几乎无人察觉的方式影响我们”。[①] 其中，最为重要的地区仍然是印度的近邻区域，所以对这些地区的情势进行研究具有持久的重要性。但是随着经济、政治和军事形势的发展，其他地区也变得重要而敏感。

### （三）外交和内政的关系

潘尼迦非常重视内政对外交的影响，认为“国内政策对对外关系的影响要超过大多数人的想象”，“一国外交的有效性在很大程度上取决于其内部力量”。如果一国处于长期的内战状态，或者处于经济崩溃的状态，那么无论该国外交技巧如何纯熟，外交人员如何干练，其外交最终也不会取得成效。政府的不断更迭、政策的朝令夕改以及内部弱点会导致该国行为的不确定性。即便它跻身于强国之列，该国的信誉也不免缺失，以至于其外交会无足轻重。该国使节的承诺只会被有保留的接受；该国的外交手段会被他国谨慎的看待；该国关于联盟或支援的提议不会激发他国的热情；反之，该国的不满或抗议也难以引起他国重视。外交政策是一国的内政和国力的反映。“没有什么比本国的内部弱点更为削弱外交官的力量。”[②] 潘尼迦指出，外国政府如果认为他们所打交道的政府没有得到民众的拥

---

① K. M. Panikkar's Annual Day address to the Indian School of International Studies.

② K. M. Panikkar, *The Principles and Practice of Diplomacy*, p. 97.

戴，他们就不会重视该国的诉求。如果本国政府软弱、动荡、分裂，那么使节在驻在国的地位就会大打折扣。

在内政影响外交方面，意识形态因素和革命国家心理都有非常典型的表现。就意识形态而言，“造成国际矛盾的意识形态分歧是国内政策在对外事务中的反映”。一个拥有明确意识形态的国家，譬如法西斯国家、共产党国家或民主国家发现自身对这些异己国家没有同情之心。就革命国家心理而言，“革命心理致使国际关系出现困难，这源于革命国家的国内政策经常与其他国家公认的信条和政策相冲突。这也源于革命国家的自以为是，徒劳地认为世界其他国家会效仿它”。“一场伟大革命中所固有的普世主义情结从根本上与国家利益相矛盾，因而与国际惯例是不相容的。革命外交政策中的异常和矛盾也由此而来。”[①] 法国大革命后的外交政策清晰地证明了这些事实。在十月革命发生约十年后，坚信世界其他国家将会效仿自己的信念仍然影响着苏联的对外政策。

## （四）外交是“交换的艺术”

在外交的手段和方法上，潘尼迦遵循了一种实用主义的原则。他信奉的首要格言就是：“应该用政策产生的后果来判断政策的好坏，这些造成不利结果的就是坏政策”。[②] 换句话说，只要能达成目的，几乎可以不择手段。从这种评判标准出发，难怪外交被潘尼迦视为“交换的艺术”[③]，难怪他对考底利耶提出的四项原则推崇备至，却对流于形式的联合国外交相当不屑。

### 1. 考底利耶的四项原则

考底利耶是古印度政治家、哲学家、摩揭陀国孔雀王朝大臣，

---

① K. M. Panikkar, *The Principles and Practice of Diplomacy*, pp. 98 – 99.

② Ibid. , p. 4.

③ Ibid. , p. 40.

由于擅长权谋，被后人称为“印度的马基雅维利”。他所著的《政事论》是古印度最重要的政治文献之一，成为印度历代政治家的从政指南。潘尼迦曾精研考底利耶的著作，并从中汲取了大量的养分。

考底利耶将外交的手段和方法归结为四项逐步递进的原则：说服（sāma）—妥协（dāna）—决裂（bhéda）—强制（dandā）。潘尼迦认为这四项原则迄今有效，“很难有更高明的提法”。那么什么是 sāma 呢？这是一种总体的友好和说服态度；基于理性和利益的礼貌争论的方式。这是外交的首要和正常手段。Dāna 的字面意义是“礼物”，其中包括接受损失、限制利益、撤退、为达成自身目标而做出一些利益让步等。这是妥协的方式。如果说服和妥协都不奏效，就可以考虑使用决裂（bhéda）。正常的外交应明智地综合使用前三项原则，同时清醒地意识到还有最后一项原则。

如果说说服（sāma）和妥协（dāna）是外交官的日常工作，并不意味着决裂（bhéda）和强制（dandā）就不经常使用。时至今日，国家仍会诉诸于召回大使、断绝外交关系以及其他显示极为不满或憎恶的方式。但是不要总把决裂（bhéda）的方法运用至极端。这种手段在运用上存在一些微妙的差异，能够恰到好处地表达憎恶和抗议，又不会吸引不必要的公众注意。譬如，除了正式召回大使外，还可以让他以休假的名义回国，并较长时间内不返回工作岗位；也可以在较长时间内让代办来代理其职。有多种其他方法可以有效地显示一国对另一国的不满，而又不会严重影响两国的外交关系。最后的外交手段是强制（dandā）。但是，没有必要将之与战争等同起来，还有其他施加压力的方式，在某些特定情况下同样有效，譬如制裁、封锁、抵制和拒绝过境权等。

潘尼迦指出：“战争是外交的最后一幕。当所有手段和方法都不奏效时，国家就会试图用战争来达成目的。就其本质而言，战争就是用武力来获取外交用和平手段无法获取的东西。”① 但他也强调，“认为一旦战争开始，外交就应该退居其次，静待最终胜负的看法是

---

① K. M. Panikkar, *The Principles and Practice of Diplomacy*, p. 45.

一个巨大的错误。应该尽力通过外交手段来削弱敌国的抵抗，在战争中击败对手，如果可能的话，让其接受失败以缩短战争。”①

**2. 联合国外交——外交的对立面**

1945 年，潘尼迦曾以印度代表团成员身份参加联合国成立大会。他在著作中对联合国外交进行了专门的论述。潘尼迦指出，二战结束后，外交的另一侧面变得非常重要，这就是联合国外交。联合国的前身是国际联盟。然而，中国东北以及随后埃塞俄比亚的命运显示，尽管国联提供了一个各国讨论的场所，但是它并不能帮助解决国家安全的问题。因而，在第二次世界大战后，一个新组织在旧世界的废墟诞生，其公开目标就是要确保各国的集体安全。

潘尼迦并不看好联合国外交的效果。在他看来，国家外交的目标或职责并没有因为联合国的存在而受到重大影响。更何况，“联合国大会上所发生之事甚至很难称作外交。它是讨论和辩论，攻击和雄辩，这些恰好是外交的对立面。外交应该以一种平静的态度进行，而不应有宣传机构参与。外交没有观众，整个心理状态因而是不同的。反过来说，在联合国，与会人员向整个世界发表演讲。所有事情自然退化为攻击和雄辩，其目的在某些情况下是为了打动某国的民众，在其他情况下，则是为了取悦其他国家的民众和团体。在联合国，通常而言，与会人员在诱导世界舆论；在外交中，外交官则试图达成协议。”②

① K. M. Panikkar, *The Principles and Practice of Diplomacy*, p. 45.

② Ibid., p. 52.

## 二、"新外交"风潮的鼓吹者

从一战结束到二战结束这段时期，是新旧外交的交替时期。所谓"新外交"，是指将处理内政的所谓"自由、民主"理念应用于处理外交事务，也被称作"民主化"的外交。有学者主张，1918 年 1 月美国总统威尔逊"十四点计划"的提出或 1917 年 11 月列宁所倡导的"人民外交"，皆可被视为"新外交"的开端。潘尼迦是"新外交"风潮的亲历者，对新旧外交的更替有着细致的观察和深刻的思考。他在著述中对新旧外交进行了细致的比较，尤其比照了两者在宣传手段方面的不同。

### （一）外交发展"三部曲"

在《外交的原则与实践》一书中，潘尼迦将外交的发展史大致分成了古代外交、近代外交和现代外交三个阶段。

"从有组织的国家存在的早期开始，就已经有外交和外交官存在，因为如果没有对外关系，国家很难生存下去。"[①] 在古代外交中，潘尼迦主要介绍了印度自身的外交活动。古希腊和罗马的外交也为潘尼迦所推崇。欧洲列强主导的近代外交则被潘尼迦视为经典外交的时代。潘尼迦指出，一直维持到 19 世纪末的欧洲外交体系拥有自身的一些特征，期间也有些许改变。欧洲的外交官员有着相似的标准，他们彼此了解。这些大的统治家族的王朝利益得到认可和理解。这实际上是一个紧密联系的体系，王朝利益、君主雄心，以及维持均势的总体需求被各国接受为普遍利益。只要外交局限于这个关系密切的小圈子，它就能够发展出一整套政治关系准则和国际法体系。

---

① K. M. Panikkar, *The Principles and Practice of Diplomacy*, p. 3.

欧洲国家之间的特定矛盾都可以通过这种外交得到较好的解决。对这种家族式外交体系的第一次破坏是俄罗斯进入国际关系体系。第二次，也更为危险的破坏是法国大革命，它无视王朝利益，公开支持其他国家的革命，摒弃了原来的外交关系准则。但是，这种破坏后来得以修补，在1815年维也纳条约后，出现了通常被称作欧洲协调（the concert of Europe）的程序体系，原有的国际关系体系得以重建。

不过，到了19世纪末，欧洲列强主导的近代外交体系发生了实质性的变化。潘尼迦认为，有三个因素促成了这种变化。第一个因素是俄国革命，它给国际关系带来了一种无法预见的因素。列宁和他的同伴们开始了后来的所谓“新外交”，他们首先公布沙俄帝国的秘密档案，这是对外交谈判的秘密特性的一记重击。苏联还基于相互平等的原则与阿富汗及伊朗建立了外交关系，而在当时，这两个国家被认为尚不能享受国际法的保护。第二个具有同等重要性的因素是美国崛起为世界强国，以及拉美国家参与国际事务。第三个因素是亚洲恢复独立及其在国际关系中的反映。外交已不再是欧洲的独角戏。

国际外交格局更大的变化发生在二战结束之后。在二战以前，早期国际关系的形式仍然存在，从表象上看，新的国际体系仍是400多年来欧洲体系的扩展。但是在二战之后，那种外在统一的表象也已破裂。“那种犹如大家庭般的国际社会的表象已不复存在。世界分裂成两大阵营，每个阵营都有两套外交体系，一套适用于自己的阵营内部，另一套适用于阵营之外。过去，即便在最为紧张的时候，国际外交仍然充满了微笑。如今，在两大阵营之间是一种持久的不满”。“新时代并不接受旧时代的体制，两者之间未能达成规范。所以两种外交的分野就不可避免。一种新的外交关系规范尚在孕育之中。”①

---

① K. M. Panikkar, *The Principles and Practice of Diplomacy*, pp. 12 – 13.

## （二）“新外交”

“新外交”之新，首先表现在外交范围从区域化走向全球化。“新外交”在1918年开始大行其道，此时国际关系开始具有世界性。据历史大师阿诺德·汤因比统计，在1919年以前，只有16个国家正式参与国际事务，其中有15个是欧洲国家。到了1919年，这一数目升至47个，其中只有22个是欧洲国家。到1949年，仅联合国的成员国就达到60个，这些新生国家主要来自亚洲。所以，国际关系和外交事件不再局限于欧洲国家、美国和日本，而世界其他地区也不再是他们竞逐的对象。“新外交”之新，其次表现在旧有均势体系的解体。早在二战以前，苏联作为强大工业国的崛起就已经颠覆了传统的外交格局。但是在希特勒及其盟友战败后，这种失衡变得更为明显，世界分裂为两大阵营。“新外交”之新，其三表现在外交原则和方式的变化。原有的外交原则无法适应这种局面，在处理欧洲体系内国际关系时所熟练使用的方法在处理两个不同阵营的国际关系时，变得不再适用。外交只能在达成协议的领域发挥作用，而无论其是多么有限。两大阵营间存在着深不可测的鸿沟。因而双方都自说自话，对手根本无法真正理解。自然而然，两大阵营之间的关系根本不受传统外交的支配。那么，这种处理国际关系的新方式具有哪些特征呢？潘尼迦大致归纳出五个特征：1. 越过政府首脑，直接向敌对阵营的民众呼吁；2. 通过动机分析、辱骂和诽谤来抹黑敌对国政府，甚至这些强国首脑的演讲也有这样的例子；3. 禁止社会交往，两大阵营之间的相互影响被谨慎地减至最小；4. 所有的间接方法都被排除，取而代之的是，经常以最具攻击性的语言提出最大化的需求，并将之作为谈判条件；5. 通过“文攻武备”双管齐下的方式来吓唬对手。[①]

潘尼迦指出：“所有这些都清晰的证明，我们生活在一个新国际

① K. M. Panikkar, *The Principles and Practice of Diplomacy*, pp. 87 – 88.

关系体系正在发展的时期。旧体系的残余仍然束缚着我们的行动。我们试图沿用原有手段，却发现它们并不奏效，除非孕育出新的外交手段，重建国际惯例，否则国家间关系将充满不确定性，容易受到各种无法预见的变化的冲击和影响。”其中，冲击和影响尤为显著的因素是新兴大国的出现，它改变了权力平衡，因而造成了重大的外交危机。在近500年来的历史中，对国际关系和外交关系最具革命性的事件莫过于美苏两国近乎同时的崛起，并成为两大阵营的领袖。这种外交危机由于中国的复兴而进一步加剧。潘尼迦高度评价了新中国诞生的世界意义，认为西方国家的外交政策调整落后于国际情势发展。

## （三）外宣工作

潘尼迦指出：“谈判必然是秘密手段；没有什么比不妥当的宣传更具灾难性；在实践中，当谈判仍在进行时，所有的宣传都不免考虑不周。聪明人会使用宣传来达成他们在谈判中的目标。”① 在旧式外交中也有宣传，坎宁和俾斯麦被潘尼迦视为精通此道的两位大师，这二人经常不择手段地制造适当的公众舆论来实现自己的政策。不过，尽管坎宁和俾斯麦的宣传手法非常高超，但他们试图影响的是一个对国际事务有兴趣的小圈子。到了伍德罗·威尔逊和托洛茨基这里，情况有了根本的不同。威尔逊提出的“十四点计划”，其目标就是要吁求世界各国的公众舆论，既包括美国的盟国，也包括这些敌对的国家。在威尔逊这里，外交成了头等重要之事，应该由民众来决定。他希望外交成为用公开手段达成公开契约。最早将政治宣传作为谈判手段的则是俄国革命领袖托洛茨基。尽管托洛茨基吁求国际舆论的举动在当时并未收到显著效果，但是他的这一创举成为某些国家外交实践中的长久特征。

由于其对大众舆论的日益依赖，“新外交”的结果之一就是政府

① K. M. Panikkar, *The Principles and Practice of Diplomacy*, p. 93.

相互间交流语言和口吻的变化。在旧式外交中，这种交流是以一种极其礼貌的专门语言进行的。“新外交”的语言，特别是在联合国这样的公开场合，已经颇具挑衅性，因为这些演讲者并不是说给对手听的，而是说给国内民众及其他同情者听的。“无论我们是多么的不喜欢这种变化，有必要强调这并不是源于外交官本人的粗鲁或粗俗，而是因为旧式外交的基本条件已不复存在。”[①] 旧式外交是政府间的谈判。使节之间的私交是旧式外交的一部分，常常能在困难时期为国家间关系铺平道路。在开展旧式外交时，要显示出最大的谦恭和礼让。在旧式外交中，这种礼让是合适的，也确实有必要；但在“新外交”中，这种礼让会被公众视为近乎叛国的行为。

潘尼迦指出，在国际事务的宣传相关问题上，要对两种宣传进行明确的区分。第一种宣传是为讨论某个有利的议题营造一种适当的国际氛围。第二种是在谈判期间进行的宣传。第一种宣传是有用的，也很必要，如今已得到广泛运用。第二种宣传（谈判期间的宣传）是一种很难奏效的短视之举，除非在某些情况下，谈判是在易受民众压力影响的全体大会上进行，而不是由训练有素的外交官秘密进行。

## 三、外交官真实风貌的复原者

作为饱受考底利耶外交思想浸淫，又谙熟西方列强外交内幕的印度精英，潘尼迦对外交的认识是赤裸裸的现实主义。他在论述外交的目标和外交官的职责时，无不体现了这一点。不过，作为经验丰富的外交官，潘尼迦也极力强调建立友谊的重要性，他还根据自己的切身体会总结出外交官应该极力避免的三大弱点。

---

① K. M. Panikkar, *The Principles and Practice of Diplomacy*, p. 19.

## （一）外交的“祛魅”与“返魅”

“祛魅”和“返魅”均源于当代科学哲学。通俗而言，“祛魅”是指对于科学和知识的神秘性、神圣性、魅惑力的消解；“返魅”则是与“祛魅”刚好相反的过程。① 潘尼迦在著作中对外交也进行了一个“祛魅”和“返魅”的过程。

由于民众一般对外交工作和外交官充满好奇和误解，潘尼迦首先对外交工作进行“祛魅”，竭力破解其神秘感。潘尼迦指出，外交通常被视作神秘而机密的艺术。外交官的一般形象是躲在头衔、豁免权和奢华生活背后策划阴谋诡计的阴险角色；这种形象放在18世纪或19世纪上半叶还有几分道理，而今天的外交官，通常而言，只是行政部门一个特定分支机构的成员，外交工作也只是每个独立国家日常活动的一部分。

对于外交工作的机密性，潘尼迦也予以一定的“祛魅”。他指出，像所有政府高级谈判一样，外交谈判也予以保密。当然，外交官工作的保密标准更高，这是因为涉及到其他国家和政府，或许也因为外国政府一般对探悉其他国家的内情颇感兴趣，并有情报机构专门负责此事。外交使团与国内的通讯或者使团之间的通讯是通过密码电报或者特别外交邮包来进行的，这增添了外交工作的神秘性。经过数个世纪，外交发展出自身奇怪的试探性术语，其中某些最简单的事情也被冠以最特别的名字，这无疑也增添了神秘感。总而言之，在潘尼迦这里，“外交和外交官并没有什么深奥、机密或神秘之处；它是处理国家间关系的正式业务，这些处理人际关系的原则同样适用，譬如公平交易、坦率、愿意妥协、在不做出原则性让步的同时满足彼此的要求。只有培养出友谊，外交才能带来有效的成果。”②

---

① 炎冰：《祛魅与返魅》，北京：社科文献出版社，2009年版。

② K. M. Panikkar, *The Principles and Practice of Diplomacy*, p. 55.

尽管外交工作本身并不神秘，可它要面对的国际局势却充满不可预见性，正是后者让外交实现了“返魅”。作为历史学家，潘尼迦深刻地认识到人类历史发展的不可预见性，并就其对外交的影响进行了深入分析。“尽管无法预知未来是存在于各个方面的人类弱点，但是在国际关系领域，它却有着最为深远的影响。历史谴责这些只顾解决眼前问题，未能考虑长远的外交政策举措。尽管这样的评判可能不公平，因为迄今没有人能预料未来，可这些负责外交政策的人却无法正当地摆脱这样的评判。”① 在当今时代，这种不可预见性表现的越发明显：“在革命的时代，譬如我们生活的时代，通常犹如平静溪流的国际局势变成湍湍急流，其方向、速度和力量均无人能够预测。那些在这个时代担负引导国家命运之责的人士，以及那些在世界各国首都执行其政策的人士经常感到自己是受盲目无情的上天摆弄的无助工具。”② 在这种时候，最全面的外交实践知识和对细节最缜密的关注也无济于事。所以，“当我们想要批判这些政治家和外交家在重大国际危机中的行动时，有必要记住这一点。无疑，一场危机的接近，就像海上风暴的接近，是可以预知的，也可以采取一些预备措施。但是一旦风暴发生，船长和他的船员们除了挽救船只，等待风暴平息外，几乎难有其他作为。我们这个时代国际关系的主要特征就是国际危机的长期化。它对外交产生了非常负面的影响，当今国际关系不断恶化的直接原因可归结于此。不幸的是，公众根据报纸上的只言片语来判断国家间关系的癖好加剧了这种混乱。”③

外交工作的“返魅”还源于国际政治的真假难辨。潘尼迦颇为慧黠地指出，在国际关系中，事情并不是它们看上去那样。外交语言有时能够留下完全错误的印象。一份大谈完全协议的公报可能仅仅是存有分歧的协议。在敌对宣传的烟幕后可能正在进行外交行动，

① K. M. Panikkar, *The Principles and Practice of Diplomacy*, pp. 46 – 47.

② Ibid. , p. 47.

③ Ibid. , p. 48.

并显示双方对彼此立场有了更好的了解。政治家咄咄逼人的演讲可能完全是说给国内民众听的，适当的说明可能已经提前送交有关国家。除了这种政治家的行为造成的误解外，国际关系中还有一些肉眼不易觉察到的因素。譬如，一个看似非常稳固的联盟可能隐含着根深蒂固的裂痕，而普通民众可能对此毫不知情。结果，公众通常对于国际局势有一种错误的印象。

那么不同国家的外交部如何实现“祛魅”，避免“返魅”，得出对局势的客观看法呢？潘尼迦指出，这就是驻外大使和外交部长们的职责所在。“驻外使节最主要的工作就是让本国政府了解隐藏在国际关系表面下的真实情况。”[①] 如果来自外国的报告是客观、公正和仔细推敲的，那么外交部就能及时掌握信息，并做出正确的决策。反之，如果大使和外交代表团的负责人错判形势，或者未能评估出事件的真实意义，那么由于外交部赖以做出决策的信息是不适当的，它所做出的决策也难免失误。驻外使馆向国内总部提供的不仅是对事实的报告，更应是对驻在国政治、经济和社会形势，以及各种力量的相互作用的深入分析，这样外长及其助手们就能够正确的掌握局势，并决定采取何种方式来实现本国的利益。

### （二）外交官的职责

潘尼迦指出，尽管热情好客、交游广泛是外交官生涯必不可少的组成部分，外交官其实另有其他职责。“通常而言，外交官的工作被描述为维持本国和驻在国之间的友好关系。其职责包括阐明本国政府的政策，消除误解或疑问，消除任何摩擦因素，促进贸易，增进本国利益和协助同胞等。调研和向上级领导汇报驻在国的政策和内在动机、其军事和经济状况、其公共舆论状况和政府的处境。他还必须清醒认识到第三国的企图和活动，并对其之于本国利益的任

---

① K. M. Panikkar, *The Principles and Practice of Diplomacy*, p. 49.

何影响保持警惕。”①

在阐述外交官的职责时，潘尼迦再次援引考底利耶的《政事论》一书。在他看来，《政事论》已对外交官的职责作了非常详尽的阐述。考底利耶指出，使节应该和敌国的官员交朋友，应该将敌国的军事部署、战争能力、敌军的要塞与本国的进行对比。他还应该查明敌方要塞的规模、国土的面积以及珍贵物品的据点、易受攻击和无懈可击的要点。在得到允许后，使节应该进入敌国的首都，完全准确地按授权来完成自己的使命，甚至牺牲自己的生命也在所不惜。不要因为敌人显示的尊敬而自我膨胀，使节应该一直留在敌国首都，直到被准许离开。他不应该畏惧敌人的强大；他应该严格戒酒和戒色，因为使节在睡觉或受酒精刺激时更容易泄露自己的意图。使节应该通过传教机构及其信徒、商业间谍、伪装成医生、异教徒的间谍或双料间谍，查明支持本国君主的敌国党派各种密谋的本质，以及敌对派别的密谋，除了易受攻击的要点，他还要了解敌国民众对政权忠诚与否。无论使节搜集到何种信息，他应该设法对其真伪进行验证。在敌国探听本国情况时，使节不可以帮助验证敌人的估计，他也不可以为了达到某个目的而透露本国君主所采取的手段。使节的职责还包括：传递信息、维持协议、进行最后通牒、广交朋友、进行密谋、在朋友中制造不和、吸收秘密力量；搜集敌国间谍活动的信息、机智勇敢、撕毁和约、赢得敌国使节和政府官员的喜爱等。②

潘尼迦对这些叙述完全赞同，并建议外交官们或有志于此者也应精读此书。譬如对于自己的驻华大使一职，潘尼迦认为其主要职责就是增进中印友谊。要表达对中国的同情和理解，同时促成中国对印度的同情和理解。为此要定期发布特定新闻和宣传手册，进行公开演讲，并培养与新闻媒体界的良好关系。所有这些都是必不可

① K. M. Panikkar, *An Autobiography*, pp. 206 – 207.

② *Kautilya's Arthashastra*, translated by R. Shamasastry, Bangalore Government Press, 1915, pp. 40 – 44.

少的职责。由于一些小事会导致两国间的误解以至于激化成重大矛盾，大使的职责就是要巧妙地处理好这些小事，确保各种国家间事务能够得到公正合法的解决。当然，虽然所有这些职责都要由大使来承担，但大多数事务性工作是由其下属来完成的。不过潘尼迦指出，涉及政府政策的事务要由大使直接处理。譬如在担任驻华大使期间，他要不断向本国政府汇报中国政治格局的方方面面。他要了解国民党势力的盛衰变化，国民党对手的力量强弱，政府有多少民众支持，政府金融崩溃的原因何在，国民党军队的真实力量及其弱点，国民党政府的对印政策。他还要了解美、苏、英、法四大国在中国的动向，它们的政策意图及其在追求自身目标时对印度利益的影响。“这是一个非常刺激的任务”。[①] 为搜集情报，拓展人脉资源的重要性得以彰显，娱乐活动成为外交中必不可少的沟通渠道。

### （三）对外交官的弱点透视

潘尼迦还总结出他认为外交官应该竭力避免的三大弱点。热情过度被他视为外交官的最大弱点。“基本的事实是外交并非学术训练。外交中的所有议题都在某处隐含着某些权力的成分——这是一个未曾声明的前提；但是绝对不能忽略。这些热情过度的人们，其弱点就在于忽视了权力因素，将问题简化为欧几里德式的简要定理。”[②]

外交官的第二个弱点源于其社交生活的肤浅性质。尽管外交官在某个特定国家工作，但是其主要活动范围是一个由其同行组成的非常纯然的“外交圈子”。这是一个小圈子，有着自身的行为准则、礼节、偏见乃至排斥性。所以每个外交官都不可避免地在某种程度上要受到所处的这个社交圈子的氛围和特性的影响，这可能在不经意间影响其对本国国家利益的判断，只有具有异常独立思考能力的

---

① K. M. Panikkar, *An Autobiography*, p. 208.

② K. M. Panikkar, *The Principles and Practice of Diplomacy*, p. 53.

人才能够保持其观察和判断的客观性。

外交官应该避免的第三个弱点是自以为是。大使被派驻他国，不是为了拨乱反正，也不是为了促进道德、伦理或一般性权利行为的利益。其职责仅在于维护其本国的利益，如果他染上了根据本国标准或某些普遍的道德准则来臧否人物、制度甚至事件的癖好，他必然会成为不友好的评论家，这会削弱他增进本国利益的能力。在判断一国的外交成功与否时，该问的主要问题是该国国家利益的得失，其安全是否遭到削弱，它是否享有其盟国的友谊并为这些不友好国家所敬畏。这些目标是一国外交的努力方向，如果它们实现了，那么即便没有引人瞩目的成就，也没有什么值得忧虑的。潘尼迦非常赞同法国政治家梯也尔给外交官的告诫：“永远不要指望大获全胜。”

## 小结

K · M · 潘尼迦离世已经半个世纪，其外交思想却经久不衰，仍然闪烁着深刻的洞察力、理解力和预见力之光。首先，潘尼迦是现实主义外交思想的传承者，他饱受“印度马基雅维利”考底利耶外交思想浸淫，又是谙熟西方列强外交内幕的印度精英，对于外交的目标、外交与内政的关系、外交是“交换的艺术”、外交官的职责等的认识非常深刻。虽然，潘尼迦的某些认识，譬如低估联合国外交的效果，在当今可能不那么恰如其分。他的大多数外交信条对于当今时代的外交工作仍然富有理论参考价值和现实指导意义。

其次，潘尼迦所处的时代经历了“旧外交”向“新外交”的巨大转变，他对新旧外交的更替有着细致的观察和深刻的思考，并成为新外交风潮的积极鼓吹者。潘尼迦曾担任印度土邦外长十余年，谙熟旧式外交的原则和方式，在纵横捭阖中也成就了个人的事业。但他深切的感受到新外交风潮是历史的前进方向，旧外交就如同印度土邦王公阶级一样注定要被扫进历史的垃圾堆。较之于旧外交，新外交的范围从区域走向全球，旧有的均势体系土崩瓦解，原来的外交原则和方式不再适用，这给外交工作带来许多困难和挑战，但这是大势所趋，顺之者昌，逆之者亡。既然明了历史发展的趋势，潘尼迦也就不遗余力地为势不可挡的新外交风潮鼓与呼。

其三，鉴于民众对外交工作和外交官的好奇与误解，潘尼迦对外交工作进行“祛魅”，是外交官真实面貌的复原者。作为成就斐然的资深外交家，潘尼迦非常了解并反复强调外交的重要性，但他没有因此给外交官这个职业披上神秘的面纱，相反，他对外交官的常见弱点直言不讳。希望外交官不要沉溺于肤浅的社交生活，更不要采取自以为是的越权行为，而要牢记最本职的工作——让本国政府了解驻在国的真实情况。其他工作要围绕这个核心工作展开。潘尼迦深知，只有外交官提供准确的报告和评估，本国政府才能做出正确的决策，从而更好地维护其国家利益。

最后值得一提的是，作为享誉学界的历史学家和著作等身的作家，潘尼迦非常注重为外交服务的国际关系研究。他本人在这方面也做到了身体力行，在担任繁忙公职的同时仍笔耕不辍，撰写了许多颇有见地的国际关系类著作，可谓是知行合一的典范。他的若干著作迄今仍被列入印度外交人员的必读书目，影响着一代代印度外交精英的思想和行为。按照中国传统“立德、立言、立功”的历史人物评价标准，潘尼迦在外交领域“立言”和“立功”的建树已足以让其“不朽”。

# 国际维和

# 联合国维和行动军事职能的演变及其影响

陆建新

【内容摘要】本文试就联合国维和行动军事职能演变的背景、联合国维和行动目前承担的主要军事职能以及军事职能演变对维和军事人员的影响进行初步的分析。

【关键词】联合国维和行动　军事职能　演变　影响

2013年是联合国维和行动诞生65周年，65年来，联合国维和行动已由原来纯粹的军事行动，演变为集军事、警务和民事为一体的综合性行动，其职能触及政治、军事、法治、经济和社会生活等各个领域。单就军事职能而言，联合国维和行动的演变也极为深刻，除传统的监督落实停火协议外，当今联合国维和行动的军事职能还包括安全保护、协助防务领域改革、协助维持法律与秩序、选举援助、人权监督以及人道主义援助等诸多方面。

## 一、联合国维和行动军事职能演变的背景

军事职能是随着联合国维和行动的演变而演变的。这种演变缘于冷战结束后联合国维和行动所处的战略环境、武装冲突的性质以

及安全观念的变化。

## （一）战略环境的变化

冷战结束后，国际战略环境发生了积极变化，联合国维和行动获得了向深度和广度发展的有利条件。冷战期间，由于两大阵营的对抗，联合国维和行动的发展受到严重阻碍。从1945年联合国成立至1991年底冷战结束，全球共发生重大武装冲突100多起，造成2000多万人死亡[①]。但联合国为应对冲突而实施的维和行动却不到其中的四分之一，主要原因是冷战对抗以及大国在安理会频频使用否决权，联合国无法采取必要的应对措施。据统计，冷战期间，大国在安理会行使否决权达279次之多。冷战结束，阻碍联合国维和行动发展的意识形态障碍瞬间消失，大国之间的关系迅速改善，合作意愿明显增强。联合国集体安全机制开始发挥作用，联合国维和行动开始成为防止和解决冲突、维护和平的重要工具。

## （二）武装冲突性质的变化

冷战期间，武装冲突主要发生于国与国之间，引发冲突的原因主要是领土争端和非殖民化运动，冲突地点主要是交战国的边境地区，冲突后果主要是领土得失。冷战结束后，一国内部原先被冷战对抗掩盖的民族、宗教等各类矛盾，就像被打开的“潘多拉盒子”纷纷涌现出来，使武装冲突的数量不降反升。与冷战期间武装冲突不同的是，冲突的性质发生了根本性改变。就原因来看，政治压迫、经济绝望、社会不公、民族矛盾、宗教不睦，上升为引发冲突的主要原因；就冲突派别来看，冷战后的武装冲突派别众多，不仅有政府军，更多的是割据一方的反政府武装；就冲突范围来看，武装冲突不再局限于交战国的边境地区，而是遍布于冲突国家的全境，不

① 加利：《和平纲领》，联合国，1992年，第14段。

仅如此，由于冲突国家与相邻国家在种族、宗教等方面存在着千丝万缕的联系，冲突“外溢”现象严重；就冲突后果来看，冲突国家没有领土得失之虞，而是政府当局失去对国家的有效管治，使国家处于混乱甚至无政府状态，其结果是平民遭受无辜伤害，人权遭到严重侵犯，甚至出现人道主义危机。冷战后武装冲突的一大特点是，引发冲突的原因与冲突造成的后果形成恶性循环，国家脆弱和失败引发了冲突，冲突又加剧了国家的脆弱与失败，两者互为因果，成为难解的死结。

### （三）安全观念的变化

在20世纪的绝大部分时间里，国家与国家之间的军事冲突是国际和平与安全的主要威胁，各国通过发展自己的军事力量或者与他国结盟来确保自身的安全。这种传统安全观以国家和民族为基本单位，其核心是维护国家的主权独立和领土完整，避免来自国外的武装干涉和军事侵略。随着冷战的结束，国际形势明显缓和，国与国之间已很少发生武装冲突，国家对丧失主权和领土的担心明显减少。相反，与国内武装冲突相生相伴的是公民人权遭受系统侵犯和人道主义危机的发生。现代通讯与传播技术的发展使人们对世界任何一个角落所发生的悲剧都感同身受。与此同时，经济危机、环境恶化、武器扩散、疾病传播等非传统安全威胁，都改变了人们对安全的认识与看法，进一步加深了人们对作为个体的人以及作为整体的人类境遇的关注。新的安全观，即人类安全观，由此诞生。人类安全观强调的是以人为本、生存条件和人的尊严，也就是对人的基本权利的保护和对人的基本尊严的维护。这种新安全观超越了以国家为中心、以防御军事威胁为主要内容的传统安全观。这种新安全观是一种合作安全观，它强调任何国家都没有能力单独应对非传统安全威胁，只有通过国与国之间的合作这些威胁才有可能得到化解。

## 二、联合国维和行动的主要军事职能

自诞生之日起，联合国维和行动就为适应新的冲突形势而不断演变。但无论是就广度还是就深度而言，近20年是联合国维和行动演变最为迅速的时期。目前，联合国维和行动已由过去主要为监督落实停火协议而建立的军事观察团，发展为监督落实全面和平协议的多方位行动。维和特派团军事部门的任务也随着安全环境的变化而变得越来越复杂和多元。概括起来，当今联合国维和行动的军事职能主要包括以下方面。

### （一）监督停火

维持和平行动中的“维持”一词的最初含义是“维持”冲突方之间的停火状态，防止冲突再起，从而为冲突的政治解决创造条件。联合国维和行动为维持停火而生，监督停火是联合国维和行动的原始职能。监督停火需要专业的军事知识，只能由军事人员来完成。在联合国维和行动的大部分时间里，监督停火几乎是联合国维和行动的唯一职能，维和人员也都是军人。冷战结束后，虽然联合国维和行动所应对的武装冲突的性质发生了深刻变化，但冲突方停止敌对行动仍然是联合国维和行动部署的起码条件，因此，在绝大多数情况下，监督停火仍然是联合国维和行动最基本的职能。不过，停火的内容却发生了较大的变化。国与国之间的停火一旦开始，不仅意味着停止交火，往往还包括入侵方从被占方的领土上撤军，或者双方从各自的边境等距离后撤以便建立非军事区作为缓冲。而发生于一国内部的冲突一旦停火，则往往意味着双方部队保持停火时的状态而不得重新部署，各武装派别放下武器、解散组织并重新登记组建统一的国家武装力量。

### （二）安全保护

安全保护是当今联合国维和行动最为重要的职能，由作战部队承担。安全保护的主要目的是为维和行动的开展创造安全稳定的环境，其内容包括对维和特派团和东道国重要设施和财产的保护、对非武装维和人员的保护、对平民的保护以及对人道主义救援活动的保护。

传统的维和行动并不承担安全保护职能，因为国与国之间冲突的交战方通常是正规武装，他们并不以平民为目标，冲突范围也局限于边境地区。更为主要的是，维和行动的部署都发生于交战方签订停火协议之后，而且，维和行动是应冲突各方的邀请而部署的。因此，无论是平民的生活，还是维和人员的工作，都具备了基本的安全条件。军事部门的安全保护职能是随着维和行动安全环境的变化（或者恶化）而产生的。如前所述，当今的武装冲突大都发生于一国内部。国内武装冲突的显著特点之一就是，不是冲突导致了国家失败，就是国家失败导致了冲突，可以肯定的是国家处于无政府状态。国内武装冲突派别众多，而且随时可能发生分裂，他们指挥系统混乱，人员纪律涣散，烧杀抢掠奸，无恶不作。结果，大量平民沦为难民或流离失所，生命安全受到严重威胁。此外，有的冲突派别或犯罪团伙将维和人员和人道主义救援人员的到来视为其行动的障碍，明目张胆地对其发动袭击或实施绑架的事件屡见不鲜。在这些情况下，安全保护理所当然地成为维和特派团军事部门的重要职能。

### （三）选举援助

联合国维和行动中的选举援助是指为驻在国（或地区）举行的制宪公投、总统和议会选举以及未来地位公投等提供的援助。联合国第一项承担选举援助职能的特派团是1989年4月成立的联合国纳米比亚过渡援助团。之后，联合国先后在柬埔寨、莫桑比克、东帝汶、利比里亚、塞拉利昂、刚果（金）、科特迪瓦、海地和苏丹等地承担了选举援助职能。目前在西撒哈拉，联合国维和特派团仍然承担着组织未来地位公投的任务。联合国维和特派团对驻在国（或地区）的选举援助方式包括：组织选举、监督选举以及提供技术和后勤援助等。组织选举是维和特派团为驻在国（或地区）提供的最为广泛、深入的援助，要求维和特派团全面负责候选人的提名、竞选活动的组织、选举工作人员培训、选票的印制、投票站的设立、投票计票过程的监督、投票结果的宣布等活动。监督选举就是对选举的过程（包括竞选活动及投票计票）进行监督，确保选举自由公正地举行。技术和后勤援助则是为驻在国（或地区）提供选举工作人员培训、选举物资运输等服务。由于选举工作的敏感性，也为了培养驻在国（或地区）自行组织选举的能力，联合国维和特派团目前已较少承担组织选举的职能，更多的是对选举进行监督，或为选举提供技术和后勤支持。

军事人员在选举援助中的任务是，确保选举过程的安全（作战部队）、监督选举（军事观察员）和提供后勤援助（运输部队）。

### （四）协助防务领域改革

防务领域改革是安全领域改革的组成部分。联合国维和行动中的安全领域包括与民众安全息息相关的军事、警务和法治等机构的改革，主要针对国内冲突国家。防务领域改革是在武装派别弃武、复员和安置的基础上将驻在国的武装部队国家化。弃武是指所有武装派别（有时包括政府军在内）放下武器，复员是指从组织上解散武装派别并将其成员遣返原籍，安置是指对放下武器、复员回家的士兵进行安置，包括融入社会，或重新登记加入新组建的国家武装力量，即国防军。在此基础上，新组建的国家武装力量必须脱离任何党派，并效忠于国家宪法。

军事人员在防务领域改革中的作用是提供援助，确保待遣返复员人员的安全（作战部队）、登记上交武器（军事观察员）、运输复员遣返人员（运输部队），对新组建的国家武装力量进行培训等。

### （五）协助维护法律与秩序

出于保护平民的需要，联合国维和特派团有时不得不在冲突持续进行的情况下部署，如在苏丹达尔富尔和刚果（金）等地，即使冲突已经结束，驻在国（或地区）的局势也极不稳定，存在着无法无天、法治机构运转不灵、当地警察效率低下的现象。在选举等敏感时期，驻在国民众极有可能举行游行示威和街头抗议等活动，并引发动荡与骚乱。

原则上，恢复并维护法律与秩序是驻在国政府的责任，但在以下四种特定情况下，维和部队将被赋予协助驻在国政府维护法律与秩序的任务：

（1）驻在国警察和/或联合国警察正在维护公共秩序，维和部队被赋予保证其活动区域外围安全的任务；

（2）局势已经超出了驻在国警察和/或联合国警察可以控制的程度，而且已经出现公共秩序混乱的局面；

（3）现场当时没有驻在国警察或联合国警察，而且在合理的时间内无法到达现场；

（4）特派团要求维和部队保护联合国人员、设施、装备与机构的安全。①

### （六）人权监督

国内武装冲突的后果之一是公民人权遭到侵犯，尤其是妇女和女童。监督驻在国（或地区）的人权状况是联合国维和特派团的重

① UN Department of Peacekeeping Operations and Department of Field Support, *United Nations Infantry Battalion Manual*, Volume I, August 2012, p. 91.

要职责。联合国维和特派团通常设有专门的人权部门，归联合国人权署派出的文职官员领导。但人权监督不仅仅是民事人员或联合国警察的工作，联合国人权监督工作的理念是：人权监督，人人有责。任何维和人员都有责任受理、调查和报告侵犯人权的事件。因此，人权监督也是联合国维和部队和军事观察员的重要职责。

### （七）人道主义援助

受冲突影响，联合国维和特派团驻在国的人道主义状况通常十分糟糕。原则上，人道主义援助工作由联合国专门机构及非政府组织负责。由于非政府组织的独立性，联合国维和特派团通常为其保留开展援救工作所需的“人道主义空间”，即不干预其开展救援工作。但在许多情况下，由于冲突国家（或地区）存在的严重无政府状态，人道主义救援物资及人道主义救援工作者的安全无法得到保证，因此，维和部队通常被赋予为人道主义救援工作提供安全保护的职责。此外，在有些维和任务区，由于冲突的持续不断，人道主义救援组织因缺乏必要的安全条件而可能撤离驻在国。在这种情况下，维和部队必须取代他们直接为需要者提供人道主义援助。

## 三、军事职能演变对维和军事人员的影响

联合国维和行动军事职能的演变是一个先慢后快的过程。在前40年里，联合国维和行动基本只履行单一的军事职能，只是在形式上由观察团发展到维和部队。自20世纪90年代起，联合国维和行动的军事职能迅速拓展，并越来越复杂。军事职能的演变给军事人员在维和特派团的地位与作用、部署方式、安全环境以及能力素质要求等方面带来了深远的影响。

### （一）军事人员在维和特派团的作用上升但地位有所下降

在自诞生至1989年4月的40多年时间里，联合国维和行动只有军事职能这一项，任务是监督停火。那时的维和特派团只有军事部门，另有少量文职人员为特派团承担管理和保障职责。军事人员（维和部队或军事观察员）是唯一的维和人员，特派团的一切工作围绕军事人员的监督停火工作展开，维和部队司令或首席军事观察员是维和特派团的最高首长。冷战期间遗留下来的几项行动至今仍沿袭着这种传统。随着维和任务的复杂化，联合国维和特派团的构成也多元化。除军事部门外，特派团还包括警务、民事和保障等部门。特派团的最高首长为联合国秘书长任命的以秘书长特别代表身份履行职责的文职官员，维和部队司令或首席军事观察员只是部门首长。虽然军事部门的存在不可或缺，任务比之前更加复杂和繁重，但军事部门的工作至多只是中心工作之一，许多情况下军事部门的工作已经沦为保障或支援性工作。尤其是在特派的后勤保障方面，特派团的一切保障资源（包括工兵、运输、医疗等军事单位）由文职官员统筹使用，因此，军事部门中的上述后勤保障单位实际是归文职官员控制，维和部队司令对这些单位并无任务分配权。联合国维和特派团的这种特有制度常常令军事人员难以理解和适应。

### （二）部署方式由线性变为非线性

传统的维和行动处理国与国之间的冲突，这类冲突通常发生于两国的边境地区。为了监督停火，维和部队或军事观察员沿边境线或军事分界线以线性方式部署，监督工作主要以建立观察哨进行定点观察的方式进行，并辅以空中巡逻和地面巡逻等流动观察方式。而在当今的内战型冲突中，冲突派别之间并无前线和后方之分，而且作为冲突一方的政府军往往需要同时与多个反政府武装进行较量。

因此，要有效监督停火，军事力量必须在全国范围内以非线性方式部署，观察也无法再采取设立观察哨的方式进行，只能采取分散部署、流动观察的方式。此外，保护平民、监督人权等工作，也要求军事力量部署于全国的城镇和乡村等主要人口集中地。这就意味着，军事力量的战线往往拉得很长，任务的繁重与力量的单薄和不足就成为突出的矛盾。

### （三）安全风险越来越高

随着冲突的内战化，维和人员的安全环境也越来越恶劣，对于军事人员来说也不例外。其主要原因是，冲突持续甚至加剧、冲突派别非正规、冲突国家法治缺失、小轻武器扩散、疾病流行等。此外，为了保护平民，中立和除自卫外不使用武力的维和行动指导原则已被突破，联合国维和部队常常为孤立和打压个别丧失道义的武装派别而放弃中立立场，并且可以采取一切必要措施（即使用武力，甚至是先发制人的武力）履行其使命。这样一来，有的武装派别视维和部队为敌人。近年来，联合国维和人员的伤亡人数呈逐年上升趋势。1948—1990 年的 40 多年间，联合国维和人员的伤亡总数为 851 人，年均约 20 人；1991—2000 年的 10 年间，伤亡人员总数为 860 人，年均 86 人；2001—2012 年伤亡人员总数为 1351 人，年均约 113 人。

### （四）军事人员的能力素质要求更加全面

军事职能的多元化对维和军事人员的能力素质提出了更高的要求。从军事部门的现有职能可以看出，军事人员的任务许多是“非军事”的，如人权监督、选举援助、维护法律与秩序等。这就要求维和军事人员具备许多非军事的能力与素质，如谈判协商、调查、监督、培训、骚乱管控等。对于所承担的支援性任务，军事人员必须具备与被支援部门或单位的合作意识和协调能力。此外，军事人员还必须学会与特派团中的文职人员以及驻在国的政府机构和普通民众打交道的能力。只有这样，军事人员才能真正履行好自己的职责，确保联合国安理会赋予的维和使命得到落实。

# 当代国际维和行动的现实挑战及发展趋势

周　辉

【内容摘要】随着国际环境的不断变化，当代国际维和行动面临日益复杂的问题和挑战。本文试图分析国际维和行动近年来所面对的现实问题与挑战，探索解决当前复杂矛盾的对策与建议，并就当代国际维和行动的发展趋势进行预测。

【关键词】国际维和行动　挑战　对策　趋势

自1948年以来，国际维和行动一般可以划分为第一代（传统型）和第二代（复合型）。[①] 虽然传统维和行动与现代维和行动之间存在着一种连续的关系，有些特征甚至是重合的，但仍可以从以下两个方面将传统维和与现代维和清楚地区分开来：第一是维和行动的环境发生了变化。传统维和行动一般是在国家之间的缓冲区内进行，还必须征得当事双方的同意；而现代维和一般是处理国内冲突，而且没有确定、可靠的和平安排。第二是国际维和力量的军事目标和做法发生了改变。现代维和行动是多功能的，军事行动只是政治、外交、人道和经济等综合目标中的一个。这些行动的目标包括支持

① 参见中国国际战略学会军控与裁军研究中心编著：《当代国际维和行动》，北京：军事谊文出版社，2006年版，第38—49页。

民间机构和非政府组织从事人道援助、组织和保护选举、监督政府、解除冲突各方的武器和复原武装人员、遣返和安置难民、保护和平区、重建政府和法制以及其他任务。[①] 随着国际环境的不断变化，当代国际维和行动面临日益复杂的问题和挑战。本文试图分析国际维和行动近年来所面对的现实问题与挑战，探索解决当前复杂矛盾的对策与建议，并就当代国际维和行动的发展趋势进行预测。

## 一、当代国际维和行动面临的现实挑战

当代国际维和行动负载任务的增多导致了一些新的问题，如维和概念出现异化趋向、强力维和中的武力使用频繁、介入一国之内的冲突增多、人道主义干预的趋势增强、传统维和所公认的“三原则”（同意、中立、除自卫外不得使用武力）被突破等，都值得我们重视和研究。

### （一）“维持和平”与“强制和平”界限模糊

冷战之后，特别是进入新世纪以来，随着国际形势及冲突性质的不断变化，维和行动本身也在不断发展变化，呈现出多元化、复杂化、多功能化的趋势，由此涌现了许多与维和行动相近且容易混淆的新概念、新提法，如“和平行动”、“稳定行动”、“和平支援行动”等。从某种意义上来讲，这些新概念可以称为“维和行动”传统理念的“变异”。这些“变异”的新概念，模糊甚至动摇了人们对传统意义上“维和行动”的认识，对当前维和行动形成了巨大的冲击与挑战，也不可避免地对我军参与国际维和行动产生了重大

① John Hillen, Blue Helmets, *The Strategy of UN Military Operations*, Washington, Brassey's, pp. 140 – 141.

影响。

冷战结束后，武装冲突性质变化导致了维和行动的多职能化。冲突的对象由国家与国家变为国家内部的各个派别，民族矛盾、宗教不和、苛政暴政、资源争夺、人道危机等取代领土争端和非殖民化运动，成为引发冲突的主要原因。这时的维和行动不仅要履行军事职能，更要履行巩固或改革政治体制、恢复或维持法律与秩序、保护人权、保护人道主义救援活动等多种民事职能，甚至还要充当临时行政机构[①]。军事职能的内容也发生了显著的变化，原有的监督撤军和监督停火任务已经不再是主要任务，解除武装、复员部队和重新安置（即“DDR”）以及在此基础上进行的安全领域改革成为维和军事职能中的主要任务。

冷战后冲突性质的变化使维和行动面临前所未有的挑战，为了应对新的挑战，联合国开始调整维和战略，其标志即是《和平纲领》的出台。《和平纲领》第一次系统地推出了联合国维护世界和平与安全的整套措施：预防性外交、促进和平、维持和平、建设和平以及强制和平。《和平纲领》提出的一系列新的维和举措在冲突地区迅速得到实施。至此，维和行动产生了质的变化，用《和平纲领》的话说就是“近年来维持和平行动的性质迅速演变”[②]。有人把这种变化了的维和行动称之为第二代维和行动，即“综合型”维和行动。

既然“维持和平”仅仅是第二代维和行动的一项内容，有人认为原有“维和行动”的概念已经落伍、不再适用，于是国外、特别是西方国家出现了“和平行动”、“稳定行动”或“和平支援行动”的提法，其意图是要将预防性外交、促进和平、维持和平、建设和平和强制和平全部装入“和平行动”或“和平支援行动”的“大篮筐”。应联合国秘书长安南的要求，以拉赫达尔·卜拉希米为组长的专家小组于2000年8月向秘书长提交了一份名为《专家小组关于联

① 联合国在柬埔寨、东帝汶和南斯拉夫的科索沃曾经或正在行使临时行政权力。

② 参见《和平纲领》第50段。

合国和平行动的报告》(俗称“卜拉希米报告”)[①],第一次在联合国官方文件中将“维和行动”称为“和平行动”。“和平行动”似乎得到了正式的“名份”。

几乎在联合国提出“和平行动”概念的同时,美国也将重点转向由美自主领导的、符合美安全利益的“和平行动”与“稳定行动”。然而,美所倡导的和平行动或稳定行动与传统意义上的联合国维和行动具有很大的不同。首先,从行动的主体看,前者主要是美为自己发起的军事行动“量身定做”的脱身之策。美虽然也需要联合国及国际社会的认可和参与,但这些行动从计划到实施完全由美一手主导并按自己的意志行事。其次,从行动实际情况看,虽然文职及民事人员在战后政治、经济及社会秩序恢复等方面扮演重要角色,但美军占主导地位的事实并未改变,美军在安全、情报、基础设施保护等方面仍担当着主要角色。最后,从行动的具体结果看,各国在战后重建的各项工作中虽有分工,但都离不开美军的认可、参与及保护。

早在1994年,北约就提出了“和平支援行动”这一新的概念,将维持和平行动和强制和平行动纳入其“和平支援行动”的范畴。随着冷战后国际安全环境发生深刻变化,特别是波黑和科索沃问题所带来的新挑战,北约对遂行集体防御行动的和平支援行动有了更加深刻的认识,并于1999年将在非北约国家实施的和平支援行动纳入其危机管理行动范畴,使其逐渐成为北约在其防区外的主要行动样式。从概念上来看,北约提出的“和平支援行动”与联合国“维和行动”有相似之处,都涵盖了“预防冲突”、“促进和平”、“建设和平”、“人道主义行动”等维和概念,但北约的和平支援行动还包括强制行动,这就是与联合国维和行动本质上的最大不同。

---

① “Report of the Panel on the United Nations Peace Operations”, A/55/305 – S/2000/809.

## （二）国际维和行动"挑战"国家主权

一般认为，主权是国家的根本属性，包括对内最高权和对外独立权两层含义。无论对内还是对外，主权是不可分割，不可让予的，而且是不容干涉的。"不干涉内政原则"则是从国家主权原则中引申出来的一项国际法基本原则。该原则指国家相互交往中不得以任何理由或方式，直接或间接地干涉在本质上属于任何国家国内管辖的事务，也不得以任何手段强迫他国接受自己的意志、社会制度和意识形态；该原则也包含国际组织不得干涉成员国国内管辖事务之义。[①] 因此，国际维和行动也不能违背该原则，必须恪守中立与公正的立场，不能介入冲突或偏袒某一当事方，不能以任何理由或方式，直接或间接地干预当事国的主权管辖范围内的事务或卷入当事国内部政治斗争。否则，国际维和行动的中立与公正性将令人质疑。

但是到了21世纪，随着国际安全形势的变化，一些国家极力把一个国家的内部冲突纳入国际和平与安全的范畴，致使联合国通过维和行动对一些国家和地区冲突的干预情况越来越复杂。当代国际维和行动的一个重要特点就是由原来解决国际冲突演变为越来越多地解决国家内部动乱，这就难免会越来越多地介入主权国家内部事务。这正好给了某些西方大国直接介入别国内部事务的可乘之机。于是，西方国家别有用心地提出了"主权有限论"、"主权过时论"等荒诞论调，认为"主权不容干涉"的口号业已过时，强调"主权是有限的，而且是可以让渡的"，从而为它们大肆干涉他国内政找到了理论依据。在以美国为首的西方国家极力宣扬"主权过时论"、"人权高于主权"的大背景下，联合国维和行动的指导思想也发生了微妙变化，朝着有利于西方国家的方向发展。甚至在科索沃危机之后，一些国家继续鼓动修改《联合国宪章》中的"不干涉内政原则"，认为实施维和行动无需得到当事国的同意。

---

① 夏林华："论国际法上的不干涉内政原则及其例外"，http://www.studa.net。

## （三）以保护平民为由进行“新人道主义干涉”

冷战结束以来，由于某些国家内部冲突导致“人道主义灾难”及其“外溢”现象相当严重，难民外逃、种族矛盾扩散、枪支泛滥等，都影响到邻近国家和地区的稳定与安全。对此，联合国一直处于国际社会的压力下，要求其采取行动以减轻“大规模的人类痛苦或对邻国安全的威胁”。[①] 正是在这一背景下，“人道主义干预”应运而生，并对维和行动的实践产生了重大的影响。但事实上，人道主义干涉和联合国维和行动常常被某些西方大国盗用，使国际干预机制和联合国权威受到严重损害，产生了极为恶劣的影响，对国家主权、不干涉内政以及禁止使用武力等国际法基本原则造成了强烈的冲击。无论在索马里，还是科索沃，人道主义干涉一次又一次堂而皇之地成为联合国主动采取行动的理由，给维和行动的后续发展造成了恶劣影响。

如今，人道主义干涉又找到了一个新的合法理由——“保护平民”。20世纪90年代以来，由于武装冲突特点的变化及各种复杂因素的影响，世界上不少地区仍有许多平民受到武装冲突的伤害，使“保护平民”问题日益成为国际社会及联合国的重大关切。因此，自1999年联合国驻塞拉利昂特派团被首次赋予保护平民的任务[②]后，联合国安理会每次授权成立维和特派团时，均将“保护平民”作为维和行动的一项重要任务，而“保护平民”也日益成为联合国使用武力的一个合法理由。前任联合国秘书长安南认为：“以主权为由对自己公民的人权进行欺诈，再也不可接受了”，“科索沃战争表明，今后尊重人权在国际关系中重新找到其恰当的位置”。在第54届联

① ［瑞典］英瓦尔·卡尔松主编：《天涯若比邻——全球治理委员会报告》，北京：中国对外翻译出版公司，1995年版，第250页。转引自李铁成主编：《世纪之交的联合国》，北京人民出版社，2002年版，第24页。

② 参见联合国网站有关保护平民的议题，http：//www. pfcmc. com/zh/peacekeeping/issues/civilian. shtml

合国大会开幕式上，安南进一步表达了联合国要对“人权侵犯者”采取军事行动的明确信息，称“不应该容忍大规模和有步骤的人权侵犯行为，不管这些行为发生在什么地方”。[①]

然而，西方国家却以保护平民为借口，从自身利益需要出发刻意曲解安理会决议，甚至采取超出安理会决议授权的行动，对当事国进行堂而皇之的人道主义干涉，从事政权更迭或卷入内战，造成更多的平民伤亡。在科特迪瓦冲突中，联合国维和部队曾以保护平民为由采取了强硬的军事行动[②]。

### （四）“强力维和”理念日渐当道

强力维和（Robust Peacekeeping）是自上世纪末以来出现的维和新理念。1999 年 10 月，联合国在不到一个星期的时间里，授权建立了两项维和行动，这就是 10 月 22 日授权建立的联合国塞拉利昂特派团和 10 月 25 日授权建立的联合国东帝汶过渡行政当局。从职能上来说，这两项维和行动与其他第二代维和行动并无多少不同之处，但不同寻常的是，联合国在授权决议中授权维和部队采取“一切必要措施”保证维和任务的完成、保护面临直接安全威胁的平民安全并确保维和人员的安全与行动自由[③]。接着，联合国又在 1999 年 11 月至 2010 年 11 月之间授权建立了 12 项联合国维和行动，其中 9 项

① 慕亚平、陈晓华：“世纪之交议维和——对冷战后联合国维持和平行动的评价与思考”，《国际政治》，2002 年第 2 期。

② 1999 年以来，科特迪瓦多次发生政权更迭和武装冲突。为了尽快帮助科特迪瓦恢复和平与稳定，联合国安理会于 2004 年 2 月成立了联合国科特迪瓦行动，并授权其采取“一切必要措施”执行维和使命。2010 年 10 月的大选后，巴博和瓦塔拉均宣称自己赢得选举，“一国二主”的争端很快就演变为暴力冲突。在冲突中，联科行动以自卫和保护平民为由，对前总统巴博武装力量采取了军事行动，从而结束了持续数月的政治僵局和内战，但却引发了人们对现代维和行动强力介入当事国内政的担忧和质疑。

③ 参见联合国安理会 1270 号决议和 1272 号决议。

行动获得了采取“一切必要措施”以保证维和任务完成的授权①。目前，部署于战地的联合国维和特派团已经将联合国的这项授权付诸实施，如联合国驻刚果（金）维和特派团就对拒不放下武器的部族民兵开展了清剿行动②；联合国海地维和军警也向当地的非法武装开展搜捕和缴械行动，并与非法武装发生枪战，造成人员伤亡③；联合国科特迪瓦维和部队的直升机对科特迪瓦前总统巴博的军营、住所及总统府开火，以阻止他们对平民的袭击④。

授权维和部队在维和行动中使用武力标志着联合国维和行动的交战规则趋于强硬。但这并不等于说联合国已像在索马里和波黑那样再次在维和行动中加入强制和平的内容。实际上，“强力维和”与“强制和平”虽然都涉及使用武力，但两者却有着本质的区别，主要是：作为维和行动，“强力维和”不仅应获得联合国安理会的授权，还必须征得驻在国主要冲突派别的同意与配合，否则就不能部署和实施；而“强制和平”则不属于维和行动，它只需获得联合国安理会的授权，以确保其行动合法性，却无需征得冲突方的同意，如“沙漠风暴行动”就是较为典型的强制和平行动，其部署与实施根本没有征得伊拉克政府的同意，但得到了安理会的授权。

然而从近年来的维和实践来看，联合国“强力维和”的理念依然面临着多方面的问题与挑战。首先，“强力维和”标志着交战规则趋于强硬，与传统“非武力原则”背道而驰。这种“强力维和”使交战规则趋于强硬，对武力使用的要求更加放松，甚至将武力使用

① 这9项行动是，1999年11月至2010年6月实施的联合国刚果民主共和国特派团，2002年5月至2005年5月实施的联合国东帝汶支助团，2003年9月开始实施的联合国利比里亚特派团，2004年4月开始实施的联合国科特迪瓦行动，2004年6月开始实施的联合国海地特派团，2004年6月开始实施的联合国布隆迪行动，2005年3月开始实施的联合国苏丹特派团，2007年7月开始实施的非盟/联合国达尔富尔混合行动，2010年7月开始实施的联合国刚果民主共和国稳定特派团。

② 据新华社金沙萨2005年4月2日电。

③ 据新华网哈瓦那2005年3月31日电。

④ 据中新网2011年4月5日电。

从过去的“被动”变为现在的“主动”，并已成为联合国现在维护和平的重要理念和手段。但是，“强力维和”理念毫无节制的泛化，必然会引发难以想象的严重后果，并从长远来看将对维和行动造成极大的负面影响。其次，武力使用增加维和人员生命危险，难以得到出兵国的长久支持。事实上，联合国维和部队的强硬姿态和武力介入，必然会引发武装派别的强烈反弹。在联合国维和实践中，联合国维和部队常以自卫和保护平民为由，对拒不放下武器的武装分子展开清剿行动，甚至当维和人员遭遇袭击后，动用武装直升机之类的重型武器对袭击者发动报复性军事打击。这不仅加深了非法武装分子与维和部队之间的敌对情绪，也使普通民众对维和部队的这种动武举动产生了憎恨心理，给维和行动后来的工作展开形成巨大挑战和危机。此外，当代联合国维和人员主要由发展中国家提供，这种“强力维和”显然会增大维和人员的安全风险，很难得到他们的长久支持。第三，“强力维和”武力介入当事国内政，难以把握公平与公正原则。第二代联合国维和行动由原来解决国际冲突演变为越来越多地解决国家内部冲突，因而难免会越来越多地介入主权国家内部事务，从而使联合国维和行动一贯遵循的“维和三原则”之一，即“中立、公正”的尺度把握十分困难。以上情况表明，联合国介入国家内部冲突，存在着巨大的尺度把握困难，处理不当不仅无法完成预定任务，而且有陷入当地冲突而无法自拔的危险。

## 二、当代国际维和行动应对挑战的对策与建议

面对日趋复杂的问题与挑战，国际社会应以积极务实的态度，大力推动当代国际维和行动的改革与调整，使其在维护世界和平与安全方面发挥出更加重要的作用。对此，笔者经过认真思考，提出以下可行性的对策与建议，以供参考。

### （一）必须划清“维和行动”与“强制行动”的界限，以防止出现混淆视听的现象

随着形势的发展，近年来出现了“维和行动”的概念应该让位于“和平行动”、“稳定行动”或“和平支援行动”的说法。笔者认为，这个问题必须十分慎重地对待。首先，尽管《卜拉希米报告》采用了“和平行动”的概念，但该报告毕竟只是专家小组提交给安理会和联大讨论的“一家之见”。无论在其出版的官方文件中，还是在其官方网站上，联合国仍然采用“维和行动”的概念。其次，尽管“维持和平”与“强制和平”都是为了“维持国际和平与安全”，但长期以来，人们已经认可“维持和平”与“强制和平”是两个截然不同的概念，它们之间的界限是维和行动的三项基本原则：即同意原则、中立原则、非武力原则。符合这三项原则的行动为维和行动，越过这三项原则的行动为强制和平行动。联合国在经历了前南斯拉夫维和行动的挫折后，宁愿使自己与强制和平保持距离，也不愿将两者混为一谈。《卜拉希米报告》虽然使用了“和平行动”的概念，但并没有给“和平行动”一个明确的定义，却指出了它的范围，其目的就是担心有人会混淆“维持和平”与“强制和平”的界限。最后，与任何其他事物一样，维和行动也是不断发展的。正如预防性外交由当时的预防美苏冲突发展为预防冲突的发生、发展一样，我们也可以赋予维和行动以新的含义，使其包括除强制和平以外的所有其他措施：预防性外交、促进和平、维持和平和建设和平。

### （二）应强化联合国在维和行动中的主导地位，推动国际维和法制化

关于西方大国频繁借助维和行动介入他国内政的问题，笔者认为联合国应当慎重对待，并采取应对之策：首先，必须始终坚持和不断强化联合国在维和行动中的主导地位。为此，联合国安理会应

坚持以《联合国宪章》作为处理国际关系的根本大法和准则，健全完善维护世界和平与安全的国际机制，推动维和行动决策程序民主化，研究制定联合国维和战略，并加强同区域组织在维和领域的交流与合作。这样，才能有效避免被西方大国的意志所牵制，彻底杜绝或尽量减少涉足当事国内政，真正树立起联合国在国际维和行动中的公平、公正形象。其次，必须坚决奉行维和行动基本原则。1956 年，联合国建立的第一支联合国紧急部队为联合国维和行动确立了三项基本原则，即有关各方同意、保持公正中立、除自卫外不使用武力。① 这些原则体现着国家主权平等、不干涉内政、和平解决国际争端和不得使用威胁或武力等国际法原则，因此必须加以坚持。第三，尽快制定国际维和法。联合国维和行动尽管经历了 60 多年的发展历史，但在法律条文方面仍然很不完善，长期以来基本依靠《联合国宪章》中的部分条款和安理会决议行事，缺乏必要的法理定位和理论依据。即使有所谓的理论依据，也都是西方大国出于自身利益需要而抛出的“西化理论”，其背后的主要目的是推行西方的价值观和民主制度。因此，对于缺少“话语权”的广大发展中国家来说，有必要制定一部详细、明确的“国际维和法”，用以规范国际维和行动。

### （三）国际维和行动应尊重国家主权，坚决反对恣意干涉他国内政

近年来，主权原则尽管受到各种冲击，但国家仍是国际社会的主要行为体，主权制度还远未过时，关键问题是如何把握在积极寻求维护国家主权与有效维持国际和平安全之间的平衡点。在维和与国家主权问题上，笔者认为，我们应采取比较理性和务实的态度。一方面坚持维持联合国宪章的宗旨和原则，坚持主权原则和不干涉

① 杜农一、陆建新：《维和行动概论》，北京：军事谊文出版社，2004 年版，第 51—53 页。

内政的原则，反对借联合国维和行动之名，肆意干涉他国内政。另一方面，也不宜对维和行动的不干涉原则以及同意与合作原则做过于绝对化的解释，不能借“维护主权而拒绝履行国际义务，危害国际和平与安全”。当出现危及国际和平与安全的紧急危机并有升级之可能时，如果实施维和行动的各项条件均已具备，仅某一当事方不同意时，不应排除根据安理会一致决定或联大决议，体现国际社会的集体意愿，部署维和部队防止冲突蔓延，并从事人道主义救援。考虑到维和行动的特点及维持国际和平与安全的重要性，这种经过安理会成员国一致同意的集体行动不应当与干涉内政、侵犯主权混为一谈。[①] 但是，这并不表示我们对一切国际社会特别是联合国的干涉都持赞成态度。因为，毕竟这个世界上还是存在霸权主义和强权主义，而主权原则就成为处于弱势地位的国家的最后屏障。

### （四）谨慎对待“平民保护”问题，防止其沦为西方大国的干涉工具

我国政府对保护平民和人道主义干涉问题一直持比较谨慎的立场。2011 年 5 月 10 日，我国常驻联合国代表李保东大使在安理会武装冲突中保护平民问题公开辩论会上发言表示：“中方对平民生命、财产安全在武装冲突中受到影响和威胁深表关切，谴责在武装冲突中蓄意针对平民的暴力行为”，但“任何方面均不能以保护平民的名义，从事政权更迭或卷入内战”。[②] 笔者认为，在参与联合国维和行动时，应当谨慎对待保护平民问题。首先，严格遵守《联合国宪章》的宗旨和原则，并根据联合国安理会的授权，重视和加强保护武装冲突中平民的生命及财产安全；其次，在联合国维和行动中保护平

① 郑启荣：“联合国维持和平行动浅析”，载《联合国与国际秩序》（陈鲁直、李铁城主编），北京语言学院出版社，1993 年版，第 235 页。

② 李保东：“不能以保护平民为由卷入一国内战”，中国新闻网，2011 年 5 月 11 日，http：//www. chinanews. com/gn/2011/05 – 11/3031005. shtml。

民，应当充分考虑当事国国情，尊重当事国的主权、独立、统一和领土完整，必须量力而行；第三，在联合国维和行动中保护平民，必须全面、严格执行安理会的决议，不能任意解读安理会决议，或采取超出安理会决议授权的行动；第四，在联合国维和行动中，应继续坚持客观、中立原则，避免在当地政治纷争中“选边站队”，甚至成为冲突的一方；最后，必须清楚地认识到，依靠部署联合国维和行动，并不能从根本上解决保护平民问题，应在预防和解决冲突方面加大投入。

### （五）“强力维和”应把握限度，避免武力使用失当引发争议

作为当代联合国维和行动的最新理念，“强力维和”所面临的诸多挑战表明，人们必须对这些理念和思维进行深入的理性思考，寻找出当代联合国维和行动未来发展的应对之策：一是必须要健全完善维和行动的法律基础。众所周知，联合国维和行动的法律依据首先来自以《宪章》“第六章”、“第七章”和“第八章”为主的有关条款。近年来，具有“强力维和”色彩的联合国维和行动就是安理会根据“第七章”授权实施的。尽管联合国维和行动以《宪章》为依据，但《宪章》中实际上没有任何一条有关维持和平行动的条款。因此，尽快出台有关联合国维和行动的专门性法规，是使维和行动有法可依、有章可循的关键所在。二是必须要坚决反对借“强力维和”进行人道主义干涉。事实上，人道主义干涉和联合国维和行动常常被某些西方大国盗用，使国际干预机制和联合国权威受到严重损害，对国家主权、不干涉内政以及禁止使用武力等国际法基本原则造成了强烈的冲击。因此，在维和实践中，应当始终遵循联合国宪章的宗旨和原则，不能粗暴干涉别国内政，避免使维和部队成为卷入内战的冲突一方。三是必须要坚持“慎用武力”的基本准则。武力可以缔造和平，但武力同样可以恶化和平环境甚至破坏和平基

础。近年来，越来越多的时候，“第七章”更为广泛地被提及和使用。然而时至今日，《宪章》没有进行过任何修订，而“第七章”也没有就武力使用的时机、范围和程度做出具体明确的解释。这种界定上的“模糊性”就给武力使用带来严重问题，极易被某些大国刻意曲解，甚至出现报复性使用武力的情况。如果这种情况经常发生，不仅增加了维和的难度，维和行动的性质和维和部队的声誉也必将受到更多质疑。因此，对于当今越来越多地解决国内冲突问题的联合国维和行动，“武力”绝对不是最佳选项，而政治施压、外交斡旋、经济制裁等非武力手段依然应该成为解决问题的首选。

## 三、当代国际维和行动的发展趋势

在60多年的风雨历程中，国际维和行动经历了一个长期发展的过程。总体而言，国际维和行动对防止和解决地区武装冲突、维护世界和平与稳定发挥了积极作用，但也有一些失败的教训。尽管国际维和行动已在制度化方面做了许多努力，但其临时性、协议性和可塑性决定着维和行动在机制方面不可能很快固化，对《联合国宪章》条款进行修改、明确对联合国维和行动的定义难度也很大。同时，国际维和行动已具备一种特殊的自我更新能力，每一次再生都是各种国际力量、国际规范合力作用的结果，未来的维和行动还将会发生新的变化。

### （一）维和行动范围扩大、规模稳中有进的趋势将继续保持

进入新世纪以来，虽然世界大战在可以预见的将来不大可能发生，但局部冲突仍然不断爆发。冲突的直接结果就是，人类遭受巨

大痛苦、和平与安全受到威胁、社会经济和人民生活遭到破坏。因此，联合国正面临不断增加的新维和任务，使其面临的挑战愈加严峻。尽管维和资源紧缺的矛盾越来越突出，国际社会已对联合国维和造成的财政透支表示担忧，但联合国是世界上惟一真正具有公信力的组织，联合国维和行动处于外交手段和强制手段之间，比较适合国际关系复杂性日趋增强的趋势，适应国家政治的内在逻辑，应有比较广阔的发展空间。在战乱频仍、冲突不断的情况下，维和行动是现实需要，国际社会需要联合国等国际组织在维护世界和平与安全中发挥支柱作用。此外，国际关系中的各种矛盾将长期存在，作为调整国际关系的辅助手段，联合国维和行动具有国际上的合法性、普遍性和权威性，开展联合国维和行动既是联合国应对地区冲突的一种临时应急安排，也是联合国为维护世界和平与安全的一种长期战略，其必要性和可行性是显而易见的，今后将长期进行下去。维和行动的范围将更加广泛，特别是维和与反恐领域的交汇将给维和行动带来新的面貌。而联合国警察、文职人员的增加使维和行动在将来仍会保持较大的规模。维和行动已经证明是有效的，甚至是必要的，这是因为维和行动建立了一种人权重新得到尊重、民主化和可持续发展得以实现的环境，从而帮助饱受冲突折磨的国家建立持久和平。①

### （二）大国意志仍居主导地位，影响国际维和行动的发展方向

回顾维和行动60多年的历史，我们可以发现，无论是维和行动的起源和发展，还是维和行动的停滞或复兴，大国的意志是决定性的因素。虽然两大阵营对抗的时代已经结束，但大国一致并非顺理成章。大国对维和行动所采取的不同态度，是利用维和行动搞霸权、

① 斯德哥尔摩国际和平研究所：《SIPRI年鉴2007》，中国军控与裁军协会译，北京：时事出版社，2008年版，第136页。

谋私利，还是维护公正合理的国际秩序，仍是影响维和行动发展的主要因素。

近年来，以美国为首的西方大国虽然对联合国维和行动的出兵大幅度减少，但它们并没有放弃对联合国维和行动的主导权。相反，它们凭借自身的优势强化自己在联合国维和行动中的主导地位。[①] 实际上，美国等西方国家长期以来一直在维和问题上谋求霸权地位，借维和行动推行其干涉主义政策，将自己的价值标准强加于他国，使维和行动步入歧途。主要表现在以下几方面：

一是掌握维和理论及政策制定的主导权，引导国际维和发展方向。联合国维和行动是在冷战期间联合国集体安全体制运转失灵、国际安全危机丛生的无奈背景下所采取的应急之举。在前40年的发展历程中，国际维和行动完全是“摸着石头过河”，缺乏有力的理论指导与支撑，从某种程度上来说，根本就没有形成系统完善的维和理论。冷战结束后，随着国际格局及武装冲突形势发生了迅速而深刻的变化，传统的维和模式已经远远不能胜任时代的需要。在此情况下，西方国家不失时机地摇身成为维和理论的“领跑者”，抛出了一个又一个所谓的“新理论”，引导国际维和行动向自己所设计的方向发展。首先，以安全观念由领土安全向人类安全转变为借口，鼓吹“人权高于主权”，进行人道主义干涉，使联合国维和行动在索马里和前南斯拉夫遭受惨痛的失败；在“旧人道主义干涉”失去一定市场后，西方国家又进行理论创新，提出所谓的“保护的责任”论，即以当前大肆宣扬和广泛实践的“保护平民”为由，对所谓“失败国家”进行“新人道主义干涉”。其次，创造了“和平行动”、“和平支援行动”以及“稳定行动”等“异化”概念，将维持和平行动、强制和平行动等内容统统纳入上述概念的范畴，有意混淆维持和平与强制和平之间的界限，为其借维和行动之名进行军事干涉巧妙地留下了方便之门。第三，借联合国维和行动的职能由单一向多

① 陆建新：“新世纪西方国家参与国际维和行动的特点”，《世界经济与政治论坛》，2009年第3期。

元转型之机，为联合国维和行动设计了政治改革、安全领域改革、法治改革等制度和能力建设的内容，以帮助国家重建为名，推广它们的所谓“民主价值”，对这些国家进行意识形态和制度上的西化。①

二是凭借西方人才资源的独特优势，谋取维和核心部门的关键岗位。联合国维和行动所需的领导人才必须精通联合国维和行动工作语言（有的还需要精通冲突国家的当地语言），具有丰富的职业经历，尤其是在多国背景下工作的经历。在这些方面，西方国家人才具有天然优势。如今，西方国家对联合国维和行动尤其是非洲地区的维和行动出兵不多，但却利用自身人才优势，制订于己有利的人才选用规则，谋取对关键维和岗位的把持权。20 世纪 90 年代以来，联合国维和行动空前高涨，秘书长已经不能像冷战期间那样直接指挥联合国维和行动。为此，联合国前任秘书长加利在《和平纲领》报告中建议落实《联合国宪章》本来的设想，让联合国军事参谋委员会（军参团）真正发挥作用。但美国不愿让自己无法真正控制的军参团发挥作用，故推动成立了联合国维和部，负责制定联合国维和行动的政策，并对联合国在全球开展的维和行动实施指挥与控制。自 1997 年以来，主管维和部工作的副秘书长就一直由法国人担任。②在联合国向各地派出的维和特派团，西方国家也积极谋求关键性岗位。对于维和特派团各级司令部的参谋人员，传统做法是：根据派兵多少按比例从成员国派出人员中选拔担任，这对出兵少或者根本不出兵的西方国家是不利的。于是，西方国家利用自己在联合国维和部占据主导地位并制定政策的有利条件，将参谋军官的任用由根据派遣人数多少按比例选拔，改为由成员国直接派遣。这样，他们只需派出少数人员就可以在特派团司令部占据重要的参谋岗位，并

① 陆建新：“新世纪西方国家参与国际维和行动的特点”，《世界经济与政治论坛》，2009 年第 3 期。

② 分别是伯纳德·米耶（1997 年 1 月至 2000 年 10 月）、让·马里·格诺（2000 年 10 月至 2008 年 10 月）以及 2008 年 10 月上任的阿兰·罗伊。

借此为特派团制定规则。例如，英国只向联合国刚果（金）特派团派遣了4名军官，但占据了东部师参谋长、维和部队司令高级助理、司令部情报处长、计划处长等关键岗位。[①] 美国更加露骨，要求某些联合国特派团必须为其派出人员保留所中意的位子。法国《青年非洲》周刊刊文指出，维和行动的分工很不平等。富国负责决策，穷国尤其是亚洲和非洲穷国负责输送“炮灰”。[②] 这一观点或多或少反映了当今联合国维和行动的现实。

三是以掌控维和指挥权为目的，有条件地派遣维和部队。为了有效控制联合国维和行动，西方国家往往会为派遣维和部队设定附加条件，借此获取维和行动的领导权和指挥权。例如，2006年8月以色列与黎巴嫩真主党之间的冲突结束后，联合国安理会通过1701号决议，将联合国驻黎巴嫩临时部队（联黎部队）的兵力由近2000人增加到1.5万人。欧洲国家一方面承诺向黎巴嫩派兵，另一方面向联合国提出了派兵的附件条件，即为联黎部队设立一个专门的战略指挥部。该机构可以绕过联合国维和行动部对联黎部队进行指挥[③]，并直接向主管维和事务的联合国副秘书长（法国人）报告工作。[④] 当时，面临兵源困境的联合国不得不接受这一条件。

西方国家虽然在维和理论、政策及指挥控制方面仍然居于主导地位，但近年来，随着国际和地区形势不断发展变化，新兴大国及广大发展中国家在国际维和事务中的话语权和决策权也在不断增强，提出了一些有别于西方国家的维和理念与主张。迫于与日俱增的强大压力，西方大国也开始在国际事务中与广大发展中国家采取合作态度。特别是在一些重大热点问题上，安理会成员国特别是常任理

---

① 陆建新：“新世纪西方国家参与国际维和行动的特点”，《世界经济与政治论坛》，2009年第3期。

② 《参考消息》，2009年3月23日，第5版。

③ 联合国维和行动部是联合国所有维和行动的总指挥部。

④ ［瑞典］斯德哥尔摩国际和平研究所编：《SIPRI年鉴2007：军备·裁军和国际安全》，中国军控与裁军协会译，北京：时事出版社，2008年版。

事国之间共识增多，在通过决议过程中加强了协调。[1] 展望未来，大国在联合国维和行动问题上的合作将进一步加强。但同时也要看到，决定世界政治发展的一些结构性因素没有发生明显变化的迹象，其中大国间的力量对比及其相互关系难以发生实质性的巨大改变。地缘冲突、文明碰撞引发的矛盾依然存在。大国间为了争取和保护各自战略利益的结构性的矛盾，仍然会对维和行动问题上的国际联合形成障碍。

### （三）区域组织的作用不断增强，但联合国维和仍将是主流模式

在当代国际维和行动中，除联合国外，区域组织、自愿国家（集团）等非联合国行为体已成为另一支维护世界和平与安全的重要力量。自从维和行动问世以来，特别是冷战后，区域组织和自愿国家（集团）实施的维和行动不断发展，尽管尚难成为国际维和行动的主流模式，但却是对联合国维和行动的有效补充，弥补了联合国在人力和财力方面的严重不足，为维护国际和平与安全发挥了积极的作用。

《联合国宪章》规定，在维护国际和平与安全方面，联合国并不是唯一的机构。《联合国宪章》第八章明确规定："本宪章不得认为排除区域办法或区域机关，用以应付关于维持国际和平及安全而宜于区域行动之事件者"，"缔结此项办法或设立此项机关之联合国会员国，将地方争端提交安全理事国以前，应依该项区域办法，或由该项区域机关，力求和平解决"，"安全理事会对于该依区域办法或由区域机关而求地方争端之和平解决，不论其系由关系国主动，或由安理会提交者，应鼓励其发展"。[2] 但是，宪章第八章也同样规定，本章的规定不妨碍联合国安理会及大会在维护国际和平与安全方面

① 熊光楷："大变动 大调整 大外交"，载《国际战略研究》，2007 年第 1 期。

② 许光建：《联合国宪章诠释》，山西教育出版社，1999 年版，第 368、377 页。

的职责；同时，区域机关在执行行动时应取得安理会的授权，并向安理会汇报。

近年来，联合国应付的大多是国内的战争或武装冲突。交战或冲突各方由于担心大国可能利用联合国偏袒某一方，而经常拒绝联合国在其境内开展维持和平行动。在这种情况下，如果能充分利用区域性组织或由区域性组织采取维持和平行动，效果应当会更好一些。区域性国际组织的成员国地理位置接近，有着明显的地理邻近性，而相同或相似的文化、语言、历史传统和背景培育了相近的意识，在国际活动中形成了某种程度的相互依赖关系，因此对地区问题和国内争端也有更深的了解。据联合国维和行动部出版的研究报告估计，目前有16个地区组织、次区域组织和一些国家组织不同程度地参与联合国维和行动。[①]

从联合国和区域性组织在解决地区冲突的实践看，区域组织在很多情况下并没有按照《联合国宪章》的要求实现其维持国际和平与安全的任务。这一点在冷战期间表现得尤为突出。“冷战妨碍了第八章的适当运用。事实上，在那个年代，区域安排与联合国宪章所设想的办法背道而驰。”最主要的原因是联合国在决策过程中受到全球诸多国家利益的影响，而区域组织则侧重本区域的利益，更多地受到本区域成员国利益的影响。比如华约与北约在冷战期间采取的许多行动就与联合国所设想的区域安排相抵触。

随着世界格局的变化及当前新形势的发展，联合国维和行动已经逐步开始与区域组织进行起有效的协调与合作。与其他政府间组织和区域组织合作共事，是维和行动的一个发展方向，联合国依然鼓励区域组织依照《联合国宪章》第八章的规定参与维和行动。始于1993年的联合国利比里亚观察团是联合国首次与一个区域组织——西非国家经济共同体已经建立的一个维持和平行动合作开展的维和任务。到目前为止，一些区域组织和一些国家组织已经不同程

---

① “联合国地区组织与维和行动”，http://www.china.com.cn/chinese/2000/Aug/3690.htm。

度地参与到联合国维和行动中来。特别是一些较大规模、任务较为复杂的维和行动，有时也确实需要得到区域组织的积极配合与有效合作。区域组织在维护所在地区的和平与安全方面往往比其他国家更为积极，因为它们就处于冲突地区，担心冲突的失控将危及本地区安全，而且区域组织易于与冲突各方沟通、展开斡旋和调停活动以及迅速部署维和力量。[①] 联合国因此开始逐渐尝试采取与区域组织合作甚至授权区域组织实施的办法来开展部分维和行动。现在，一些区域组织和安排在与联合国、特别是在维持和平领域中的合作方面发挥了重要的作用。例如近年来欧洲安全与合作组织在欧洲和平行动的警务方面发挥的影响就越来越明显，联合国与欧盟也曾经就这一领域的协调工作达成过书面协议。又如，非洲的区域组织在维和行动中已经开始扮演起越来越重要的角色。非洲联盟自成立以来就一直把解决冲突作为其首要任务，西非国家经济共同体参与了科特迪瓦、利比里亚等国的维和行动，中部非洲国家经济与货币共同体参与了中非共和国的维和行动，由南非、莫桑比克和埃塞俄比亚三国组成的维和部队参与了布隆迪的维和行动。

当然，采取区域维和行动并不等于大国或国家集团在各自的势力范围内维持和平。区域组织应该随时与联合国安理会保持联系，向安理会进行充分报告；在采取行动之前同本组织各成员国进行充分的协商。同时联合国也要对区域性维和行动进行控制，以避免可能出现的区域性霸权和干预等后果。总之，区域组织的作用必须严格按照《联合国宪章》第八章的有关规定，遵守安理会的有关决议，而绝不可自行其是。

---

① 唐永胜："联合国维和机制的演变及决定其未来走势的主要因素"，《世界经济与政治》，2001 年第 5 期。

# 中国对联合国维和行动的态度与政策转变

杨　凯

【内容摘要】作为联合国常任理事国之一，中国支持并积极参与联合国维和行动，为维护世界和平做出了积极贡献。从20世纪50年代的冷眼旁观、20世纪70年代的冷静观察、20世纪80年代的逐步深入，到进入21世纪之后的积极参与，中国对联合国维和行动的态度与政策，经历了一个曲折发展的历程。

【关键词】中国　联合国　维和行动　态度　政策

积极参与联合国维和行动已经成为中国军事外交战略的重要组成部分。中国作为一个负责任大国，支持并积极参加联合国维和行动，为维护世界和平做出了积极贡献。1990年，中国人民解放军向联合国中东维和任务区派遣5名军事观察员，首次参加联合国维和行动。1992年，向联合国柬埔寨维和任务区派出400人的工程兵大队，首次派遣建制部队。2001年，成立国防部维和事务办公室。2002年，加入联合国一级维和待命安排机制。2009年，组建国防部维和中心。截至2010年12月，中国共参加19项联合国维和行动，累计派出维和官兵17390人次，9名维和官兵在执行任务中牺牲。[①]

① 中华人民共和国国务院新闻办公室：《2010年中国的国防》，2011年3月。

从上个世纪50年代在朝鲜战场与打着“联合国军”旗号的美军作战，到如今积极、全面地参与联合国维和行动，中国对联合国维和行动的态度与政策发生了巨大的转变，经历了一个曲折的发展历程。

## 一、20世纪50—60年代：冷眼旁观

20世纪70年代之前，联合国共进行了10次维和行动，分别是：1948年派往中东的“联合国停战监督组织”、1949年派往南亚的“联合国印度/巴基斯坦观察组”、1956年11月—1967年6月派往中东的“联合国第一期紧急部队”、1958年6月—1958年12月进行的“联合国黎巴嫩观察组”、1960年7月—1964年6月进行的“联合国刚果行动”、1962年10月—1963年4月进行的“联合国驻新几内亚（西伊里安）安全部队”、1963年7月—1964年9月进行的“联合国也门观察团”、1964年3月进行的“联合国驻塞浦路斯维持和平部队”、1965年5月—1966年10月进行的“秘书长特别代表驻多尼米加共和国特派团”、1965年9月—1966年3月进行的“联合国印度/巴基斯坦观察团”。[①]

在此阶段，联合国维和行动主要被美国为首的西方国家操纵，沦为美国对他国进行军事干涉的工具，联合国所发挥的作用就是给它们以维持和平为名、出兵干涉他国内政的做法披上“合法”的外衣。当时正值美苏争霸，冷战正酣，第三世界国家无法有效地在联合国维和行动中发挥积极作用，而美、苏两个超级大国也只对在那些具有战略意义的地区开展维和行动感兴趣，对发生在其没有利益存在的国家和地区的冲突则不闻不问。此外，1950年朝鲜战争爆发，联合国通过决议，派遣以美国为首的“联合国军”入侵朝鲜半

---

① http：//www. un. org/chinese/peace/peacekeeping/pastops. shtml.

岛，中国人民志愿军和“联合国军”直接交火，极大地伤害了中国人民的感情，破坏了联合国维和行动的积极意义和正面形象。

而且，由于历史和政治原因，作为创始会员国的中国竟然被排斥于联合国之外达26年之久。在这种情况下，中国参与联合国维和行动也无从谈起，因此在中国于1971年恢复联合国合法席位之前，对维和行动基本上只能持冷眼旁观的态度。中国认为，这一阶段的大多数联合国维和行动几乎都是“美帝国主义国际警察部队的分支”，[①] 并且用严厉的措辞对联合国维和行动进行评价。1964年7月2日，《人民日报》发表文章揭露“联合国军”在刚果（利）[②] 的本质，指出：“1960年7月15日，正当刚果（利）爱国军民奋起保卫独立，胜利地抗击着比利时侵略军的时候，一支戴着‘蓝钢盔’的‘联合国军’，以‘维持秩序’为名，开进了这个刚诞生半个月的非洲共和国。四年来，这支人数曾达2万多的装备着美国武器的‘联合国军’，在美帝国主义的控制下，对刚果进行了肆无忌惮的侵略和干涉……‘联合国军’还任意蹂躏刚果主权，肆意干涉刚果内政，俨然成为刚果的统治者。四年来，‘联合国军’在刚果的所作所为，充分暴露了它作为美国新殖民主义工具侵略和干涉刚果的罪恶面目。”[③] 面对西方国家控制下的联合国维和行动，中国政府得出结论：“联合国的所作所为充分证明，它根本谈不上是一个维护国际和平及安全、制止侵略行为的国际机构。恰恰相反，它不折不扣地沦为美

① [美] 伊莉莎白·埃克诺米、米歇尔·奥克森伯格主编：《中国参与世界》，华世勋等译，北京：新华出版社，2001年版，第56页。

② 今天的两个“刚果”——即刚果共和国和刚果民主共和国——都在刚果河流域，本是一个刚果王国，后被法国、比利时瓜分沦为殖民地。法属殖民地独立后称刚果共和国，简称刚果（布），首都布拉柴维尔；比属殖民地独立后也称刚果共和国，简称刚果（利），首都利奥波德维尔。两国独立后，刚果（利）在蒙博托执政期间易名为刚果民主共和国——刚果（金），首都利奥波德维尔易名为金沙萨，国名后又改为扎伊尔（来自刚果河另一个名字：扎伊尔河），蒙博托被推翻后恢复刚果民主共和国——刚果（金）的名字。

③ “联合国军在刚果（利）四年侵略罪行”，《人民日报》，1964年7月2日，第4版。

帝国主义用来反对社会主义国家，镇压亚洲、非洲和拉丁美洲的民族解放运动，欺负弱小国家，掩护和帮助美帝国主义进行侵略活动，推行美国的新殖民主义的工具”。“联合国必须改正它所犯的一系列错误，洗掉它的满身污垢，进行彻底改组。”①

## 二、20世纪70年代：冷静观察

从1971年中国恢复在联合国的合法席位到1981年底，联合国共进行了3次维和行动，分别是：1973年10月—1979年7月的“联合国第二期紧急部队”、1974年6月开始部署的“联合国脱离接触观察员部队”、1978年3月的“联合国驻黎巴嫩临时部队”。在此期间，中国对所有联合国维和行动持指责、反对的审慎态度，不但声明对维和行动不承担财政义务，拒绝提供人员支持，并且没有参加联合国安理会关于维和行动的投票。② 在这一阶段，中国对联合国维和行动仍然有所提防，因此保持冷静观察的态度。

1972年10月9日，中国代表邢松鹤参加联合国第五（行政和预算）委员会工作，审议“1973会计年度预算”问题时指出：“联合国的财政困难主要是由于联合国在过去一段时间里，在一两个超级大国的操纵下，几次派出所谓‘联合国部队’，进行干涉别国内政的所谓‘维持和平行动’。”③ 1973年11月，中国代表王伟才参加联合国第五委员会发言时表示：“安理会派遣联合国紧急部队去中东将留

① “联合国必须彻底改组”，《人民日报》，1965年6月26日，第5版。

② 盛红生：《联合国维持和平行动法律问题研究》，北京：军事谊文出版社，1998年版，第89页。

③ “邢鹤松同志关于‘一九七三年会计年度概算’问题的发言”，《我国代表团出席联合国有关会议文件集（1972续集）》，人民出版社，1973年版，第173—177页。

下无穷后患。”[①] 黄华对联合国紧急部队的评价称：“什么‘联合国维持和平紧急部队’，说穿了，这是企图占领阿拉伯领土。中国是历来反对派遣所谓‘维持和平部队’的。对现在的中东，我们的主张仍是如此。这种做法只能为以后超级大国进一步进行国际干涉和控制，铺平道路。这种做法所引起的后患必将逐步为亿万阿拉伯人民所识破，从而激起他们更加强烈的反抗。中国只是为了照顾被侵略者的一方一再提出的要求，才不便对此予以否决。中国决定不参加对上述草案的投票。”[②]

## 三、20世纪80年代：区别对待、逐步深入

进入20世纪80年代，随着与外部世界接触和联系的增多，中国对联合国事务采取了“积极主动、逐步深入”的方针以及“区别对待的灵活立场”。[③] 中国开始对联合国采取区别对待的态度，逐步开始并日渐深入地融入联合国维和机制当中。

1981年，中国政府表示原则上支持符合联合国宪章精神的维和行动，从1982年开始承担对维和行动的摊款。1981年11月27日，中国常驻联合国代表凌青在第五委员会会议上发言时明确表示：“出于对联合国组织、对世界和平和人类进步事业的责任感，中国政府

① “王伟才同志关于反对将派遣联合国紧急部队的费用列入联合国经常预算问题的发言”，《我国代表团出席联合国有关会议文件集（1973续集）》，人民出版社，1974年版，第187页。

② “安理会继续讨论中东问题并通过一项决议，决定派联合国紧急部队去中东‘监督停火’，黄华代表阐明中国政府的原则立场，没有参加投票，讨论过程暴露美苏力图利用阿拉伯国家暂时困难从中渔利争夺势力范围”，《人民日报》，1973年10月27日，第5版。

③ 陈鲁直、李铁成：《联合国与世界秩序》，北京语言学院出版社，1993年版，第98页。

准备对今后联合国维持和平行动采取区别对待的灵活立场。中国将从1982年1月1日起开始缴纳现存两支中东联合国部队的摊款，并指出对今后凡是严格按照《联合国宪章》的宗旨和原则建立的、有利于维护国际和平与安全、有利于维护有关国家主权和独立的联合国维持和平行动，中国都将本着积极支持的立场，予以认真研究和对待。”[①] 1981年12月14日，中国第一次投票支持第495号决议，赞成增派联合国驻塞浦路斯维和部队。

到1984年，中国对联合国维和行动的看法已经发生了实质变化。10月15日，中国常驻联合国副代表梁于藩在联大特别政治委员会上发言时强调：“作为联合国的创始国和安理会常任理事国之一，中国决心和其他国家一道，为维护《联合国宪章》和加强联合国的作用尽自己最大努力。”[②] 1988年9月22日，中国常驻联合国代表李鹿野致函联合国秘书长提出加入联合国维持和平行动特别委员会的请求，表示“维持和平行动已成为联合国维护国际和平与安全的有效手段，有助于地区冲突的缓和及争端的和平解决，中国愿意与维持和平行动特别委员会一道，对维护和平行动做出贡献”。[③] 1988年9月，中国高度肯定和赞扬联合国维和行动：“近年来，联合国一改以往沉闷的状况，在政治解决地区冲突的过程中，发挥着越来越重要的作用，取得了明显的积极成果，为世人所瞩目。”[④] 同年12月，第43届联合国大会一致通过决议，同意接纳中国为维和行动特别委员会成员，从此中国开始参加联合国对维和行动的审议工作。

1989年1月，中国正式要求向联合国停战监督组织派遣5名军事观察员。中国的这一要求得到了积极回应，经安理会认可，同年

① “凌青关于我对联合国部队费用立场的发言”，《中国代表团出席联合国有关会议文件集1981.7—12》，北京：世界知识出版社，1982年版，第130页。

② 赵磊：《建构和平：中国对联合国外交行为的演进》，九州出版社，2007年版，第198页。

③ 谢启美、王杏芳主编：《中国与联合国——联合国成立五十周年》，北京：世界知识出版社，1995年版，第88页。

④ “联合国的作用在加强”，《人民日报》，1988年9月10日，第6版。

11月，联合国秘书长正式表示接受中国向联合国停战监督组织派遣军事观察员的申请。中国开始实际参与联合国维和行动。

## 四、20世纪90年代至今：积极参与

20世纪90年代以后，中国参与联合国维和行动的步伐进一步加快，先后向“联合国停战监督组织”、“联合国伊拉克—科威特观察团”、“联合国柬埔寨先遣团”、“联合国柬埔寨临时权力机构”、“联合国西撒哈拉公民投票特派团”、“联合国莫桑比克行动”、“联合国利比里亚观察团”、“联合国塞拉利昂观察团”和“联合国塞拉利昂特派团”等多项联合国维和行动派出军事观察员、军事联络官、军事顾问和工程兵部队等军事人员。《2010年中国的国防》白皮书指出，截至2010年12月，中国共参加19项联合国维和行动，累计派出维和官兵17390人次，9名维和官兵在执行任务中牺牲。

期间，联合国维和行动的规模和功能不断扩大，中国政府也以更积极的态度全面、深入参与维和行动，并在其中发挥重要的作用。1990年4月，中国首次向“联合国停战监督组织”派遣了5名军事观察员。1992年4月，中国政府应联合国秘书长的请求，派遣由47名军事观察员和一支400人组成的维和工兵大队赴柬埔寨，“这是中国第一支成建制的‘蓝盔部队’”。[①] 1997年5月，中国原则同意参加联合国“维和待命安排机制”。[②] 2000年1月，中国向“联合国东帝汶过渡行政当局”派遣民事警察，这是中国首次派遣民事警察参加联合国维和行动。2001年12月，中国正式成立国防部维和事务办

① 柳颖：“中国第一支维持和平部队——中国赴柬工程大队”，《军事史林》，1993年第1期。

② 联合国维和待命安排机制的英文全称为 United Nations Peacekeeping Standby Arrangement System。该机制共分为三级：一级待命机制规定所派遣维和人员和装备必须在90天内部署完毕，二级待命机制规定部署时间为60天，三级待命机制为30天。

公室，统一协调和管理中国军队参与联合国维和行动的事务。2002年1月，中国正式参加联合国维和行动一级待命安排机制。

与此同时，中国参加联合国维和行动的人数和承担的维和费用摊款迅速攀升。根据联合国维和行动部2001年、2002年对维和人员的历次月度统计，中国向联合国维和任务区派遣的人员总数维持在100多人的水平，明显少于美、英、法、俄等国家。但是从2003年开始，中国维和人员总数由100多人上升到300人左右。而从2004年开始，总人数上升并稳定保持在1000人以上。[①] 时至今日，中国已经成为联合国安理会常任理事国中提供维和人员最多的国家。此外，中国对联合国维和行动的资金支持也不断加强。受实力限制，在较长时间里中国对维和费用的摊款占总额比例不足1%，其中1998—2000年度为0.9%。[②] 但进入21世纪后该比例逐年上升，从2000年的0.999%上升到2001—2003年的1.154%，2004—2006年到了2.053%，2007—2009年则占2.667%，到2011—2012年更是上升到了3.939%。[③] 在21世纪最初的10年时间里，以394%的速度在增长。

至此，中国参与联合国维和行动迈出了坚实的步伐，特别是进入上个世纪90年代以后，无论是在规模上还是在程度上，都进入了快速发展的阶段。中国对联合国维和行动的态度更加积极、务实和灵活，参与联合国维和行动已经成为中国维护世界和平、实现国家利益的重要手段，成为中国军事外交战略不可或缺的组成部分。

---

① 赵磊：《建构和平：中国对联合国外交行为的演进》，九州出版社，2007年版，第201页。

② 刘恩照：《联合国维持和平行动》，北京：法律出版社，1999年版，第37—38页。

③ 根据联合国网站有关数据计算得出，http://www.un.org/chinese/peace/peacekeeping/financing.shtml。

# 冷战后法国对非洲的军事介入评析

孔　刚

【内容摘要】法国与非洲的传统军事联系在冷战后发生了重要改变。针对不同类型的安全防务事态，法国对非洲的军事介入如今呈现出四种基本模式。对非洲的军事介入受到了法国国内政治因素的影响，包括总统、总理、军方以及非洲委员会等因素。法国对非洲军事介入还越来越多地与欧盟在那里实施的安全防务行动结合了起来，呈现出了微妙的利害关系。最后，英国、美国等其他大国也同非洲建立了各种形式的安全防务联系，而法国与它们在这方面既存在合作也存在竞争的关系。

【关键词】法国　非洲　安全　军事

自19世纪以来，非洲就是法国外交关注的重点地区。无论是殖民主义时代，还是在世界大战期间，抑或战后的两极对抗时期，法国都没有忽视过非洲的战略地位和价值。法国在非洲的军事存在一直是法非关系中的关键环节，直到冷战结束后依然如此。但是冷战后随着一系列因素的影响和改变，法国对非洲的军事介入已经呈现出了某些新的面貌。

## 一、历史的遗产：法国在非洲的军事存在

长期以来法国社会就有浓厚的非洲情结。不仅是军政界关注非洲的政治与安全形势，就连文学巨匠维克多·雨果（Victor Hugo）也对非洲的命运发表过自己的见解。[①] 在19世纪后期欧洲殖民主义的又一轮扩张浪潮中，法国攫取了北非、西非以及中非的大片地区，建立起了庞大的法兰西非洲帝国。这为法国对这些地区后来独立的国家施展影响力奠定了最初的基础。第二次世界大战期间，西方盟国倡导民主人权、民族独立与抵抗外来侵略的主张无意间激起了非洲民族主义的共鸣，从意识形态上动摇了欧洲殖民主义的根基。二战结束后，非洲大陆很快掀起了一轮轮独立解放运动，到了60年代，欧洲殖民帝国在非洲彻底崩溃的大势已经不可阻挡。法国与英国一样，曾经在非洲拥有最为庞大的殖民地领土。面对汹涌澎湃的非洲独立运动，法国人曾经徒劳地试图与之抗争，并留下了深深的“阿尔及利亚伤痕”。在对非洲的同化政策失败后，1958年再次执政的戴高乐总统明智地选择了让殖民地独立的道路。1960年，14个国家从原法属非洲殖民地独立出来。[②]

法国如此看重非洲是因为那里承载着自己的重大利益。首先，在经济和贸易上，非洲是法国对外投资的关键性市场，也是外贸出口的重要目的地，尽管贸易额无法与欧洲、北美或亚太地区的伙伴

---

① 难以否认的是，雨果对非洲的认识具有浓厚的殖民主义色彩，认为“非洲没有自己的历史”，“是上帝赐给欧洲的礼物”。参见 Bruno Charbonneau，“Dreams of Empire：France，Europe，and the New Interventionism in Africa”，*Modern & Contemporary France*，Vol. 16，No. 3，2008，pp. 286－287.

② “Francophone”，*Wikipedia*. http：//www. wikipedia. org.

相比，但依然稳定地占到了法国对外出口的5%左右。[①] 金融方面，2007年时法国银行主导了法郎区国家70%的金融活动。[②] 其次，在政治和外交上，非洲国家尤其是中、西非法语区国家是法国保持大国声望的重要依托。非殖民化后，法国总是把自己视为非洲国家利益的代言人，希望在美苏争霸的夹缝中，通过在非洲施展影响力争取大国地位和外交优势。尤其值得一提的是，法国极为重视的独立核力量的物质基础正是蕴藏于撒哈拉地区的丰富的铀矿等资源。第三，在战略和安全上，非洲多个国家处于非常重要的地缘战略位置，例如东非的吉布提扼住了红海与印度洋的连接处，是在军事上对中东与非洲事态均能作出迅速反应的绝佳基地；西非塞内加尔紧邻着的大西洋东侧主航线，是连接欧洲与远东地区的另一条关键通道。而法国目前在包括这两国在内的5个非洲国家都保有军事基地。

法国与非洲的军事联系及其在那里的军事存在是保证其利益的核心手段。历史上，法国就从非洲的军事贡献中受益匪浅。塞内加尔轻步兵（Tirailleurs）曾经在一战期间为法国而激战；[③] 二战期间当法国本土已经沦陷后，非洲殖民地就成了法兰西民族东山再起的复兴基地。在法属非洲国家独立后，法国与其中的大部分依然保持了密切的军事联系。法国—非洲军事关系的基石是在六七十年代的非殖民化时代，新独立国家与前宗主国签订的一系列防务协定与军事合作协定。一般而言，防务协定的覆盖面更广，它们把对相关非洲国家的外部安全承担的责任，以及在很多情况下维护这些国家内部安全的责任，更有效地转交给了在巴黎的法国国防部。与此同时，防务协定广泛地赋予了法国在非洲拥有军事基地的权利。迄2005年，法非之间有8项防务协定仍然处于有效期。与之相比，法国与

---

① Rachel Utley, "Not to do less but to do better…: French military policy in Africa", *International Affairs*, Vol. 78, No. 1, p. 130.

② Richard Moncrieff, "French Relations with Sub－Saharan Africa Under President Sarkozy", *Occasional Paper*, No. 107, South African Foreign Policy and African Drivers Programm, 2012, p. 16.

③ "Tirailleurs", *Wikipedia*, http: //www. wikipedia. org.

更多的非洲国家签订了军事合作协定，数量高达23个（2005年）。根据军事合作协定，法国为非洲军队大规模地提供比较现代化的武器装备，提供军事技术人员、教官和顾问。此外，法国每年还从非洲国家接收约2000名军官到本国的军事院校学习，或是安排他们去法军部队任职锻炼。[①]

防务与军事协定的效果是双向的，它们使很多非洲国家的军事法国化了，同时也使法国军事染上了浓厚的非洲色彩。根据法国与非洲国家间的安全防务和军事合作协定，法国承担着一系列所谓的责任和义务，其中的核心是保护对法国友好（或曰亲法）的政府不受国内外敌人或对手的威胁。因此，法国以那些双边协定为法理依据，在前殖民地国家纷纷独立后不久就开始频繁地对非洲的各类安全事态实施军事介入，而这一做法一直延续到了冷战后：其中在上世纪60年代，法国军事介入了毛里塔尼亚、塞内加尔、刚果（布）、喀麦隆、加蓬以及乍得事务；70年代，军事介入了乍得、吉布提、西撒哈拉、中非共和国以及扎伊尔事务；80年代，对乍得进行了两次军事干预。[②] 冷战结束后，法国又对卢旺达、刚果（金）、科特迪瓦、利比亚以及马里进行了各种形式的军事介入。鉴于多年来法国在非洲如此积极的军事姿态，难怪人们不无讽刺地把它称为“非洲宪兵”（gendarmerie）。

## 二、法国对非洲军事介入的模式与特点

冷战结束后，法国对非洲的政策全面面临着挑战，而军事政策是其中的关键一环。这使法国对非洲传统的军事介入行为难以避免

① Rachel Utley, “Franco - African Military Relations: Meeting the Challenges of Globalisation?”, *Modern & Contemporary France*, Vol. 13, No. 1, 2005, p. 26.

② Ibid.

地受到一系列因素的冲击和改变，由此也为这一具有深厚的历史以及政治基础的外交领域带来了某些新的内涵和特点。在一系列背景因素的共同影响和作用下，例如经济全球化以及新型大国的崛起、非洲自身的发展包括新一代领导人的出现、欧洲一体化向安全防务领域内扩展以及法国自身的变化等等，虽然法国对非洲的军事政策仍在调整变化中，而没有结束的迹象，但已经展现出了某些重要的新内涵与新特点。总的来看，冷战后法国对非洲的军事介入有四个基本模式：吉布提模式；非洲联盟模式；科特迪瓦模式；刚果民主共和国模式。

第一，吉布提模式指的是法国的军事介入主要表现为，在这些国家保有关键性的军事基地并驻扎一定数量的机动部队，以供法国在对地区危机作出军事反应时使用。

吉布提的战略位置十分重要，它紧紧地扼住了红海（地中海）前往阿拉伯海（印度洋）的咽喉要道，是法国在非洲驻扎兵力最多，也最重要的军事基地东道国。作为前殖民地与宗主国历史关系的残留，从1977年起，法国与吉布提维持了一项长期的相互防御条约。根据一项有效期至2013年的双边协定，法国为了使吉布提接纳总数约2900人的驻军，每年支付给吉布提3000万美元的资金。据法国财政部估算，本国在吉布提的军费支出（包括租金）占到了该国国内生产总值的大约20%。法国驻吉布提部队主要由两部分组成，其中之一是闻名遐尔的外籍军团第13半旅（13th Demi－Brigade of the Foreign Legion）。该旅拥有5个连、800余官兵，其中包括指挥与后勤、战场支援、步兵、工程兵以及一支小规模的装甲部队。此外，该旅在阿尔塔（Arta）地区还有一处训练中心。除了外籍军团，法国在吉布提还驻扎有陆军、海军陆战队以及空军力量，装备有约10架“幻影”（Mirage）式战斗机。[①]

吉布提是法国在非洲的头号军事堡垒，法国对那里军事介入的

① Vernie Liebl，“Military Policy Options to Revise the French Military Presence in the Horn of Africa”，*Comparative Strategy*，Vol. 27，No. 1，2008，p. 80.

主要特点为：1. 由于优越的地理位置，驻扎在吉布提的法军机动力量能够迅速地对非、亚两洲邻近地区的多个安全热点实施军事干预，其中包括苏丹、也门、厄立特里亚以及索马里等等。2. 与法国同时在吉布提驻扎军队或是拥有军事基地的国家有多个，其中美国的军事存在规模从“9·11”事件后迅速扩大，约2000名美军作为“非洲之角联合特遣部队”（CJTF－HOA）的一部分驻扎在吉布提。美军也对吉布提军队提供训练帮助，同时热衷于推行一种军民协作的安全模式。此外在国际联合打击索马里海盗的行动中，包括德国、荷兰、俄罗斯等在内的许多国家也使用了吉布提的军事设施。而北约的“大洋盾牌”行动以及欧盟的“阿塔兰特”行动也都把吉布提作为重要的战略支援依托。

第二，非洲联盟模式指的是法国的军事介入主要表现为，在非洲地区性多边政治与安全合作的基础上，向非洲国家提供军事援助，尤其是进行军队训练、人才培养以及提供武器装备等方面的帮助。而非洲的合作受援国以及国际组织往往会在法国卷入非洲安全事务时提供程度不等的军事支持，包括提供后勤支持甚至出兵协助等等。

冷战后，法国不得不对冷战期间那种对非洲过于直接的军事介入方式加以改变以应对全球化的挑战，而非洲安全事态日益具有地区化的新特点，例如90年代在索马里、卢旺达以及刚果（金）等发生的问题都产生了明显的地区性影响和后果。对此，时任法国外长的韦德里纳（Hubert Vedrine）认为：“安全危机的区域性传染使得非洲的地区性组织应该在预防和处理危机方面发挥更大的作用。”① 法国立场的变化意味着它对非洲军事介入的方式出现了两点显著转变：1. 巴黎非常愿意把保证非洲安全与稳定的首要责任转交给非洲国家自己。在1995年希拉克正式启动了法国防务改革的情况下，这一点具有很现实的意义。此外，防务改革将大幅提高战略机动能力，使法军即使在本国基地（如科西嘉）也能够迅速地前出并干预非洲

① Rachel Utley, “Not to do less but to do better…: French military policy in Africa”, *International Affairs*, Vol. 78, No. 1, p. 138.

局势。[①] 2. 一旦非洲国家需要外部的安全援助，法国将毫不迟疑地履行其对非洲的承诺，只不过将越来越多地采取与各类国际伙伴联合行动的方式。成功实现这两点转变的关键都是增强非洲区域性国际组织的维和能力，法国认为非盟、西非经济共同体（西共体）等是重点合作的对象。为此从希拉克执政期间开始，法国逐渐在对非洲的军事政策中添加了一项新内容，即训练非洲军队，并将其与正在构建的“非洲和平与安全架构”（APSA）联系起来。随着训练计划的进行，法国在非洲建立起了 17 个地区性培训中心，并在 1997 年启动了著名的“非洲维和能力强化项目”（RECAMP）。法国的训练在很大程度上提高了非洲国家与国际组织应对危机的能力，同时也提高了它们协助法国在非洲实施军事介入的能力。例如在 2013 年初法国出兵干预马里局势期间，西共体承诺提供 6000 人的安全部队前往马里支援法军。这对于法国自己在实施关键性的干预后及时脱身，以恢复安全问题的非洲化从而保持外交与政治上的优势地位具有重要作用。

法国在军事上支持非盟等非洲区域性组织的特点主要有：其一，法国与非洲多边机制的安全合作有助于提升法国军事介入的合法性。虽然双边防务与军事协定奠定了合法性的基础，但却遭到了越来越多地质疑。因此，法国与非盟等组织的合作能够及时地弥补这方面的漏洞。其二，与非盟等组织的合作本来是作为对法国在非洲军事政策的一种补充，然而随着时间的发展和程度的加深，帮助非洲提高维和能力等援助非盟的措施逐渐地变成了法国军事上留在非洲的重要依据，而传统的与非洲国家之间的双边协定的重要性反而逐渐降低。其三，在帮助非盟等组织提高军事能力方面，法国对其他国家和国际组织持开放态度，并与英国、美国等保持了协调。尤其是法国日益倾向于将对非盟等组织的援助纳入到欧盟在非洲的安全合作议程当中。这体现了法国在各种因素的作用下，更加愿意在多边

---

① Sun Degang, “Sentry Box in the Backyard: Analysis of French Military Bases in Africa”, *Journal of Middle Eastern and Islamic Studies*, Vol. 5, No. 3, 2011, p. 93.

主义框架内实施军事政策的现象。

第三，科特迪瓦模式指的是法国的军事介入主要表现为，当东道国由于某种原因使自己的内外安全受到威胁，或是由于权力斗争使得受法国支持的政治力量处于劣势甚至危险时，法国根据与这些国家的安全合作协定，单方面对这些国家行使武力以干预其内政。

科特迪瓦曾经是法国在非洲法语区国家的一位可靠伙伴，但是当长期执政的前总统费利克斯·博瓦尼（Felix Boigny）于1993年去世后，该国陷入了严重的政治动荡与经济衰退之中。经过激烈的权力斗争，国家大权在2000年落入了政客劳伦特·加博（Laurent Gbagbo）手中。不过在加博上台后，社会失序并没有缓解，而军事镇压则频频发生。冲突严重地撕裂了科特迪瓦，而法国极力支持的民族和解进程也没有取得效果。在此情况下，法国于2002年开始军事介入科特迪瓦局势。① 根据法国与科特迪瓦达成的防务与军事协定，法国在科首都阿比让驻有相当数量的海外部队。通过这些部队，法国可以及时跟踪当地形势并采取军事应对措施。法军最初执行的是撤离外国侨民的任务；当科特迪瓦内战升级后，法军在科政府军与反对派力量之间强制实施停火；当停火协定被破坏后，法军又开始强制隔离双方武装人员；最后，法军于2003年1月基本恢复了曾经被叛军控制的地区的秩序。②

法国军事介入科特迪瓦的主要特点有：其一，根据传统的军事联系，法国在东道国驻有能够立刻施加政治影响力的前沿（pre－positioned）部队。不管将产生何种政治影响，法军的实力都将使法国能够有效地掌控东道国局势的发展，使之不致于失控。其二，法国在冷战后越来越有意与过去的做法相区别，即改变有些粗暴的军事干预态度。这是法国应对全球化的影响而作出的适应性调整。因此，

① Cristina Barrios，"France in Africa：from paternalism to pragmatism"，*Policy Brief*，Vol. 58，FRIDE，2010.

② 法军对科特迪瓦的介入并没有就此结束，实际上在2011年干预行动又达到了高潮，直至前总统加博被俘获。

法国争取到了联合国对它介入科局势的同意，并推动了西共体、加蓬等对它的军事支持，[①] 营造了一种多边干预的氛围。其三，希拉克总统一开始更倾向于政治解决，但却发现科特迪瓦对法国的安全依赖变成了法国对军事手段的依赖。数十年的法国军事保护并没有帮助东道国发展起成熟的民主机制，它们的政治结构依然非常脆弱。因此，法国还难以摆脱那种“军事介入才稳定，法军离开后更不稳定”的尴尬局面。

第四，刚果民主共和国模式指的是法国的军事介入主要表现为，由于这些东道国重要的战略地位或价值，但却并非原法国的殖民势力范围，因此当这些国家爆发大规模内乱和冲突从而威胁到地区安全，或是出现了严重的人道主义危机时，法国协同其他国家或国际组织对其实施联合军事干预。

不像科特迪瓦，刚果民主共和国（刚果金）曾经是比利时的殖民地，法国在那里没有常驻兵力。由于与刚果（金）之间也没有长期的防务或军事合作协定，因此法国要军事介入那里的局势需要从其他渠道得到合法性基础。尽管冷战刚结束时法国对刚果（金）的一次干预很不成功，但是法国并没有放弃。2003 年，刚果（金）局势的政治和解进程到了关键阶段，然而严重的人道主义危机在某些地区却仍然得不到控制，在此情况下，联合国向欧盟等发出呼吁，希望一支国际维和部队能够前往缓解那里的局势。法国与欧盟作出了积极响应。[②] 根据联合国安理会第 1484 号决议精神，欧盟于 2003 年 6 月在刚果（金）发起了代号“阿特米斯”（Artemis）的维和行动，而法国是这次行动的当然主角与核心。这次行动体现了法国军事介入非洲的一种基本模式：在欧盟的旗帜下，行动的主要力量是法军，指挥官是法国人，指挥部设在了巴黎。在总兵力 1800 人中，

① Rachel Utley, “Franco - African Military Relations: Meeting the Challenges of Globalisation?”, *Modern & Contemporary France*, Vol. 13, No. 1, 2005, p. 33.

② 在推动欧盟介入刚果（金）方面，法国最为积极。相比之下，德国对此不太感兴趣，而英国则与法国进行了密切合作。

1400名部署在了伊图里省的布尼亚附近，而其中1200人是法国军人。至2003年底，欧盟“阿特米斯”行动成功地实现了既定目标。

法国此次军事介入刚果（金）的主要特点有：第一，浓厚的多边主义色彩。法国通过欧盟在联合国的授权下展开军事维和行动，凸显了法国作为安理会常任理事国对联合国宪章以及多边主义的支持，赢得了广泛的外交基础。第二，法国此次与欧盟的密切合作推进了双方的关系，既有利于欧盟防务一体化的建设，也有利于提高法国在欧洲的影响力。甚至有学者认为刚果（金）行动实际上是法国“拿着非洲的葫芦卖欧盟的药”等等。

特别需要指出的是，上述几种军事介入的基本模式并不是截然分开的，而是经常出现相互交叉的局面。在相当数量的行动场合中，都出现过几种模式特点同时并存的情况，例如在2013年法国军事介入马里的行动中就兼有科特迪瓦以及非洲联盟模式的特点。

## 三、法国对非洲的军事介入与国内政治

法国政府对于在非洲的军事行动负有主要责任并拥有直接的决定权。其中，总统、总理、外交部、国际合作部、国防部以及国防参谋部等在中间发挥了程度不等的作用。

第五共和国宪法确定了当代法国的基本政治结构和特点。在这个结构中，自戴高乐以来的历任法国总统无论其属于左翼还是中右翼，均对外交事务拥有至高无上的决定权。总统是负责国防事务的最高官员，同时也是法国武装力量统帅，他的授权是法军介入海外事务的基本前提。因此，总统一职甚至其个性特点对于法国在非洲的军事介入都是极具影响力的因素。在处理非洲事务方面，总统在爱丽舍宫拥有一支专门的民事工作小组，以及一名特别军事顾问。与总统相比，虽然总理的职权更多地是在经济等内政方面，但对于外交也不是没有发言权。总理及其领导下的政府将确保对外防务方

面的决定得到实施。虽然总理手下没有专门的非洲工作组，但是在国家的危机管理部门中却有一名外交顾问负责代表他。外交部里有一个专门的“非洲与马达加斯加事务委员会”，这个委员会由一大批专业人员组成，体现了非洲事务长期以来在法国外交中占据的重要地位，其中也包括外交中的安全防务层面。国际合作部则负责对外军事与经济领域之间的相互联系与协调。国防部负责对非洲军事政策的实施，而国防参谋长既是政府的军事顾问，又负责实施在非洲的具体军事行动。

在政治运作程序上，一旦非洲发生了重大危机或是出现了严重的紧张局面，总统手下那支专门处理非洲事务的工作组将应总统、外交部长或是国防参谋长的要求，在外交部举行会议磋商事态发展。那支工作组由大约20人组成，包括政府各部门的代表和处理相关地区事态的专业人员。会议将讨论相关危机形势，并对各种政治、外交和军事的解决办法展开评估。随后，外交部和国防参谋部将联合草拟一份建议呈交给总统和总理。在政府首脑决定对非洲危机进行军事介入后，危机工作组将制定详细计划，安排各种必要的措施以及后续行动。接下来，工作组将根据事态发展召开定期或不定期会议，研究并最终确定总的行动方案。在危机工作组的领导和协调下，政府各部门将负责方案中各自专门领域内的行动。例如外交部将处理对非洲军事介入过程中的外交事务，而军事事务将由国防参谋长负责。[①] 总统非洲工作组的这一富有弹性的工作方式，使得政府所有各部都能够为处理非洲的危机贡献自己的专业力量，同时也保证了行动过程中军事与民事机构之间的经常性联系与合作。由此可见，总统非洲工作组是法国政府处理军事介入问题的决策关键所在，它使各种政府部门的优势都能够得到发挥，并在最大程度上保持了政策的内部一致性。

冷战后法国开始对她的非洲政策展开全面反思，这件事情的导火线是以外交部为首的部分行政部门开始质疑冷战期间法国对非洲

---

① 参见法国总统府、外交部与国防部网站。

政策的合理性与有效性。在他们看来，过去的政策在推动非洲社会的发展方面取得的成就非常有限，而频繁的军事介入只不过保护了非洲国家一个又一个不民主的腐败政权。以密特朗1990年在拉博勒（La Baule）法非峰会上的演讲为标志，法国开始在政界最高层重新评估对非洲的军事介入问题。促使法国进一步检讨并调整其对非军事政策的是随后发生在非洲的几场危机。在卢旺达极为血腥的种族清洗事件中，法国对该国的干预被指责为支持了胡图族主导下的腐败的政府，并保护了一些应该对大屠杀负责的政客；在刚果（金）内战中，法国支持前总统蒙博托的立场使自己在外交舞台上非常孤立；在中非共和国，法国军事干预当地政变的行动不仅一无所获，而且造成了严重的平民伤亡，一度使法国十分被动。

当法国在非洲由于政策僵化而日益被动之时，希拉克开启了法国在冷战后规模最大的防务改革。这是法国政治议程中的一件大事，对法国在非洲的军事政策产生了深远影响。希拉克防务改革的重要目标，一是废除长期以来的征兵制以建立一支更加精干的职业化军队，二是在欧洲一体化深入发展的背景下，加大法国对欧盟共同防务的承诺。第一点要求法国大幅度削减军队规模，到2002年将总兵力从57万削减到44万人。因此法国在非洲的驻军规模也将受到影响，表现为法国相继关闭了在非洲的部分军事基地并减少了驻军数量。不过，军队职业化将提高其机动能力，因此即使驻扎在国内基地，法军也能够及时地对非洲事态作出反应。第二点则要求法国在更多地把重心转向欧盟防务的同时，还要在1999年欧元启动前达到欧盟划定的经济和财政标准。这对法国的财政开支包括其防务预算是个考验，难以避免地影响到了法国在非洲的军事开销。

## 四、法国对非洲的军事介入与欧盟共同安全防务

冷战后，介入非洲安全甚至是军事安全领域的外部力量发生了一些变化，其中最显著的因素可以算是欧盟在其共同安全与防务政策（CFSP）的基础上与非洲建立起的新的安全防务关系。鉴于法国与欧盟之间密切又复杂的关系，这一新变化正在对法国在非洲的军事存在产生日益明显的深远影响。

2003年12月，欧盟在自己的首份安全战略中指出了非洲的安全、稳定与发展对于欧盟及其成员国的重要性：冷战后，恐怖主义、地区冲突、国家失败、有组织犯罪等因素是对欧洲安全新的重大威胁，而撒哈拉以南非洲日益恶化的政治经济状况正在成为这些因素的主要温床，就像西非地区某些国家治理的失败导致了有组织犯罪现象的扩散那样。[①] 对此，欧盟必须积极主动地展开行动，在与非洲联盟以及非洲有关国家的合作与协调下，在非洲实施得到联合国授权的安全防务与维和行动。正是在这一原则基础上，从2003年开始，欧盟已经在刚果（金）、苏丹（达尔富尔地区）、乍得、中非共和国以及索马里等地成功地进行了一系列维和安全行动。

一方面，作为对非洲安全事务拥有丰富经验的欧盟大国，法国对欧盟在非洲的行动十分关注。法国总体上是比较欢迎欧盟介入非洲安全领域的。因为在法国看来，欧盟的维和使命中蕴藏着重要的政治和战略机遇。对于法国在非洲的军事介入而言，这一机遇具有多重价值：既能够在政治上摆脱或者至少是削弱其殖民主义历史留下的包袱，又能够利用欧盟整体的资源和能力支持自己的军事政策。从2003年欧盟在刚果（金）成功地实施了第一次非洲维和行动开

① 参见《欧洲安全战略》（英文版），布鲁塞尔，2003年12月版，第2、7页。

始，法国就积极寻求把自己对非洲的军事介入和行动纳入到欧盟共同安全与防务的战略框架内。非洲仍然是法国在国际舞台上发挥影响力的关键，而把自己的军事介入整合进欧盟的框架使得法国可以在顶住日益增大的外交压力的同时，继续保持对非洲事务的军事影响力。要知道这些压力在新世纪以来有增无减，它们的矛头直接指向法国对非洲的“家长式”（paternalism）政策，更糟糕的是，所谓“新殖民主义”（neo－colonianism）政策。此外，对非洲政策包括其军事政策的欧洲化使得法国能够在上世纪90年代失败的干预行动之后重新返回中非大湖地区国家，如刚果（金）、卢旺达等等。与此同时，法国却还可以把在非洲军事介入的风险和负担与欧盟伙伴国们分摊。最后，通过欧盟安全防务框架维持法国的军事介入，还可以有效地对抗美国在非洲日益增强的影响力。在法国眼里，把欧盟卷入非洲可以有效地阻断北约介入非洲的机会，因为北约的欧洲盟国将选择欧盟而不是北约在非洲展开集体行动。如此一来，破坏的实际上是美国的机会。尤其被法国津津乐道的是2003年的刚果（金）“阿特米斯”行动，那是一次完全摆脱了北约资源的欧盟独立军事行动。法国通过那次行动不仅向世界证明了欧盟的防务潜力，而且证明欧盟国家完全可以在北约欧洲盟军最高司令部（SHAPE）的指挥之外完成军事维和行动。

另一方面在欧盟看来，在非洲采取安全防务行动需要成员国的积极支持与参与，布鲁塞尔尤其对法国抱有很高的期待。由于与大部分法属非洲前殖民地国家保持了密切的安全防务联系，法国在非洲的军事存在对欧盟而言是一笔沉甸甸的战略资产。法国不仅可以为欧盟的行动提供政治便利，而且可以从军事的各个方面为欧盟提供难得的指导与帮助。就拿2003年欧盟在刚果（金）实施的“阿特米斯”行动而言，法国扮演了行动“框架国”（framework nation）的角色，不仅出动了欧盟所需兵力的近80%，而且把行动指挥部设在了巴黎。必须承认，法国的有形资源与无形的经验是欧盟此次维和军事行动的必要保证之一。而法国对“阿特米斯”行动也是褒奖有加：总统希拉克认为行动“显示了欧盟在防务领域内的重大进步，而法国武装力量在其中扮演了核心角色”,[①] 国防部长阿利奥－玛里则宣布“行动是历史性的,因为它是欧盟首次独立自主的军事行动,是欧盟共同防务的真正开端”。[②] 奥尔森认为法国对欧盟行动的支持实现了“双赢”效果:“法国对欧盟决策过程的强力参与,体现了她的政治目标重点是证明欧盟在国际危机管理中是个能手,至少在非洲是如此。在这方面,法国与欧盟的利益明显是一致的。”[③] 此外,在非洲实施维和使命的不断成功进一步提高了欧盟在安全防务领域内的可信度及其对成员国的发言权,而且巩固了欧盟对欧洲安全防务一体化进程的主导地位及其合法性。

当然,法国与欧盟在非洲安全领域内也做不到“无缝链结”。因为制约因素同样存在,而这些因素的核心仍是老问题,即“谁受益”和“谁主导”的问题。一方面,法国对欧盟的借助(如果不是利用的话)不可能不遇到来自欧盟以及其他成员国的阻力,特别当利益和认识上出现分歧的时候。对于在欧盟内部的博弈而言,非洲是法国的优势所在,也是它与其他成员国,尤其是德国那样的强劲对手争夺影响力的王牌。这一点可从法国极力推动“欧盟－地中海伙伴计划”(EU－Mediterranean partnership)、欧非峰会(EU－African summit)等行动中看出。然而由于分歧,法国并非总是能够顺利得到来自欧盟以及伙伴国的支持。最典型的例子包括:在2006年苏丹达尔富尔危机期间,法国申请向乍得及中非共和国派出欧盟战斗群以缓解那里的人道主义形势,以德国为首的部分伙伴国投了否决票,因为它们认为战斗群不适合那种任务类型。在2011年西方军事介入利比亚内战时,德国也没有与法国站在一起,因为柏林认为那与它的外交政策和利益相悖。另一方面,法国愿意与欧盟合作的同时却不愿意被欧盟捆住。这体现了实力强大的欧盟成员国抗拒一体化的

① Chirac, J., 13 July 2003, http://www.elysee.fr/rech/disc.php.

② Alliot－Marie, M., 2 Aug. 2003, http://www.defense.gouv.fr/actualites/communiques/d_ disc.html.

③ Olsen, R.G., “The EU and military conflict management in Africa: for the good of Africa or Europe?”, *International Peacekeeping*, Vol. 16, No. 2, 2009, p. 257.

历史老问题，而法国外交桀骜不驯的特征也对欧盟在非洲安全这个新领域内日益强大的“吸纳”能力保持了高度警惕。某种程度上也正因为如此，法国还有另外一手，即通过与其他国家展开双边合作的方式，从而避免完全依赖欧盟的框架。那就是与英国等在非洲的安全防务合作。

## 五、法国对非洲的军事介入与其他大国：以英、美为例

法国与英国曾经长期在非洲处于竞争状态，不仅在殖民地时代如此，就是在一致对抗苏东阵营的冷战时期，法英两国在撒哈拉以南非洲也是竞争大于合作。例如在60年代后期的尼日利亚内战中，相互对抗的两派政治力量背后就分别得到了法国（支持比亚法拉Biafra阵营）与英国（支持尼政府）的支持。冷战结束了这一切。法英两国的非洲政策均感受到了来自全球化的日益沉重的压力。1998年是法英在非洲关系的分水岭：当年12月，希拉克总统与布莱尔首相联合发表了《圣马洛宣言》。这份宣言不仅是欧盟共同安全防务的启动书，而且也标志着法英在非洲开始走向合作。

法英两国在非洲进行防务与军事合作的原因是多方面的：第一，作为中等大国，两国合作有助于在联合国安理会形成对双方在非洲行动有利的多数局面；第二，作为欧盟大国，两国合作有助于在欧盟政治与安全委员会以及非洲工作组形成对法英两国有利的局面；第三，印度、中国、巴西等新兴大国正在以前所未有的力度介入到非洲事务之中，法英合作有助于两国共同维护对非洲国家的传统影响力；第四，非洲国家的领导人越来越善于在法英之间周旋，促使两国对立以收渔翁之利，而法英合作联合有助于限制这种做法；第五，法国在科特迪瓦、英国在塞拉利昂冷战后都有比较棘手的安全问题需要介入，两国合作有助于在共同领域相互支持；第六，非洲

安全正在以前所未有的广度影响着欧洲，法英两国合作对于欧盟共同应对这些安全挑战是不可或缺的。

法英两国在非洲的防务与军事合作采取了多种形式。虽然双方至今还没有进行过双边框架内的联合军事介入，但是在2010年的两国联合防务协定中，已经规定了建立联合远征部队的内容，而非洲将最有可能成为这一联合远征的目的地。自从圣马洛宣言发表后，法英两国外交部长（大臣）或国防部长（大臣）联合访问非洲国家已经成为了某种惯例，突显了双方日渐加强的默契与信任。① 一方面，法英两国联合训练非洲国家的军事力量，并联手支持非盟或西共体的维和行动。例如，法国在非洲大力推行的“非洲维和能力强化项目”（RECAMP）就涵盖了与英国甚至美国彼此协调的意义。另一方面，两国还在欧盟的维和行动中多次进行了密切配合。例如在2006年欧盟的刚果（金）维和行动中，法国是投入军力最多的国家，而英国则从财力方面大力支持，是支持刚果（金）选举以及政治和解进程的最大出资方。两国的努力相得益彰。更值得一提的是在2011年西方军事介入利比亚内战的过程中，法英两国的军事政治协作达到了一个新的高度，而与之形成鲜明对比的是，长期作为“法德轴心”一员的柏林则被晾到了一边。

相比较英国，虽然法国与美国在非洲也进行了军事与防务协调，就像上文谈到的“非洲维和能力强化项目”（RECAMP）那样，法国对与美国在非洲展开反恐、预防地区冲突等方面的维和力量合作持开放和协调的态度。但是法美之间的竞争性要远大于法英之间。法国从根本上不希望也不欢迎北约介入非洲的安全防务与军事领域，因此，法美之间的竞争主要围绕着双方有着功能性交集的军事援助项目，例如法国的RECAMP与美国的“非洲危机反应计划”（ACRI）之间的较量。其实很大程度上正是由于法国等反对和敌视，美国才把最初的“非洲危机反应力量”（ACRF）改名为“非洲危机反

① Tony Chafer and Gordon Cumming, “Beyond Fashoda: Anglo – French security cooperation in Africa since Saint – Malo”, *International Affairs*, Vol. 86, No. 5, p. 1138.

应计划”。[1] 美国曾试图通过做法国的工作，把 RECAMP 与 ACRI 混合到一起，形成一个由美国间接主导下的非洲维和力量国际联合援助的核心计划。但由此一来，美国将无偿占有法国在非洲长期经营留下的丰厚的防务遗产与战略资源，而法国将被架空。因此遭到了法国的断然拒绝。

关于法美之间的竞争，另一个显著例子是法国对于美军建立非洲司令部的态度。从非洲司令部建立的那一天起，法国就抱着十分怀疑与警惕的态度。法国人认为非洲司令部本质上是个工具，只具有双重目的：第一，向非洲大陆出口美国倡导的“反恐战争”。该司令部的任务将是在撒哈拉以南非洲各国打击各种恐怖主义运动。第二，掠夺非洲的资源特别是石油。因此，法国安全政策近年来的一个新趋势就是加强亲法非洲国家在其邻近海域实施主权的能力，尤其是几内亚湾地区的海上石油生产，以应对美国的潜在挑战。[2] 在此情况下，法国竭力制止法语区国家接待美军非洲司令部在本国落户，然而令法国气恼的是，传统盟友同时也是在非洲最重要军事基地的吉布提似乎已经背叛了自己。因为 2001 年该国已经允许美军在原由法军使用的莱蒙内尔营（Camp Lemonnier）建立了海军远征基地，扎下了根。看来，法国军事影响力与美国非洲司令部之间的角逐还将长期进行下去。

## 结语

冷战结束后，法国与非洲的传统军事联系受到了各方面的影响

---

① William Bellamy, “U. S. Security Engagement in Afcira”, *Africa Security Brief*, No. 1, Africa Center for Strategic Studies, June 2009.

② Niagale Bagayoko, “French Reactions to AFRICOM: An Historic Perspective”, *Contemporary Security Policy*, Vol. 30, No. 1, 2009, p. 30.

和挑战，也因此发生了重要改变。根据具体情况以及安全任务的要求，法国对非洲的军事介入主要呈现了四种基本模式并具有各自的特点。对非洲的军事介入同样受到了法国国内政治因素的影响，包括总统以及专门的非洲委员会的作用。此外，法国对非洲军事介入还越来越多地与欧盟在那里的安全防务行动结合了起来，呈现出了微妙的利益关系。最后，不仅仅是法国，英国、美国等其他大国也同非洲展开了自己的安全防务联系，而法国与它们在这方面既存在合作也存在竞争的关系。